LE QUARTIER DU MUSÉE

LE QUARTIER DU MUSÉE
Histoire et architecture

Michelle Guitard

Les Presses de l'Université d'Ottawa
2018

uOttawa

Les Presses de l'Université d'Ottawa (PUO) sont fières d'être la plus ancienne maison d'édition universitaire francophone au Canada et le seul éditeur universitaire bilingue en Amérique du Nord. Depuis 1936, les PUO « enrichissent la vie intellectuelle et culturelle » en publiant, en français ou en anglais, des livres évalués par les pairs et primés dans le domaine des arts et lettres et des sciences sociales.

Catalogage avant publication de Bibliothèque et Archives Canada

Guitard, Michelle, 1945-, auteur
Le quartier du musée : histoire et architecture / Michelle Guitard.

Comprend des références bibliographiques.
Publié en formats imprimé(s) et électronique(s).
ISBN 978-2-7603-2674-3 (couverture souple)
ISBN 978-2-7603-2675-0 (PDF)
ISBN 978-2-7603-2676-7 (EPUB)
ISBN 978-2-7603-2677-4 (Kindle)

1. Habitations – Québec (Province) – Gatineau. 2. Architecture domestique – Québec (Province) – Gatineau. 3. Gatineau (Québec) – Constructions. 4. Gatineau (Québec) – Histoire. I. Titre.

NA747.G38G85 2018 720.9714'221 C2018-900869-5
C2018-900870-9

Dépôt légal : premier trimestre 2018
Bibliothèque et Archives Canada

Imprimé au Canada

Révision linguistique : Nicole Jetté
Correction d'épreuves : Karine Lavoie
Mise en page : Édiscript enr.
Maquette de la couverture : Édiscript enr.
Photo de la couverture : Michelle Guitard

Les PUO reconnaissent l'aide financière du gouvernement du Canada par l'entremise du Fonds du livre du Canada pour leurs activités d'édition. Elles reconnaissent également l'appui du Conseil des arts du Canada et de la Fédération canadienne des sciences humaines par l'intermédiaire des Prix d'auteurs pour l'édition savante. Nous reconnaissons également avec gratitude le soutien de l'Université d'Ottawa.

ONTARIO ARTS COUNCIL
CONSEIL DES ARTS DE L'ONTARIO
an Ontario government agency
un organisme du gouvernement de l'Ontario

Canada Council for the Arts Conseil des arts du Canada

Canada

Table des matières

Avant-propos

Entre 1990 et 1997, le Comité exécutif de la Ville de Hull m'a commandé une évaluation historique et architecturale des maisons du quartier que l'on nommait alors Secteur Laurier et que l'on nomme aujourd'hui Quartier du Musée. La raison du choix de ce nom est la présence du grand Musée canadien de l'histoire, qui est le repère visuel le plus important dans l'environnement physique du quartier. Cette évaluation patrimoniale avait pour but essentiel de connaître la valeur architecturale et historique des bâtiments afin de pouvoir justifier le choix des mesures de protection envisagées pour conserver l'ensemble du secteur. Quatorze bâtiments étudiés entre 1990 et 1996 ont fait alors l'objet de recherches plus détaillées. En 1997, dans le but de compléter l'étude de l'ensemble du quartier, 51 bâtiments ont fait l'objet d'une évaluation moins détaillée, mais néanmoins suffisante pour esquisser une vue d'ensemble du quartier historique. En révisant les textes pour la présente publication, j'y ai ajouté des renseignements que je n'avais pas en 1997. Le contenu du présent document regroupe ainsi 63 bâtiments : des résidences, des institutions et des commerces du Quartier du Musée.

Ce survol a l'avantage de documenter l'ensemble des maisons du secteur, mais le désavantage de laisser parfois le lecteur sur sa faim, car il n'a pas été possible de développer la recherche sur les familles et les activités sociales de cette société pour en faire une analyse approfondie dans le cadre de ce projet, dont le but est d'offrir le matériel historique nécessaire à la reconnaissance de la valeur historique de ce quartier. Néanmoins, dans une brève conclusion, je souligne les quelques observations tirées de l'ensemble de l'étude, lesquelles pourront servir à de futures analyses. Le but avoué de cet ouvrage est d'inciter à préserver l'histoire de l'ancienne ville de Hull et de l'Outaouais en reconnaissant les traits caractéristiques de son architecture et de sa société.

Je remercie le Comité exécutif de l'ancienne Ville de Hull de m'avoir fourni l'occasion de réaliser ces études et, plus particulièrement, Lucie Bureau et Josée Sabourin, alors chargées des projets du patrimoine, pour leur aide, leur attention et leurs encouragements. Le personnel du Service d'urbanisme et celui du greffe, dont Louise Bisson, ont collaboré avec une grande patience et beaucoup de gentillesse à la recherche des documents. J'ai beaucoup apprécié la bonne humeur et l'appui du personnel au Registre foncier du Québec à Hull, car, à l'époque, les documents n'étaient pas en ligne. Les archivistes Pierre Louis Lapointe et Luc Brazeau, de Bibliothèque et Archives nationales du Québec (BAnQ), tout comme Michelyne Mongeon de la Ville de Gatineau, ont mis leurs connaissances exceptionnelles des archives à mon service et m'ont été d'une aide inestimable. Je suis aussi redevable à d'autres aimables personnes, comme Nanette Thibault, qui m'a fourni des renseignements fort intéressants sur sa famille, de même que plusieurs résidents du quartier qui m'en ont aussi donnés sur leur maison. Pour combler certaines lacunes des documents, j'ai bénéficié de l'aimable collaboration de Roland Lavoie, propriétaire de Pilon ltée, qui m'a fourni des renseignements sur le stuc. Georges-A. Carrier, vice-président du Hull-Volant, a mis à ma disposition de la documentation indispensable. Les nièces de Marie Monnin-Burger – Marguerite, Louise et Rachelle Monnin – m'ont ouvert leurs archives personnelles pour mieux connaître l'histoire de la fondatrice du célèbre Café Henry Burger. Aussi, Guy Badeaux a eu la gentillesse de me permettre de publier sa caricature de Bobino.

Après 20 ans, le retour sur les dossiers d'évaluation architecturale et historique du Quartier du Musée m'a semblé d'une grande importance, compte tenu de la proposition de projet de tours de 55 et 35 étages dans l'îlot 3 donnant sur la rue Laurier. C'est non seulement les maisons de ce quartier qui pourraient disparaître, mais bien l'ensemble du quartier historique. Je remercie, en particulier, mes amies et amis, historiennes et historiens, ainsi que les résidents du Quartier du Musée, qui m'ont encouragée à poursuivre ce travail à des fins de conservation d'un site patrimonial architectural et historique. Surtout, je remercie Michel Prévost, directeur de la collection Études régionales des Presses de l'Université d'Ottawa, qui a proposé ce manuscrit. Je lui en suis profondément reconnaissante.

Introduction

À l'origine, le Quartier du Musée fait partie des quartiers alors identifiés par les numéros 4 et 5, puis du quartier Laurier. Le Quartier du Musée est situé à proximité d'un lieu de débarquement des canots qui remontaient la rivière des Outaouais. Très tôt, deux chemins y passent. Le premier part d'un quai, alors situé près de l'actuel Musée canadien de l'histoire. Il emprunte à peu près le tracé de la rue Hôtel-de-Ville avant de rejoindre le deuxième chemin, appelé tantôt King's Road, tantôt Queen's Road. Celui-ci part de la ferme du lac Leamy et se rend au-delà du secteur Aylmer. Dans le Quartier du Musée, il traverse en diagonale les terrains entre les rues Champlain et Laurier. Cette partie du chemin est modifiée en 1889 et remplacée par le quadrillage des rues Champlain, Notre-Dame-de-l'Île et Laurier, entre la rue Élisabeth-Bruyère et le boulevard des Allumettières.

Les terrains du Quartier du Musée sont concédés, dès 1806, à Philemon Wright. À son décès, survenu en 1839, ses biens sont répartis entre ses enfants. Ce partage engendre de nombreux procès, d'autant plus que le fils de Philémon, Tiberius, meurt deux ans après celui-ci, en 1841, avant que la succession du père ne soit réglée. C'est ainsi qu'en 1844, on procède à un arpentage pour délimiter les propriétés respectives de Ruggles et des héritiers de son frère, Tiberius. En ce qui concerne le périmètre de notre étude, Ruggles Wright hérite des quadrilatères urbains situés, d'une part, entre les rues Victoria et Élisabeth-Bruyère, et, d'autre part, entre les rues Laurier et Maisonneuve, quadrilatères qui font partie du Quartier 4. Quant aux héritiers de Tiberius, ils obtiennent les quadrilatères situés, d'une part, entre les rues Élisabeth-Bruyère et des Allumettières, et, d'autre part, entre les rues Laurier et Champlain, quadrilatères du Quartier 5.

Ruggles Wright meurt le 18 août 1863. En vertu de son testament, rédigé le 6 août précédent et enregistré le 12 septembre 1863, il lègue à ses enfants et à une de ses petites-filles toutes ses possessions en parts égales. Ses exécuteurs testamentaires, Alexander Workman et Horace Merrill, deux marchands d'Ottawa, et Sexton Washburn, manufacturier de haches à Hull, commandent une évaluation des propriétés de Ruggles pour les partager équitablement[1]. C'est ainsi qu'un inventaire détaillé des biens de Ruggles Wright et de l'héritage de chacun de ses enfants permet de remonter à l'origine des propriétés du quartier. L'arpenteur William A. Austin trace les plans des propriétés des héritiers de Ruggles Wright en même temps qu'il cadastre la ville, procédure devenue obligatoire par une loi adoptée en 1860[2]. En ce qui a trait aux terrains du secteur Laurier, le partage s'effectue de la façon suivante (le terme *quadrilatère* désigne des îlots de 12 terrains délimités par le tracé des rues) :

- **Quadrilatère 3 :** délimité par les rues Notre-Dame-de-l'Île, Laurier, Papineau et Élisabeth-Bruyère, il est légué à Philemon Wetherall Wright (1838-1877) ;
- **Quadrilatère 4 :** délimité par les rues Champlain, Notre-Dame-de-l'Île, Papineau et Élisabeth-Bruyère, « *commonly known as market reserve* », il est légué à Rosina Wright (1843-1925) qui épouse, en 1866, John Patrick Lawless ;
- **Quadrilatère 5 :** délimité par les rues Champlain, Maisonneuve, Élisabeth-Bruyère et Papineau, il est légué à Ruggles Wright fils (1818-1872), qui a épousé, en 1841, Frances Russell ;

1. Québec, Registre foncier (ci-après QRF), 1901, 15 octobre, No 2222, testament de Ruggles Wright père, devant Me A. Larue et collègues, no 5893, 6 août 1863 ; contrat de partage et division de propriété, devant Me A. Larue, 17 septembre 1864, enregistré sous Lib B, No 46, vol. 11, p. 53.
2. *Consolidated Statutes of Lower Canada,* proclaimed and published under the Authority of the Act 23d Vic. Cap. 56, A.D. 1860, Ottawa, Queen's Printer, 1861. L'acte Cap. XXXVII [37] auquel on fait référence s'intitule *An Act respecting the Registration of Titles or Charges upon Real Estate – The Law of hypothecs – The Dower and Property of Married Women – and the Conveyance of Socage Lands.* Cette carte de Austin est le plan de référence utilisé dans l'inventaire des biens de Ruggles Wright en 1864 (voir la note précédente). Nous utilisons ici la copie de 1882, l'original de 1864 n'étant pas disponible.

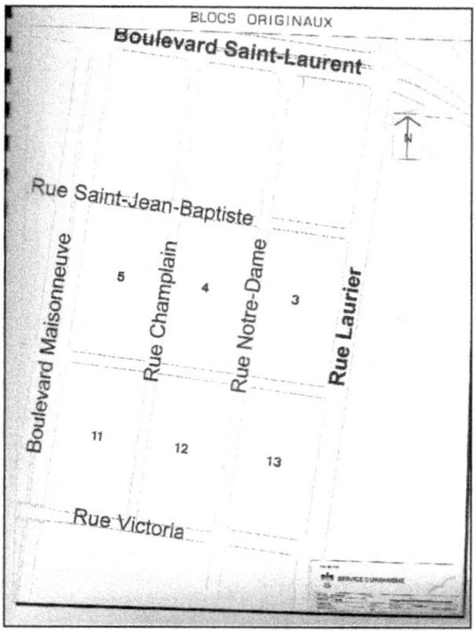

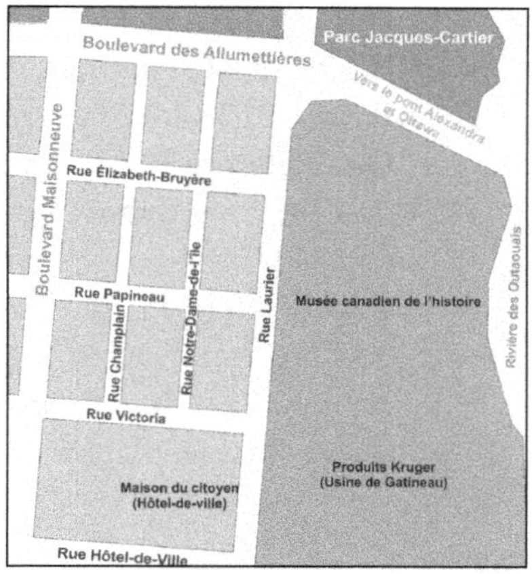

Quadrilatères des héritiers Wright

W.A. Austin, Lower village of Hull. 1864, [1882] BAC, NMC 20966

- **Quadrilatère 11 :** délimité par les rues Maisonneuve, Victoria, Papineau et Champlain, il est d'abord légué à Philemon Wetherall Wright (1838-1877), avant d'être légué à sa sœur Hannah ;
- **Quadrilatère 12 :** délimité par les rues Victoria, Notre-Dame-de-l'Île, Champlain et Papineau, il est légué à Hannah Wright (1833-1901) ;
- **Quadrilatère 13 :** délimité par les rues Victoria, Notre-Dame-de-l'Île, Papineau et Laurier (à l'exception de l'emplacement donné à l'Église catholique par Ruggles Wright père, en 1846), il va à Rosina Wright.

Tableau 1 Évolution des noms de rues du Quartier du Musée

Albert = Hôtel-de-Ville
Alma = Notre-Dame-de-l'Île (Notre-Dame)
Inkerman = Champlain
Alfred = Papineau (Salaberry)
Division = Élisabeth-Bruyère (Saint-Jean-Baptiste)
Victoria = Victoria

Les deux quadrilatères du Quartier 5, dont nous ne connaissons pas le numéro original, font partie des propriétés léguées aux héritiers de Tiberius Wright (1788-1841)[3]. Le fils cadet de Tiberius, aussi prénommé Philemon, meurt en 1874. Il lègue ses biens à sa nièce, Janet Louisa Scott (1851-1921 ; ci-après Janet L.)[4]. En 1885, Janet L. vend toutes ses propriétés à sa mère, Nancy Louisa Wright (ci-après Nancy L. Wright-Scott), épouse de John Scott, premier maire de Bytown[5].

3. QRF, B2, 1901, 26 juillet, No 1838, réinscription du testament de Philemon Wright, décédé le 3 juin 1839. Il avait préparé son testament le 4 février 1836. Tous les actes notariés de succession de Philemon Wright et de ses fils, Tiberius et Ruggles, ont été transcrits pour un procès entre les héritiers Wright-Scott et E.B. Eddy, qui se trouve dans le Fonds Famille Foran (1760-1960) à Bibliothèque et Archives nationales du Québec (BAnQ), Centre de Gatineau (cote P137, D169), *Lois Wright Scott et vir c. E.B. Eddy Company* ; Court of King's Bench (Appeal Side), Hull, 1923.
4. Philemon, fils de Tiberius, lègue ses biens à sa mère, Lois Ricker, avec la mention qu'au décès de celle-ci, ses biens iront à sa nièce, Janet L. Scott. Lois Ricker est décédée en 1879 ; QRF, 1901, 26 juillet, B2, No 1840, décès de Lois Ricker, 19 janvier 1879 ; QRF, 1901, 31 décembre, B3, No 2719, Janet L. Scott à Nancy L. Wright-Scott.
5. QRF, 1900, 25 juillet, B1, No 310, transfert, Janet L. Scott à Nancy L. Wright-Scott, devant Me Nérée Tétreau, 26 octobre 1885, no 4889.

Nancy L. meurt le 28 août 1901 après avoir légué à sa fille Janet L. les propriétés que celle-ci lui avait préalablement vendues[6]. Ainsi, selon la date d'achat des lots de ces quadrilatères, l'acheteur fait affaire avec la mère, Nancy L. Wright-Scott, ou avec sa fille, Janet L. Scott.

Les héritiers Wright ont d'abord exploité plusieurs des terrains du secteur dit *en constitut* – c'est-à-dire qu'ils louaient les terrains moyennant le versement d'une rente annuelle. Le locataire d'un terrain pouvait cependant y faire construire une maison qui lui appartiendrait en propre. Cela dit, les Wright n'ont pas exploité tous leurs terrains en constitut. Ils en ont aussi vendus à diverses époques. Certains acheteurs, à leur tour, ont prélevé des rentes annuelles sur les terrains acquis des Wright. Un jour, il faudra vérifier le nombre d'immeubles du secteur qui étaient encore en constitut au moment de l'abolition de ce mode de tenure immobilière par la loi adoptée en 1924.

Parmi les premiers terrains vendus par les héritiers Wright, presque tous ceux du Quadrilatère 5, légués à Ruggles Wright fils, sont achetés, en novembre 1869, par Adèle Leduc (épouse du notaire Nérée Tétreau et sœur de Charles Leduc)[7]. À une date inconnue, mais antérieure à 1884, Philemon Wetherall Wright vend le Quadrilatère 3 à Henry Newell Bate, un grossiste d'Ottawa[8]. Les filles et la petite-fille de Ruggles Wright conservent leur héritage plus longtemps.

Dans les actes notariés, les femmes sont identifiées comme propriétaires, bien qu'elles soient souvent représentées par leur conjoint. Dans les rôles d'évaluation de la Ville, tant qu'elles sont mariées, la propriété est au nom de l'époux. Aussi est-il important de savoir qu'Hannah Wright est l'épouse de Joseph Merrill Currie[9], propriétaire

6. QRF, 1901, 13 septembre, B2, No 2014, testament, Nancy L. Wright-Scott à héritiers, devant Me Nérée Tétreau, 1er juillet 1899. Elle est décédée le 28 août 1901.

7. QRF, 1900, 11 décembre, B1, No 829, vente, Ruggles Wright fils à Adèle Leduc, épouse de Nérée Tétreau.

8. *The Ottawa Directory 1888-1889*. Ottawa, A.S. Woodburn, 1888-1889 [p. 14 publicité], p. 530. Bates était grossiste en boissons et vins sur la rue Sparks. Il habitait la rue Daly.

9. Currier est né en 1820 à North Troy, Vermont, septième fils d'Ezekiel Currier, d'ascendance canadienne-française ; en 1846, il épouse Christina Wilson et ils ont un fils, puis, en 1861, Anne (Annie) Crosby (morte la même année) et, en 1868, Hannah, fille de Ruggles Wright, de Hull. Currier est décédé le 22 avril 1884 à New York. Il avait immigré au Canada en 1837, où il travaillait dans le commerce du bois. Il est gérant des scieries de Levi Bigelow à Buckingham, puis dirige le commerce du bois de Thomas McKay et John McKinnon à New Edimburgh. Associés de la firme Wright, Batson and Company, plus tard la Wright, Batson and Currier, il fait construire, en 1868, une scierie à vapeur à Hull, sur le site du Musée canadien de l'histoire. Donald Swainson, « Currier, Joseph Merrill »,

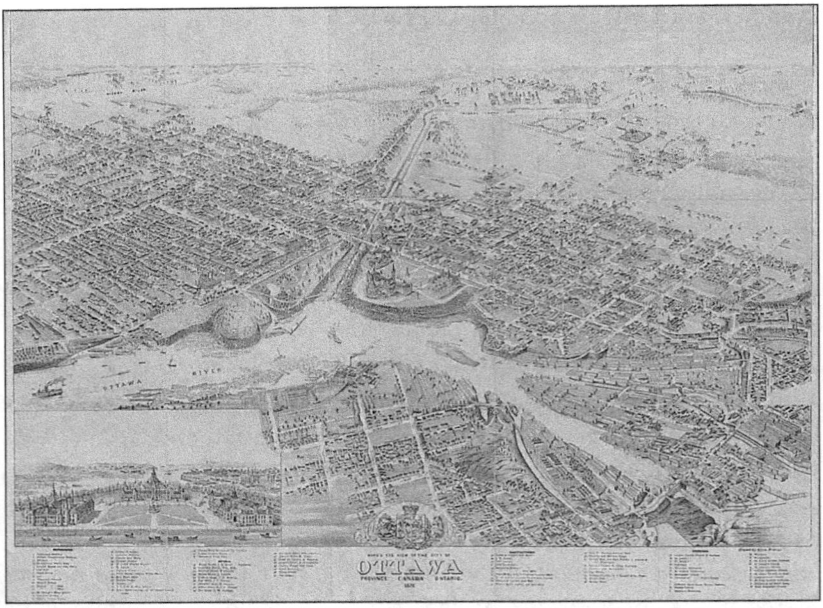

Brosius, H. (Herman), fl. 1871-1896, Bird's Eye View of the City of Ottawa, Ontario, Canada, 1876, Charles Shober & Co., Chicago Lithos Co., BAC, G3464. O8A3 1876. B76 H2, mikan no 188792.

et résident du 24, rue Sussex, à Ottawa. Veuve depuis 1884, elle meurt le 26 janvier 1901. Le fils de son époux, James Everett Wilson Currier, et son neveu, George Cunnigham Wright, fils de Charles Brown Wright, sont ses liquidateurs testamentaires. Ils remettent les nombreux terrains du secteur à Frances A. Wright et Etta Muriel Wright, nièces de Hannah.

Rosina (1843-1925) est mariée à John Patrick Lawless, gérant de la Bank of British North America. Le couple habite Toronto. Florence (1849-1894) est l'épouse, depuis 1868, du médecin Charles E. Graham et ils habitent Hull[10]. Graham fait de nombreuses transactions, parfois comme propriétaire, parfois comme prêteur, et il n'est pas toujours clair s'il agit à titre personnel ou au nom de son épouse.

En 1876, plusieurs bâtiments occupent déjà les quadrilatères 11, 12 et 5. La première église, Notre-Dame-de-Grâce, ainsi que son

dans *Dictionnaire biographique du Canada*, vol. 11, Université Laval/University of Toronto, consulté le 24 janvier 2018, www.biographi.ca/fr/bio/currier_joseph_merrill_11F.html.

10. Patrick Evans, The Wrights. A genealogical study of the First settlers in Canada's Capital Region, Ottawa, Canada National Capital Commission, 1977.

presbytère et quelques maisons occupent le Quadrilatère 13. Le King's Road – ou Queen's Road – qui traverse, en diagonale, le Quadrilatère 4, était déjà prévu au testament de Ruggles Wright père, et réservé pour un marché quelconque. L'étude des titres du 167, rue Notre-Dame-de-l'Île, du Collège Saint-Joseph et de la Maison du tourisme confirme la présence de ce chemin. En 1886, quelques maisons apparaissent sur la rue Notre-Dame-de-l'Île, entre Papineau et Élisabeth-Bruyère, et l'année suivante, plusieurs autres y sont construites.

L'événement le plus marquant pour l'histoire du Quartier du Musée est l'incendie du 5 juin 1888. À l'époque, dans de nombreuses municipalités en Amérique du Nord, l'hôtel de ville se trouve au-dessus du marché public. À Hull, cet édifice, construit en 1877, était situé dans le parc derrière la Maison du citoyen. L'hôtel de ville et la salle du conseil municipal ainsi que la cour du *recorder* étaient à l'étage supérieur. Le conseiller du Quartier 5, George Jacob Marston fils, montant les escaliers pour se rendre à la salle du conseil, jette son cigare mal éteint dans le foin sous l'escalier[11]. Un vent d'ouest alimente le feu, qui prend de l'ampleur jusqu'à devenir une immense conflagration qui détruit l'ensemble du quartier, à quelques exceptions près, de la rue Victoria jusqu'au boulevard des Allumettières. Dès après, on s'empresse de reconstruire les maisons et les établissements.

Par une chance indéniable, le grand feu d'avril 1900 s'arrête avant d'atteindre le Quartier du Musée. Celui-ci, avec une majorité de ses bâtiments qui sont centenaires, devient ainsi un des plus anciens quartiers de la ville.

Dans le but de faire connaître et de conserver ce patrimoine situé dans un paysage urbain exceptionnel, nous rassemblons ici l'information accumulée au cours des différents travaux exécutés sur les 65 bâtiments étudiés. Deux maisons de la rue Champlain ont été démolies depuis ; 63 bâtiments anciens du quartier y sont toujours. Puisque cette étude servira à différentes fins, les bâtiments sont présentés par rue et en ordre croissant de numérotation. Ainsi, une personne qui désire visiter le quartier pourra s'y retrouver facilement. Sous l'adresse civique, elle trouvera la date de construction et les photographies prises lors des premières évaluations patrimoniales entre 1990 et 1997, puis celles prises dans le cadre de la recherche pour le présent volume, en 2015 et 2016. Chaque immeuble fait l'objet d'une

---

11. Lucien Brault, *Hull 1800-1950*, Ottawa, Éditions de l'Université d'Ottawa, 1950, p. 7 ; Raymond Ouimet, *Une ville en flammes*, 2e éd., Hull, Vents d'Ouest, 1997, p. 44-45.

description en trois volets : style architectural ; histoire des propriétaires et des occupants ; et chaîne de titres.

L'identification des styles architecturaux souligne la particularité et la richesse de l'architecture vernaculaire des bâtiments du quartier. Nous sommes en présence d'un microcosme des styles architecturaux caractéristiques des années 1888 à 1953. Les photographies révèlent les modifications apportées au fil des ans et montrent l'importance et la nécessité des programmes de conservation établis par la Ville à la fin des années 1990. Parfois, en comparant l'état d'un bâtiment et en examinant la liste des transactions immobilières, il est possible de constater les éléments possibles et probables qui mettent en péril sa préservation.

L'histoire des propriétaires et des occupants de chacun des immeubles est trop courte. Nous mentionnons les propriétaires du terrain, lesquels ne sont pas toujours ou nécessairement ceux du bâtiment qui s'y trouve. Nous signalons les constructeurs, les ouvriers, les propriétaires et les locataires, le cas échéant. Lorsque c'est possible, nous présentons la famille – en partie ou au grand complet. Les transactions immobilières, les testaments, les contrats de mariage et les hypothèques permettent de tracer les très nombreux liens de parenté entre les familles du quartier. C'est par l'accumulation des renseignements contenus dans ces documents que les liens sociaux deviennent également perceptibles. La récente numérisation des Recensements du Canada jusqu'en 1921 et les nouvelles banques de données nous permettent aujourd'hui d'obtenir des informations sur les occupants auxquelles nous n'avions pas accès dans les années 1990. En intégrant un certain nombre de références, nous révélons aux généalogistes et aux férus d'histoire les pistes nécessaires pour alimenter leurs propres études. Les sources utilisées sont d'ordre public, à part quelques rares documents que des particuliers nous ont confiés et autorisés à publier. La grande majorité de l'information vient du Registre foncier du Québec. Les rôles d'évaluation de Hull jusqu'à 2002, puis ceux de la Ville de Gatineau, à ce jour, fournissent non seulement les noms des propriétaires et des locataires des propriétés, mais aussi, dans les anciens rôles, le type de construction et les matériaux utilisés. Ajoutons également que les publications biographiques et les notices nécrologiques sont des sources d'une richesse inouïe pour l'histoire sociale.

Enfin, la chaîne de titres révèle les propriétaires successifs et la durée de leur présence. Elle peut aussi servir à voir les répercussions d'événements majeurs sur l'ensemble du quartier. Par exemple, la construction de Place du Portage, les incendies de l'église et de l'hôtel de ville, la construction du boulevard Maisonneuve de même que la spéculation immobilière ont contribué à la détoriation d'une partie du quartier.

L'architecture

L'étude architecturale du Quartier du Musée vise à connaître l'histoire de son bâti, c'est-à-dire son ancienneté, son authenticité et sa valeur documentaire. Aujourd'hui, le Quartier du Musée est perçu comme un lieu résidentiel et, de ses bâtiments, l'on a tendance à parler d'abord de maisons. Mais trois édifices sont des établissements religieux et scolaires catholiques et français. Quelques autres bâtiments ont eu ou ont d'autres fonctions. Si l'on tient compte de tous les bâtiments[12] des neuf quadrilatères entre les rues Maisonneuve, Victoria, Laurier et le boulevard des Allumettières, il y en a 75. Huit bâtiments donnent sur Maisonneuve, trois sur Champlain, et le plus récent (1991) est situé au 61, rue Laurier. Nous n'avons pas étudié ces 12 immeubles. Les 63 autres bâtiments l'ont été. De ceux-ci, deux sont démolis depuis 1997 ; il s'agit du 184 et du 196, rue Champlain.

Plusieurs bâtiments ont disparu, ayant été incendiés ou démolis, dont deux d'une valeur communautaire indéniable : la salle de spectacles et de loisirs Notre-Dame et la maison funéraire Gauthier, qui a remplacé celle de F.F. Desjardins, en 1920[13], dans le Quadrilatère 12, en face de l'ancien presbytère. Il n'y reste plus que trois bâtiments, dont la maison Carrière. Plusieurs maisons d'autres quadrilatères ont été démolies et n'ont jamais été remplacées. Néanmoins, celles qui sont encore présentes peuvent nous en apprendre beaucoup sur le développement immobilier de la ville et le mode d'occupation de ce quartier en particulier.

Architecture vernaculaire et représentativité

À moins d'une création architecturale particulière, les architectes et constructeurs de bâtiments publics ou résidentiels utilisent des styles

12. Pour parler du bâti, on utilise, en architecture, le terme général *bâtiment*. Ce terme englobe toutes les constructions, que ce soit une maison, une école, une église, un commerce ou un garage.
13. Les services funéraires étaient offerts par F.F. Desjardins depuis 1870. Henri Gauthier a épousé Yvonne Laflamme, la sœur de Mme Alexandre Taché, en 1919. Voir Anonyme, *Personnalités de chez nous*, [Hull, 1946], p. 132-133.

architecturaux variés. Selon les époques, ils interprètent les grands styles architecturaux en fonction de leur goût, du coût et de la disponibilité des matériaux ; c'est ce qu'on appelle l'*architecture vernaculaire*. Le terme *pittoresque* est très souvent employé pour définir un bâtiment qui emprunte plusieurs styles, plus particulièrement lorsqu'il s'agit d'une maison du XIXe siècle. À l'instar du Comité de l'architecture vernaculaire, chargé de s'occuper de la préservation et de la mise en valeur du patrimoine pour l'Organisation des Nations Unies pour l'éducation, la science et la culture (UNESCO) et son Conseil international des monuments et des sites (Icomos), nous utilisons le terme *vernaculaire*.

L'architecture vernaculaire est très représentative des courants dominants au tournant des XIXe et XXe siècles. Dans le Quartier du Musée, les styles georgien, victorien ou hullois, à l'italienne, néo-Queen Anne, Beaux-Arts, Second Empire ou à la Mansart, édouardien et néo-Tudor ont tous influencé l'architecture des bâtiments de notre étude. Cela dit, les influences de deux styles architecturaux sont prédominantes, à savoir le style hullois et le style à l'italienne, et ce, jusque vers 1915.

Style georgien

Le style georgien vient de l'Angleterre et de la Nouvelle-Angleterre. La maison georgienne est un rectangle à deux étages dont la pente accentuée du toit donne sur la façade. La fenestration de celle-ci est symétrique et la porte principale comprend des fenêtres latérales et une imposte. Cette maison georgienne est aussi caractérisée, à l'arrière, par une aile sur deux étages et un toit en pignon. Souvent, dans le retrait de l'aile arrière se trouve une galerie. Les deux plus anciennes maisons du quartier sont représentatives de ce style. Le 61-63, rue Victoria est caractéristique de la maison bourgeoise ou de campagne, très commune à Hull avant 1888, de même qu'ailleurs en Outaouais, au Québec et en Ontario. La seconde est une adaptation du style georgien aux maisons ouvrières, comme celle du 141-143, rue Champlain. C'est aussi le style georgien qui est appliqué à certains grands immeubles à logements, dont le 144-152, rue Champlain.

Style hullois

En Outaouais, l'influence prédominante, à la fin du XIXe siècle, est celle du style victorien. Introduit dans notre région vers 1875, le style hullois prédomine dans les constructions de 1880 à 1900. Nous trouvons malheureux qu'on appelle les maisons hulloises des *maisons allumettes*. La méprise prend sa source dans une publication de 1989, *Hull et son patrimoine*, qui a le malheur d'illustrer le document avec des allumettes, bien que les auteurs aient utilisé le terme *hullois*[14]. Nous n'aimons pas ce terme, car il dénigre un style architectural qui a été très important dans l'évolution de la construction domiciliaire en Amérique du Nord et ce style n'est pas uniquement représenté par des maisons de piètre qualité. Il est aussi tout à fait faux de croire que ce style est particulier à la ville de Gatineau. On le retrouve en quantité à Ottawa, dans les Cantons de l'Est et au Nouveau-Brunswick. La maison hulloise, avec sa structure de bois autoportante et son pignon sur rue, s'épanouit dans l'Outaouais. Développée aux États-Unis, elle offre une variété infinie d'adaptations à partir de plans et devis que l'on pouvait commander par catalogue – les revues de plans de maisons ne sont pas nouvelles. Ce mode de construction introduit au XIXe siècle est directement lié à la fabrication en série de pièces de bois coupées à l'avance et standardisées, ainsi qu'à celle des pièces de métal, comme les clous, les charnières, etc. Il est, en d'autres mots, le résultat de l'industrialisation. En Outaouais, en pleine expansion dans la deuxième moitié du XIXe siècle, ces plans architecturaux semblent avoir gagné la faveur des constructeurs, des entrepreneurs et des particuliers. À l'époque, les scieries locales exportent le bois d'œuvre vers les États-Unis. Or, tous les matériaux nécessaires et la main-d'œuvre compétente sont disponibles dans la région. Aussi, de nombreuses scieries et manufactures locales

Hull et son patrimoine, étude d'Yves Laframboise (Ethnotech inc.) réalisée pour la Ville de Hull, Service d'urbanisme et le ministère des Affaires culturelles, Direction de l'Outaouais, mars 1989.

14. Ethnotech inc., Yves Laframboise, *Hull et son patrimoine*, Hull, Ville de Hull, Service d'urbanisme et ministère des Affaires culturelles, Direction de l'Outaouais, mars 1989.

vendent toutes les pièces essentielles à la construction d'une maison – portes et fenêtres incluses[15]. La manufacture de portes et fenêtres Bourque, par exemple, est située dans le Quartier du Musée, au coin des rues Papineau et Laurier. Les quincailleries aussi sont nombreuses en Outaouais, car la construction est une des principales activités économiques de la seconde moitié du XIXe siècle. Deux au moins sont situées dans le quartier : celle de Basile Carrière (85, rue Victoria) et celle de Boult (99, rue Laurier). La standardisation est évidente dans les constructions du quartier. Les dimensions, en particulier, et la hauteur des étages, selon des normes convenues, en témoignent, tout comme l'emplacement des fenêtres conservées.

Le style hullois tire ses origines du néo-classicisme en vogue à la fin du XVIIIe siècle. Un pignon sur rue, des fenêtres rectangulaires, la porte principale munie d'une imposte et de fenêtres latérales, des moulures simulant des colonnes emboîtant les coins de la maison et, souvent, un porche avec colonnes et pignon en sont des caractéristiques. Cependant, c'est avant tout le style néo-gothique de l'ère victorienne qui détermine l'architecture de la maison de style hullois. Le pignon sur rue sous un toit à pente raide, la maison haute, étroite, avec des fenêtres, également étroites, à têtes semi-elliptiques, garnies de moulures ou de reliefs, et quelques autres éléments décoratifs sont représentatifs du style hullois. On en retrouve plusieurs adaptations ou interprétations dans le Quartier du Musée, où les maisons ont deux étages et demi, à l'exception de l'une d'entre elles qui n'avait qu'un étage et demi et qui est maintenant démolie. Les unes n'ont pas de sous-sol et semblent ainsi plus trapues ; les autres ont des sous-sols plus ou moins élevés, ce qui leur confère parfois une certaine hauteur. Celles qui sont plus élevées sont généralement en brique et ont, en façade, des baies vitrées en encorbellement. Six jumelés, construits dans les mêmes années et probablement identiques à l'origine, sont de ce style. Deux autres jumelés transformés en unifamiliale, puis en logements superposés – l'un est le 133, rue Notre-Dame et le second, le 166, rue Champlain –, le sont aussi.

Style néo-Queen Anne

L'introduction du style néo-Queen Anne n'est pas toujours perceptible, car pour de nombreuses maisons, c'est leur structure même qui

15. Michelle Guitard, *La maison dite « hulloise »*, rapport inédit pour la Société d'histoire de l'Outaouais, 1997.

diffère de la maison hulloise. La maison néo-Queen Anne est composée de deux rectangles en porte-à-faux et construite d'une seule venue, et non par l'ajout d'une structure autonome, caractéristique de la maison hulloise. Nous reconnaissons ces maisons le plus souvent grâce aux plans d'assurance incendie conservés. Ce style est reconnaissable, entre autres, par l'utilisation de plusieurs toits, des lucarnes ou des tours. On a ajouté des baies au carré principal pour créer des effets de corps additionnels. Très en vogue au début du XXe siècle, plusieurs maisons sont de style néo-Queen Anne par leur structure, mais deux maisons surtout témoignent de ce style architectural. La plus irréprochable est la maison sise au 133, rue Champlain, mais la plus imposante est certainement la maison Farley, au coin des rues Champlain et Papineau.

Style à l'italienne

Bien que moins nombreux, on compte quand même dix bâtiments de style à l'italienne. Ce style se caractérise par les toits plats bordés de corniches et de frises garnies de consoles, puis par des fenêtres semi-elliptiques accentuées de voussoirs. Ces bâtiments ont aussi, parfois, des porches et des galeries, et la plupart ont un revêtement de brique rouge. Il en existe deux beaux spécimens sur la rue Notre-Dame, soit les 132-134 et 141-145. Soulignons ici que les corniches et les frises étaient et sont encore, généralement, en métal, du fer blanc, vendues par des marchands spécialisés, comme la quincaillerie Leduc.

Style Second Empire

Le style Second Empire est à la mode dans le domaine domiciliaire surtout après 1875, mais les architectes l'appliquent principalement aux grands bâtiments, entre autres, l'ancien presbytère encore existant et l'ancien couvent des Sœurs grises, maintenant rénové. On compte peu de résidences de ce style encore dans la ville, mais il y en a cinq dans le Quartier du Musée. Elles se reconnaissent principalement par leur toit à quatre versants avec une pente peu accentuée, qui permet d'ajouter un étage sous le toit, cet étage étant perceptible de l'extérieur par des lucarnes. Ces maisons, rarement en bois, sont imposantes. Les plus magistrales sont celles du 111, rue Champlain, du 85, rue Victoria et du 187, rue Notre-Dame-de-l'Île. Par contre, la maison du 160, rue Notre-Dame-de-l'Île semble avoir été amputée depuis la démolition de la maison voisine. Ce principe architectural a été appliqué à la transformation complète du 95-97, rue Victoria. Malheureusement, il ne reste plus rien du style original de cette maison. Une version « façade urbaine » de ce style est apparente dans la devanture de la maison de l'entrepreneur Joseph Bourque au 137, rue Notre-Dame-de-l'Île.

Style Beaux-Arts

Le style Beaux-Arts a influencé l'architecture hulloise surtout après 1910. Il s'est rapidement adapté à la maison de style à l'italienne. On remarque la juxtaposition des deux styles dans certains des bâtiments et, plus particulièrement, en ce qui concerne les fenêtres qui ont une forme plus large avec une tête plate ainsi que les parapets ornementaux du toit de style Beaux-Arts. Le plus beau et le plus sérieux spécimen du style Beaux-Arts, non seulement dans le quartier, mais à Hull, est la maison du 167, rue Notre-Dame-de-l'Île. La balustrade du toit, son entrée surélevée avec ses colonnes et sa corniche garnies, ses doubles portes vitrées, ses fenêtres carrées, agrandies et accentuées par un seuil en pierre ou en ciment, la galerie-terrasse avec balustrade comme celle du toit sont parmi les principales caractéristiques du style Beaux-Arts. Toujours du même style, mais moins décorée, on trouve la maison Alexandre-Taché au 172-174, rue Champlain.

Style classique édouardien

Dans les années 1920, la maison la plus inspirée est certainement celle du Café Henry Burger, aujourd'hui le restaurant La Papaye verte. Ce beau bâtiment édouardien d'influence classique est unique dans le secteur et peut-être dans la ville. Il s'agit d'une intégration d'éléments décoratifs de l'époque d'Edward VII, du XVIIIe siècle anglais, au style Beaux-Arts français. Le toit plat souligné d'un entablement et d'un parapet le couronnant est du style Beaux-Arts, mais les fenêtres plein cintre avec des fenêtres latérales dans une ouverture plein cintre, tout comme l'effet décoratif de la brique mise en relief pour souligner les coins du bâtiment et l'usage de colonnes pour l'entrée principale sont des éléments du style édouardien.

Style néo-Tudor

Le style néo-Tudor a influencé les architectes dans les années 1940. Ce style se démarque par de faux colombages extérieurs à l'étage supérieur, des baies en saillie et un toit en pente douce, découpés de frontons. La porte principale a des ferrures de style moyenâgeux et une toute petite fenêtre. Deux immeubles sont de ce style sur la rue Champlain. L'un d'eux, le 175, rue Champlain, est l'œuvre de l'architecte Jean-Serge LeFort, et l'autre, son voisin, le 171-173, rue Champlain, est probablement aussi du même concepteur.

Aucune résidence n'est construite entre 1929 et 1940 dans le quartier ; c'est la période de la grande crise économique. Par contre, deux bâtiments, érigés dans les années 1950, témoignent d'une époque architecturale plutôt stérile. Il s'agit du 118, rue Champlain et du 165, rue Notre-Dame-de-l'Île. Toutefois, ce second bâtiment a fait l'objet d'une rénovation remarquable qui s'intègre avantageusement au quartier historique.

Authenticité

La recherche architecturale des bâtiments du Quartier du Musée permet de confirmer l'authenticité de ce patrimoine. Les rénovations effectuées ont rarement rogné l'identité du bâtiment. L'ensemble forme un paysage urbain identitaire et représentatif de l'histoire architecturale de l'Outaouais tant québécois qu'ontarien.

Un ensemble architectural majoritairement centenaire

La compilation, selon la date de construction, révèle l'ancienneté du Quartier du Musée. Nous comptons 63 bâtiments en incluant, dans notre étude, les deux maisons démolies de la rue Champlain. En tenant compte du fait que ce secteur a presque entièrement brûlé en 1888, 11 bâtiments ont été construits avant le feu de 1888. Trente-cinq l'ont été entre 1888 et 1900 et 11 autres, entre 1901 et 1915, pour un total de 57 bâtiments centenaires. En excluant les deux maisons démolies, le Quartier du Musée compte donc 55 bâtiments centenaires. L'ancienneté est un des critères fondamentaux dans l'évaluation patrimoniale et il ne fait pas défaut dans le Quartier du Musée.

Tableau 2 Bâtiments du Quartier du Musée par année de construction

Avant 1888	10
En 1888-1889	18
Entre 1890 et 1900	16
Entre 1901 et 1909	9
Entre 1910 et 1929	4
Entre 1940 et 1953	6
Total	**63**

Dix des 63 résidences ont été construites avant le feu de 1888. La plus ancienne est le 61-63, rue Victoria, car tout indique que sa construction est antérieure à 1874. Un document de la Ville de Hull fournit la date précise, 1871, sans toutefois en donner la référence, mais cela est très plausible. Sauvée des flammes en 1888 parce que l'incendie se dirigeait vers l'est, elle échappe, de nouveau et de justesse, à la tragédie d'avril 1900, le grand feu de Hull. Le 141-143, rue Champlain est en place en 1888, puisque la famille Carrière y a habité pendant la construction de sa maison du 85, rue Victoria, en 1888-1889. En analysant de plus près le quadrilatère du côté est de la rue Notre-Dame, nous constatons que plusieurs de ces maisons n'ont pas brûlé. Le 184, rue Champlain, démoli depuis une dizaine d'années (2006), a évité les flammes de la conflagration de 1888, puisque situé au bas de la côte de la rue Élisabeth-Bruyère.

Occupation historique générale des immeubles

Un survol des immeubles indique la présence de trois bâtiments institutionnels : le presbytère de la paroisse Notre-Dame-de-Grâce (118, rue Notre-Dame-de-l'Île), maintenant partie intégrante de l'hôtel Four Points by Sheraton ; l'Académie Sainte-Marie (115, rue Champlain) ; le couvent de la Congrégation des Sœurs de la Charité (les Sœurs grises), aujourd'hui, le Collège Saint-Joseph (172, rue Champlain). Une maison, le 111, rue Champlain, peut être ajoutée à la liste des bâtiments institutionnels, puisqu'elle a abrité les Bureaux des terres de la Couronne et le presbytère paroissial. Six bâtiments ont servi ou servent à des vocations commerciales : les immeubles Boult-Chénier (97-101, rue Laurier), maintenant la Maison du tourisme de l'Outaouais ; un ancien garage transformé en espaces commerciaux, dont Le Bistro, (67, rue Victoria) ; le 85, rue Victoria, anciennement bâtiment à la fois résidence et quincaillerie, qui est devenu un immeuble à bureaux (95, rue Victoria) ; et le 158, rue Notre-Dame-de-l'Île qui loge La P'Tite épicerie. Enfin, un immeuble à logements, le 187, rue Notre-Dame-de-l'Île, a été un hôtel.

Plusieurs professionnels avaient leur bureau dans leur résidence familiale et certaines de ces maisons étaient construites avec une annexe servant précisément à cette fin. Le mélange résidentiel et commercial d'aujourd'hui n'a rien de nouveau dans le quartier. La différence, c'est plutôt l'utilisation de la totalité de la maison pour en faire exclusivement des bureaux, alors qu'autrefois, les deux fonctions étaient réunies. Deux restaurants haut de gamme ont marqué l'histoire du quartier : le Café Henry Burger et Le Tartuffe. Ce dernier a fermé ses portes en 2016. Ce qui a totalement disparu, ce sont les ateliers d'artisans qui, jadis, côtoyaient leurs résidences, ainsi que les bâtiments de cour, logeant les latrines, les hangars de voitures, les écuries, et presque tous les garages depuis la venue des automobiles.

Ainsi donc, par son ancienneté, son authenticité et ses valeurs documentaire et identitaire, ce quartier réunit tous les éléments nécessaires à la constitution d'un site du patrimoine.

Survol historique et profil socioéconomique

Durant la seconde moitié du XIXe siècle, Hull connaît un développement commercial et industriel qui provoque un véritable *boom* démographique. Un missionnaire qui, en 1841, remonte la vallée de l'Outaouais, décrit Hull comme un poste relais pour les marchands de bois, mais qui possède de belles et riches fermes, bref, une fulgurante localité agricole. Dix ans plus tard, Hull n'est toujours essentiellement qu'un lieu de passage pour les marchands de bois et les draveurs, et peut à peine prétendre à l'appellation de village. Mais, en 1891, Hull est devenue rien de moins que la troisième ville en importance de la province, derrière Montréal et Québec.

L'essor économique sans précédent débute avec l'établissement de scieries autour des chutes Chaudières au cours des années 1850 : Bronson & Watson en 1852 ; A.H. Baldwin en 1853 ; Levi Young en 1854 ; Perley, Pattee & Brown en 1857 ; J.R. Booth en 1858 ; E.B. Eddy en 1866. La scierie Wright, Batson & Currier, construite en 1868, est située sur le site de l'actuel Musée canadien de l'histoire. La scierie Gilmour, par la suite renommée Gilmour & Hugson, est d'abord établie à

Chelsea, puis est déménagée, en 1873, au bout de la rue Laurier. Au cours des années 1860, la construction des édifices parlementaires attire un grand nombre d'ouvriers et d'artisans dans la région. La croissance démographique de Hull témoigne éloquemment de cet essor économique rapide. La population hulloise totalise à peine un millier d'habitants en 1861, mais bondit à plus de 11 000 personnes en 1891 et poursuit sa croissance pour atteindre 18 000 citoyens en 1911.

La naissance et le développement du Quartier du Musée s'inscrivent dans ce contexte. Initialement, tout le territoire appartient à la famille Wright. La plus ancienne transaction constatée dans le quartier entre un membre de cette famille et un tiers acquéreur remonte à l'année 1846, lorsque Ruggles Wright fait don d'un terrain pour la première chapelle catholique. De 1846 jusqu'en 1910, on assiste à la mise en place du Quartier du Musée tel qu'il existe – ou plutôt subsiste – aujourd'hui.

Le premier siècle de l'histoire du quartier – de 1860 à 1960 – comprend trois périodes : la période de « mise en place », qui se termine vers 1910 ; « la consolidation », de 1910 à 1960 ; et la dernière phase, de 1960 à aujourd'hui. Il est utile d'esquisser le profil socioéconomique du Quartier du Musée pour chacune de ces trois périodes. Même si quelques propriétaires ne sont pas identifiés formellement, l'échantillon permet de dresser un portrait valable de la composante humaine du secteur, car la plupart des propriétaires en sont aussi des résidents jusqu'à la dernière période.

On sait que, pendant un certain laps de temps, une même propriété a plus d'un propriétaire. Cela étant, le nombre de propriétaires différents et successifs de la première génération, celle d'avant 1910, est de 126. Cet ensemble se répartit en deux groupes : les propriétaires institutionnels, au nombre de 3, et les 123 propriétaires particuliers. Le Quartier du Musée étant le berceau de la première paroisse catholique, on ne s'étonne pas que les propriétaires institutionnels de cette époque soient la Communauté des Oblats de Marie Immaculée, propriétaire de l'église Notre-Dame-de-Grâce, le presbytère de celle-ci et la salle Notre-Dame ; les Sœurs de la Charité (Sœurs grises), propriétaires de l'actuel Collège Saint-Joseph ; et la Commission scolaire de Hull, propriétaire de l'ancienne Académie Sainte-Marie.

Quant aux 123 propriétaires individuels de la première génération, près de la moitié, soit 57, œuvrent dans deux principaux secteurs d'activité économique : la construction (33) et le commerce (24). Là encore, on ne saurait s'étonner de la prédominance des métiers de la construction, compte tenu de l'imposant chantier de la Colline parlementaire, d'une part, mais aussi, d'autre part, du *boom* démographique de Hull. On assiste, à cette époque, à une prospérité soudaine qui entraîne la construction accélérée de résidences, de commerces et d'édifices publics. De plus, à la même période, des secteurs entiers de la ville, à peine construits, doivent être entièrement reconstruits à la suite d'importants incendies, dont ceux de 1886, de 1888 et de 1900. Au cours de l'été qui suit le grand feu de 1900, ont été construits (ou reconstruits) à Hull 317 résidences, 94 boutiques, les installations de la E.B. Eddy, un moulin à carder Hanson, deux moulins à planer, un nouvel hôtel de ville, une nouvelle église anglicane, le palais de justice, le bureau de poste, deux banques, le Bureau d'enregistrement, cinq hôtels, le Collège Notre-Dame, deux couvents et une école anglaise. Ainsi, outre les entrepreneurs, charpentiers et menuisiers, il y a, dans la catégorie construction, les tailleurs de pierre, les maçons et les peintres spécialisés.

L'importance du nombre de propriétaires qui œuvraient dans le secteur commercial s'explique, elle aussi, assez aisément. Vers 1870, malgré l'absence de données précises à ce sujet, le futur Quartier 4 comptait un nombre infime d'habitants. Une quinzaine d'années plus tard, en 1884-1885, on y trouvait 1 138 personnes, un nombre qui aura presque doublé en 1900 pour atteindre 2 122. Les quelques données glanées me permettent d'affirmer qu'à cette époque, le Quartier du Musée abritait quelques boucheries et épiceries de même qu'une boulangerie et une quincaillerie. Or, parmi les 24 propriétaires-commerçants du secteur, on trouve précisément six bouchers, trois épiciers, de même qu'un quincaillier et deux vendeurs d'huile ou de charbon. La présence des autres commerçants peut aussi s'expliquer, du moins en partie, par leur proximité avec l'axe marchand des rues Hôtel-de-Ville et Principale.

Un second groupe de la cohorte, totalisant 28 individus, est réparti également dans trois secteurs d'activité économique : 12 des services publics ; 6 de l'industrie (ingénieurs, machinistes, constructeurs de moulin, fabricant de papier, fileur, mécanicien) ; et 10 des métiers spécialisés (typographe, carrossier, électricien, cordonnier, forgeron, meunier, navigateur, explorateur et autres).

Il existe aussi un certain nombre de propriétaires qui échappent à toute catégorisation sectorielle en matière d'activité économique. C'est le cas, entre autres, des 11 journaliers de l'activité économique urbaine qui peuvent avoir travaillé tantôt dans une manufacture ou une usine, tantôt dans le domaine de la construction, tantôt dans le secteur commercial. Enfin, l'on trouve deux autres groupes de propriétaires, le premier étant constitué de professionnels (avocats, ingénieurs, médecins et notaires), au nombre de six, et le second, pour lequel nous n'avons aucune information, aussi au nombre de six. Un autre groupe de propriétaires est celui des femmes qui, pour la plupart, ont hérité d'une propriété à la suite du décès de leur époux. Au-delà des religieuses de l'École normale, 11 femmes sont propriétaires durant cette période, en excluant les héritières Wright. L'une d'entre-elles, Adèle Leduc, épouse du notaire Tétreau, de même que Marie-Louise Chénier Boult, sont des femmes d'affaires. Celles-ci, à l'instar de quelques autres, sont issues de familles financièrement aisées et ont acquis les maisons personnellement. Marie-Ida Boucher reçoit la propriété en cadeau de noces. À une époque où peu de femmes travaillent à l'extérieur, celles-ci exploitent l'immeuble dont elles sont propriétaires, en y tirant les sommes nécessaires pour faire vivre leur famille. Ces femmes partagent souvent leur maison avec des parents ou des locataires.

Enfin, plusieurs propriétaires de la première cohorte, quel que soit leur secteur d'activité économique, se révèlent d'habiles investisseurs fonciers. En effet, 5 des propriétaires de ce groupe détiennent à eux seuls, momentanément, 32 des propriétés, soit près de la moitié. Il s'agit de : Damien Richer (neuf propriétés), Adèle Leduc (huit), Basile Carrière (sept), ainsi que l'entrepreneur Joseph Bourque et un marchand d'alimentation en gros d'Ottawa, Henry Newell Bate, qui ont chacun quatre propriétés. Trois de ces cinq propriétaires ont habité le quartier : Damien Richer (139, rue Champlain), Basile Carrière (85, rue Victoria) et Joseph Bourque (137, rue Notre-Dame-de-l'Île) ; ces résidences, toujours en place, ont une valeur architecturale indéniable.

La deuxième cohorte de propriétaires, c'est-à-dire tous ceux qui ont acquis une des propriétés à l'étude entre 1910 et 1960 et qui l'ont conservée pendant au moins un an, présente un profil socioéconomique passablement différent. Cette seconde génération regroupe 173 propriétaires, dont 6 établissements et 167 particuliers. À l'exception de la Société d'adoption de Hull, les propriétaires institutionnels ne sont plus à vocation sociale, mais plutôt à vocation économique. On trouve la Capital Trust Corporation, la Caisse populaire Notre-Dame de Hull, la Northern Life Insurance Company, la MacLean Realty Company et la Regal Realty Company. Les propriétaires des trois premiers établissements se retrouvent, pour ainsi dire, avec une propriété sur les bras parce que les propriétaires initiaux n'ont pu s'acquitter de leurs engagements financiers envers eux. Comme les saisies se sont produites de 1932 à 1937, on peut y voir un signe manifeste des conséquences de la crise économique des années 1930. Quant aux deux autres institutions, ce sont des sociétés immobilières qui ont acquis leurs propriétés à titre d'investissements.

Des 167 propriétaires particuliers, 57 œuvrent principalement dans deux domaines économiques : le commerce (33) et le professionnel (24). Autrement dit, les propriétaires qui exercent une profession libérale remplacent ceux de la précédente période, qui exerçaient un métier lié à la construction – ce nombre est maintenant réduit à sept.

La primauté du secteur commercial dans le quartier vient du fait que pendant cette période, tous les centres-villes – et le Quartier du Musée fait partie du centre-ville de Hull – regroupent les commerces. Ce n'est qu'après 1960 que ceux-ci se déplacent en banlieue, vers les nouvelles zones résidentielles. Une raison similaire explique la présence d'un nombre appréciable de professionnels dans le Quartier du Musée avant 1960 : les architectes, avocats, comptables, médecins et notaires exercent leur profession au centre-ville. Quant à la quasi-disparition des métiers de la construction, elle tient à deux facteurs : d'abord, à la cessation des grands chantiers de reconstruction des édifices publics dans la foulée du grand feu de 1900, chantiers qui avaient monopolisé une importante main-d'œuvre ; ensuite, à la décentralisation de la croissance démographique à Hull. En effet, de 1910 à 1960, la population de Hull passe de 18 000 à 57 000 – l'ensemble résidentiel se déplace en périphérie, de plus en plus loin du centre-ville et du Quartier du Musée.

En somme, la seconde cohorte de propriétaires est principalement constituée de commerçants et de professionnels. En cela, elle se distingue donc de la première génération de propriétaires, qui comptait surtout des ouvriers et des commerçants. De plus, la deuxième génération de propriétaires du quartier diffère de l'ensemble de la population active de la ville. En effet, à cette même époque, la majorité de la main-d'œuvre hulloise travaille dans le domaine industriel, alors que moins d'une dizaine de propriétaires du Quartier du Musée dépendent de ce secteur d'activité. Ajoutons que la proximité du gouvernement fédéral a peu d'incidence sur le profil socioéconomique de la deuxième cohorte. En fait, seuls neuf fonctionnaires y élisent domicile, dont quelques-uns à l'emploi du gouvernement provincial ou de la municipalité de Hull, comme Louis de Gonzague Raby, registraire du comté de Hull, et Lucien Laverdure, secrétaire-trésorier de la Ville de Hull.

Par ailleurs, l'analyse socioéconomique de la deuxième génération de propriétaires met en lumière un phénomène inattendu. Des 167 propriétaires individuels, 60, soit plus du tiers, sont des femmes. Il semblerait qu'il s'agisse de la première fois, au xxe siècle, que l'on souligne l'importance de la présence des femmes propriétaires urbains (36 %) dans une étude historique. En regard de l'ensemble de la ville de Hull, on peut se demander si ce phénomène est circonscrit au seul Quartier du Musée.

Les documents dont nous disposons ne nous permettent guère de tracer un profil socioéconomique de ces 60 femmes propriétaires entre 1910 et 1960. En effet, nous ne connaissons pas l'occupation de la majorité d'entre elles (43) ; nous savons tout au plus qu'elles sont la conjointe, la veuve, la fille, la sœur ou encore la nièce d'untel. En réalité, c'est le mode de transmission de la propriété qui nous permet de mieux cerner, si tant est qu'on puisse le faire, leur profil socioéconomique. Ces 43 femmes accèdent à la propriété en vertu d'un legs (35) ou d'une donation entre vifs (8). Nous connaissons le métier de huit des 17 autres femmes propriétaires : on y retrouve deux fonctionnaires, une vendeuse, une retraitée, une secrétaire, une institutrice, une étudiante et une femme d'affaires. La majorité d'entre elles est composée soit de « filles majeures », soit de « célibataires ». En général, dans la première moitié du xxe siècle, le rôle socioéconomique que joue la femme dans la société urbaine est perçu comme étant de second ordre, voire négligeable. Nous croyons que ce paradigme mériterait une remise en question, compte tenu du nombre important et, peut-être inhabituel, de Hulloises au sein de la deuxième cohorte de propriétaires.

La dernière phase de l'histoire socioéconomique du Quartier du Musée débute en 1960 et se rend à aujourd'hui. Si le portrait du quartier des années 1960 s'inscrit dans la continuité de la période précédente, il se transforme dramatiquement au cours des deux décennies suivantes. Des tragédies bouleversent le profil socioéconomique du quartier et expulsent une trop grande partie de sa population : la construction de Place du Portage et de l'édifice Jos-Montferrand, la démolition de l'usine de sulphite de la E.B. Eddy de la rue Laurier, l'incendie de l'église Notre-Dame-de-Grâce, l'incendie de l'ancien hôtel de ville, le forage de l'ancienne côte de la rue Maisonneuve pour en faire le boulevard actuel, la démolition des résidences et des commerces à proximité de l'hôtel de ville, l'expropriation et la démolition de bâtiments dans les environs du quartier. Tous ces événements transforment profondément le tissu urbain.

Dans le quartier même, la démolition graduelle, à l'exception de trois bâtiments, d'un quadrilatère urbain creuse une faille incommensurable entre la vie de quartier et son centre administratif et commercial, jadis situé sur les rues Hôtel-de-Ville et Principale, aujourd'hui Promenade-du-Portage. La construction du nouvel hôtel de ville, dans les années 1970, et celle du Musée canadien de l'histoire, au cours des années 1980, ne contribuent guère à préserver la valeur historique du quartier. La proximité de ces quelques établissements attire malheureusement des promoteurs qui profitent du quasi-abandon des anciennes résidences. Nombre de résidents se font proposer l'achat de leur propriété par des investisseurs qui n'ont aucune intention d'habiter le quartier. Ils achètent les résidences familiales, en subdivisent l'intérieur et créent de petits logis, qui conviennent rarement à des familles.

Cependant, depuis le milieu des années 1990, de jeunes familles s'installent à nouveau dans les anciennes maisons, les rénovent et y élèvent leurs enfants. D'autres jeunes sont locataires et profitent de la proximité du collège, de leur lieu de travail et des activités socioculturelles et sportives du centre-ville. Ils veulent vivre en ville dans un quartier à dimension humaine. Ils ont créé un nouveau noyau social à l'intérieur du quartier. Le profil socioéconomique du quartier est, encore une fois, en pleine transition.

Cela dit, la liste des propriétaires depuis 1960 est révélatrice de l'évolution du quartier et de la valeur spéculative de leurs propriétés. Je compte, pour cette période, 339 transactions individuelles. Les propriétaires sont soit des particuliers, soit des sociétés, soit des établissements. Douze de ces 339 inscriptions au registre foncier sont faites par des individus déjà propriétaires dans le quartier ; c'est donc dire que l'on dénombre 328 différents propriétaires, dont 26 sociétés anonymes. Le nombre de propriétaires diminuerait encore si nous pouvions distinguer les quelques propriétaires qui, nous le soupçonnons, possèdent des immeubles à la fois en leur propre nom et en celui de leurs sociétés.

Le nombre de propriétaires s'élèverait donc à 300 (198 hommes et 102 femmes). Or, cette répartition ne peut être qu'approximative parce que les propriétaires réels ne sont pas toujours indiqués. Très souvent, nous trouvons le nom du propriétaire suivi de la mention *et al.*, ce qui signifie « et autres ». Néanmoins, nous constatons le même pourcentage ou presque (34 %) de femmes parmi les propriétaires, en comparaison avec les périodes antérieures, ce qui reflète le maintien de leur part dans la propriété du quartier.

La nouveauté dans la période de 1960 à aujourd'hui est l'achat des propriétés par des sociétés à numéro enregistrées au Canada ou au Québec. Vingt-deux propriétaires se partagent 24 propriétés, mais seuls 12 d'entre eux ont pu être identifiés. Je sais que certains propriétaires possèdent plusieurs sociétés. C'est le cas, par exemple, du notaire Pierre Desrosiers qui avait formé les sociétés Phides et Gatineau Westgate dans les années 1970.

En regroupant les propriétés par propriétaires identiques, nous avons observé une moins grande concentration des propriétés que nous ne le croyions. Par contre, nous remarquons qu'actuellement, il existe plusieurs ententes notariées ou promesses d'achat, dans l'expectative de grands projets. Une analyse pointue des transactions immobilières des dernières années est révélatrice d'une certaine agitation, mais nous laissons à d'autres le plaisir de s'y attarder.

Soulignons aussi l'acquisition fréquente d'une même propriété par quelques acheteurs regroupés, puis la revente par un ou plusieurs d'entre eux au profit d'un seul membre du groupe. Dans ces groupes de propriétaires, il y a de jeunes couples venus s'installer dans le quartier depuis le milieu des années 1990, mais aussi des professionnels qui y ont ou y avaient des bureaux d'affaires et qui ont acheté quelques propriétés. Nous trouvons également les enfants d'anciens propriétaires qui acquièrent une ou plusieurs propriétés.

Pour éventuellement parfaire l'analyse de cette période, nous ajoutons, en annexe, la liste des propriétaires, les dates de possession et les quelques renseignements sur leur occupation que nous avons pu recueillir. Ce tableau permet de constater que certaines familles ont habité le quartier pendant une très longue période. La plus remarquable à cet égard est la famille Roger (141-145, rue Notre-Dame-de-l'Île), encore propriétaire en 2016 de la maison construite en 1900. De même, le bâtiment situé au 135-137, rue Champlain appartient à la famille Massé depuis sa construction.

Un bref coup d'œil à ce tableau révèle la présence, en 2016, de plusieurs professionnels et de nombreux fonctionnaires, mais aussi de gens d'affaires qui ont acheté pour revendre, ainsi que plusieurs propriétaires qui sont des professionnels de la construction. Quelques-uns, comme Robert Tardif, ont habité dans le quartier et effectué d'excellentes rénovations, tout en préservant le style architectural de leur résidence. Cependant, d'autres les ont rénovées en les subdivisant en appartements. Enfin, certains entrepreneurs sont des promoteurs immobiliers.

Le Quartier du Musée a été un lieu résidentiel et professionnel dès ses débuts. La différence, aujourd'hui, c'est que trop souvent le nouvel acheteur procède à la conversion de la maison entière en espace à bureaux, alors qu'antérieurement, le bureau du médecin ou du notaire n'occupait qu'une partie de sa résidence. Ce n'est pas le cas de toutes les maisons, certaines ayant été rénovées et reconverties en maisons unifamiliales.

Il existe peu de renseignements sur les locataires du quartier. Par ailleurs, les résidences anciennes des coins de rue, comme les maisons Farley, Talbot-Baillot, Dosithée-Chéné et Massé-Brunet, ont été construites sur des terrains de 60 sur 99 pieds, et non sur des terrains de 33 pieds de façade. Cela confirme que la subdivision des terrains n'a pas été partout de 33 pieds de façade, une notion trop répandue, et que les subdivisions n'ont pas uniquement été faites par les héritiers Wright.

En regroupant tous les renseignements colligés dans cet ouvrage, il y aurait lieu d'écrire un essai beaucoup plus approfondi sur l'histoire socioculturelle du Quartier du Musée. Mais l'urgence de contribuer à la sauvegarde de ce site patrimonial, dont la valeur identitaire est indéniable, m'a obligée à donner au plus vite les outils de référence indispensables à une prise de décision politique, sociale et culturelle. L'avenir dira si nous avons réussi.

Organisation de l'ouvrage

Ce livre est un outil de référence sur le développement urbain, démographique et architectural du Quartier du Musée. Nous choisissons de publier maintenant le résultat de nos recherches depuis 1990, car il est urgent de faire connaître l'histoire de ce quartier et la valeur représentative de son architecture et de sa société, devoir qui s'impose dans le contexte d'ambitieux projets qui seraient dévastateurs de ce lieu de mémoire. Malgré les lacunes et les informations parfois parcellaires, nous voulons que le plus grand nombre de Gatinois et toutes les personnes intéressées puissent reconnaître, dès aujourd'hui, que le Quartier du Musée est d'une très grande richesse patrimoniale et que nous devons le préserver.

C'est une ballade à travers le quartier que nous suggérons, donc la présentation des bâtiments est organisée par adresse postale.

La maison sise au 111, rue Champlain sert de point de départ, puis nous circulons sur les rues Notre-Dame-de-l'Île, Laurier, Élisabeth-Bruyère, Papineau, puis Victoria. La description architecturale attire l'attention sur les particularités de la résidence ou du bâtiment, puis la description historique permet parfois de connaître ce et ceux qui étaient là avant la maison actuelle, ses premiers propriétaires, puis les résidents qui s'y sont succédés. On y découvre des familles, des liens entre résidents et la diversité de la population qui y a habité : professionnels, politiciens, marchands, fonctionnaires, artisans spécialisés, éducateurs et main-d'œuvre à tout faire. Nous avons ajouté la chaîne de titres parce qu'elle montre en un coup d'œil l'histoire des propriétaires et de l'occupation de chaque propriété, depuis la construction de la maison jusqu'en mars 2016. Cette organisation de la matière est conçue pour le résident qui souhaiterait obtenir rapidement des renseignements sur une propriété particulière, ou encore pour l'amateur de patrimoine ou le touriste qui souhaiterait se promener dans le quartier et qui se servirait de ce livre comme guide. Mais il sert avant tout à préserver notre histoire régionale, car le développement du Quartier du Musée est intrinsèquement lié au développement de la grande région de l'Outaouais.

Et cette histoire est riche en possibilités futures de recherche. Plusieurs points demeurent en suspens ou n'ont pas encore été corroborés par des preuves. Dans ces cas, nous avons identifié ces lacunes au moyen de points d'interrogation ou en avançant des hypothèses. Il est à espérer que ces informations répondront à de nombreuses questions tout en alimentant de nouvelles recherches urbaines, démographiques, généalogiques et sociales, et qu'elles susciteront des récits inédits.

Sources

Les principaux documents qui ont servi à la présente étude sont les titres de propriété enregistrés au Registre foncier du Québec, District de Hull, les rôles d'évaluation de la Ville de Hull, puis de Gatineau, et les Recensements du Canada jusqu'en 1921. Ces derniers sont disponibles sur le site de Bibliothèque et Archives Canada (BAC), qui possède également les plans d'assurance incendie, lesquels ont aussi permis de suivre le développement urbain du quartier. Les descriptions architecturales tirent leur source surtout des documents de référence de l'Inventaire des bâtiments historiques du Canada. Nous avons aussi eu recours à des monographies régionales et des biographies de personnalités de Hull. Les archives de la Ville de Hull et celles de Bibliothèque et Archives nationales du Québec (BAnQ), ainsi que les collections du Centre régional d'archives de l'Outaouais (CRAO) et les outils de référence de la Société de généalogie de l'Outaouais (SGO) ont aussi été sources de nombreuses informations sur le quartier et ses citoyens.

Notons qu'après l'incendie du Bureau d'enregistrement de Hull, en avril 1900, les articles 2136 et suivants du *Code civil du Bas-Canada* (ci-après Code civil), toujours en vigueur, exigeaient que les titres de propriété soient de nouveau enregistrés. Lorsque le document original était disponible, le texte était tout simplement copié, mais, parfois, le texte avait été enregistré par déclaration et à différentes époques, à la suite d'un autre contrat ou d'un décès. Cela explique que, malgré cet incendie, le chercheur peut souvent retrouver les titres de propriété jusqu'aux premières concessions du début du XIXe siècle. Les déclarations d'enregistrement de droits de succession fournissent généralement la date de décès d'un propriétaire, ce qui nous permet ensuite de retracer sa notice nécrologique dans les journaux et d'obtenir des renseignements sur les familles et les relations sociales.

Les rôles d'évaluation, conservés dans les archives de la Ville de Gatineau, remontent au début de l'incorporation de la Ville de Hull, en 1875, mais ceux des premières années n'ont pas tous été conservés et microfilmés. Il faut parfois analyser les livres de perception pour suivre les changements de propriétaire. Malgré des lacunes, les anciens rôles permettent souvent de dater et de connaître le mode d'occupation d'un terrain, le type et le matériau (bois, brique) du bâtiment. Ils permettent aussi d'identifier le maître de la maison, car, même si les femmes étaient propriétaires, elles ne sont inscrites que lorsqu'elles sont veuves, et ce mode d'inscription ne tient pas compte de leurs moyens financiers. Lorsque le couple est propriétaire, le nom de la femme n'est pas inscrit. Il faut aussi tenir compte, dans ces rôles anciens, du fait que la propriété du sol n'est pas toujours dans les mêmes mains que la propriété de la maison, ce qui peut entraîner des erreurs d'identification des propriétaires, laquelle doit être corroborée par d'autres sources. On y trouve aussi le nom des occupants, propriétaires ou locataires, et leurs occupations. Dans ces rôles d'évaluation, nous avons remarqué que les dimensions des maisons sont probablement mesurées au pas, car elles varient souvent d'à peine quelques pieds. Comme aujourd'hui, donc, les recenseurs ne reprenaient pas les mesures annuellement. Par contre, les changements majeurs y étaient inscrits, comme la construction d'un bâtiment, un nouveau revêtement ou un agrandissement. Il faut donc lire ces documents avec attention et beaucoup de sens critique. Ils se sont néanmoins avérés généralement fiables pour indiquer la date de construction d'un bâtiment. Les rôles d'évaluation actuels permettent de connaître les propriétaires des immeubles jusqu'en mars 2016, mais les descriptions actuelles des bâtiments et du terrain en sont réduites aux dimensions, alors que les dates de construction des bâtiments anciens sont rarement exactes. En raison de la spéculation dans ce quartier, des changements pourraient survenir avant la parution du présent ouvrage.

Les Recensements du Canada, maintenant en ligne sur le site Web de Bibliothèque et Archives Canada, permettent de retracer plusieurs des familles de la fin du XIXe siècle et du début du XXe siècle, tout comme des notes biographiques de quelques personnages dans des registres sociaux et des publications diverses, dont celles de la Chambre de commerce. Celles-ci sont parfois les seules sources qu'il nous reste sur l'histoire de personnalités bien connues de l'époque et peu connues aujourd'hui.

Nous avons eu la chance de consulter de nombreux dossiers du Service d'urbanisme ainsi que du Bureau du registraire de la Ville de Hull. Le travail de Louise Bisson sur les élections municipales est un outil indispensable pour identifier ceux qui ont œuvré dans l'arène politique municipale, mais on ne pouvait effectuer une recherche aussi approfondie sur toutes les personnes mentionnées dans le présent document. La Société de généalogie de l'Outaouais possède des banques de données fort utiles que nous aurions aimé dépouiller davantage.

Évidemment, les études d'histoire régionale ou urbaine, comme l'*Histoire de l'Outaouais*, ouvrage dirigé par Chad Gadfield, et *Hull 1800-1950* de Lucien Brault, et d'autres ouvrages semblables ont été indispensables. Ajoutons la collaboration de l'archiviste Michel Prévost, qui nous a souvent communiqué des renseignements sur des personnalités affiliées à l'Université d'Ottawa. Il ne faut pas omettre non plus la chance que nous avons eue de consulter les archives de la Communauté des Oblats de Marie Immaculée (OMI) avant son départ pour Richelieu.

Les notes de référence et la bibliographie pourront guider toute personne cherchant à poursuivre ces recherches sur l'intéressante histoire d'un lieu de mémoire exceptionnel.

Sigles et notes

AVG : Archives de la Ville de Gatineau
BAC : Bibliothèque et Archives nationales du Canada
BAnQ : Bibliothèque et Archives nationales du Québec
CRAO : Centre régional d'archives de l'Outaouais
OMI : Oblats de Marie Immaculée
QRF : Québec, Registre foncier du Québec
SGO : Société de généalogie de l'Outaouais
Époux, épouse et *ux*: Dans les documents légaux, les liens entre les époux sont souvent signalés par la mention *ux*. Au long, les termes *époux* ou *épouse* sont employés. Le terme juridique qui est généralement admis aujourd'hui est *conjoint*, mais avant 1970, ce terme était rarement utilisé. C'est pourquoi les termes *époux* ou *épouse* sont employés lorsque les documents indiquent un lien de mariage.
No et no : Dans les références des documents du registre foncier, nous utilisons intentionnellement le *N* majuscule pour identifier le numéro du document enregistré et le *n* minuscule pour le numéro du document dans le greffe du notaire.
Numéros de référence : Les numéros de référence entre parenthèses renvoient aux titres de propriété, alors que les numéros de renvoi surélevés sont des notes qui font référence à des sources diverses, des explications ou des commentaires.
Rôle d'évaluation de la Ville de Hull : Les rôles d'évaluation étaient rédigés en anglais à la fin du XIXe siècle. Leur titre officiel était *Assessment Roll of the Corporation of the City of Hull*. L'expression *rôle d'évaluation* est donc utilisée dans le présent document.
Système de mesure : Les mesures sont les mesures impériales, soit les pieds et les pouces, telles qu'inscrites dans les documents. Nous ne les avons pas converties.

111, rue Champlain
Maison Gendron

© M. Gervais 2015

© M. Guitard 1997

© *Hull industriel*, 1908

Cadastre : 1 621 270
Anciens numéros de lot : 168-2 et 168-3, Quartier 4
Date de construction : 1889

Style architectural

L'architecture de cette grande résidence a été influencée par le style Second Empire dont l'élément le plus marquant est le toit à la Mansart, percé de lucarnes à fronton courbé. L'ouverture semi-elliptique de la tête des fenêtres est aussi une caractéristique du style Second Empire. L'imposant porche, surmonté d'un balcon supporté par des colonnes, de même que le large escalier jadis muni de rampes courbées donnant accès au rez-de-chaussée, sont aussi des éléments de ce style. Un toit à fronton ordinaire à double versant couvre le porche et son balcon. Haute et apparente, la fondation en pierre surélève le bâtiment et indique la présence d'un sous-sol. Un porche couvert d'un fronton ordinaire à double versant donne accès à l'entrée latérale.

Modifications : Des modifications ont été apportées à la partie arrière (73, rue Victoria), ajoutant un étage entre 1903 et 1908 et un troisième étage entre 1915 et 1928[1]. D'autres modifications ont lieu surtout pendant le premier quart du XXe siècle. Plus récemment, une des galeries à l'arrière et une entrée ont disparu.

Le hangar pour les hippomobiles du début du siècle avait été remplacé par un garage pour les automobiles de la maison. Ce dernier a été démoli après 1982.

L'immeuble a été partiellement défiguré à l'automne 1974 lorsque les missionnaires OMI ont effectué des « améliorations » pour y loger le nouveau presbytère. Les fenêtres ont perdu leur carrelage original. La structure en bois du porche et du balcon a été remplacée par du ciment, de la brique et du métal.

Les propriétaires de 1997 ont restauré les portes de l'entrée principale, lesquelles révèlent les valeurs ancienne et esthétique de la résidence. Restauré, ce bâtiment deviendrait l'un des plus beaux spécimens de ce style dans le Quartier du Musée et s'apparenterait aux grandes résidences de la rue Hanson.

Propriétaires et occupants

Le quadrilatère où est érigée cette maison a été légué par Ruggles Wright à son fils Philemon Wetheral (décédé en 1877). Il est ensuite

1. Charles E. Goad, *Insurance Plan of the City of Ottawa*, Hull, Section 1883-1915, et *Underwriters' Insurance Plan*, 1928.

Ferdinand-Ambroise Gendron, vers 1900. Gendron a été homme d'affaires, fonctionnaire, maire de Hull et député libéral du comté d'Ottawa à l'Assemblée législative du Québec. Ville de Gatineau, collection de la Ville de Hull, V12-01/0660.

passé dans les biens de sa fille Hannah Wright (1). C'est donc de cette dernière que Basile Carrière, propriétaire du lot du coin opposé, le 85, rue Victoria, achète ce terrain en 1879 (21). Il construit cette maison de style Second Empire en 1890-1891. mais ceux des premières années n'ont pas tous été[2] et Joseph Duhamel, n'y demeurent que peu de temps, car à compter de 1893, le Département des terres de la Couronne loue la maison pour y aménager des bureaux dans la région et y loger son agent. Le nouveau bail de location de 1904 est fait avec le Département des terres, mines et pêcheries du Québec, qui est nommé l'année suivante Département des terres et forêts, avant de devenir le ministère des Terres et Forêts en 1961.

Le deuxième agent est Ferdinand-Ambroise Gendron, né à Beauport le 10 février 1856, fils d'Ambroise, mesureur de bois, et d'Esther Chamberland. Ses études terminées, il arrive à Hull en 1876 pour travailler à la E.B. Eddy, d'abord comme inspecteur de bois, puis comme surveillant général des chantiers. En 1890, associé à Adrien Chevrier, il fonde la Gendron Lumber Co.[3] Son expérience lui permet d'obtenir un poste d'agent des terres de la Couronne de 1898 à 1905 ; il est aussi bien placé pour acheter et vendre des concessions de terre à bois. Il a des relations : son beau-frère Simon-Napoléon Parent, est en effet commissaire au Département des terres, mines et pêcheries

2. C'est le père de Marie-Berthe Laflamme, épouse d'Alexandre Taché. Hector Laflamme est né le 3 août 1859 et a épousé Delvina Berthiaume, née le 7 octobre 1864. Hector Laflamme est agent d'assurances et a sa résidence et son bureau sur la rue Britannia (Maisonneuve) par la suite. BAC, Recensements du Canada de 1901 et 1911 ; V.-P. Aubin et A.-E. Bérubé, *Hull industrie, 1908* (brochure descriptive) [*Hull industriel*], 1908 ; voir aussi le 172-174, rue Champlain.

3. André Lavoie, dir., *Répertoire des parlementaires québécois, 1867-1978* [*Répertoire*], Québec, Assemblée nationale, 1980, p. 241. Le nom de la compagnie est tiré de Aubin et Bérubé, *Hull industriel*, Op. cit.

d'octobre 1900 à juillet 1901 et premier ministre du Québec et président du conseil exécutif de 1900 à 1905[4].

Gendron achète la maison qu'il habite déjà le 23 novembre 1900[5] (3), puis une parcelle du terrain de son voisin, le tailleur de pierre Anthime Sauvageau (3), pour y installer une écurie et recevoir des calèches. Il épouse Corrine Lapierre, fille de François-Xavier et d'Adèle Leblanc, le 16 octobre 1881, à Ottawa, où elle est née. Leurs trois enfants, Lionel (13 janvier 1884), Berthe ou Albertine (28 juillet 1888), et Fernand ou Ferdinand (24 novembre 1890), sont aussi nés à Ottawa[6]. En 1905, après avoir été élu député, Gendron vend son immeuble à son fils Lionel (4), qui lui succède au poste d'agent des terres. Le ministère des Terres de la couronne a toujours un bureau à l'arrière du bâtiment. Dix ans plus tard, Lionel le revend à sa mère (5).

Les entreprises minières intéressent beaucoup Gendron[7]. En 1908, il est président et gérant de la Harricana Lumber Co., président de la Raven Lake Mining Co. et directeur de la Turtle Lake Mining Co.[8]. C'est aussi un homme politique. Il est échevin en janvier 1902, puis maire en 1903 – le maire n'étant alors élu que pour un an. En 1904, il est élu député libéral du comté d'Ottawa à l'Assemblée législative du Québec, poste qu'il occupe jusqu'en 1916. Il remporte l'élection par 1 500 voix de majorité, la plus forte jamais enregistrée dans la circonscription depuis la Confédération[9]. Il meurt à Amos, en Abitibi, le 9 août 1917, sans laisser de testament[10]. Il est inhumé à Hull, le 14 août suivant (6).

4. *Ibid.*, Simon-Napoléon Parent est commissaire au Département des terres, mines et pêcheries du 3 octobre 1900 au 2 juillet 1901.
5. Son épouse lui fournit l'argent pour cet achat. Voir QRF, 1900, 4 décembre 1900, No 798 B1, obligation S1/2, 200 dollars pour 6 ans avec intérêt, Corinne Lapierre à Ferdinand-Ambroise Gendron, devant Me Paul Desjardins, no 5230, 22 novembre 1900.
6. BAC, Recensement du Canada de 1901. Les noms inscrits diffèrent de ceux utilisés dans les documents plus tard et vraisemblablement dans la famille. Leur naissance à Ottawa n'a rien d'étonnant, les femmes de Hull et de Gatineau accouchant souvent dans les hôpitaux où pratique leur médecin.
7. Ernest E. Cinq-Mars, *Hull, son origine, ses progrès, son avenir* [*Hull, son origine*], Hull, Bérubé Frères, 1908, p. 78, 81.
8. Aubin et Bérubé, *Hull industrie.*
9. Cinq-Mars, *Hull, son origine* ; Lavoie, [*Répertoire*], p. 241. Il faut noter que Brault écrit que Gendron fut député de 1904 à 1919, ce qui est probablement une erreur de typographie puisqu'il était décédé à cette dernière date. Voir Lucien Brault, *Hull 1800-1950,* 1950, p. 37.
10. N'ayant pas de testament, son épouse se vit donc dans l'obligation de régler ses affaires. Elle dut même comparaître à la Cour supérieure pour une histoire de

Lionel Gendron épouse sa voisine, Jeanne (85, rue Victoria), fille de Basile Carrière, le 30 avril 1915. En juin 1924, elle meurt à Montréal[11], laissant quatre enfants : Fernande, André, Monique et Marc (7). Lionel, lui, décède en 1936. Berthe épouse Jean Beauchemin, un industriel de Montréal. Ils ont aussi quatre enfants : Fernande, Hélène, Mimi, Corrine[12]. Nous savons peu de choses de Fernand (ou Ferdinand) sinon qu'il était lieutenant-colonel et habitait New York en 1940.

Depuis environ 1925, deux logements ont remplacé le bureau du Département des terres et forêts du Québec. Ils sont occupés par le protonotaire Horace Kearny et le fonctionnaire Arthur Lemont, en 1925-1926, et par le marchand Hervé Lepage et le boucher Joseph Trudel, en 1935. Nous n'avons pu dresser la liste de tous les locataires dans le cadre du présent travail[13].

Comme toutes les dames de la bourgeoisie, l'épouse de F.-A. Gendron, Corrine Lapierre, est membre des Dames patronnesses de Hull et occupe la vice-présidence du bureau de direction de l'hôpital de la rue Water[14]. Elle vit dans sa maison jusqu'à son décès, le 21 février 1940[15]. Malade depuis quelques mois, elle avait rédigé son testament le 3 novembre 1939, devant témoins, ses voisins : le marchand Joseph-Hervé Lepage, le maître de poste Arthur Fréchette, son gendre Jean Beauchemin et Adélard Champagne. Reconnaissante envers sa fille Berthe, elle lui lègue (8) tous ses biens personnels, sa résidence et un immeuble de la rue Notre-Dame[16]. Et il y en a encore beaucoup pour ses petits-enfants. Dans la description du cortège funéraire qui, du salon funéraire Gauthier, traversa la rue pour les funérailles à l'église Notre-Dame-de-Grâce avant de se rendre au cimetière Notre-Dame, rue Fournier, on mentionne de nombreux citoyens du Quartier du Musée – sans toutefois nommer leurs épouses qui étaient certainement avec eux. Cela révèle les liens étroits de la communauté, comme on le verra dans d'autres événements semblables dans des familles du quartier.

---

prêt de quelque trois mille dollars, l'année suivant le décès de son époux. Voir titre (6).

11. « Mme L.A. Gendron est décédée hier », *Le Droit*, 20 juin 1924.
12. « Imposantes funérailles de Madame F.-A. Gendron », *Le Droit*, 23 février 1940. Nous ne savons pas s'il était en mission à New York ou dans l'armée américaine.
13. Ville de Hull, Rôles d'évaluation, Quartier 4, pour les années 1915-1926 et 1935-1936.
14. E.-E. Cinq-Mars, *Hull, son origine*.
15. Certificat d'acquittement des droits de succession ; « Imposantes funérailles de Madame F.-A. Gendron », *Le Droit*, 23 février 1940.
16. L'immeuble du 109-113, rue Notre-Dame n'existe plus.

Le 13 décembre 1941, Berthe Gendron, qui habite à Montréal, vend la maison familiale à Georges-Henri Bergeron[17], un médecin, et à son épouse, Thérèse Ménard (9). Au début de mai 1952, le Dr Pierre Bégin[18] et son épouse, Marie-Éva Belzile, achètent la maison (10). Bégin meurt le 18 avril 1960 à l'âge de 59 ans ; il laisse sa veuve et cinq enfants, Carmen (28 ans), Claude (27 ans), Laval (25 ans), Suzanne (18 ans) et Marthe (8 ans) (11). Madame Belzile habite la résidence familiale jusqu'en 1974.

Le 12 juillet 1974, les missionnaires OMI achètent la propriété (12). Le curé Hébert, qui préside à la démolition de l'église, « rénove » la magnifique demeure sans en respecter l'architecture, pour en faire une chapelle et un presbytère.

Le 12 novembre 1982, deux avocats, Simon Noël et Robert Décary, achètent l'édifice et y installent leur bureau (13). En 1985, ils acquièrent la propriété voisine de Paul-Émile et Cédulie Sauvageau, une maison presque centenaire, et la font démolir pour y aménager un stationnement (14). En 1993, Décary, nommé juge, vend sa part à l'avocat Jacques Berthiaume (15). On a restauré avec beaucoup de soin la porte d'entrée, laquelle révèle qu'il s'agissait autrefois d'une belle résidence bourgeoise et que le vieux donne toujours du prestige à un bâtiment. Il en faudrait bien peu pour retrouver le beau porche surmonté de son balcon en bois !

En août 1998, Berthiaume vend sa part à Sylvie Roussel *et al.* (16). Simon Noël vend aussi une partie de ses parts à Sylvie Roussel *et al.*, en 1999 (17), puis les autres, en 2006, à Pierre Landry et Jean Faullem (18). Ces deux derniers achètent les parts de Sylvie Roussel et Dominique Goulet en 2010 (19). Finalement, depuis 2014, ayant acheté les parts de Jean Faullem, Pierre Landry (20) est le propriétaire, en 2016, de l'ancienne maison logeant toujours des bureaux d'avocats.

Chaîne de titres

111, rue Champlain

1. QRF, 1901, 15 octobre, No 2222, testament de Ruggles Wright père, devant Me A. Larue et collègues, no 5893, 6 août 1863 ; contrat de partage et division de propriété, devant Me A. Larue, 17 septembre 1864, enregistré sous Lib B, No 46, vol. 11, p. 53.

---

17. Bergeron habitait alors au 14, rue Hôtel-de-Ville.
18. Bégin habitait au 93, rue Maisonneuve, au moment de l'achat.

2. Carrière a acheté ce terrain d'Hannah Wright, fille de Ruggles et épouse de J.M. Currier, en 1879.
3. QRF, 1900, 30 novembre, B1, No 757, vente (moitié sud) du lot 168, Basile Carrière à Ferdinand-Ambroise Gendron, devant Paul-Thomas Desjardins, no 5229, 23 novembre 1900 ; Ville de Hull, Rôles d'évaluation de la Cité de Hull (ci-après Rôles d'évaluation) de 1888-1894 ; QRF, 1900, 11 décembre, B1, No 831, vente (moitié nord) du lot 168, Anthime Sauvageau à Ferdinand-Anthime Gendron, 100 dollars, devant Paul-Thomas Desjardins, 5 décembre 1900.
4. QRF, 1905, 31 mars, B10, No 9313, vente partie, 6 000 dollars payables, Ferdinand-Ambroise Gendron à Lionel-A. Gendron, devant Charles-Edmond Taschereau, 25 février 1905, no 2879.
5. QRF, 1915, 25 janvier, B25, No 24546, vente, partie, 4 000 dollars, Lionel-A. Gendron à Corinne Lapierre ux Ferdinand-Ambroise Gendron, 23 janvier 1915.
6. QRF, 1918, 2 décembre, B31, No 30556, Henri-Adolphe Goyette c. Corrine Lapierre, veuve de F.-A. Gendron ; jugement, 3 312 dollars, province de Québec, district d'Ottawa, Cour supérieure, 25 novembre 1918, no 4763.
7. QRF, 1924, 18 octobre, B45, No 45680, Jeanne Carrière, femme de Lionel-A. Gendron ; héritiers : Fernand Gendron *et al.*, déclaration (pt) décès, devant Me Louis Bertrand, 14 octobre 1924 ; QRF, 1930, 16 avril, B60, No 60815, Moïse-J. Laverdure, devant Me F.-Albert Labelle, 2 avril 1930.
8. QRF, 1940, 15 avril, B71, No 72898, Corrine Lapierre legs Berthe Gendron Beauchemin, testament, Canada, province de Québec, district de Hull ; QRF, 1940, 15 avril, B71, No 72899, déclaration, devant Henri Desrosiers, 24 février 1940 ; QRF, 1940, 15 avril, B71, No 72896, succession Corrine Lapierre ; certificat, no 121635, province de Québec, certificat d'acquittement des droits de succession.
9. QRF, 1941, 13 décembre, B73, No 74538, Berthe Gendron, épouse de J. Beauchemin, à Georges-Henri Bergeron, vente (moitié sud et partie de moitié nord) pour 8 488 dollars et 1 500 dollars payés, devant Me François-A. Binet, 13 décembre 1941.
10. QRF, 1952, 10 mai, No 99 143 Dr Georges-Henri Bergeron à Dr Pierre Bégin, vente, (pts) 32 500 dollars, devant Me Pierre Desrosiers, 9 mai 1952, no 4097.
11. QRF, 1960, 9 décembre, No 131 220, succession Pierre-R. Bégin, certificat no 5-372291, succession Pierre-R. Bégin en son vivant de

Hull, décédé le 18 avril 1960 ; QRF, 1960, 9 décembre, No 131 221, Pierre Bégin legs à Marie-Eva Belzile, épouse, testament, devant Me François-A. Binet, 1er avril 1955, no 28019.

12. QRF, 1974, 14 août, No 232 75, Marie-Eva Belzile, veuve de Pierre Bégin, à missionnaires OMI, vente, 12 juillet 1914, devant Me André Bourassa, à Montréal, no 3079.
13. QRF, 1982, 16 novembre, No 307 414, missionnaires OMI à Simon Noël *et al.*, vente, devant Pierre Lafortune, à Hull, no 1441, 12 novembre 1982 ; QRF, 1982, 17 novembre, No 307 441, Ant.-Émile Sauvageau *et al.* à Simon Noël *et al.*, servitude, devant Me Pierre Lafortune, 12 novembre 1982, no 1442 ; QRF, 1983, 25 janvier, No 309 206, Ville de Hull à Simon Noël, servitude, devant Me Pierre Lafortune, à Hull, 19 janvier 1983, no 1471.
14. QRF, 1985, 2 octobre, No 344 332, vente, Dame Marie-C. Sauvageau et Monsieur Paul-Émile Sauvageau à Monsieur Simon Noël et Robert Décary, 1er octobre 1985 .
15. QRF, 1993, 17 juin 1993, No 471 278, Robert Décary à Jacques Berthiaume, vente, devant Me Rodrigue Guindon, le 16 juin 1993 ; QRF, 1998, 26 août, No 532 960, Jacques Berthiaume à Sylvie Roussel *et al.*, vente.
16. QRF, 1999, 8 janvier, No 536 930, Simon Noël à Sylvie Roussel *et al.*, vente, part.
17. QRF, 2006, 31 juillet, No 13 527 174, Simon Noël à Pierre Landry et Jean Faullem, vente, part.
18. QRF, 2010, 30 mars, No 17 038 300, Sylvie Roussel et Dominique Goulet à Pierre Landry et Jean Faullem, vente, part.
19. QRF, 2014, 3 mars, No 20 589 489, Jean Faullem à Pierre Landry, vente.

115, rue Champlain
Académie Sainte-Marie

© M. Guitard 2018

Vers 1907. BAnQ, Inconnu, P547, S1, SS1, SSS1, D172, P10.

Cadastre : 1 621 274
Anciens numéros de lot : 121-2, 122, 135, 136-1, 136-2, 153, 154, remplacés par lot 550 en 1996, Quartier 4
Date de construction : 1897 et 1923

Style architectural

L'École Sainte-Marie, connue sous le nom d'Académie Sainte-Marie, est construite en deux étapes. L'école de 1897, érigée par l'entrepreneur Joseph Bourque, est l'œuvre de l'architecte F.M. Hamel ou du chanoine Georges Bouillon, architecte de l'archevêché d'Ottawa (selon Pierre Louis Lapointe). L'école est ensuite agrandie en 1923 par l'entrepreneur Eucher Caron selon les plans des architectes du quartier Brodeur et Pilon[1]. Les matériaux du premier bâtiment sont les mêmes que ceux qui sont encore visibles aujourd'hui, comme le confirme le mur de pierre de la première école à l'intérieur du bâtiment. La façade de cette école se trouvait jadis sur le boulevard Maisonneuve, alors rue Maisonneuve.

1. Voir Goad, *Insurance Plan*, 1915, planche 179, et Underwriters de 1928, planche 13.

Éclectique, cet édifice possède des caractéristiques du néo-roman et du style à l'italienne. Le jeu de pierre martelée qui accentue les coins du bâtiment et les ouvertures sur un fond de pierre bosselée tiennent du style néo-roman, courant dans les bâtiments institutionnels de la fin du siècle. Le toit plat original et son treillis en fer décoratif, bordant un avant-toit en pente légère sur une frise et des consoles, sont des caractéristiques du style à l'italienne.

Lors de l'agrandissement de 1923, le style et les matériaux originaux sont conservés, mais on modifie une partie des baies des fenêtres. On ajoute la baie de l'entrée principale sur toute la hauteur de la façade, côté Maisonneuve, surmontée d'un clocher, marque aussi de l'influence du style à l'italienne.

Modifications : En creusant la pente de la rue Maisonneuve, dans les années 1970 pour élargir la voie de circulation menant à l'extérieur de l'île, on déplace l'entrée principale de l'immeuble à la façade arrière. Les fenêtres en bois sont remplacées en 1977-1978 et de nombreux travaux sont effectués. En 1996, des travaux de rénovation, au coût de 2,3 millions de dollars, sont réalisés : une rallonge de mauvais goût sur la façade de la rue Champlain est démolie et une nouvelle entrée de concept moderne est plus ou moins intégrée à quelques éléments du bâtiment historique. En lui enlevant sa décoration originale, le toit est légèrement modifié, mais la frise et l'avant-toit en pente sont conservés sur trois façades. Seule celle de la rue Champlain est enlevée, mais ce retrait est encore visible sur la pierre. L'ancien clocher sur la façade ouest est conservé, tout comme les ouvertures. C'est surtout l'intérieur qui est modifié pour y introduire le cablage nécessaire aux nouvelles technologies.

Jusqu'à maintenant, mise à part l'entrée, les propriétaires ont conservé l'architecture extérieure historique.

Propriétaires et occupants

À son décès en 1863, Ruggles Wright laisse dans son testament le Quadrilatère 11, où est situé le présent édifice, à son fils, Philemon Wetherall, rentier. Ce dernier meurt en 1877. Sa sœur, Hannah Wright Currier, devient alors propriétaire du bâtiment. En raison du fait que l'Académie Sainte-Marie est l'un des bâtiments historiques les plus visibles à Hull et de son importance dans l'histoire de l'éducation, de nombreuses personnes en ont parlé et ont introduit un certain nombre d'erreurs et d'interprétations erronées à son sujet.

Lucien Brault écrit que la construction d'une école en pierre, d'après les plans du chanoine Georges Bouillon sur la rue Maisonneuve, eut lieu en 1880 et prétend qu'elle aurait été complétée en 1881[2]. Or, les rôles d'évaluation de la Ville de Hull indiquent qu'avant 1888, il y avait des maisons en bois érigées sur ce terrain, propriété de Hannah, fille de Ruggles Wright. Celle-ci en demeure propriétaire jusqu'en 1895-1896. La Commission scolaire de Hull en fait alors l'acquisition (1). Par conséquent, il se peut que l'école dont parle Brault n'ait jamais été construite. Quoiqu'il en soit, le terrain demeure vacant jusqu'en 1897[3].

Une hypothèque de 8 000 dollars, le 19 mars 1897, est consentie par le Crédit foncier franco-canadien à la Commission scolaire. Une deuxième hypothèque de 25 000 dollars pour deux propriétés, celle du Collège Notre-Dame (démoli) et celle de l'École Sainte-Marie, est émise le 19 octobre 1897 pour les lots 122, 135, 154 et la moitié sud du lot 121 du Quartier 4, tous mesurant chacun 70 pieds de largeur sur 99 pieds de profondeur (2). Les procès-verbaux de la Commission scolaire nous apprennent que le 23 janvier 1897, l'architecte avait déjà commencé les plans de l'école et, le 18 février, Joseph Bourque était engagé pour la construction de celle-ci, que l'on nomme déjà Sainte-Marie[4].

Une photographie publiée dans plusieurs revues, dont celle de l'Institut d'histoire et de recherche sur l'Outaouais (IHRO), *Le Hull disparu,* montre une école de deux étages[5]. Cette même photographie figure sur la page titre de la revue Asticou, pour illustrer l'ancien presbytère Notre-Dame-de-Grâce (décembre 1978) et figurait également sur une plaque historique à l'ancien Collège Notre-Dame, maintenant disparue[6]. C'est donc une photographie mal identifiée, qui ne correspond pas à l'École Sainte-Marie. Par ailleurs, une esquisse réalisée après le grand feu de 1900 montre un bâtiment qui ne peut être autre

2. Brault, *Hull 1800-1950,* p. 188. Léo Rossignol, dans sa thèse sur l'Outaouais, indique aussi 1881 comme date de construction de l'Académie Sainte-Marie, mais nous n'avons pas leurs sources.
3. Ville de Hull, Rôles d'évaluation de 1884-1889.
4. Commission scolaire de Hull, procès-verbaux, 1897. Rappelons que Joseph Bourque habite aussi le quartier, au 137, rue Notre-Dame-de-l'Île.
5. Institut d'histoire et de recherche de l'Outaouais (IHRO), *Le Hull disparu,* Hull, 1988, p. 67.
6. *Asticou,* décembre 1978 ; la plaque historique était au coin des rue Kent et Hôtel-de-Ville, rappelant la présence du Collège (de garçons) Notre-Dame.

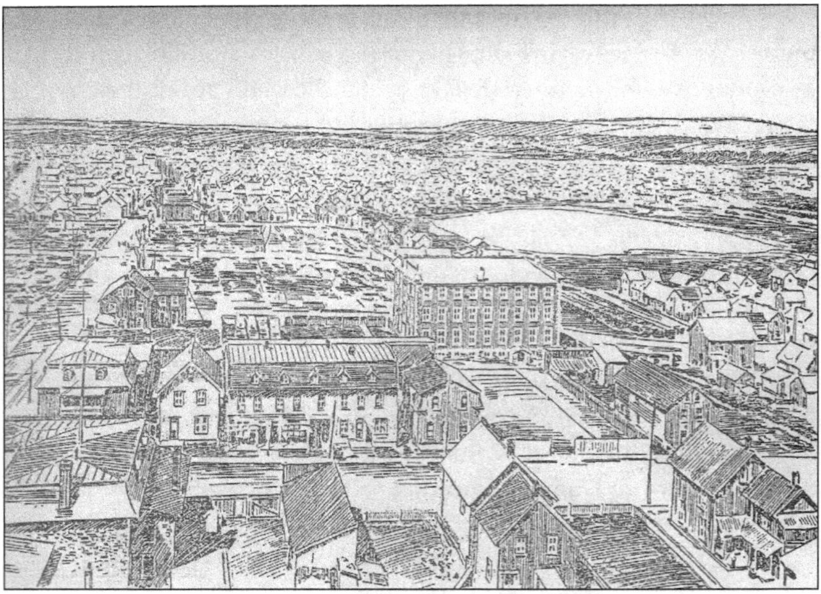

Esquisse de Hull et de l'Académie Sainte-Marie. *La Presse*, Montréal, 27 avril 1900

que l'Académie Sainte-Marie, lequel a bien trois étages[7]. Selon les procès-verbaux de la Commission scolaire de Hull de juillet 1900, l'école ayant été endommagée par le grand feu d'avril 1900, la Commission scolaire en profite pour y faire des réparations et parachever le troisième étage, ce qui indique que la construction était récente[8].

L'architecte F.M. Hamel, qui a dessiné les plans de cette école, est aussi celui du Collège Notre-Dame et sûrement de plusieurs autres bâtiments de Hull. Quant à l'entrepreneur Joseph Bourque, il fait l'objet d'une biographie plus détaillée dans le cadre de l'histoire de sa résidence (voir le 137, rue Notre-Dame-de-l'Île). Après le feu de 1900, c'est Joseph Cloutier qui se charge des travaux de parachèvement du troisième étage. Bourque est alors occupé à construire le Collège Notre-Dame[9].

La Communauté des Sœurs grises de la Croix a la direction de cette école. Le titre d'académie lui aurait été conféré le 9 septembre

7. Reproduction du journal *La Presse*, distribué lors de la Semaine du patrimoine, 27 avril 1990.
8. Commission scolaire de Hull, procès-verbaux, 3 juillet 1990.
9. Commission scolaire de Hull, procès-verbaux, janvier 1897 et 1900. La soumission de Cloutier était de 1 300 dollars. Bourque construit le Collège Notre-Dame avec les plans de l'architecte Hamel.

1897, selon l'historien Brault, bien que les documents légaux la désignent simplement comme école. Toujours d'après Brault, avant 1909, les jeunes filles peuvent obtenir un brevet d'enseignement à cette école, bien que les normes ne soient pas les mêmes qu'aujourd'hui et il faut connaître le nombre d'années scolaires après lesquelles elles pouvaient l'obtenir. À la suite de l'agrandissement du couvent des religieuses sur la rue Notre-Dame, l'École normale ouvre ses portes, en 1909, aux futures enseignantes. Dès lors, l'Académie Sainte-Marie offre un cours commercial, mais c'est avant tout une école primaire. En 1950, 12 religieuses et 10 institutrices laïques enseignent à quelque 600 filles[10]. Au milieu des années 1960, après la réforme de l'enseignement liée au rapport Parent, l'Académie Sainte-Marie devient une école primaire mixte, puis une école secondaire pour les étudiants anglophones du Campus Heritage[11]. En 1990, au moment de l'évaluation patrimoniale, l'Université du Québec en fait l'acquisition et y offre des cours universitaires.

Une anecdote datée de janvier 1909 révèle que la cour de l'École Sainte-Marie ne servait pas qu'aux élèves. Un passage du journal *Le Spectateur* mentionne l'intérêt de ce lieu pour les citoyens d'alors et souligne le manque d'espace de divertissement au centre-ville à cette époque :

> « La cour de l'école Ste-Marie est devenue le rendez-vous journalier d'une foule de citoyens qui sont censés connaître mieux leur place et leurs devoirs, soit de père [*sic*] de famille, soit de contribuables. Les bonnes sœurs… n'osent se plaindre… » mais ils enlèvent la cour aux élèves. « Elles seraient beaucoup plus contentes si on les laissait tranquilles chez elles, avec leurs petites élèves, dans leur cour fermée, soustraites aux regards indiscrets des passants.… Les commissaires d'écoles assistent de temps à autres, et se font accompagner par le conseil municipal en corps et les hommes de profession de Hull qu'on semble vouloir amadouer par ce procédé. Ils assistent disons-nous, à des parties de croquet ou de patin dans la cour du couvent, devenue lieu d'amusement public au détriment des élèves[12].

10. Brault, *Hull 1800-1950*, p. 188.
11. Pierre Louis Lapointe et Chantal Berniquez, « L'Académie Ste-Marie », *Le Hull disparu*, p. 67.
12. *Le Spectateur*, 7 janvier 1909, no 33.

La Commission scolaire Outaouais-Hull vend l'École Sainte-Marie au Collège d'enseignement général et professionnel de l'Outaouais (CEGEP), en décembre 1978 (3), pour le campus du Collège Heritage. La vente, faite à la suite d'une entente de « transfert » de propriété pour la somme d'un dollar, est acceptée par le ministère de l'Éducation du Québec en 1976-1977. La propriété est évaluée à 530 950 dollars. Des rénovations, au coût de 365 000 dollars, sont alors effectuées. Le directeur du collège, Lawrence Kolesar, est ravi du nouvel espace qu'offrent les 45 000 pieds carrés, comparé aux 18 000 pieds carrés de l'immeuble de la Légion canadienne de la rue Eddy qui servait de collège. Les rénovations, disait-il, permettraient à la Ville de Hull de conserver un de ses plus intéressants édifices historiques[13].

Le collège n'y demeure pourtant pas longtemps, car il est vendu à l'Université du Québec le 2 avril 1984 (4). L'Université y est encore en 1990. Le 13 juillet 1993, celle-ci vend la propriété à la Commission scolaire Outaouais-Hull (5).

Le cadastre de cette propriété est complètement refait en 1996 pour devenir le lot 550 du Quartier 4 de la ville de Hull[14]. Depuis 2002, il porte le numéro 1 621 274 de cadastre du Québec.

Le 29 septembre 1996, la Commission scolaire vend l'ancienne école à la société 3090-8081 Québec inc. *et al.*, pour la somme de 2 300 000 dollars (6). En juin 1997, « le dernier fleuron de la haute technologie de l'Outaouais québécois », Télévitesse Systems, déménage de Kanata à la rue Champlain. Cette société affiliée à Newbridge Networks est dirigée par Robert Mimeault[15]. Or, la technologie évolue rapidement et cette société ne demeure pas longtemps dans les locaux de l'ancienne école.

Nous ne connaissons pas les liens entre la première société et la seconde, 3099-6425 Québec inc., mais c'est cette dernière qui, avec la Kanata Research Park Corporation, vend la propriété à la société Amethyst Realty Development Corporation, le 18 mai 2005, pour la somme de 3 200 000 dollars (7). Celle-ci la vend ensuite à la société 4445937 Canada inc., le 4 février 2008 (8), qui la revend à la Champlain Property Ltd le 13 octobre 2009 (9). Champlain Property

---

13. « Hull CEGEP, Heritage campus undergoes renovations », *Ottawa Citizen*, février 1978, 14.
14. QRF, voir Index des immeubles pour le lot 122. Le plan no 2896 illustre le lot 550.
15. Pierre Jury, « Télévitesse immigre à Hull, Une énième "technologique" à déménager pour les crédits d'impôt. », *Le Droit*, 4 juillet 1997, p. 19.

Ltd loue le bâtiment à l'École de langues de l'Estrie inc.[16] La propriétaire de cette école, Louise Charest, dit être propriétaire de cet édifice avec son époux, Alan Whitten. Par conséquent, les propriétaires de Champlain Property Ltd, représentée par Alan Whitten, sont aussi les locataires. Depuis le 13 janvier 2016, l'homme d'affaires bien connu de Gatineau, Nader Dormani, s'en est porté acquéreur sous le nom de la société 4544404 Canada inc. (10) La valeur imposable de cette propriété est aujourd'hui de 5 700 000 dollars. Cette ancienne petite école de quartier a pris de la valeur.

Chaîne de titres

115, rue Champlain

1. Ville de Hull, Rôles d'évaluation de 1895-1896. Hannah Wright à Commission scolaire de Hull.
2. QRF, 1900, 6 septembre, B1, No 441, mem hypothèques, Crédit foncier franco-canadien, devant Me Henri P. Pépin, Montréal, no 3027, 26 août 1900 ; comprend la réinscription de nombreux hypothèques et prêts dont les suivants : 10 mars 1897, No 365, prêts hypothécaires du Crédit foncier franco-canadien aux Commissaires d'école de la Cité de Hull, devant Me J.A. Malo, le 9 mars 1897, hypothèque de 25 000 dollars ; 1897, 19 octobre, No 880, devant Me J.A. Malo, 19 octobre 1897, hypothèque de 8 000 dollars.
3. QRF, 1978, 6 décembre, No 274 928, vente, Commission scolaire Outaouais-Hull à Collège d'enseignement général et professionnel de l'Outaouais (CEGEP), devant Me Charles Munn, 1er décembre 1978.
4. QRF, Index des immeubles, 1984, 2 avril, No 323 105, vente, Collège d'enseignement général et professionnel de l'Outaouais (CEGEP) à Université du Québec.
5. QRF, 1993, 13 septembre, No 472 659, vente, Université du Québec à Commission scolaire Outaouais-Hull, 1984.
6. QRF, Index des immeubles, 1996, 26 septembre, No 510 510, vente, Commission scolaire Outaouais-Hull à 3090 8081 Québec inc. *et al.*, 2 300 dollars. Cette transaction porte encore le numéro de lot 550, Quartier 4.

---

16. QRF, Index des immeubles, lot 1 621 274, 2009, 21 octobre, No 16 648 793, avis de bail, Champlain Property à École de langues de l'Estrie inc.

7. QRF, Index des immeubles, 2005, 18 mai, No 12 315 934, vente, 3099-6425 Québec inc. et Kanata Research Park Corporation à Amethyst Realty Development Corporation, 3 200 000 dollars. Cette transaction, comme les suivantes, est faite sous le nouveau cadastre, donc sous le numéro de lot 1 621 274.
8. QRF, Index des immeubles, lot 1 621 274, 2008, 4 février, No 14 953 329, vente, 3 400 000 dollars, Amethyst Realty Development Corporation à 44459377 Canada inc.
9. QRF, Index des immeubles, lot 1 621 274, 2009, 13 octobre, No 16 624 210, vente, 44459377 Canada inc. à Champlain Property Ltd.
10. Ville de Gatineau, Rôles d'évaluation de 2016, vente, Champlain Property Ltd. à 4544404 à Canada inc. (Nader Dormani), 13 janvier 2016.

118, rue Champlain

© M. Guitard 2015

© M. Guitard 1996

Cadastre : 1 621 430
Ancien numéro de lot : 152-1, Quartier 4
Date de construction : 1952

Style architectural

Ce mouvement d'architecture moderne, de style vernaculaire moderne, vise une anti-architecture, une libération de toute expression de classe, un dépouillement total. Le bâtiment doit répondre à une fonction. Les matériaux doivent être tels que sortis de l'usine, sans le travail d'ornementation qui avait antérieurement défini les classes[1].

Cet édifice, avec sa façade de brique unie (sans piquage ou rayures) jaune mat, avec une seule décoration crénelée autour du toit plat ou des ouvertures, et cette entrée dissimulée sur le côté, pour ne laisser que la tour d'escalier garnie d'un long panneau de carreaux de verre opaque, est un bon exemple de cette période.

1. Allan Gowans, *The Comfortable House, North American Suburban Architecture 1890-1930*, MIT Press, Cambridge (MA), 1991, p. 283.

Propriétaires et occupants

Les premiers acquéreurs de ce terrain sont les Pères Oblats, qui l'achètent d'Hannah Wright Currier en octobre 1890 (1). Le 25 février 1903, le père Adrien Valiquette, curé de Notre-Dame-de-Grâce, le vend au marchand Basile Carrière (2), déjà propriétaire de l'autre partie du lot 152-2. Carrière y fait construire des hangars recouverts de tôle attenant à sa quincaillerie d'à côté, à l'angle des rues Champlain et Victoria (voir le 85, rue Victoria). Les hangars y sont encore au moment de son décès, le 5 mars 1917 (3), et de celui de son épouse, Adéline Filteau, le 22 novembre de la même année. La quincaillerie Carrière est louée depuis 1915 à J. Lapointe à la suite du décès du fils de Carrière, Edgar. Ses filles, Maria et Jeanne, héritent, entre autres, de cette propriété en parts égales (4).

Les deux sœurs habitent le quartier. Maria, épouse de l'ingénieur Jean-Dosithée Chéné, réside au 163, rue Notre-Dame, alors que Jeanne, mariée depuis deux ans à Lionel-A. Gendron, vit presque en face, au 111, rue Champlain.

Jeanne meurt le 19 juin 1924 et sa moitié indivise de la propriété revient à son époux pour un tiers et à leurs quatre enfants, en parts égales, pour les deux autres tiers (5).

En 1920, les héritières Carrière louent la maison à la Banque de Montréal et c'est vraisemblablement à ce moment que les hangars sont remplacés par un garage, comme l'indique le cahier des plans d'assurance de 1928. Le 12 décembre 1934, Lionel-A. Gendron meurt et sa part de l'héritage échoit à ses quatre enfants (6). Ce n'est qu'en mai 1941 que Maria Carrière et les quatre enfants de Lionel-A. Gendron s'entendent pour vendre la propriété au professeur René Vincent (7), alors domicilié au 187, rue Laurier.

Comme l'immeuble à logements actuel a été construit vers 1952, il est fort probable que c'est René Vincent et son épouse, Rachel Allard, qui le font construire. Ils résident au 103, rue Notre-Dame lorsqu'ils le vendent au Dr Édouard Laverdure en 1956 (8).

Fils de Moïse et de Marie-Louise Eugénie Filteau, Édouard Laverdure naît à Hull le 31 mai 1897. Il étudie au Collège Bourget et s'engage dans l'armée en 1917, puis étudie en médecine à l'Université de Montréal. Il établit son cabinet au 123, rue Hôtel-de-Ville[2]. Son frère Lucien est propriétaire de la maison voisine donnant sur la rue Victoria. À la suite du décès du Dr Laverdure, en 1958, la propriété

2. Anonyme, *Registre social de Hull*, 1928.

échoit à son épouse, Diane Plouffe (9). En novembre 1959, celle-ci la vend à Roméo Beauchamp, un « membre du Département des incendies d'Ottawa » (10).

En mai 1961, Beauchamp vend la propriété à Roland d'Erbe, également d'Ottawa (11). Ce dernier emménage dans un des logements de son immeuble, qu'il habite en février 1962 lorsqu'il vend l'immeuble à Jules Barrière (12), un avocat d'Eastview (aujourd'hui Vanier). Barrière connaît sans doute des déboires financiers puisqu'il rétrocède la propriété, en novembre 1963, à Roland d'Erbe, retourné vivre à Ottawa (13). Deux mois plus tard, en janvier 1964, d'Erbe la vend à nouveau à une résidente d'Ottawa, Félicita Dupuis, veuve d'Eugène Brisebois (14). Trois ans plus tard, en janvier 1967, Félicita Dupuis s'en départit en faveur de Gaétan Cyr, un contremaître de la rue Caron, à Hull (15). En somme, en sept ans à peine, le 118, rue Champlain change de mains six fois. En 1997, Gaétan Cyr le possédait encore. Depuis 2002, Guylain Cyr, de Chelsea, en est le propriétaire[3].

Chaîne de titres

118, rue Champlain

1. QRF, 1902, 14 novembre, B6, No 5669, vente, Hannah Wright à Corporation des OMI, 2 octobre 1890.
2. QRF, 1903, 11 mars, B7, No 6159, vente, Corporation des OMI à Basile Carrière, 25 février 1903.
3. QRF, 1917, 17 mars, C2, No 2822, legs, Basile Carrière à son épouse, Adélina Filteau, devant Me Louis Bertrand, 13 mars 1917 ; QRF, 1917, 17 mars, B28, No 27701, testament, Basile Carrière à Adeline Filteau-Carrière, devant Me N. Tétreau, no 5107, 28 juillet 1881. Décès : 13 mars 1917.
4. QRF, 1917, 28 novembre, C2, No 2911, déclaration, Adélina Filteau à ses filles, Jeanne et Maria Carrière, devant Me Louis Bertrand, 27 novembre 1917 ; QRF, 1917, 28 novembre, B29, No 28 883, testament, Adeline Carrière à Maria Carrière ux Chéné et Jeanne Carrière ux Gendron, devant Me Louis Bertrand, no 8789, 9 novembre 1917. Décès 22 novembre 1917.
5. QRF, 1924, 18 octobre, B45, No 45680, legs d'une moitié indivise, Jeanne Carrière à son époux, Lionel-A. Gendron, et à leurs quatre enfants, 14 octobre 1924.

---

3. Ville de Gatineau, Rôles d'évaluation de 2015, 2016, 2017.

6. QRF, 1941, 24 avril, B72, No 73824, legs du tiers d'une moitié indivise, Lionel-A. Gendron à ses quatre enfants, 12 décembre 1934.
7. QRF, 1941, 14 mai, B72, No 73898, vente, succession de Lionel-A. Gendron et Maria Carrière à René Vincent, 12 mai 1941.
8. QRF, 1946, 5 juin, B82, No 82123, vente, René Vincent à Édouard Laverdure, 25 mai 1946.
9. QRF, 1959, 10 février, No 123 190, legs, Édouard Laverdure à son épouse, Diane Plouffe, 22 février 1958.
10. QRF, 1959, 27 novembre, No 126 847, vente, Diane Plouffe à Roméo Beauchamp, 27 novembre 1959.
11. QRF, 1961, 2 juin, No 133 448, vente, Roméo Beauchamp à Roland D'Erbe, 31 mai 1961.
12. QRF, 1962, 14 février, No 138 022, cession, Roland D'Erbe à Jules Barrière, 12 février 1962.
13. QRF, 1963, 29 novembre, No 148 898, rétrocession, Jules Barrière à Roland D'Erbe,12 novembre 1963.
14. QRF, 1964, 30 janvier, No 149 856, vente, Roland D'Erbe à Félicita Dupuis, 29 janvier 1964.
15. QRF, 1967, 2 février, No 167 528, vente, Félicita Dupuis à Gaétan Cyr, 30 janvier 1967.
16. QRF, 2002, 23 janvier, No 571 833, donation, Gaétan Cyr à Guylain Cyr, 22 janvier 2002.

133, rue Champlain
Maison Fournier-Tessier

© M. Gervais 2015

© M. Guitard 1997

Cadastre : 1 621 276
Ancien numéro de lot : 104-3 sud, Quartier 4
Date de construction : terminée en 1908

Style architectural

L'architecture de cette maison de deux étages et demi est d'inspiration néo-Queen Anne, très populaire au début du xxe siècle dans l'Outaouais. La maison est une structure de bois avec revêtement de brique rouge. En façade, la maison est en forme de L renversé, comme les maisons hulloises du siècle précédent, mais dans ce style, les deux blocs sont contenus dans la forme structurale. Le grand rectangle en façade possède une baie sur toute la hauteur de la maison, qui donne un angle supplémentaire et qui est couverte d'un toit en pignon. Le bloc arrière, qui dépasse légèrement du bloc principal, est carré et forme un angle en guise de baie avec la maison. La forme du toit avec des pignons et sa lucarne, les pentes multiples et les petites fenêtres sous les pignons sont toutes des composantes du style néo-Queen Anne. La grande galerie, avec son balcon au deuxième étage, ainsi que la tourelle sur le coin sont aussi des caractéristiques de ce style, tout comme la porte et les grandes fenêtres sur la façade.

Modifications : Une rallonge de bois a été construite avant 1915, à l'arrière. Une lucarne à mansarde (*dormer*) percée dans le toit ne convient pas au style, non plus que le bois non protégé dont il est recouvert ni la rallonge à l'arrière de la maison. Or, la grande galerie, avec sa rampe originale, est un des éléments décoratifs essentiels de l'architecture de la maison.

En mai 1980, le revêtement de bois de la partie arrière est refait. En novembre suivant, des travaux de réaménagement des pièces sont exécutés à l'intérieur. Le logement, aménagé en 1986 au rez-de-chaussée, est converti en bureau en 1987 et la galerie est réparée. Une grande fenêtre dans la cuisine du rez-de-chaussée est remplacée par une petite fenêtre qui ne convient pas au style de la maison, pas plus que la mansarde dans le toit. En 1983, parmi les « améliorations », on fait mention d'un garage maintenant disparu.

Lors de notre visite en 1997, la fondation et le sous-sol étaient en très bonne condition. La cuisine du rez-de-chaussée était disparue. Le reste de l'étage avait été converti en bureaux, mais les boiseries originales exceptionnelles avaient été conservées. De même, le premier étage avait été converti en appartement qui comptait également une chambre au grenier, mais on avait conservé les boiseries et les divisions originales. Depuis, des travaux de peinture ont été effectués, mais nous ne savons pas si l'intérieur a été modifié.

Remarques : Il existait des maisons semblables sur la rue Maisonneuve, mais elles sont maintenant disparues. Il reste, dans le même style, la maison du gardien du cimetière du boulevard Fournier. On en trouve aussi dans le quartier Côte-de-Sable et dans le secteur des rues McLaren-Lyon, à Ottawa. Dans le Quartier du Musée, elle est donc unique en son genre.

Propriétaires et occupants

Le terrain de cette maison passe de Ruggles Wright à son fils Philemon Wetherall. Après le décès de ce dernier, en 1877, sa sœur Hannah en devient la propriétaire (1). Avant 1888, elle loue deux maisons situées sur le lot 104, lesquelles sont habitées par quatre familles : celles d'André Saint-Amand, d'Adolphe Larocque, de Narcisse Fréchette et de Trefflée Charron, tous artisans[1]. Après l'incendie de 1888, une nouvelle demeure remplace ces deux maisons, mais elle n'y était déjà

1. Ville de Hull, Rôles d'évaluation de 1884-1885.

plus en 1897-1898[2]. Le terrain demeure par la suite vacant jusqu'en 1907.

Hannah Wright meurt le 26 janvier 1901. Elle lègue de nombreux terrains du Quartier du Musée à Frances A. Wright et à Etta Muriel Wright, ses nièces (2), qui vendent, en avril 1907, la moitié sud du lot 104 à Joseph Fournier (3), charpentier, puis, en novembre 1907, la moitié nord à André Coursolle, électricien et charretier de Hull[3].

Joseph Fournier construit sur son lot une maison de deux étages et demi, construction qui débute en 1907 et est achevée l'année suivante. Le nouveau propriétaire y emménage alors avec son gendre, Edmond Massé[4]. Deux ans plus tard, ce dernier ainsi que son frère Géhusse fils achètent la propriété voisine, le 135-137, rue Champlain. Chacun des deux frères épouse une fille de Fournier[5].

À sa mort, le 23 novembre 1910, Joseph Fournier laisse sa propriété à quatre de ses enfants : Omer, Florestine, Élise et Alexina (4). Ces deux dernières étaient les épouses des deux frères Massé. Parmi les articles laissés en héritage, Fournier lègue ses outils de menuisier à son fils. Nous ne savons pas si celui-ci exerçait le même métier que son père. Fournier lègue aussi à une autre de ses filles, Marie-Louise, la somme de 2 000 dollars, son piano et le mobilier de chambre à coucher dans l'appartement qu'elle occupe dans la maison[6]. La description de la propriété signale la présence d'autres bâtisses et dépendances, mais le plan d'assurance de 1915 ne fait état que d'une petite rallonge d'un étage située à l'arrière de la maison et n'indique aucun autre bâtiment sur le terrain. Par conséquent, il est possible que l'expression utilisée relève tout bonnement du langage juridique.

Les héritiers de Joseph Fournier louent la maison à un jeune couple, Arthur et Gracia Farley, qui y habite en 1911 avec une servante de 15 ans, Mary Fitzgimmons[7]. Les héritiers vendent la

2. Ville de Hull, Rôles d'évaluation de 1897-1898 ; Goad, *Insurance Plan*, 1888 (révisé en 1901).
3. QRF, 1907, 22 novembre, B15, No 12874, vente enregistrée directement au bureau d'enregistrement. Il s'agit de la maison voisine. Voir le 135-137, rue Champlain.
4. Ville de Hull, Rôles d'évaluation de 1900-1909. Sur le rôle de 1907-1908, un contremaître est inscrit (âgé de 55 ans, non-résident) et la maison n'était pas terminée. Il y a erreur en ce qui a trait au nom du propriétaire ; nous nous fions donc aux documents légaux ; Goad, *Insurance Plan*, 1901 et 1915, planche 179.
5. Voir l'histoire de la maison voisine au 135-137, rue Champlain.
6. C'est Eudore Roger qui est le liquidateur des biens de Fournier. Ce barbier est l'époux de Florestine Fournier. Les Roger habitaient au 141-145, rue Notre-Dame-de-l'Île, maison construite par son père, Ferdinand Roger (voir cette adresse).
7. BAC, Recensement du Canada de 1911.

Alphonse Tessier. 19e Convention de l'Association des chefs de pompiers du Canada, Hull, 1927, p. 3.

maison paternelle à Alphonse Tessier le 18 octobre 1911 (5). Le contrat de vente contient une restriction majeure, soit un droit de passage à pied et en voiture sur la moitié sud du lot 104 pour permettre l'accès à la cour de la moitié nord du lot 104. Les vendeurs se le réservent pour eux et leur famille respective, aussi longtemps que l'un d'eux ou qu'un membre de sa famille occupera la partie nord du lot 104. À ce droit de passage s'ajoute aussi, à perpétuité, une servitude de passage à pied large d'un pied et deux pouces, sur la profondeur entre les deux maisons, soit celle de Fournier et celle des Massé.

Avant 1911, Alphonse Tessier est capitaine de la brigade des pompiers d'Ottawa. Cette année-là, il est chef des pompiers de Hull en remplacement de son frère Georges, malade. Son travail ayant été fort apprécié à Hull[8], il y est recruté. Il s'installe dans sa nouvelle demeure le 1er mai 1912. En 1927, il devient président de l'Association des chefs de pompiers du Dominion[9].

Alphonse Tessier se marie à deux reprises en Ontario ; l'une et l'autre de ses épouses sont de la même famille. La première se nomme Joséphine Payette et la seconde, Léa Payette. Cette dernière vit encore en 1931, au moment de l'acte de vente à réméré[10] qui semble révéler des problèmes de location, bien que cela puisse avoir été un moyen d'emprunter de l'argent, comme cela se faisait à l'époque. Par cet acte de 1931, nous apprenons que le couple Tessier a mis la maison en location depuis 1926[11].

---

8. *Congrès des Chefs de Police et Pompiers*, Province de Québec, Police and Fire Chiefs Convention, Hull, Québec, 8-11 juillet 1940 [Congrès des chefs de police et pompiers]. Joseph Jolicœur mentionne, dans son *Histoire anecdotique de Hull*, Hull, Société historique de l'Ouest du Québec inc., 1977, p. 60, la mise sur pied d'une brigade de pompiers volontaires de 15 hommes à Val-Tétreau, en juillet 1912.
9. 19e Convention de l'Association des chefs de pompiers du Canada, Hull, 1927, p. 3
10. Une vente à réméré est, selon le code civil français, une vente avec possibilité, mais non obligation, de rachat par le vendeur.
11. QRF, 1931, 10 novembre, B3, No 64587, vente à réméré, pour quatre ans, Alphonse Tessier à Isaïe Saint-Denis, devant Me F.-A. Binet, 9 novembre 1931, no 5370.

Le premier locataire, un opticien du nom d'Achille Couture, loue pour trois ans, à compter du 1er mai 1926, et renouvelle son bail jusqu'en 1932. Ce bail de location est intéressant parce qu'en plus d'exiger la conservation des lieux meublés en bon état – ce qui est habituel –, le propriétaire précisait que le locataire devait « prendre un soin particulier des canaux ou égouts, des tuyaux à l'eau, chantepleures, éviers, cabinets inodores (*water-closets*), etc. », et que le bailleur « ne [serait] en aucun cas tenu de contribuer à leur réparation ou entretien ». Le locataire assumait aussi la responsabilité d'effectuer, au besoin, la vidange des fosses d'aisance ainsi que le ramonage des cheminées. Il s'agit d'un rare exemple de conditions locatives, qui nous informe des installations hygiéniques de la maison[12].

Tessier meurt le 1er décembre 1932[13]. Le 21 décembre suivant, son bailleur de fonds, Isaïe Saint-Denis, déclare que Tessier n'a rempli aucune des conditions prévues et prend irrémédiablement possession de la maison (6). Saint-Denis habite la rue Du Pont (Eddy) et n'a jamais habité la maison qu'il loue l'année suivante à H.-Arthur Fréchette. Il est maître de poste à Hull. Locataire depuis le 1er mai 1935, Fréchette achète la maison le 10 novembre 1942 (7). Son épouse est Hélène Poirier.

En juillet 1946, à titre de maître de poste, Arthur Fréchette est le représentant du ministre des Travaux publics qui procède à l'expropriation et au dédommagement des bâtiments du Décosse Stadium Ltd. (Lucien Massé et Donat Vien, de Hull). En mai 1944 a lieu la vente, au gouvernement fédéral, de toutes les bâtisses, estrades et autres constructions du parc Jacques-Cartier, près du pont Alexandra[14]. Le gouvernement fédéral en prend possession en 1944[15]. Ce stade, qui existe toujours en 1950, porte le nom d'un joueur de baseball de Hull, Aristide Décosse, ou encore celui d'Eugène Décosse, un des propriétaires du stade. Il avait été construit en 1905 sur le site de l'ancien parc Royal, première patinoire intérieure à Hull, et qui servait de théâtre durant l'été[16]. Fréchette, à l'instar de plusieurs voisins du quartier, fait partie du Cercle Saint-Jean, la troupe de théâtre hulloise reconnue à l'époque[17].

---

12. QRF, 1926, 20 février, B48, No 49104, bail, Alphonse Tessier à Achille Couture, devant Me Edgard Laberge, 27 février 1926 ; QRF, 1929, 7 février, B59, No 60015, bail, Alphonse Tessier à Achille Couture, devant Me F.A. Binet, no 3258.
13. Brault, *Hull 1800-1950*, p. 84.
14. L'expropriation avait eu lieu le 19 mai 1944 ; le stade occupait les lots no 248, 249, 250, 253, 254 et 257 du Quartier 5.
15. QRF, Acte privé, devant Me Desrosiers, 24 juillet 1946, no 31941.
16. Brault, *Hull 1800-1950*, p. 173, 178.
17. *Ibid.*, p. 164.

Après avoir habité la maison pendant quelque 25 ans, le 2 mars 1961, Fréchette la vend à Jacques-Yvon Pelletier, un employé de la fonction publique fédérale. La famille Fréchette quitte la rue Champlain le 2 mai 1961 (8) pour déménager au 107, rue Maisonneuve.

À la suite d'un amendement apporté au cadastre en 1962, le terrain est désigné le lot 104-3[18].

Le 15 octobre 1979, Jacques-Yvon Pelletier et son épouse Huguette Tremblay vendent la maison avec tous les appareils ménagers et les décorations des fenêtres (9). L'acheteur, Richard-B. Gravel, est fonctionnaire, célibataire et d'origine hulloise. Il y emménage et y est toujours le 16 mai 1985, au moment de la signature d'un contrat d'annulation de la servitude de passage entre sa propriété et celle de Richard Massé, sise sur le lot voisin, laquelle datait de 1911. En échange, Gravel accepte une servitude de vue des ouvertures, fenêtres et portes se trouvant sur la façade arrière de la maison[19]. Massé perd l'accès direct au terrain situé à l'arrière de sa maison ; il lui faut désormais passer par l'intérieur de sa propre maison pour s'y rendre.

Lorsque Richard Gravel vend la maison à Normand Levine, le 29 mai 1987, elle ne lui sert plus de résidence familiale au sens du Code civil (10). Il avait vraisemblablement obtenu une modification de zonage[20]. Levine, psychologue ou psychiatre, transforme le rez-de-chaussée en cabinet de consultation[21]. Aujourd'hui, la maison compte deux unités. En 1997, il y avait des bureaux à louer. Depuis, la maison a été divisée en logements locatifs. L'architecte Simon-Alexis Lapointe et l'électricien Denis Poitras achètent la maison de Norman Levine le 16 novembre 2005 (11). Lapointe semble y être demeuré quelques années puisqu'il fournit cette adresse lorsque Denis Poitras lui cède sa part le 20 décembre 2010 (12). Simon-Alexis Lapointe habite maintenant Québec[22].

En conclusion, cette belle résidence, l'œuvre de l'artisan menuisier et charpentier Joseph Fournier, est évocatrice de l'histoire des gens des métiers de la construction à Hull. Fournier, menuisier et chef de chantier de plusieurs maisons du Quartier du Musée, avait

---

18. QRF, 41-408, avis cadastre, devant Me René Ménard.
19. QRF, 1985, 16 mai, No 338-326, servitude et annulation, Richard Gravel à Richard Massé, 13 mai 1985, devant Me Rodrigue Guindon, no 5121.
20. Ville de Hull, Service des permis de construction, no de transaction 27114, 1987, 1er juin.
21. Dossier de la Commission urbaine de l'Outaouais.
22. Ville de Gatineau, Rôles d'évaluation de 2016.

suffisamment de moyens pour se construire une bonne et belle demeure. Ses deux gendres, eux aussi artisans de la construction, ont construit la maison voisine. Leur cas, comme celui du grand entrepreneur Joseph Bourque et sûrement d'autres, nous amène à formuler l'hypothèse que le marché de la construction était un domaine qui pouvait être très lucratif à Hull, compte tenu des nombreux incendies, mais aussi de l'expansion rapide de la ville au cours du dernier quart du XIXe siècle et pendant la première moitié du XXe siècle. L'histoire de Hull est la plus souvent observée sous l'angle des emplois liés au commerce du bois et du papier et celui de la fonction publique fédérale. Mais lorsqu'on songe à la reconstruction obligée à la suite des grands sinistres, il serait intéressant de connaître le nombre de gens du métier de la construction venus travailler à Hull dans ce contexte et qui s'y sont établis.

Alphonse Tessier représente un autre corps de métier indispensable, celui des pompiers. Il habite cette maison pendant quelque 15 ans. Arthur Fréchette et Jacques-Yvon Pelletier sont fonctionnaires, comme il y en eut plusieurs dans le quartier. Chacune de ces familles marque, en quelque sorte, une période de transition du quartier.

Chaîne de titres

133, rue Champlain

1. QRF, 1901, 15 octobre, No 2222, testament de Ruggles Wright, devant Me A. Larue et collègues, no 5893, 6 août 1863 ; contrat de partage et division de propriété, devant Me A. Larue, 17 septembre 1864, enregistré sous Lib B, No 46, vol. 11, p. 53.
2. QRF, 1901, 7 octobre, B3, No 2196, testament, devant la Majesty's Surogate Court, comté de Carleton, Ontario, 6 juin 1901 ; *Idem*, C1, No 149, 7 octobre 1901, déclaration de décès de Hannah Wright ; Hannah Wright à Frances A. Wright en fiducie, 26 janvier 1901.
3. QRF, 1907, 20 avril, B14, No 12008, vente, Frances A. Wright *et al.* à Joseph Fournier, devant F.A. Labelle, 17 avril 1907.
4. QRF, 1911, 25 janvier, B19, No 17757, testament, Joseph Fournier à succession Fournier, devant Me Edgar Laberge, no 211, 23 novembre 1910 ; QRF, 1911, 25 janvier, C2, No 1861, déclaration d'Eudore Roger, devant Me Edgard Laberge, no 219, 23 janvier 1911.
5. QRF, 1911, 24 octobre, B20, No 18534, vente, Omer, Florestine, Élise et Alexina Fournier à Alphonse Tessier, devant Me Edgar Laberge, no 310, 18 octobre 1911.

6. QRF, 1931, 10 novembre, B63, No 64587, vente à réméré, Alphonse Tessier à Isaïe Saint-Denys, devant Me F.A. Binet, no 3470, 9 novembre 1931 ; QRF, 1934, 21 décembre, B64, No 64752, déclaration devant Me F.A. Binet, 21 décembre 1932.
7. QRF, 1942, 12 novembre, B74, No 75656, vente, Isaïe Saint-Denys à H. Arthur Fréchette, devant Me F.A. Binet, no 14850, 10 novembre 1942.
8. QRF, 1961, 4 mars, No 132 176, vente, H. Arthur Fréchette à Jacques Yvon Pelletier, devant Me René Ménard, 2 mars 1961.
9. QRF, 1979, 17 octobre, No 283 129, vente, Jacques Yvon Pelletier à Richard Gravel, devant Me Jean-Guy Martel, no 579, 15 octobre 1979.
10. QRF, 1987, 1er juin, No 370 383, vente, Richard Gravelle à Norman Levine, devant Me Hamilton Quain, avocat d'Ottawa, 29 mai 1987.
11. QRF, 2005, 16 novembre, No 12 856 232, vente, Norman Levine à Simon-Alexis Lapointe et Denis Poitras, 15 novembre 2005.
12. QRF, 2010, 20 décembre, No 17 803 061, cession d'un immeuble, Denis Poitras à Simon-Alexis Lapointe, devant Me Hermann Moreau, 20 décembre 2010, un dollar.

© M. Guitard 1990

Source : Annonce de vœux avec photo, en arrière-plan, de maisons du Quartier du Musée. Université du Québec en Outaouais (UQO), 1997.

135-137, rue Champlain
Maison Massé

©M. Gervais 2015

©M. Guitard 1990

Cadastres : 1 621 277 (135) et 1 621 433 (137)
Ancien numéro de lot : 104 (parties 1 et 2), Quartier 4
Date de construction : 1910

Style architectural

La construction de ce semi-détaché a subi l'influence du style à l'italienne et du style néo-Queen Anne. Son toit plat, sa corniche en métal moulé et ses ouvertures semi-elliptiques, accentuées par la disposition de la brique, s'apparentent au style à l'italienne. Cependant, le frontispice en saillie, la dimension des fenêtres et du porche surmonté d'un balcon, soutenu par des colonnes sur pilier, tiennent du style néo-Queen Anne. Les linteaux et seuils des fenêtres sont en pierre.

Modifications : Le mur sud-est en tôle gaufrée est probablement d'origine, mais le revêtement des rallonges à l'arrière en papier brique date probablement des années 1940. Les deux résidences intérieures ont été divisées en logements locatifs.

Les fenêtres sont identiques à celles de la maison du 133, rue Champlain. Ce type de jumelé, construit par Joseph Fournier et ses gendres, est peu fréquent à Hull, mais on le retrouve à Ottawa, dans la Côte-de-Sable et dans le secteur des rues Somerset, Lyon et Preston.

Propriétaires et occupants

Comme le précédent lot cadastral, ce terrain fait partie de l'héritage que Ruggles Wright lègue à son fils Philemon Wetheral et qui est ensuite transmis à la sœur de ce dernier, Hannah (1). Sur ce terrain loué en constitut[1], il y avait deux maisons où quatre familles logeaient : André St-Amand, Adolphe Larocque, Narcisse Fréchette et Trefflée Charron, tous artisans[2]. Après l'incendie du quartier en 1888, une nouvelle résidence y est construite, mais elle n'est plus là en 1897-1898. Le terrain demeure vacant jusqu'en 1907.

Les nièces héritières d'Hannah Wright, Frances A. Wright et Etta Muriel Wright (2), vendent la moitié nord du lot 104 à André Coursolle, électricien et charretier de Hull, en novembre 1907 (3). Le 18 août 1909, André Coursolle, par l'intermédiaire de son épouse Agnès Bourdage, vend la propriété à Géhusse Massé fils, menuisier, et à Edmond Massé, tourneur (4).

Géhusse et Edmond Massé sont respectivement mariés avec Élise et Alexina, les deux filles de Joseph Fournier, le propriétaire et voisin de la partie sud du lot 104. En novembre 1909, Fournier emprunte 900 dollars au bijoutier Alphonse Couture et prête ensuite 1 500 dollars à ses gendres en vue de la construction de leur maison. Fournier est inscrit comme étant contremaître dans l'exécution de ce contrat[3]. Compte tenu du métier de ces hommes et les nombreuses expériences de construction de Fournier, il est plus que probable qu'ils ont construit eux-mêmes le semi-détaché où s'installent les deux couples. La construction de la maison est entreprise dès 1910. Malheureusement, Fournier ne profite pas de la proximité de ses

1. Voir la définition à la p. 9 du présent ouvrage.
2. Ville de Hull, Rôles d'évaluation de 1884-1885.
3. QRF, 1909, 19 novembre, Lib B17, No 15603, obligation, Joseph Fournier à Alphonse Couture, devant Me F.A. Labelle, no 10872, 19 novembre 1909 ; QRF, 1909, 20 novembre, B17, No 15616, obligation, Géhusse et Edmond Massé à Joseph Fournier, devant Me F.A. Labelle, no 10883, 20 novembre 1909 ; QRF, 1909, 22 novembre, B17, No 15612, vente, devant Me N. Tétreau, no 27909, 18 août 1909. Le bijoutier Alphonse Couture et son épouse, Philomène Letellier de Saint-Just, habitaient la belle maison du coin Saint-Jacques-Wright, à Hull, maintenant un restaurant. QRF, 1913, 22 février, C2, No 2164, déclaration, Alphonse Couture, devant Me F.A. Labelle, 11 février 1913.

enfants, car il meurt l'année suivante, le 23 novembre 1910, léguant ses biens à quatre de ses enfants, comme nous l'avons vu dans l'histoire de sa maison (voir le 133, rue Champlain)[4].

La maison des Massé s'étend sur toute la façade du terrain bordant la rue. Pour se rendre à l'arrière de leur maison, ils passent sur le terrain de leur beau-père (133, rue Champlain). Lorsque les héritiers Fournier vendent la maison de leur père à Alphonse Tessier, le 18 octobre 1911, ils se réservent un droit de passage sur le terrain de celui-ci[5]. Peu après, le 6 novembre suivant, les Massé renoncent à la propriété indivise et se partagent la propriété. Edmond Massé entre ainsi en possession du 135, rue Champlain et Géhusse, du 137, rue Champlain (5). Ils habitent leur résidence respective jusqu'à leur décès.

135, rue Champlain

Edmond Massé et Alexina Fournier ont sept enfants : Madeleine, Jeanne-d'Arc, François, Henri, Lucille, Julien et Maurice. En 1911, ils ont déjà trois enfants et logent aussi Marie-Louise Fournier et une servante de 14 ans, Maria Poitras[6]. Edmond meurt à l'âge de 70 ans à l'Hôpital général d'Ottawa, le 31 juillet 1949 (6), et est inhumé au cimetière Notre-Dame de Hull[7]. L'année suivant le décès de son époux, Alexina vend sa propriété à ses filles Jeanne d'Arc et Madeleine, qui habitent toutes deux avec elle (7). Madeleine meurt le 30 août 1964 à Ottawa. Y était-elle déménagée ou hospitalisée ? Sa sœur, Jeanne d'Arc, hérite de sa propriété (8) et la conserve pendant un an avant de la vendre, le 30 septembre 1965, à son frère Henri (9), menuisier, qui habite la maison avec son épouse, Suzanne Châtillon[8], de Rosemont. La maison était déjà divisée en logements.

La proximité des deux jumelés entraîne des complications administratives non prévues au début du siècle. En 1977, Henri, ébéniste à l'Université d'Ottawa, entreprend quelques travaux qui l'obligent à consentir une servitude de vue concernant les ouvertures sur le mur

4. Voir le dossier du 133, rue Champlain.
5. Il s'agit ici de la moitié sud du lot 104, donc du 133, rue Champlain. QRF, 1911, 24 octobre, B20, No 18534, vente, Omer, Florestine, Élise et Alexina Fournier à Alphonse Tessier, devant Me Edgar Laberge, no 310, 18 octobre 1911.
6. BAC, Recensement du Canada de 1911.
7. QRF, 1949, 8 novembre, No 91366, déclaration, devant Me François A. Binet, no 22809, 27 septembre 1949 ; QRF, 1949, 8 novembre, No 91365, testament, devant Me François A. Binet, no 12967, 18 septembre 1940.
8. Henri Massé et Suzanne Châtillon sont mariés depuis juillet 1940. Voir titre (9).

arrière de la maison à sa voisine du 137, Jacqueline Bates, veuve de son cousin Gérard[9]. En 1984, Henri, qui habite toujours la maison, vend celle-ci à Marcel et Richard Massé, et à Francine McNeil, l'épouse de Richard (10). Marcel est fonctionnaire[10]. Après la vente, Henri continue d'habiter la maison, mais nous ne savons pas pendant combien de temps.

137, rue Champlain

Géhusse épouse Élise Fournier le 2 juillet 1900 à Hull. Leurs quatre enfants grandissent donc dans la maison. Géhusse meurt le 6 janvier 1953 à l'âge de 76 ans (11) et Élise, un an plus tard, le 14 janvier 1954. Cette dernière avait fait son testament le 18 avril 1953 devant deux infirmières témoins, toutes deux de l'extérieur de la ville (12). Leur fils Gérard, qui a épousé Jacqueline Bates le 2 décembre 1940, habite ensuite la maison. Il décède en 1975 (13), laissant la propriété à son épouse, qui la vend à son fils Richard et à l'épouse de ce dernier, Francine McNeil, en 1977 (14). Le couple, marié depuis 1967, habite la maison au moment de l'achat. En 1984, Richard est alors technicien-caméraman à Radio-Canada et Francine, secrétaire administrative.

Au moment de l'achat, en 1977, Richard et son épouse Francine acquièrent l'outillage, les accessoires et autres objets relatifs au commerce de réparation d'accessoires électriques, qui était situé dans le bâtiment. Ce commerce, Massé Electric, avait été enregistré en 1975[11], mais n'existe plus depuis plusieurs années.

135-137, rue Champlain

Richard Massé et Francine McNeil sont propriétaires de tout l'immeuble depuis 1993. Cette maison est donc celle de la famille Massé depuis sa construction en 1910, soit plus de 107 ans.

---

9. QRF, 1977, 12 novembre, No 264657, servitude perpétuelle de vue, devant Me Rodrigue Guindon, no 709, 15 novembre 1977.
10. QRF, 1984, 3 août, No 327991, vente, devant Me R. Guindon, no 4711, 31 juillet 1984 ; QRF, 16 mai 1985, No 338826, échéance de servitude, devant Me R. Guindon, no 5121, 13 mai 1985.
11. Enregistré au greffe du protonotaire de Hull, le 27 juin 1975, no 550-15-000405-75. Il y avait déjà eu un autre commerce au sous-sol. L'entrée existe toujours.

Chaîne de titres

135-137, rue Champlain

1. QRF, 1901, 15 octobre, No 2222, testament de Ruggles Wright, devant Me A. Larue et collègues, no 5893, 6 août 1863 ; contrat de partage et division de propriété, devant Me A. Larue, 17 septembre 1864, enregistré sous Lib B, No 46, vol. 11, p. 53, Ruggles Wright à Hannah Wright.
2. QRF, 1901, 7 octobre, C1, 149, déclaration de George C. Wright ; QRF, 1901, 7 octobre, Lib B3, No 2196, testament, Hannah Wright à Frances A. Wright et Etta Muriel Wright, devant la *Majesty's Surogate Court*, comté de Carleton, Ontario, 6 juin 1901.
3. QRF, 1907, 22 novembre, B15, No 12874, vente, Frances A. Wright et Etta Muriel Wright à André Coursolle, enregistré directement au bureau de la publicité des droits, 22 novembre 1907.
4. QRF, 1909, 22 novembre, B17, No 15612, vente, André Coursolle à Géhusse Massé fils et Edmond Massé, devant Me N. Tétreau, no 27909, 18 août 1909.
5. QRF, 1911, 29 novembre, B20, No 18688, accord et partage, Géhusse et Edmond Massé, devant Me F.A. Labelle, no 14162, 6 novembre 1911.
6. QRF, 1949, 8 novembre, No 91366, déclaration, devant Me François A. Binet, no 22809, 27 septembre 1949 ; QRF, 1949, 8 novembre, No 91365, testament, Edmond Massé à Alexina Fournier, devant Me François A. Binet, no 12967, 18 septembre 1940.
7. QRF, 1950, 11 septembre, No 93873, legs, Alexina Fournier à Jeanne-d'Arc et Madeleine Massé, devant Me René L. Ménard, no 7800, 6 septembre 1950.
8. QRF, 1965, 5 août, No 159258, legs, Madeleine Massé à Jeanne d'Arc Massé, devant Me René L. Ménard, no 19042, 14 août 1963 ; QRF, 1965, 5 août, No 159258, déclaration, devant Me René Ménard, no 20580, 12 mai 1965.
9. QRF, 1965, 24 septembre, No 160107, hypothèque avec Caisse populaire de Hull, devant Me René L. Ménard, no 20877, 21 septembre 1965 ; QRF, 1965, 6 octobre, No 160286, vente, Jeanne d'Arc Massé à Henri Massé, devant Me René L. Ménard, no 20905, 30 septembre 1965.
10. QRF, 1984, 3 août, No 327 991, vente, Henri Massé et son épouse à Marcel et Richard Massé et Francine McNeil, devant Me Rodrigue Guindon, no 4711, 31 juillet 1984.

Moitié nord du lot 104, ou le 137, rue Champlain

11. QRF, 1953, 16 mars, No 102068, déclaration, Géhusse Massé à Élise Fournier, devant Me F. Groulx, no 1029, 23 février 1953 et 6 janvier 1953.
12. QRF, 1954, 28 août, No 107 159, legs, Élise Fournier à ses enfants, dont Gérard, devant Me F. Giroux, no 1128, 18 avril 1953 ; QRF, 1954, 28 août, No 107158, certificat de décès, no 291 541, 30 juillet 1954. Décédée le 14 janvier 1954.
13. QRF, 1977, 12 novembre, No 264 657, servitude, Gérard Massé à Jacqueline Bates, devant Me Rodrigue Guindon, no 709, 15 novembre 1977, 12 avril 1975.
14. QRF, 1978, 24 janvier, No 266 002, Jacqueline Bates à Richard Massé et Francine McNeil, devant Me Rodrigue Guindon, no 766, 22 décembre 1977.

139, rue Champlain
Maison Damien Richer

© M. Gervais 2015

© M. Guitard 1996

Cadastre : 1 621 434
Ancien numéro de lot : 89-2, Quartier 4
Date de construction : 1909

Style architectural

D'influence des styles à l'italienne et Beaux-Arts, cette maison est dotée de fenêtres avec ouvertures semi-elliptiques et d'une corniche de métal ornée aux extrémités, caractéristiques de l'architecture à l'italienne. Par contre, l'ornement du parapet en façade sur le toit plat est d'influence Beaux-Arts.

Modifications : L'entrée latérale donnant accès au deuxième étage est postérieure à 1952. Les châssis originaux ont été remplacés par des châssis en aluminium, mais on a conservé les dimensions originales. Le porche, surmonté d'un balcon avec revêtement en métal, et l'utilisation de fer forgé datent probablement de la transformation du deuxième étage en logement. À l'origine, il y avait possiblement un balcon au-dessus du porche, mais sans toiture et entouré d'une balustrade en bois.

Architecte : Le style de cette maison, construite pour Damien Richer, laisse penser qu'elle a été conçue par l'architecte reconnu Charles Brodeur. Né à Saint-Hyacinthe en 1871 (décédé le 11 décembre 1936)[1], il est le fils du facteur d'orgues, Eusèbe Brodeur, et d'Ermeline Cardinal, de Hull. Il fait ses études à Montréal. Il pratique à Hull, d'abord seul, de 1900 à 1920, ensuite avec l'architecte Joseph-Elzéar Pilon sous la raison sociale Brodeur et Pilon, depuis le 159, rue Champlain. Il réalise les plans de nombreux édifices religieux, notamment ceux des églises Notre-Dame-de-la-Salette (1909-1910), Notre-Dame-de-la-Visitation à Gracefield (1912-1913) et Saint-Antoine-de-Padoue à Val-des-Monts (1906-1907). En outre, Brodeur conçoit nombre d'édifices dans Hull (Gatineau), dont l'hôtel de ville (1902), l'hôtel Bank (1907) et le bâtiment principal de l'Institut colonial franco-canadien (1907), devenu le pavillon central du Collège Saint-Alexandre. Il est l'architecte de la nouvelle aile de l'École normale (École Saint-Joseph) en 1909. En 1911, il dessine également deux casernes d'incendie, dont la caserne no 2 à l'angle des rues Champlain et Saint-Étienne. Les plans de plusieurs résidences et de quelques écoles du quartier et de la région sont également de cet architecte.

Propriétaires et occupants

En 1884-1885, sur cette propriété de Hannah Wright se trouve une maison occupée par Pierre Pietre, François Leclerc et Narcisse Cayer[2]. Sophie Doré, mariée en séparation de biens à André Quesnel, un menuisier de Hull, l'acquiert en avril 1885 (1) et y emménage. À cette maison de 24 sur 32 pieds est ajoutée une cuisine et un hangar. Ils ont deux locataires : Joseph Raymond, machiniste, et Delphis Perrier, journalier. Tout disparaît dans l'incendie de 1888. En septembre 1892, sans doute faute de moyens suffisants pour faire reconstruire une résidence, Quesnel rétrocède la propriété, demeurée vacante depuis 1888, à son ancienne propriétaire, Hannah Wright (2). Cette dernière lègue cette propriété à ses nièces, Frances et Etta Wright (3).

Le terrain est toujours vacant lorsque le marchand Damien Richer l'achète des héritières Wright, en février 1909 (4). Il y fait construire une

1. Anonyme, *Registre social de Hull*, 1928, p. 22, 38.
2. Ville de Hull, Rôles d'évaluation de 1884-1885, Quartier 4.

maison en brique de 33 sur 26 pieds avec une annexe de 24 sur 16 pieds ainsi qu'un hangar de 30 sur 16 pieds, probablement pour ses voitures hippomobiles. Richer est né à Saint-Benoît le 23 novembre 1841. Il a 8 ans lorsque sa famille déménage à Ottawa, puis, peu après, à Hull[3]. Il avait épousé, en 1866, à Papineauville, Mary Adeline Hillman, d'origine allemande, née le 5 mars 1824, soit de 16 ans son aînée. Elle meurt le 9 février 1908, âgée de 83 ans. Quatre mois plus tard, soit le 14 juin 1908, il épouse, à l'église Notre-Dame-des-Neiges de Masson, sa nièce, Alphonsine Hillman, née le 10 janvier 1855. Cette dernière habite déjà, depuis plusieurs années, avec le couple[4]. Plus jeune de 14 ans, c'est elle qui accompagne Damien Richer pendant les 11 ans de maladie qui précèdent son décès à l'âge de 82 ans[5].

Éminent citoyen de Hull, Damien Richer s'y est fixé avant 1871, année où il est inscrit comme épicier au recensement. En 1884, Richer a une épicerie à l'angle des rues Victoria et Britannia (Maisonneuve)[6]. Lors de l'incendie de 1875, sa maison est rasée par les flammes. Il se fait donc construire une maison en pierre sur la portion nord-est de l'emplacement de l'actuelle Maison du citoyen, et on sait qu'il y vit au milieu des années 1880. Cette résidence a peut-être brûlé dans le grand feu de 1900, car on retrouve Damien Richer voisin de Joseph Bourque au Recensement du Canada de 1901, alors qu'il n'est pas propriétaire de la maison. Par contre, il a dû se faire reconstruire une maison, car il habite sur la rue Laurier au décès de son épouse, en 1908. Nous pouvons conclure que c'est pour sa deuxième épouse qu'il a fait construire cette maison.

Il est longtemps engagé en politique municipale, d'abord en 1872, comme conseiller de la Municipalité du Canton de Hull, où il tente, avec Latour et Dumontier, d'introduire, sans succès, le français au Conseil[7]. Il est des premiers conseillers du Quartier 4 aux premières élections municipales de la Cité de Hull après son incorporation. Il

3. « M.D. Richer est décédé la nuit dernière », *Le Droit*, 5 décembre 1923.
4. *Ibid.* ; SGO, banque de généalogie BMS 2000. Cette fois, sa femme a 14 ans de moins que lui. Alphonsine est la fille de Henry Hillman et Virginie Couillard. Voir aussi BAC, Recensements du Canada des années 1881 à 1901.
5. « M.D. Richer est décédé la nuit dernière », *Le Droit*, 5 décembre 1923.
6. *The Ottawa Directory* to Which Is Added Directory of the Suburbs Comprising Archville, Bank Street Road, Billings Bridge, Janeville, Mount Sherwood, Village of New Edinburgh, Richmond Road, Rochesterville and Stewarton. Also Directory of the City of Hull. Ottawa, A.S. Woodburn, 1884, p. 361.
7. Brault, *Hull 1800-1950*, p. 42. Latour était un marchand de bois qui possédait un moulin au Témiscamingue.

occupe ce poste de 1875 à 1878, puis de 1882 à 1888 et de 1896 à 1898[8]. De 1894 à 1902, Richer est le président la Commission scolaire de Hull. Dans sa notice nécrologique, on note que c'est sous son administration qu'a été construite l'École Sainte-Marie et agrandi le Collège Notre-Dame. Par ailleurs, sur le plan financier, il investit de façon importante en immobilier non seulement à Hull, mais beaucoup aussi dans le Canton de Templeton. Il consent un nombre imposant de prêts hypothécaires à plusieurs propriétaires du secteur[9]. Il possède, à un moment ou l'autre, neuf propriétés situées dans le Quartier du Musée. Damien Richer meurt le 5 décembre 1923. Le drapeau de la tour de l'hôtel de ville est mis en berne[10], ce qui indique l'importance de cet homme, maintenant oublié, dans la communauté d'alors.

Le testament de Damien Richer est rédigé en 1921, ses témoins étant ses voisins, Géhusse et Edmond Massé, et les déclarations suivant son décès révèlent un homme fortuné. Outre les biens considérables qu'il lègue à son épouse (5) et à quelques autres personnes, dont 2 000 dollars à sa nièce Alice Hillman, Richer laisse à la Commission scolaire 500 dollars pour l'éducation des enfants pauvres et la même somme à ses exécuteurs testamentaires, son épouse et son neveu Charles Hillman, pour placer des orphelins dans des orphelinats ou ailleurs. Son testament prévoit également, en plus des funérailles et d'un service commémoratif un an plus tard, qu'il y ait des messes d'une valeur de 300 dollars et, en outre, 100 dollars de messes grégoriennes[11].

Après le décès de Richer, son épouse Alphonsine habite la résidence de la rue Champlain avec l'une de ses nièces, Alice Hillman, fille d'Adolphe Hillman et de Grace Paton. Alphonsine meurt à son tour en avril 1943 à l'âge de 88 ans et lègue sa maison à sa nièce Alice (6). Celle-ci la vend au mois d'octobre suivant. C'est un voisin de la même rue, Conrad Charlebois, époux de Lucille Massé[12], qui l'achète (7).

Conrad Charlebois est mentionné tour à tour comme gérant d'imprimerie (1943), imprimeur (1951), commerçant (1954 et 1957),

8. Louise Bisson, *Élections municipales, 1875-1877 à 1995-1999*, Rapports des présidents d'élections, Bureau du greffier, décembre 1995, p. 194-195 [*Élections municipales*]
9. QRF, 1924, 31 janvier, No 43658, déclaration, Alphonsine Hillman, veuve de Damien Richer, devant Me Louis Bertrand, 31 décembre 1923, no 14987.
10. « M.D. Richer est décédé la nuit dernière. », *Le Droit*, 5 décembre 1923.
11. Voir le titre (5).
12. Il habitait au 129, rue Champlain. La maison n'existe plus. Charlebois et Lucille Massé étaient mariés depuis juin 1939.

puis directeur de l'imprimerie du journal *Le Droit* (1970). Il y demeure jusqu'au milieu des années 1950, lorsqu'il s'installe sur la rue Maurice. Il conserve cependant l'immeuble, qu'il loue. En décembre 1970, il le vend à un ouvrier d'origine portugaise, Elias Sa (8). À la retraite, du printemps à l'automne, ce dernier s'occupe de son potager à l'arrière de la maison et de son minuscule jardin bien fleuri en bordure du trottoir. Élias Sa meurt en mai 1999 et lègue sa propriété à son épouse, Marruda Moniz (9). On ne sait pas combien de temps le locataire, un compatriote portugais, José Tomas, partage la maison avec la famille Sa, mais en 1975, Tomas achète la maison du 157, rue Champlain et s'y installe avec sa famille. D'autres locataires le remplacent à l'étage.

La veuve d'Élias Sa vend la maison l'année suivante à Matthieu Charbonneau (10) qui, depuis Fort McMurray en Alberta, loue les logements de cette maison.

Chaîne de titres

139, rue Champlain

1. QRF, 1903, 31 octobre, B8, No 7463, vente, Hannah Wright à Sophie Doré, 20 avril 1885.
2. QRF, 1903, 31 octobre, B8, No 7463, rétrocession, Sophie Doré à Hannah Wright, 2 septembre 1892.
3. QRF, 1901, 7 octobre, B3, No 2196, testament, Hannah Wright à Frances Adelia et Etta Wright, devant la *Majesty's Surogate Court*, comté de Carleton, Ontario, 6 juin 1901 ; QRF, 1901, 7 octobre, C1, no 149, déclaration de décès de Hannah Wright, 27 janvier 1901.
4. QRF, 1909, 11 février, B16, No 14374, vente, Frances Adelia et Etta Wright à Damien Richer, 10 février 1909.
5. QRF, 1924, 31 janvier, B43, No 43657, requête déposée à la Cour supérieure pour confirmer le testament de Damien Richer en faveur d'Alphonsine Hillman, 12 décembre 1923. Le testament est daté du 3 août 1921 ; QRF, 1924, 31 janvier, déclaration, devant Me Louis Bertrand, no 436583, 1er décembre 1923.
6. QRF, 1943, 23 juillet, B75, No 76578, legs, Alphonsine Hillman à Alice Hillman, 10 juin 1943.
7. QRF, 1943, 3 novembre, B76, No 77086, vente, Alice Hillman à Conrad Charlebois, 28 octobre 1943.
8. QRF, 1970, 10 décembre, No 194 155, vente, Conrad Charlebois à Elias Sa, 3 décembre 1970.

9. QRF, 1999, 13 mai, No 540 230, legs, Élias Sa à Marruda Moniz, mai 1999.
10. QRF, 2000, 12 janvier, No 547 897, vente, Marruda Moniz à Matthieu Charbonneau, 11 décembre 2000.

141-143, rue Champlain
Maison Filteau

© M. Gervais 2015

© M. Guitard 1996

Cadastre : 1 621 435
Ancien numéro de lot : 89-1, Quartier 4
Date de construction : La construction de cette maison est probablement antérieure à 1884

Style architectural

De style georgien, avec pente du toit sur la rue, ce jumelé a conservé le style des bâtiments plus anciens qui avaient été construits à Hull dans la première moitié du siècle.

Modifications : Les fenêtres et les portes ont été changées lors de la restauration. Au cours des années 1980-1990, Robert Tardif, le propriétaire, y fait de nombreux travaux de restauration, ajoutant une aile à l'arrière et remplaçant les fenêtres par des fenêtres à deux battants, dont le charme ne correspondait pas à l'histoire du bâtiment. Depuis, on a remplacé les fenêtres de bois par des fenêtres à guillotine sans, toutefois, les carreaux traditionnels. Malgré tout, l'ancienne demeure conserve sa valeur architecturale et témoigne des maisons ouvrières anciennes.

Des quatre bâtiments de ce style dans le quartier, c'est le seul de cette dimension. Comme il a été restauré avec goût et précaution, il est connu et remarqué. Il s'agit d'un des bâtiments clés de l'image historique du quartier.

Les propriétaires et les occupants

Avant que la famille Wright ne vende le terrain de cette maison à l'épicier Basile Carrière, en juillet 1894 (1), il y avait sur celui-ci une maison appartenant à Louis Rémi Filteau (Rémi ci-après). En 1884-1885, les rôles d'évaluation de la Ville signalent la présence de deux résidents aux métiers inconnus, Rémi Filteau et Napoléon Deblois. En 1888-1889, la maison appartient à Rémi Filteau père, mais elle est habitée par Basile Carrière. Ce dernier, marié à Adéline, fille de Rémi Filteau, vient de perdre sa propre résidence (85, rue Victoria) dans l'incendie du 5 juin 1888. Il demeure chez son beau-père de 1888 à 1890 environ, le temps de reconstruire sa maison du 85, rue Victoria.

Rémi Filteau (1821-1887) est l'époux de Marie Beaudet (1823-1896). Nous ne connaissons pas leur famille, mais nous savons que le couple habite Québec en 1851 à la naissance de leur fils, le photographe François-Xavier Filteau. Lorsque leur fille Adéline, née le 18 août 1848, devient la première Supérieure de la Congrégation des Enfants de Marie à Hull, en 1872[1], la famille habite alors Hull. Adéline marie Basile Carrière vers 1881-1882.

Après l'avoir acquise en 1894, Basile Carrière loue la maison à diverses personnes avant d'en faire don, en juillet 1904, à son fils Edgar (2) à l'occasion de son mariage avec Lorenza Bisson, fille d'Aldéric Bisson et d'Eugénie Lamothe. Edgard, qui réside sur la rue Laurier, vend la propriété en juin 1913 à un autre marchand hullois, Joseph Caron (3). En juillet de l'année suivante, Caron la vend à son tour à Oscar Thériault (4), un agent d'assurance qui dut connaître un revers financier par la suite, car, dès le mois d'août 1916, il rétrocède la propriété à Joseph et Damien Caron, tous deux marchands (5). En mai 1920, Damien cède sa part de la propriété à Joseph (6).

Quatre ans plus tard, Joseph Caron vend la propriété au Dr Joseph-Édouard Michaud (7). Or, en 1936, Michaud, qui habite désormais à Saint-Polycarpe (comté de Soulanges), est contraint de la céder au Capital Trust à titre de dation en paiement (8). En 1944, le Capital Trust vend la

1. BAC, Recensements du Canada de 1891 et 1901.Voir l'histoire de cette association religieuse dans « Clin d'œil sur nos traditions », Réseau de diffusion des archives du Québec (RDAQ), en ligne : http://rdaq.banq.qc.ca/expositions_virtuelles/coutumes_culture/juillet/regroupements_associatifs/clin_oeil_tradition. html

propriété à un promoteur immobilier, Frederick C. McLean (9). En 1946, celui-ci fonde, avec Mereweather McLean, vice-président, et Gerald F. McLean, secrétaire-trésorier, la société McLean Realty Company Limited. La société regroupe 33 propriétés achetées par les McLean, la plupart situées au centre-ville de Hull ; le 141-143, rue Champlain en fait partie (10). Ces trois McLean étaient probablement des frères.

En juin 1953, Mereweather C. McLean récupère la propriété (11). Originaire de Hawthorne, en Ontario, McLean avait épousé Pearl Allen le 31 octobre 1919, à Carp. Le couple vit sur la ferme de McLean, à Hawthorne, pendant six ou sept ans avant de s'établir dans la région de Hull. En 1953, ils habitent au 53, rue Front (Hanson). McLean meurt chez lui le 12 novembre 1962 à l'âge de 67 ans, et cette maison échoit à sa fille Dorothy, d'Ottawa, et à son fils Frederick Lorne, d'Aylmer (12). Dix ans plus tard, en juillet 1973, les héritiers vendent la propriété à Armand Proulx, homme d'affaires dont l'établissement est sis au 5, rue Laval (13). La propriété est vendue à Robert Tardif, agent d'inspection, en septembre 1979 (14). Tardif la restaure si bien qu'il en fait un point de repère du quartier. Il habite à l'étage pendant plusieurs années, alors que le rez-de-chaussée loge les bureaux d'un cabinet d'experts-conseils ainsi que la galerie Pierre Bernard. Celle-ci était une des galeries les plus connues de la région et convient très bien à l'esprit de la maison. Cette dernière servait par ailleurs d'entrée au bureau du Dr Jolicœur, mais n'est plus, désormais.

En 2006, Robert Tardif vend l'immeuble à Stéphane Dompierre et Rock Bernier. Ces deux hommes mettent sur pied une société à numéro, la 6366007 Canada inc., représentée par Stéphane Dompierre, à laquelle ils vendent la propriété le 18 décembre 2008. En date de 2016, ils en sont les propriétaires.

Chaîne de titres

141-143, rue Champlain

1. QRF, 1902, 26 février, B4, No 3506, vente, Hannah Wright à Basile Carrière, 17 juillet 1894.
2. QRF, 1904, 3 octobre, B9, No 8746, donation, Basile Carrière à Edgar Carrière, 2 juillet 1904.
3. QRF, 1913, 7 juin, B22, No 21553, vente, Edgar Carrière à Joseph Caron, 6 juin 1913.
4. QRF, 1914, 7 août, B24, No 23803, vente, Joseph Caron à Oscar Thériault, 27 juillet 1914.

5. QRF, 1916, 30 octobre, B27, No 27164, rétrocession, Oscar Thériault à Joseph et Damien Caron, 26 août 1916.
6. QRF, 1920, 19 mai, B34, No 33833, cession, Damien Caron à Joseph Caron, 18 mai 1920.
7. QRF, 1924, 24 juillet, B44, No 45050, vente, Joseph Caron à Joseph-Édouard Michaud, 24 juillet 1924.
8. QRF, 1936, 3 décembre, B69, No 70203, vente, Joseph-Édouard Michaud à Capital Trust Corporation, 30 novembre 1936.
9. QRF, 1944, 11 mai, B77, No 77990, vente, Capital Trust Corporation à Frederick C. McLean, 10 mai 1944.
10. QRF, 1947, 3 janvier, B84, No 83 688, vente, Frederick C. McLean à McLean Realty Co. Ltd, 20 décembre 1946.
11. QRF, 1953, 22 juin, No 103 083, transfert, McLean Realty Co. Ltd à Mereweather Clifford McLean, 11 juin 1953.
12. QRF, 1963, 4 novembre, No 148 470, legs, Mereweather Clifford McLean à Dorothy et Frederick Lorne McLean, 12 novembre 1962.
13. QRF, 1973, 7 août, No 219 414, vente, succession de Mereweather Clifford McLean à Armand Proulx, 3 août 1973.
14. QRF, 1979, 6 septembre, No 282 069, vente, Armand Proulx à Robert Tardif, 4 septembre 1979.
15. QRF, 2006, 1er juin, No 13 340 660, vente, Robert Tardif à Stéphane Dompierre et Rock Bernier, 1er juin 2006.
16. QRF, 2008, 22 décembre, No 15 858 628, cession d'un immeuble, Stéphane Dompierre et Rock Bernier à 6366007 Canada inc., représentée par Stéphane Dompierre, 18 décembre 2008.

144-152, rue Champlain

© M. Guitard 1997

© M. Guitard 1990

Cadastre : 1 621 447
Ancien numéro de lot : 72, Quartier 4
Date de construction : 1888-1889

Style architectural

D'influence georgienne, ce bâtiment à logements multiples, construit en bois et mesurant, à l'origine, 30 sur 64 pieds, couvre presque toute la façade du terrain. Le bâtiment étant situé sur un coin de rue, l'accès à l'arrière se fait depuis la rue Papineau. Des ailes ont été ajoutées à l'arrière sans toutefois déparer le style du bâtiment.

Modifications : Les fenêtres ont été rapetissées avant 1990 et le bâtiment a été recouvert de brique au cours de l'été 1997.

Ce bâtiment à logements multiples est le plus grand du quartier. Il n'est pas d'une grande beauté architecturale, d'autant plus que les modifications de la dimension des fenêtres lui ont enlevé son authenticité. En bois à l'origine, le bâtiment a été recouvert de déclin en aluminium trop large, probablement vers les années 1960. Le revêtement de brique avec le motif en relief entre les deux étages s'intègre d'une façon avantageuse au paysage architectural du quartier. Il est représentatif des nombreux bâtiments à logements multiples de la fin du XIXe siècle à Hull.

Propriétaires et occupants

Le terrain de cette propriété, comme l'ensemble du quadrilatère, échoit à Rosina, fille de Ruggles Wright, après le décès de celui-ci (1). Joseph Guitard (2), un charpentier, l'achète à Rosina Wright le 29 avril 1884. Il y construit une maison et la vend le 16 octobre de l'année suivante à Félix Boucher (3), tour à tour journalier, *miller* ou *teamster*. Il est possiblement le frère d'Octave Boucher, propriétaire du lot voisin, dont la fille épouse le marchand Josephat Pharand (voir le 133, rue Notre-Dame). Comme tous ses voisins, Boucher perd sa maison dans l'incendie de 1888. Il reconstruit cette grande maison à logements la même année. Parmi ses locataires des premières années, y demeurent, en 1893, Joseph Fournier (voir le 133, rue Champlain), menuisier que l'on verra dans plusieurs maisons du secteur, Edmond Lachance, tailleur de pierre, et Joseph Sherby, épicier. En 1900-1901, sont locataires Géhusse Massé (voir le 135, rue Champlain), le futur gendre de Joseph Fournier, l'architecte Charles Brodeur, le comptable L. Jules Dion et le maître de poste J.T. Madore.

Félix Boucher avait épousé en communauté de biens Henriette Daoust et ils ont eu neuf enfants[1]. Au décès de celle-ci, le 18 décembre 1902, sa part indivise de la propriété échoit à leurs enfants (4). Boucher ne se remarie pas. À son décès, le 31 mars 1936, il lègue sa moitié indivise de la propriété à sa fille Clémentine et son fils Wilfrid (5), l'autre moitié appartenant déjà aux huit enfants.

De 1941 à 1944, Wilfrid Boucher, machiniste qui occupe une partie de la propriété avec sa sœur, Clémentine, rescinde le patrimoine familial en rachetant une à une les parts de ses frères et sœurs : Arabella, de Montréal, épouse d'Armand Leduc ; Alfred, aussi de Montréal, tailleur ; Alexis, journalier domicilié au 48, rue Dollard, à Hull ; Octave, peintre, habitant non loin lui aussi, au 12, rue Champlain ; Albert, soldat vivant à Hull ; Alexina, veuve d'Honoré Tessier, domiciliée à Ottawa ; Clémentine, célibataire habitant dans le quartier ; Marcelle et Irène Valin, filles mineures d'Yvonne Boucher, décédée, et de Lionel Valin (6). En mars 1945, Wilfrid Boucher, célibataire, dicte son testament et désigne comme légataire universelle sa sœur Clémentine (7). Boucher meurt le 4 février 1964 à l'âge de 67 ans.

1. BAC, Recensement du Canada de 1901. Félix est né le 6 juillet 1850 et Henriette, le 25 novembre 1861. Leurs enfants se nommaient Alexina, Alexis, Octave (13 ans en 1901, prénommé comme son oncle qui a 64 ans à cette époque), Alfred, Arabella [?], Albert, Clémentine, Wilfrid et Yvonne.

Clémentine Boucher occupe une partie de la propriété pendant dix autres années, puis la vend en juillet 1974 à Hubert Cyr, agent d'assurance de Hull, et au Dr Gilles Faubert (8), un médecin domicilié à Piedmont. Cyr et Faubert achètent la maison Pharand l'année suivante. Il s'agit de la propriété située juste derrière celle-ci, le 133, rue Notre-Dame-de-l'Île, qu'ils revendent en 1979. Cyr avait fait l'acquisition du 175-177, rue Notre-Dame-de-l'Île, en 1959, qu'il conserve jusqu'en 1985.

En septembre 1983, Cyr et Faubert vendent le 144-152, rue Champlain à deux avocats, Jacques-E. Allard d'Ottawa et Roger Trudel d'Orléans (9). Ces deux personnes avaient acheté, en 1979, la maison Pharand ci-haut mentionnée, où ils ont établi leur étude[2]. Un an et demi plus tard, en mars 1985, Gilbert McElroy, un homme d'affaires d'Aylmer, et son épouse, Linda Cole, professeure, s'en portent acquéreurs (10). Ceux-ci ont aussi acheté d'autres propriétés dans le quartier. Saisie par le shérif au début de l'année 1996 en faveur de la Compagnie Trust National [(11) et (12)], la propriété est finalement vendue en mai 1997 à la société 9047-9452 Québec inc. (13), présidée par Jean-Guy Côté, dont le siège social se trouve au 192, avenue de La Citadelle, à Hull.

L'entrepreneur Pierre-Carl D'Amours, par l'entremise de la société 143503 Canada inc. en 1998 (14) et de la société 3253121 Canada inc. en 2008 (15), est le propriétaire de cet immeuble à logements ancien (2016).

Chaîne de titres

144-152, rue Champlain

1. QRF, 1901, 15 octobre, No 2222, contrat de partage et division, Ruggles Wright père à Rosina Wright, devant Me A. Larue, 17 septembre 1864, enregistré sous Lib B, 46, vol. 11, p. 53.
2. QRF, 1901, 2 novembre, B3, No 2370, vente, Rosina Wright à Joseph Guitard, 29 avril 1884.
3. QRF, 1901, 2 novembre, B3, No 2371, vente, Joseph Guitard à Félix Boucher, 16 octobre 1885.
4. QRF, 1936, 27 mai, B68, No 69804, legs d'une moitié indivise du lot, Henriette Daoust à son époux, Félix Boucher, et leurs neuf enfants, 18 décembre 1902.

2. Voir le dossier du 135, rue Notre-Dame-de-l'Île.

5. QRF, 1936, 27 mai, B68, No 69806, legs d'une moitié indivise du lot, Félix Boucher à Clémentine et Wilfrid Boucher, 31 mars 1936.
6. QRF, 1942, 8 janvier, B73, No 74571 ; QRF, 1943, 21 juin, B75, No 76443 ; QRF, 1944, 11 juillet, B77, No 78331 et No 78332 ; QRF, 1944, 26 juillet, B78, Nos 78420, 78421, 78422 et 78426, vente, successions d'Henriette Daoust et de Félix Boucher à Wilfrid Boucher, 29 décembre 1941, 25 mai 1943, 5 et 24 juillet 1944.
7. QRF, 1964, 9 octobre, No 54 313, legs, Wilfrid Boucher à sa sœur, Clémentine Boucher, 4 février 1964.
8. QRF, 1974, 15 juillet, No 23161, vente, Clémentine Boucher à Hubert Cyr et Gilles Faubert, 12 juillet 1974.
9. QRF, 1983, 30 septembre, No 317 473, vente, Hubert Cyr et Gilles Faubert à Jacques-E. Allard et Roger Trudel, 30 septembre 1983.
10. QRF, 1985, 15 mars, No 336 112, vente, Jacques-E. Allard et Roger Trudel à Gilbert McElroy et Linda Cole, 15 mars 1985.
11. QRF, 1996, 19 mars, S 3338, saisie, Gilbert McElroy et Linda Cole au shérif de Hull, 19 mars 1996.
12. QRF, 1996, 4 juillet, S 3341, adjudication, shérif de Hull à Compagnie Trust National, 4 juillet 1996.
13. QRF, 1997, 21 mai, No 517 581, vente, Compagnie Trust National à 9047-9452 Québec inc., 5 mai 1997.
14. QRF, 1998, 1er juin, No 529 679, 9047-9452 Québec inc. à 143503 Canada inc., représentée par Pierre-Carl D'Amours, devant Me Richard Slythe, 1er juin 1998.
15. QRF, 2008, 30 janvier, No 14 943 413, cession, 143503 Canada inc., représentée par Pierre-Carl D'Amours, à 3253121 Canada inc., représentée par Pierre-Carl D'Amours, devant Me John Lapierre, 29 janvier 2008.

145, rue Champlain
Maison Farley

© M. Gervais 2015

© M. Guitard 1990

© M. Guitard 1990

Cadastre : 1 621 438
Ancien numéro de lot : 71, Quartier 4
Date de construction : 1891, vers 1920

Style architectural

Il y avait à l'origine, sur ce terrain, une maison en brique de style hullois, construite vers 1890. La partie avant de la présente maison, tout comme son site, laisse penser qu'on l'a transformée et agrandie. Entre 1916 et 1928, on lui confère des caractéristiques des styles néo-Queen Anne et néo-Tudor : des toits en pavillon et de hautes cheminées travaillées, des lucarnes proéminentes, des oriels et de faux colombages sur du stucco sous le toit. Ici, la maison est presque entièrement en brique, mais le pignon en façade avant est en stuc blanc et garni de faux colombages. La véranda en pavillon date aussi vraisemblablement des années 1920. Le porche avant est recouvert d'un toit à fronton, retenu par des colonnes sur piliers de brique.

La porte d'entrée et les fenêtres, avec leur ouverture semi-elliptique garnie d'un voussoir et d'un linteau en pierre, et la baie en saillie avant indiquent une adaptation du style à l'italienne, alors que dans le style néo-Tudor, les fenêtres sont rectangulaires. Ce sont ces détails qui laissent croire que le corps avant de la maison date de 1890-1891 et qu'elle avait la même architecture que la maison du 161 et 163, rue Notre-de-Dame-de-l'Île. Les autres fenêtres de formes variées ont été faites lors de l'agrandissement et des transformations de la maison.

Modifications : En 1898, il y a une galerie en façade. En 1901, une rallonge en bois d'un étage s'étend sur toute la longueur de la maison. La maison a été subdivisée en logements en 1963 par Marie Farley. Le garage du côté nord, construit en 1926, a été transformé en logement. Un contremaître en construction, Marc Coulaud, nous a dit y avoir fait des rénovations peu après son achat, en 1973.

Cette maison occupe les deux terrains du coin de la rue. Ce grand terrain est garni d'une pelouse et de trois arbres. Des arbustes en façade et des fleurs agrémentent l'extérieur de cette maison et la rue. Puis, avec la subdivision de la maison en logements et la construction de Place du Portage, des espaces de stationnement remplacent une partie du terrain sur le côté et à l'arrière de la maison. L'ensemble du terrain doit être considéré dans la conservation patrimoniale de cette propriété, car il indique, par sa présence, l'importance des gens qui ont habité dans cette maison.

Propriétaires et occupants

Le terrain de cette maison est un legs de Philemon Wright père à son fils Ruggles, mort en 1863. Lors du partage de ses biens légués en 1864, Ruggles lègue à son fils, aussi nommé Ruggles, le Quadrilatère 5 dont fait partie ce terrain (1). Ruggles fils vend plusieurs terrains à Adèle Leduc, l'épouse du notaire Nérée Tétreau, mais pas ce terrain-ci[1]. Ainsi, Stanislas B. Simon (2), qui a acquis le terrain

1. Le numéro de ce lot n'est pas compris dans la transaction entre Ruggles Wright fils et Adèle Leduc, de novembre 1869. Voir QRF, 1900, 11 décembre, B1, No 829, vente et confirmation de titres. L'acte est conclu avec la veuve de Ruggles Wright fils qui est mort en 1872.

avant 1884, l'a problement acheté de la succession de Ruggles fils, décédé en 1872.

L'histoire des propriétaires de cette maison remonte à 1884, année où la famille de Stanislas Simon habite une maison en bois avec bâtiments attenants. Immédiatement après l'incendie de 1888, Simon fait construire une maison de même dimension, mais en brique[2].

Stanislas B. Simon est arrivé à Hull avant 1872[3]. D'abord commis, il devient épicier. Il est marié à Élisa Corbeil et ils ont quatre enfants : Marie-Thérèse (décédée à La Tuque en 1915), Charles-Auguste, Charlotte (née le 20 octobre 1886), épouse de Jean Matte, et une religieuse, sœur Marie-Lorette. La famille Simon est étroitement liée au monde religieux de l'époque. Élisa Corbeil a trois frères prêtres : Sylvio, Eugène et Ozias. En 1920, Sylvio est directeur de l'École normale de Hull, Eugène est curé à La Tuque et Ozias est missionnaire. Stanislas est le neveu de Mgr Routhier, d'Ottawa, et du juge Adolphe-Basile Routhier, de Québec.

Les Simon habitent la maison pendant près de 25 ans, mais après le décès de son épouse, le 29 octobre 1908, Stanislas déménage chez sa fille à Montréal, où il meurt le 20 novembre 1920 à l'âge de 77 ans, après six mois de paralysie. Sa dépouille est exposée à Hull, chez son fils Charles-Auguste, qui habite au 253, rue Laurier. Stanislas Simon avait été l'organiste de l'église Notre-Dame pendant 35 ans. Des funérailles grandioses sont célébrées par son oncle, Mgr J.-O. Routhier, son beau-frère, l'abbé Sylvio Corbeil, principal de l'École normale de Hull, et le père Dalpé, OMI, de l'Université d'Ottawa. On est, certes, dans un monde de religieux, mais aussi de culture : Eugène Leduc clôt la cérémonie par un chant sacré, *Crucifix*, œuvre de Gabriel Fauré[4].

En février 1900, Eliza Simon hypothèque leur maison auprès de son frère, le Dr Louis-Gonzague Routhier, médecin d'Ottawa (3). Celui-ci transfère cette hypothèque à Benjamin Stackhouse, un dentiste de Lachute, en 1903 (4). Les Simon continuent à vivre dans la

2. Cité de Hull, Rôles d'évaluation de 1884-1885 à 1890-1891, Quartier 4, lot 71.
3. Ernest Cinq-Mars, « Liste de citoyens-contribuables dans le village de Hull en 1872 », *Asticou, Revue d'histoire de l'Outaouais*, Société historique de l'Ouest du Québec, cahier no 25, décembre 1981 [« Liste de citoyens »].
4. « Décès de M. S.B. Simon », *Le Droit*, 22 novembre 1920. « Funérailles de M. S.B. Simon », *Le Droit*, 23 novembre 1920.

résidence, mais, après le départ de Stanislas chez sa fille, Stackhouse vend la maison à Dolar Parent vers 1908 (5)[5].

Dolar Parent, secrétaire-trésorier de la Commission scolaire de Hull, est accusé de détournement de fonds et s'enfuit aux États-Unis. À la suite du procès intenté contre lui en 1909, la Cour supérieure lui donne un an pour rembourser l'argent. Incapable de rembourser, Parent, par l'intermédiaire de son père, vend l'immeuble à la Commission scolaire (6). Cette dernière, représentée par Moïse J. Laverdure, vend la maison au Dr Louis-Martial Pelletier, un médecin de Hull, le 26 octobre 1909 (7)[6], qui y fait installer l'électricité. Il revend la maison en 1912 à Georges Montpetit (8), qui a une quincaillerie dont le magasin, spécialisé dans la peinture, existait encore en 1995 sur la rue Eddy. Il y était depuis 1900[7].

Le 28 novembre 1916, Gracia Lafond achète la maison (9). Née en 1883, elle est la fille du marchand Gédéon Lafond et d'Elvina Grondin, de Hull. Vers 1910, elle épouse Arthur Raymond Farley[8] et les nouveaux mariés louent le 133, rue Champlain, soit la maison de Joseph Fournier, qui vient de décéder. La présence d'une servante dès ce moment indique que ce sont des gens qui ont des moyens financiers. La servante, 15 ans, se nomme Mary Fitzgimmons[9].

C'est assurément la famille Farley qui fait construire la maison telle qu'on la voit aujourd'hui. En l'absence de contrat de construction, les plans d'assurance d'entre 1915 et 1928 fournissent des renseignements importants. La maison, du style néo-Tudor à la mode, est sise sur deux terrains en coin de rues et reflète la présence d'une famille bourgeoise.

Comme toutes les femmes de la bourgeoisie de l'époque, Gracia Lafond Farley ne travaille pas à l'extérieur de la maison, mais participe aux organismes paroissiaux, comme la Congrégation des Dames

5. La transaction originale entre Stackhouse et Parent n'a pas été inscrite au registre foncier. L'information vient de la transaction à la suite du jugement de la Cour supérieure, no 2263, 24 avril 1909.
6. Les nombreuses transactions concernant les obligations et les transactions de cette propriété se trouvent dans l'acte de vente de la Commission scolaire à L.M. Pelletier, enregistré le 28 octobre 1909. Voir chaîne de titres.
7. « 95 ans, Geo. Montpetit, une des plus anciennes entreprises de Hull ! », *Le Droit*, 20 mai 1995.
8. « Mme A.-R. Farley est décédée à Hull à l'âge de 72 ans », *Le Droit*, 12 janvier 1956. Joseph Roméo Lafond succède à son père à la direction de G. Lafond et Fils et est membre de plusieurs associations à Hull. Cartier Migneault, marchand et échevin de Hull, s'éteint vers 2003.
9. BAC, Recensement du Canada de 1911.

de Sainte-Anne et le Tiers Ordre de Saint-François. Son frère, Joseph-Roméo, est député du comté de Hull en 1923 et sa nièce, fille de Roméo, épouse Cartier Migneault, marchand et échevin connu à Hull. Le couple a quatre enfants : Raymond (1911), Rodrigue (1913), Louis (1915) et Marie (1918)[10].

Son époux, Arthur-Raymond Farley, né en mai 1881 à Saint-Gabriel de Brandon, arrive à Hull en 1904. En 1912, le pharmacien et son copropriétaire louent le Hull Medical Hall, la première pharmacie de Hull, sise dans le bloc Scott, à l'angle des rues Eddy et Principale. Farley est aussi propriétaire d'une autre pharmacie rue Hôtel-de-Ville, en 1920[11]. Pharmacien reconnu, il a un laboratoire où il fabrique des médicaments, dont l'Antalgine, analgésique pour soulager les maux de tête. Sa réputation dépasse les frontières canadiennes[12]. Il est directeur honoraire de l'École de pharmacie de Montréal, fondateur et premier président de la société Pharmacies universelles ltée et directeur de la société Farex ltée, toutes deux spécialisées dans le commerce de gros de produits pharmaceutiques. Il est examinateur au Collège des pharmaciens de la province de Québec pendant une trentaine d'années. On le retrouve dans plusieurs des organismes sociaux hullois, comme le Club Rotary, les Chevaliers de Colomb et l'Action catholique. Farley voyage beaucoup, en Europe, aux États-Unis, dans les Antilles et dans l'Ouest, afin de se tenir au fait de sa profession[13]. Sa pharmacie est un point de repère important de l'ancien centre-ville de Hull[14].

Arthur Farley meurt le 11 janvier 1954 à Hull. La liste des prêtres et des citoyens connus de l'époque qui assistent aux funérailles indique l'importance de cet homme dans la communauté hulloise[15]. Son épouse meurt deux ans plus tard, le 11 janvier 1956[16]. Les dépouilles

---

10. Nous remercions Raymond Ouimet pour ces informations sur Roméo Lafond et Jeannette Thibault, nièce et filleule d'Arthur Farley, pour ces renseignements sur la famille.
11. QRF, 1912, 2 février, B21, No 18 969, Janet Louisa Scott à Arthur R. Farley.
12. Annonce parue dans *Le Droit*, au cours de l'automne, entre autres, le 25 novembre 1919.
13. « M. A.-R. Farley, pharmacien depuis 50 ans, décédé à Hull », *Le Droit*, 11 janvier 1954.
14. « La pharmacie Farley », *Le Hull disparu*, IHRO, 1988, p. 69.
15. « M. A.-R. Farley, pharmacien depuis 50 ans, décédé à Hull », *Le Droit*, 11 janvier 1954.
16. QRF, 1957, 23 mars, No 116659, déclaration, devant Me François Binet, no 30046, 18 mars 1957 ; « Mme A.-R. Farley est décédée à Hull à l'âge de 72 ans. », *Le Droit*, 12 janvier 1956, et « Ultime hommage rendu à Mme A.-R. Farley », *Le Droit*, 16 janvier 1956.

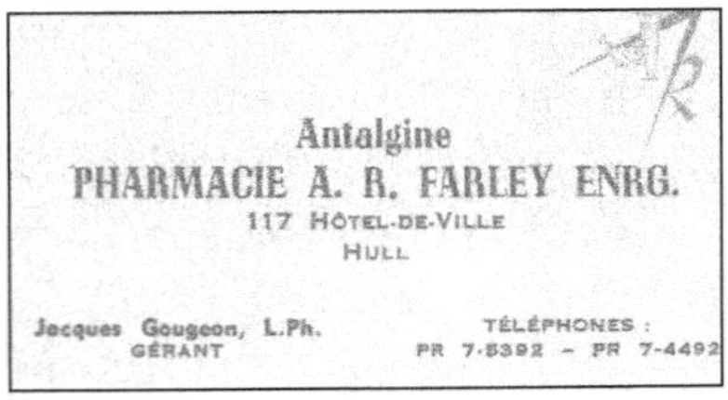

Vue de la rue Hôtel-de-Ville et de la pharmacie d'A.R. Farley sise au 117, rue Hôtel-de-Ville, et carte d'affaires de son établissement. Jacques Gougeon, Hull, Outaouais, *Le Hull disparu*, IHRO, p. 9.

mortelles de l'un, puis de l'autre sont exposées dans leur résidence, bien que les funérailles sont organisées par l'entrepreneur de pompes funèbres Gauthier, dont l'établissement était situé à proximité, en face de l'église Notre-Dame. Ce n'est pas inhabituel à l'époque. Gracia Lafond-Farley lègue sa maison à ses enfants (10).

Les enfants Farley sont destinés au monde des professions libérales. Rodrigue (1913-1997) devient avocat renommé à Hull. Le 4 mai 1946, il épouse Raymonde, fille d'Alphonse Fournier, député de Hull de 1930 à 1953, ministre des Travaux publics, puis juge de la Cour de l'Échiquier. William Lyon Mackenzie King assiste à leur mariage[17]. Louis, né le 21 juin 1915, épouse Julienne Brisson de La Prairie. Il devient juge de la Cour du bien-être social en octobre 1960 ; il meurt à Hull le 10 mars 1968[18]. Marie, née en 1918, épouse Jacques Boucher (1913-v.1989) le 19 octobre 1945. Devenu avocat en 1937, celui-ci est nommé juge le 8 juillet 1950[19].

En 1957, le médecin Jean-Jacques Gariepy et son épouse, Lucette Proulx, acquièrent la maison des héritiers Farley établis à Aylmer (11). Les Gariepy rétrocèdent la propriété à Marie Farley-Boucher cinq ans

17. Merci à Jean-Marie Séguin et à Nanette Thibault, de Hull, pour ces renseignements. Rodrigue meurt le 23 avril 1997. Le ministre Alphonse Fournier habite sur la rue Laurier, devant le monastère des Servantes de Jésus-Marie, dans une belle maison de pierre grise semblable à la Maison Hamon. Elle est démolie dans les années 1970. Nous avons vu une photographie à la Commission de la Capitale nationale (CCN). Le fils d'Alphonse Fournier, Roy Fournier, est député et ministre de la Sécurité publique peu après l'assassinat de Pierre Laporte, en 1970.

18. Chantal Berniquez et Luc Villemaire, *Histoire du Barreau de Hull des origines à nos jours (1889-1989)*, Hull, Barreau de Hull, 1889, p. 131 [*Histoire du Barreau*] ; Index consolidé des décès du Québec 1926-1996 ; Louis Farley meurt à 52 ans, le 10 mars 1968. Leurs enfants sont maintenant à Montréal et dans les environs.

19. Ces renseignements m'ont été fournis par Nanette Thibault, cousine et filleule d'Arthur Farley. Aussi, Berniquez et Villemaire, *Histoire du Barreau*, p. 132-133.

Mariage de Rodrigue Farley et Raymonde Fournier, en compagnie de William Lyon Mackenzie King, 1946. Ville de Gatineau, collection de la Ville de Hull, 7 H12-01/0032

plus tard (12). Celle-ci la divise alors en appartements et la revend à un fonctionnaire, Robert Danis, en octobre 1963 (13). Depuis lors, la famille Farley n'est plus formellement liée à cette maison, bien qu'elle y demeure associée par un grand nombre de Hullois qui ont connu le Vieux-Hull et ses familles.

En 1969, Robert Danis loue la maison à Marc Coulard, contremaître en construction. Coulard en fait l'acquisition en 1973 (14) et y habite avec sa conjointe, Francine Thérien. Il la vend au bijoutier Jean Lepage en mars 1975 (15). Celui-ci renomme son entreprise l'année suivante, et la société Lepage et Lepage ltée s'établit au 114, rue Maisonneuve (16). En 1977, cette société vend la maison à la société Gestion A.J.C.L. ltée, représentée par André Cloutier (17)[20]. La propriété est saisie par la compagnie Assurance Vie Desjardins (18) et vendue le 22 décembre 1978 à deux hommes d'affaires d'Ottawa, Daniel Chiasson et Gilles Bergeron (19), dont les bureaux sont situés au 95, rue Laurier, soit dans l'ancien bâtiment de la boutique Erotica, à côté de l'actuel Bureau du tourisme[21]. Ceux-ci vendent la maison à la société Chibec le 12 novembre 1980 (20), mais la propriété est saisie par la Guarantee Trust le 28 mars 1981 (21), puis vendue à Ruby E. Burick le 9 mars 1982 (22). Au cours des 10 années suivantes, Burick hypothèque la propriété au moins 16 fois[22]. Poursuivie par ses créanciers, elle vend la propriété à Pierre Richard le 19 novembre 1992 (23). Le 9 octobre 1996, ce dernier vend l'immeuble à Villmar Foods (1988) Ltd (24), qui le lui revend le 8 janvier 2004 (25). Richard indique qu'il habite la maison au moment de sa vente, en 2011, à la société 7855559 Canada inc. (26). Depuis juillet 2011, la propriété, évaluée à plus d'un demi-million de dollars, est gérée par cette société propriétaire qui y

20. Les conditions avantageuses de la vente permettent de croire que les partenaires sont peut-être les mêmes dans les deux sociétés.

21. Voir la chaîne de titres qui suit. Les informations contenues sont dans les documents du registre foncier. La référence à la boutique Erotica vient de l'évaluation patrimoniale de ce bâtiment que nous avons faite en 1990, mais ce bâtiment est maintenant démoli.

22. QRF, Index des immeubles, Cité de Hull, Lot 71, Quartier 4.

loue des appartements, négligeant l'entretien de cette résidence qui a jadis été une des plus admirables maisons du quartier.

Comme presque toutes les maisons du quartier, la maison Farley fait l'objet de spéculation depuis la construction de la Place du Portage. Sise sur un grand terrain à l'angle des rues Champlain et Papineau, cette résidence, entourée d'arbres, demeure néanmoins un repère visuel et témoigne d'un passé où l'élite hulloise habitait le quartier historique.

Chaîne de titres

145, rue Champlain

1. QRF, 1901, 15 octobre, No 2222, testament de Ruggles Wright, devant Me A. Larue et collègues, no 5893, 6 août 1863 ; contrat de partage et division de propriété, Ruggles Wright père à Ruggles Wright fils, devant Me A. Larue, 17 septembre 1864, enregistré sous Lib B, No 46, vol. 11, p. 53.
2. Ville de Hull, Rôles d'évaluation de 1884, succession, Ruggles Wright fils [?] (décédé en 1872) à Stanislas B. Simon.
3. QRF, 1900, 11 août, B1, No 360, hypothèque, Éliza Corbeil, épouse de Stanislas B. Simon, à Louis de Gonzague Routhier, devant Me F.A. Labelle, no 1664, 20 février 1900.
4. QRF, 1903, 7 juillet, B7, No 6771, obligation et transport, Louis de Gonzague Routhier à Benjamin S. Stackhouse, devant Me F.-A. Labelle, no 3971, 2 juillet 1903.
5. QRF, Jugement, Commission scolaire de Hull c. Dolar Parent, Cour supérieure, district d'Ottawa, no 2263, 24 avril 1909. Le jugement fait référence à la vente de Benjamin S. Stackhouse à Dolar Parent, 1908.
6. QRF, 1909, 28 mai, No 14946, B17, vente, Dolar Parent, représenté par son père, à Commission scolaire de Hull, devant Me Nérée Tétreau, no 27 134, 22 mai 1909.
7. QRF, 1909, 28 octobre, B17, No 15529, vente et hypothèque, Commission scolaire de Hull à Louis Martial Pelletier, devant Me Nérée Tétreau, no 27 134, 18 octobre 1909.
8. QRF, 1912, 19 octobre, B2, No 20332, vente, Louis Martial Pelletier à Georges Montpetit, devant Me F.A. Labelle, no 15915, 10 octobre 1912.
9. QRF, 1956, 11 janvier, No 116 658, testament de Gracia Lafond, devant Me François Binet, no 16164, 23 février 1944 ; QRF, 1957, 1er août, No 117 680, vente, Georges Montpetit à Gracia Lafond,

épouse d'Arthur Farley, devant Me Edgard Laberge, 27 novembre 1916, no 50.

10. QRF, 1956, 11 janvier, No 116 658, legs, Gracia Lafond à Louis, Rodrigue et Marie Farley, devant Me François Binet, no 16164, 23 février 1944.
11. QRF, 1957, 1er août, No 117 680, vente, Louis, Rodrigue et Marie Farley à Jean-Jacques Gariepy, devant Me André Lesage, no 8907, 31 juillet 1957 ; QRF, 1957, 15 août, No 117 799, hypothèque, Marie et Louis Farley à Gariepy, devant Me André Lesage, no 8908, 31 juillet 1957.
12. QRF, 1962, 11 décembre, No 143 304, datation et cession, Jean-Jacques Gariepy à Marie Farley Boucher, devant Me P. Desrosiers, no 16838, 10 décembre 1962.
13. QRF, 1963, 7 octobre, No 148 002, vente, hypothèque, Marie Farley Boucher à Robert Danis, devant Me Pierre Desrosiers, no 17542, 2 octobre 1963.
14. QRF, 1973, 13 mars, No 214 831, vente, Robert Danis à Marc Coulard, devant Me Pierre Couture, 8 mars 1973.
15. QRF, 1975, 2 mai, No 238 883, vente, Marc Coulard à Jean Lepage, devant Me Jean Proteau de Pointe-Gatineau, 30 mars 1975, no 159.
16. QRF, 1977, 21 décembre, No 265 430, vente, Jean Lepage à Lepage et Lepage ltée, devant Me P.D. Gagné, no 2356, 19 décembre 1977. L'acte fait référence à la cession du 16 août 1976, devant Me P. Couture, no 252 461, 16 août 1976.
17. QRF, 1977, 21 décembre, No 265 430, vente, Lepage et Lepage ltée à Gestion A.J.C.L. ltée, devant Me P.D. Gagné, no 2356, 19 décembre 1977.
18. QRF, 1978, 30 octobre, No 273 854, jugement, Index des immeubles. Gestion A.J.C.L. ltée à Assurance Vie Desjardins.
19. QRF, 1978, 29 décembre, No 275 408, vente, Assurance Vie Desjardins à Daniel Chiasson et Gilles Bergeron, devant Me P.D. Gagné, no 2927, 22 décembre 1978.
20. QRF, 1980, 12 novembre, No 291 895, vente, Daniel Chiasson et Gilles Bergeron à Chibec ltée, devant Me P. D. Gagné, no 3598, 11 novembre 1980.
21. QRF, 1981, 28 mars, No S/1973, 28 mars et 14 juillet 1981, No S/1991, saisie de Chibec ltée par Guarantee Trust.
22. QRF, 1982, 9 mars, No 301 769, vente, Guarantee Trust à Ruby E. Burick, devant Me R. Pierre Leclerc et Me François Gravelle, 9 mars 1982.

23. QRF, 1992, 19 novembre, No 463 980, vente, Ruby E. Burick à Pierre Richard *et al.*, devant Me Richard G. Thériault, 18 novembre 1992, no 4435.
24. QRF, 1996, 9 septembre, No 509 936, vente, Pierre Richard *et al.* à Villmar Foods (1988) Ltd, devant Me Richard G. Thériault, 6 septembre 1996, no 5545.
25. QRF, 2004, 8 janvier, No 11 000 634, vente, Villmar Foods (1988) Ltd. à Pierre Richard, devant Me Richard G. Thériault, 18 décembre 2003.
26. QRF, 2011, 29 juillet, No 18 361 653, vente, Pierre Richard à 7855559 Canada inc., devant Me Stéphane Riel, no 5519, 29 juillet 2011.

151-153, rue Champlain

© M. Gervais 2015

© M. Guitard 1997

Cadastre : 1 621 439
Ancien numéro de lot : 62-2, Quartier 4
Date de construction : 1888-1889

Style architectural

De style hullois, cette maison de deux étages et demi a la particularité d'avoir des fenêtres semi-elliptiques à l'italienne et un revêtement de brique. Sa double galerie, l'une au rez-de-chaussée, l'autre au premier étage, est rare. Cette maison possède aussi une rallonge arrière en retrait par rapport au corps principal, au lieu de dépasser de l'un des côtés. Remarquons la porte, les fenêtres semi-elliptiques et la tête demi-ronde de la fenêtre du grenier : toutes ces ouvertures sont garnies de voussoirs de brique.

Modifications : La maison a été recouverte en brique entre 1908 et 1915. Les galeries ont été refaites depuis 1997 et les portes et fenêtres, repeintes. Une terrasse au-dessus de l'ancienne cuisine arrière a remplacé le toit en pente.

Propriétaires et occupants

Joseph Daoust, un boucher, vivait à Hull et la documentation montre qu'il y était établi avant 1872[1]. Il acquiert cette propriété avant 1884, vraisemblablement de Ruggles Wright fils ou de ses successeurs (1). Peu après l'incendie de 1888, il fait reconstruire une maison, un hangar et une boucherie. En 1891, la famille est nombreuse. Outre lui (53 ans) et son épouse, Vitaline Séguin (47 ans), y vivent leur quatre enfants : un fils, Ovila (17 ans), et trois filles, Laure-Ida (13 ans), Imelda (11 ans) et Theodora (7 ans), en plus de la grand-mère Théotiste Séguin (77 ans) et de la servante Marguerite Lepage (21 ans)[2]. Joseph Daoust meurt le 10 décembre 1893 à l'âge d'environ 55 ans. Son épouse, légataire universelle (2), continue à habiter dans la maison. Elle prend deux locataires, Damase Sagala, fonctionnaire, et Joseph Cloutier. Les plans d'assurance indiquent que la boucherie donne sur la rue à l'extrémité nord du terrain. C'est un bâtiment d'un étage et demi avec une glacière à l'arrière. Il est transformé, entre 1903 et 1908, en logement ou, du moins, partiellement en logement, occupé en 1913-1914 par un journalier du nom de Chrystophe Tessier. Ce bâtiment, qui existait encore en 1952, est aujourd'hui démoli.

En septembre 1920, Vitaline Séguin-Daoust fait don de la propriété à sa fille Imelda (3), moyennant quoi celle-ci s'engage à loger et à entretenir sa mère ainsi que sa sœur Lorida (Laure-Ida) Daoust. Cinq ans plus tard, Vitaline Séguin est peut-être décédée, puisque Imelda Daoust vend la propriété à Adrien Deslauriers (4), un rentier alors domicilié sur la rue Dupont (Eddy), à Hull.

En 1925, Deslauriers emménage au 153, rue Champlain et y demeure jusqu'à son décès, le 7 novembre 1958. La propriété passe à sa seconde épouse, Cordélia Paré (5), qui la conserve jusqu'en mai 1963 lorsqu'elle la vend à Guy et Pierre Fortier (6), de Hull. Dix ans plus tard, on sait que Guy Fortier, vendeur, marié à Loretta Kingsbury, habite Ottawa, alors que Pierre Fortier, agent de voyages, célibataire, réside à Montréal. Le 9 juillet 1973, la propriété est vendue à Lucien Fortier (7) au même prix – 6 000 dollars – que celui payé 10 ans plus tôt. Veuf et rentier, Lucien Fortier réside déjà au 151, rue Champlain. Il est peut-être le père des vendeurs. Trois semaines plus tard, soit le 3 août, Lucien Fortier revend la propriété à un prix de quatre fois plus élevé que celui qu'il venait de verser, à un homme d'affaires d'Ottawa, Peter Fallis (8).

1. Cinq-Mars, « Liste de citoyens », 1872.
2. BAC, Recensement du Canada de 1891, comté d'Ottawa, Cité de Hull, p. 34.

En mai 1980, Fallis transfère la propriété en même temps que trois autres situées à Hull, dont le 169, rue Champlain, à un avocat et homme d'affaires d'Ottawa, Manis W. Ketzer (9). En décembre de la même année, Ketzer se départit du 151-153, rue Champlain en faveur de Roland Saint-Onge, un avocat d'Aylmer (10). En 1989, neuf ans plus tard, presque jour pour jour, Roland Saint-Onge, devenu juge de la Cour canadienne de l'impôt, vend la propriété à André Saint-Onge, avocat installé au 159, rue Champlain. Ce dernier est toujours propriétaire de cette maison.

Chaîne de titres

151-153, rue Champlain

1. QRF, 1901, 15 octobre, No 2222, testament de Ruggles Wright père devant Me A. Larue et collègues, no 5893, 6 août 1863 ; contrat de partage et division de propriété, devant Me A. Larue, 17 septembre 1864, enregistré sous Lib B, No 46, vol. 11, p. 53 ; Ruggles Wright fils (mort en 1872) ou sa succession à Joseph Daoust avant 1884, Ville de Hull, Rôles d'évaluation.
2. QRF, 1911, 27 octobre, B20, No 18549 et C2, No 1973, legs, Joseph Daoust à son épouse Vitaline Séguin, 10 décembre 1893.
3. QRF, 1920, 29 juillet, No 34386, donation, Vitaline Séguin à sa fille, Imelda Daoust, 5 avril 1920.
4. QRF, 1925, 22 septembre, B47, No 48110, vente, Imelda Daoust à Adrien Deslauriers, 19 septembre 1925.
5. QRF, 1949, 9 janvier, Nos 88961 et 88962, legs, Adrien Deslauriers à son épouse, Cordélia Paré, 3 décembre 1948.
6. QRF, 1963, 10 mai, No 145 312, vente, Cordélia Paré à Guy et Pierre Fortier, 2 mai 1963.
7. QRF, 1973, 10 juillet, No 218 635, vente, Guy et Pierre Fortier à Lucien Fortier, devant Me Fernand Larose, 9 juillet 1973, no 16374.
8. QRF, 1973, 14 août, No 219 579, vente, Lucien Fortier à Peter Fallis en fiducie, 3 août 1973.
9. QRF, 1980, 10 juillet, No 288 806, transfert, Peter Fallis en fiducie à Manis W. Kertzer en fiducie, 23 mai 1980.
10. QRF, 1980, 23 décembre, No 292 796, vente, Manis W. Kertzer en fiducie à Roland Saint-Onge, 19 décembre 1980.
11. QRF, 1989, 21 décembre, No 412 509, vente, Roland Saint-Onge à André Saint-Onge, 21 décembre 1989.

154, rue Champlain
Maison Sainte-Marie

© M. Gervais 2015

© M. Guitard 1997

Cadastre : 1 621 448
Ancien numéro de lot : 61-2, Quartier 4
Date de construction : 1888-1889

Style architectural

Presque identique à sa voisine d'en face, cette maison tient aussi du style hullois en brique, avec des ouvertures à l'italienne. Elle est dotée d'une rallonge d'un étage et demi dès avant 1908, qui est agrandie entre 1908 et 1915. Puis, avant 1928, le propriétaire transforme la rallonge ou construit une nouvelle aile de deux étages, toujours à l'arrière de la maison, mais cette nouvelle aile couvre aussi toute la largeur du passage au-dessus d'une sorte de porte cochère.

Ses fenêtres à ouvertures semi-elliptiques et la fenêtre du grenier en demi-cercle mettant en valeur le dessin en relief dans le bois et le voussoir, aussi en relief dans la brique, démontrent une construction et une conservation soignées. La boiserie ancienne de la double fenêtre du rez-de-chaussée offre un rare témoignage de l'œuvre originale. Les volets accentuent l'aspect victorien de la maison.

Modifications : Cette maison fut l'une des premières maisons à être restaurées. La porte d'entrée, le balcon, la corniche du toit, sans parler de la galerie et des auvents, sont tous des éléments neufs de cette bâtisse. Ceux-ci et le soin qu'on a pris à choisir la peinture pour toute la maison, l'aile incluse, mettent en valeur le style et les éléments architecturaux. Depuis 1997, on a rénové et fermé l'entrée de la cour ancienne.

La présence du charpentier Joseph Fournier, chef de chantier, comme occupant de cette maison en 1897 donne à penser qu'il en était le constructeur.

Propriétaires et occupants

De toutes les propriétés à l'étude, le 154, rue Champlain est celle qui a connu le plus grand nombre de propriétaires, soit près d'une vingtaine jusqu'à présent. Rosina, la fille de Ruggles Wright, hérite de ce quadrilatère, identifié, dans le testament de son père en 1863, comme étant la réserve du marché (1). Cependant, il ne semble pas qu'il y eut jamais un marché à cet endroit. Ce terrain est vacant en 1884-1885. Par contre, en 1888-1889, un contremaître âgé de 37 ans, Onézime Fréchette, y possède une maison en bois de 18 sur 24 pieds (2). La maison est alors occupée par le charpentier Joseph Fournier (voir le 133, rue Champlain). En 1892 ou 1893, Fréchette la céde à Damien Richer (voir le 139, rue Champlain) (3) qui, le 1er juin 1894, la vend à Charles Caouette, un agent collecteur (4). Moins de trois ans plus tard, en février 1897, Caouette la vend à son tour à Joseph Sainte-Marie (5).

Boucher de métier, Joseph Sainte-Marie est échevin du Quartier 2 de 1882 à 1888, puis de 1895 à 1901. Lorsqu'il acquiert cette maison, il vient tout juste de prendre sa retraite. Il emménage, en 1901, dans la maison dans laquelle il vit avec son épouse, Césarie Perras, née le 5 septembre 1840, son fils Wilfrid, qui a alors 24 ans, et son frère Jean-Baptiste, né le 10 août 1863, lequel est boulanger. Quant à lui, il est né le 12 juillet 1840[1]. En août 1902, Joseph Sainte-Marie fait don de la propriété à son fils, Wilfrid (6), avocat, à l'occasion de son mariage avec Marie-Ludivine Legris, fille d'Emma Champagne et de Joseph-Hormidas Legris, député à la Chambre des communes et cultivateur à Saint-Antoine de la Rivière-du-Loup.

1. BAC, Recensement du Canada de 1901.

Wilfrid Sainte-Marie. *Registre social de Hull,* 1928, p. 16.

Wilfrid Sainte-Marie, né le 2 juin 1876, est le fils de Joseph et Césarie Perras. Élève brillant, il fait ses études au Collège Sainte-Thérèse et à l'Université de Montréal, où il est admis en droit en 1900. À l'instar de son père, il est échevin du Quartier 2 de 1904 à 1908. Auparavant, pendant l'année 1901 à tout le moins, il est président de la brigade des pompiers de la ville. En sa qualité d'avocat, il est l'aviseur de la Ville de Hull pendant de nombreuses années[2]. Grand sportif, il pratique le hockey et le baseball. Il est un lanceur remarqué d'un club de baseball de Hull au tournant du siècle et, au début des années 1920, il est un des initiateurs d'un nouveau sport à Hull, le tennis[3]. Pendant les années 1930, il aide Marie-Anna Monnin-Burger à ouvrir un nouveau restaurant, le Café Henry Burger[4], après la faillite de son mari dans le dossier de l'Hôtel Chez Henri. Wilfrid Sainte-Marie est un ami proche de la famille Monnin-Burger et semble avoir vécu une dizaine d'année dans cette maison.

En août 1913, il vend sa propriété au constable Arthur Dion (7). La maison est alors louée à une dame Lefebvre. Fait à noter, lors de cette vente, Sainte-Marie se réserve l'usage du hangar pendant quelques mois afin d'y garer sa voiture. À cette date, les Hullois qui possèdent une voiture sont peu nombreux.

Quelques mois après avoir acquis la propriété, le 1er mars 1914, Arthur Dion perd son épouse, Emma Bélanger. Dion meurt à son tour en juin 1917, à l'hôpital du Sacré-Cœur, et sa propriété échoit à ses enfants : Marie-Blanche, Espérance, Donat, Marie-Ange et Florence (8). La famille Dion semble être marquée par le destin. Un mois après le décès de son père, le 14 juillet 1917, Florence perd la vie dans un accident. En juin 1925, Marie-Blanche Dion, mariée à Albert Gibeault, employé civil, rachète les parts de son frère Donat, journalier domicilié à Walkerville, et de ses deux sœurs demeurées célibataires.

2. Ville de Hull, H001, Correspondances. Les entêtes et le contenu de nombreuses lettres l'indique comme aviseur pour la Ville de Hull sur plusieurs années.
3. Anonyme, *Personnalités de chez nous,* 1946, p. 14.
4. Michelle Guitard, « Marie Monnin-Burger », Hier encore, Revue d'archives, d'histoire et de patrimoine du Centre régional d'archives de l'Outaouais, no 6, 2014, p. 20-23 [« Marie Monnin-Burger »].

Le 9 septembre 1926, Marie-Blanche Dion vend la propriété à un cultivateur du Canton de Templeton, Pierre Madore (9). À compter de cette date, la maison semble toujours être en location. En juillet 1934, la Cité de Hull saisit la propriété pour défaut de paiement de taxes [(10) et (11)] et l'adjuge, au mois de septembre suivant, à Victor Bilodeau (12), un ingénieur à la retraite possédant déjà le 134, rue Notre-Dame-de-l'Île depuis le début du siècle. Bilodeau décède à Québec le 9 octobre 1943, après avoir légué la propriété à ses cinq fils, Georges-Étienne, Apollinaire, François-Xavier, Alphonse et Louis-Victor (13). Il avait épousé en secondes noces Aimée Lévesque[5]. En janvier 1945, l'un d'eux, Apollinaire, menuisier de métier, achète les parts de ses frères (14). Lors de la vente de la propriété, en mars 1952, à un mécanicien demeurant à Gatineau, Nicholas F. Anka, époux de Rita Cousineau, Apollinaire et son épouse, Yvonne Gauthier, habitant Ottawa, la maison est occupée par des locataires (15). En février 1964, Anka vend la propriété à une fonctionnaire célibataire domiciliée à Pointe-Gatineau, Albertine Cousineau, vraisemblablement sa belle-sœur (16). En juin 1973, après avoir pris sa retraite, Albertine Cousineau revend la maison à son propriétaire précédent, Nicholas F. Anka, lui aussi à la retraite et vivant désormais sur la rue Corbeil, à Hull (17). Ce dernier conserve la propriété pendant dix ans avant de la vendre, en novembre 1983, à Jacques-E. Allard (18), avocat domicilié à Ottawa, mais dont l'étude a pignon sur rue au 241, rue Papineau, soit juste à l'arrière de la maison. À peine trois semaines plus tard, Allard vend la moitié indivise de la maison à un confrère, l'avocat Roger Trudel d'Orléans (19). En novembre 1985, Trudel rétrocède sa part à Allard (20). En mai 1987, Allard vend la propriété à un homme d'affaires d'Aylmer, Gilbert McElroy, et à son épouse, Linda Cole (21). Ces derniers possèdent alors le 134, rue Notre-Dame-de-l'Île, le 144-152, rue Champlain, et le 245, rue Papineau. C'est donc dire qu'entre 1973 et 1987, la maison a changé de mains cinq fois.

Un urbaniste de Gatineau, Christian Fournier, ainsi qu'une architecte d'Aylmer, Ann-Lynn Saint-Cyr, et son époux, Serge Brousseau, gestionnaire, se portent conjointement acquéreurs du 154, rue Champlain en février 1990 (22). Le 28 mai 1993, Fournier vend ses droits à ses deux partenaires, qui possèdent toujours la propriété en 1997 (23). Ce sont ces derniers qui redonnent tout son cachet à l'ancienne résidence.

5. QRF, 1943, 25 novembre, No 13770, déclaration décès de Victor Bilodeau par Georges-Étienne Bilodeau, devant Me Henri Desrosiers, 21 octobre 1943. Leur contrat de mariage est fait le 22 juin 1926.

Ann-Lynn Saint-Cyr y installe son bureau et les propriétaires louent les logis.

À la fin mai 2013, Étienne Lalonde et Karen Oprea (24), d'Ottawa, achètent la propriété. Puis, en septembre 2015, Karen Oprea en devient l'unique propriétaire (25) ; elle loue les logements de la maison.

Chaîne de titres

154, rue Champlain

1. QRF, Rôles d'évaluation de la Ville de Hull, Rosina Wright à Onézime Fréchette, en ou avant 1888.
2. QRF, Rôles d'évaluation de la Ville de Hull, Onézime Fréchette à Damien Richer, en ou avant 1893.
3. QRF, 1904, 16 juin, B6, No 5032, vente, Damien Richer à Charles Caouette, 1er juin 1894, no 680.
4. QRF, 1904, 16 juin, B6, No 5032, vente, Charles Caouette à Joseph Sainte-Marie, Me Thomas Desjardins, 6 février 1897, no 4160.
5. QRF, 1902, 23 octobre, B6, No 5591, donation, Joseph Sainte-Marie à Joseph-Wilfrid Sainte-Marie, devant Me J.E. Charbonneau, 6 août 1902, no 6394.
6. QRF, 1913, 17 septembre, B22, No 22092, vente, Joseph-Wilfrid Sainte-Marie à Arthur Dion, devant Me F.A. Labelle, 29 août 1913, no 7875.
7. QRF, 1925, 29 juillet, B47, No 47727, legs, Arthur Dion à ses cinq enfants, devant Me F.A. Labelle, 16 juin 1917.
8. QRF, 1925, 29 juillet, B47, No 47732, vente, succession d'Arthur Dion à Marie-Blanche Dion, devant Me F.A. Labelle, 5 juin 1925, no 42899.
9. QRF, 1926, 15 septembre, B50, No 50925, vente, Marie-Blanche Dion à Pierre Madore, devant Me Georges-Henri Brunet, 9 septembre 1926, no 2214.
10. QRF, 1934, 5 juin, 315 S, saisie, Pierre Madore au shérif de Hull, 22 mai 1934.
11. QRF, 1934, 24 juillet, B67, No 68 438, adjudication, shérif de Hull à Cité de Hull, 6 juillet 1934.
12. QRF, 1934, 13 septembre, B67, No 68 542, vente, Cité de Hull à Victor Bilodeau, 10 septembre 1934.
13. QRF, 1943, 25 novembre, B76, No 77 212, legs, Victor Bilodeau à ses cinq enfants, devant Me Henri Desrosiers, 25 juin 1943, no 10945.

14. QRF, 1945, 22 janvier, B79, No 79 259, vente, succession de Victor Bilodeau à Apollinaire Bilodeau, 19 janvier 1945.
15. QRF, 1952, 26 mars, No 98 695, vente, Apollinaire Bilodeau à Nicholas F. Anka, devant Me Fernand Larose (Buckingham), 19 mars 1952, no 263.
16. QRF, 1964, 13 février, No 150 116, vente, Nicholas F. Anka à Albertine Cousineau, 5 février 1964.
17. QRF, 1973, 5 juillet, No 218 474, vente, Albertine Cousineau à Nicholas F. Anka, devant Me F. Larose, 27 juin 1973, no 16337.
18. QRF, 1983, 18 novembre, No 319 131, vente, Nicholas F. Anka à Jacques-E. Allard, devant Me Gérard Pichette, 17 novembre 1983, no 19221.
19. QRF, 1983, 7 décembre, No 319 854, vente d'une moitié indivise, Jacques-E. Allard à Roger Trudel, 7 décembre 1983.
20. QRF, 1985, 12 novembre, No 345 983, vente d'une moitié indivise, Roger Trudel à Jacques-E. Allard, devant Me Gérard Pichette, 12 novembre 1985, no 345983.
21. QRF, 1987, 4 mai, No 368 857, vente, Jacques-E. Allard à Gilbert McElroy et Lynda Cole, devant Me Gérard Pichette, 1er mai 1987, no 21678.
22. QRF, 1990, 14 février, No 414 670, vente, Gilbert McElroy et Lynda Cole à Ann-Lynn Saint-Cyr *et al.*, devant Me André Vaillancourt, 12 février 1990, no 11566.
23. QRF, 1993, 28 mai, No 470 360, vente d'un tiers indivis, Christian Fournier à Ann Lynn Saint-Cyr et Serge Brousseau, 28 mai 1983.
24. QRF, 2013, 27 mai, No 19 966 102, vente, Serge Brousseau et Ann-Lynn Saint-Cyr à Étienne Lalonde et Karen Oprea, devant Me André Trépanier, 25 mai 2013, no 17799.
25. QRF, 2015, 15 Septembre, No 1 833 903, cession, Étienne Lalonde à Karen Oprea, devant Me Eric Pichette, 15 septembre 2015, no 1405.

156, rue Champlain
Maison Bélanger

© M. Gervais 2015

© M. Guitard 1996

Cadastre : 1 621 449
Ancien numéro de lot : 61-1, Quartier 4
Date de construction : 1897-1898

Style architectural

Les emplacements des ouvertures en façade et leur forme indiquent que cette maison était de style à l'italienne avec toit plat. À l'origine, la corniche originale était probablement en tôle galvanisée garnie de consoles semblables à celle de la maison voisine, le 158, rue Champlain. Détail intéressant, cette maison a encore ses fenêtres d'origine à l'étage.

Modifications : Cette maison a, de toute évidence, été transformée, sans qu'on en change nécessairement son format. On lui a donné plus de largeur en agrandissant le toit pour couvrir l'espace que formait le bloc arrière de la maison. Le mur de façade du rez-de-chaussée a été allongé à la même largeur que le toit, dissimulant l'escalier qui monte à l'étage. Entre 1908 et 1915, le propriétaire avait construit une galerie qui longeait toute la devanture et le côté de la maison jusqu'au bloc arrière de la maison, lequel a été agrandi durant la même période. Le revêtement de stuc date probablement des années 1950-1960. Des travaux de rénovation extérieure ont été effectués depuis 1996.

Propriétaires et occupants

Le terrain qui allait accueillir cette maison demeure la propriété de Rosina Wright (1) jusqu'en 1893. Il est vacant lorsque le boucher James Bernard Boland s'en porte acquéreur (2). Il l'est encore lorsque Boland le vend à Jules Bélanger père, charpentier, à la mi-juin 1897 (3). Dès l'année suivante, Bélanger y tenait feu et lieu, dans une maison de 18 sur 22 pieds.

La famile de Jules Bélanger, né le 27 octobre 1841, était composée, en 1901, de son épouse Rosalie, née le 28 avril 1843, de sa fille Célima (née le 4 mars 1873), d'Émilia (née le 15 avril 1879) et d'Oscar (né le 17 septembre 1885). Célima est couturière et Émilia est institutrice[1].

En juin 1920, Bélanger, alors âgé de près de 80 ans, vend sa propriété à Jeanne Bélanger (4). Celle-ci est peut-être sa nièce, la fille de François. En effet, malgré son patronyme, Jeanne Bélanger, célibataire, est la fille de Donalda Séguin, elle-même veuve de Normand Tellier, un ancien hôtellier hullois (sur Tellier, voir le 40, rue Saint-Jean-Baptiste). Quoi qu'il en soit, six mois plus tard, Jeanne Bélanger vend la propriété à sa mère pour un dollar « et autres considérations » (5). Donalda Séguin la conserve jusqu'en mai 1948, alors qu'elle la revend à sa fille Jeanne et à Germaine Bélanger (6)[2]. Cette dernière est-elle, elle aussi, une fille de Donalda Séguin et, par conséquent, une sœur de Jeanne ? Chose certaine, à la date du contrat, Jeanne, fonctionnaire, et Germaine, vendeuse, toutes deux célibataires, cohabitent dans la maison d'en face, au 161, rue Champlain, qui appartient à Élisabeth Gravelle. En novembre 1961, elles vendent le 156, rue Champlain à Robert Tardif (7), fonctionnaire municipal, qui y résidait déjà. Finalement, le 29 février 1984, Tardif vend la propriété à son ex-conjointe, Monique Patrice, qui en est encore propriétaire en 2016 (8).

1. BAC, Recensement du Canada de 1901, Jules Bélanger.
2. BAC, Recensement du Canada de 1911. Du moins, il y a une jeune fille inscrite dans la famille de François Bélanger, laquelle habite alors au 55, rue Walker, Hull. Par contre, l'épouse de François ne se nomme pas Donalda. Qui est le père de Jeanne ? Il y a une Donalda Séguin, âgée de 24 ans, qui habite sur la rue Victoria cette année-là. Est-elle la mère de Jeanne ?

Chaîne de titres

156, rue Champlain

1. QRF, 1901, 15 octobre, No 2222, testament de Ruggles Wright, devant Me A. Larue et collègues, no 5893, 6 août 1863 ; contrat de partage et division de propriété, devant Me A. Larue, le 17 septembre 1864, enregistré sous Lib B, No 46, vol. 11, p. 53, Ruggles Wright à Rosina Wright.
2. Ville de Hull, Rôles d'évaluation de 1893. Rosina Wright à James Bernard Boland, 1893.
3. QRF, 1913, 25 août, B22, No 21982, vente, James Bernard Boland à Jules Bélanger, 14 juin 1897.
4. QRF, 1920, 4 juin, B34, No 33965, vente, Jules Bélanger à Jeanne Bélanger, 30 mars 1920.
5. QRF, 1920, 13 décembre, B35, No 35369, vente, Jeanne Bélanger à sa mère, Donalda Séguin, 7 décembre 1920.
6. QRF, 1948, 22 mai, No 87 226, vente, Donalda Séguin à Jeanne et Germaine Bélanger, 18 mai 1948.
7. QRF, 1961, 9 novembre, No 136 451, vente, Jeanne et Germaine Bélanger à Robert Tardif, 4 novembre 1961.
8. QRF, 1984, 1er mars, No 322 146, vente, Robert Tardif à Monique Patrice, 29 février 1984.

157, rue Champlain
Maison Charron-Ménard et Tomas

© M. Gervais, 2015

© M. Guitard 1997

Cadastre : 1 621 441
Ancien numéro de lot : 45-2 (45S) Quartier 4
Date de construction : 1908

Style architectural

Cette maison s'apparente au style des maisons hulloises avec ses fenêtres rectangulaires, mais les plans d'assurance révèlent une méthode de construction du style néo-Queen Anne, c'est-à-dire que son aile arrière est de la même structure que le corps avant de la maison. La fenêtre avant du rez-de-chaussée révèle un treillage à la mode dans les années 1930.

Modifications : Les deux photographies révèlent les rénovations de cette maison. Les propriétaires actuels l'ont complètement rénovée depuis 2001.

Propriétaires et occupants

Initialement, le lot 45 fait partie des terrains achetés par Adèle Leduc de Ruggles Wright fils en 1869 (1). Le cultivateur Pierre Montpetit, dit Potvin (2), achète ensuite ce terrain qu'il revend, en février 1878, à Théophile Viau, un contracteur de Hull (3). Ce dernier y fait construire une grande maison à plusieurs logements loués. Les dimensions inscrites au rôle d'évaluation indiquent qu'il s'agit d'une maison à logements semblable à celle construite au coin des rues Champlain et Papineau (voir le 144-152, rue Champlain). Le bâtiment passe au feu en 1888. Théophile Viau résidait vraisemblablement dans le Quartier 3 de Hull, qu'il représente comme échevin de 1887 à 1889. En 1903, il vend le lot, demeuré vacant depuis 1888, à une célibataire de Montréal, Léa Bourgeau (4). En 1906, celle-ci rachète tous les titres de la propriété de Charles E. Graham envers qui Viau s'était engagé en hypothéquant la propriété (5).

Le 20 avril 1908, Léa Bourgeau vend la moitié nord du lot à Joseph-Arthur Varin (voir le 159, rue Champlain) puis, le 10 juin suivant, la moitié sud du même lot à Joseph Bégin (6), un charpentier. Vingt jours plus tard, la maison de Bégin y est déjà construite. Toutefois, celui-ci est contraint d'obtenir une hypothèque d'un bourgeois de Hull, Charles Campagna. En novembre 1914, Bégin n'étant pas parvenu à respecter ses engagements financiers, la propriété passe à Campagna (7), qui la vend au Dr J.-Urgel Archambault (8) le mai 1915. Le 1er décembre de la même année, Archambault la vend à Damien Richer (9)[1]. Richer la conserve pendant six ans, puis la vend en 1921 au marchand Philéas-H. Charron (10). C'est à ce moment, semble-t-il, que la fille de Charron, Claire, et son gendre, le marchand H.-Elzéar Ménard, emménagent au 157, rue Champlain. En octobre 1929, Charron vend la propriété à sa fille Claire (11). Claire Charron et H.-Elzéar Ménard s'étaient mariés à Hull en septembre 1913. Claire Charron décède le 2 mai 1973 et la propriété qu'elle occupe depuis plus de 50 ans avec son époux échoit à ce dernier (12). Ménard continue d'y résider au moins jusqu'en mai 1975, date à laquelle il la vend à un journalier, José Tomas (13), qui habite déjà tout près, au 139, rue Champlain. La famille Charron-Ménard y a donc vécu pendant 74 ans et la famille Tomas, 36 ans.

Le 11 juillet 2001, Luc Beaudoin et Andrea Andrachuk (14) deviennent propriétaires de cette maison, qu'ils ont complètement rénovée.

1. Le Dr Archambault habite la rue Principale et Damien Richer habite, pour sa part, au 139, rue Champlain.

Chaîne de titres

157, rue Champlain

1. QRF, 1900, 11 décembre, B1, No 829, vente, Ruggles Wright fils à Adèle Leduc, 11 novembre 1869.
2. QRF, Référence manquante dans l'index des immeubles, Adèle Leduc [?] à Pierre Montpetit, dit Potvin, date inconnue.
3. QRF, 1902, 17 septembre, B6, No 5442, vente, Pierre Montpetit, dit Potvin, à Théophile Viau, 13 février 1878.
4. QRF, 1903, 8 avril, B7, No 6308, vente, Théophile Viau à Léa Bourgeau, 7 mars 1903.
5. QRF, 1902, 17 septembre, B6, No 5442, Théophile Viau à Charles E. Graham ; QRF, 1906, 30 août, B13, No 11223, Charles E. Graham à Léa Bourgeau.
6. QRF, 1908, 18 juin, B15, No 13648, vente, Léa Bourgeau à Joseph Bégin, 10 juin 1908.
7. QRF, 1914, 7 novembre, B24, No 24231, vente, Joseph Bégin à Charles Campagna, 30 octobre 1914.
8. QRF, 1915, 10 mai, B25, No 25014, vente, Charles Campagna à J.-Urgel Archambault, 3 mai 1915.
9. QRF, 1915, 1er décembre, B26, No 25852, vente, J.-Urgel Archambault à Damien Richer, 23 novembre 1915.
10. QRF, 1921, 14 avril, B36, No 36189, vente, Damien Richer à Philéas-H. Charron, 2 avril 1921.
11. QRF, 1929, 10 octobre, B58, No 59535, vente, Philéas-H. Charron à sa fille, Claire Charron, 9 septembre 1929.
12. QRF, 1975, 11 avril, No 239 019, legs, Claire Charron à son époux, H.-Elzéar Ménard, 2 mars 1973.
13. QRF, 1975, 2 mai, No 238 916, vente, H.-Elzéar Ménard à José Tomas, 2 mai 1975.
14. QRF, 2001, 11 juillet, No 564 776, vente, José Tomas à Luc Beaudoin et Andrea Andrachuk, 11 juillet 2001.

158, rue Champlain
Maison Caron

© M. Gervais 2015

© M. Guitard 1997

Cadastre : 1 621 450
Ancien numéro de lot : 46-3 (46 sud), Quartier 4
Date de construction : La partie arrière fut construite en 1890 et celle avant, en 1911.

Style architectural

L'influence du style à l'italienne se manifeste par le toit plat garni d'une corniche en métal, garnie de consoles décoratives aux extrémités en façade côté rue, et les fenêtres légèrement semi-elliptiques, surmontées d'un voussoir.

Modifications : On ne sait pas depuis quand la maison a été divisée en duplex. Elle a été rénovée depuis 1994. Le propriétaire a conservé les baies d'origine et a remplacé les fenêtres initiales, qui devaient être à guillotine, par des fenêtres à deux battants. Depuis, le porche avant a aussi été modifié par l'ajout d'un toit avec pignon sur rue.

Ce joli bâtiment un peu en retrait est, à l'origine, la maison d'un artisan, Arthur Caron, fabricant de calèches et de carrioles.

Propriétaires et occupants

Lorsque le carrossier Louis-Arthur Caron[1] (2) acquiert cette propriété en avril 1889 de Rosina Wright (1), il s'agit d'un terrain vacant sur lequel il fait construire cette maison. Louis-Arthur Caron, né le 28 août 1854, est peut-être le même ou le fils de Norbert Caron qui est journalier à Hull en 1872[2]. Il est marié à Georgiana Laflamme (née le 26 février 1866). En 1901, le couple a quatre enfants : Lucien (26 février 1888), Albert (31 décembre 1890), Diane (15 novembre 1893) et Wilfrid (4 mars 1896). Toujours en 1901, il est « employé civil », sans qu'on sache à quel titre. Le plan d'assurance de 1915 montre des travaux en cours, ce qui permet de conclure que c'est à cette époque que Caron fait agrandir sa résidence[3]. Son fils Lucien, qui devient comptable, habite la maison paternelle. Il épouse, en août 1918, Marie-Jeanne Galarneau. Son père lui vend la propriété en mai 1926 (3). Trois ans plus tard, le 9 novembre 1929, Arthur Caron meurt.

Lucien Caron habite le 158, rue Champlain jusqu'à ce qu'il vende la propriété à un autre comptable, Victor Falardeau, en mai 1944 (4). Falardeau, qui réside au 95, rue Laval, à Hull, se contente de louer la propriété avant de la vendre, en août de l'année suivante, à Josaphat Goulet (5), un employé des postes marié à Rose Aubry. Le couple y vit jusqu'en décembre 1967, date à laquelle Goulet vend la propriété à un vendeur d'Ottawa, Gérard Boulet (6). On ne sait pas si Boulet y a habité. En mai 1977, Lise Pinsonnault (7), qui habitait tout près, au 151, rue Champlain, acquiert la propriété de Boulet. Quelques années plus tard, elle déménage à Saint-André-Avelin pour y travailler comme téléphoniste. En novembre 1985, elle vend la propriété à Alex Coghill (8), originaire de Rouyn-Noranda et qui habite Kanata. Deux ans plus tard, en juillet 1988, Coghill vend la propriété à sa conjointe Diane Boyer, une éducatrice originaire de Saint-Eustache (9). Six ans plus tard, en mars 1994, cette dernière rétrocède un cinquième indivis de la propriété à Coghill (10). Ce sont Goghill et Boyer qui ont rénové la maison. Ils ont possédé conjointement le 158, rue Champlain jusqu'au 1er juin 2015, lorsque Louis Sirois et Guillaume Charron en deviennent les propriétaires (11).

1. Les prénoms de Caron étaient Louis-Norbert-Hercule-Arthur, mais c'est le nom d'Arthur qui est inscrit au Recensement du Canada de 1901. Il est identifié comme *carriage manufacturer* sur le rôle d'évaluation de 1890-1891.
2. Cinq-Mars, « Liste de citoyens-contribuables », p. 32.
3. Goad, *Insurance Plan*, 1915, planche 179.

Chaîne de titres

158, rue Champlain

1. QRF, 1901, 15 octobre, No 2222, testament de Ruggles Wright, devant Me A. Larue et collègues, no 5893, 6 août 1863 ; contrat de partage et division de propriété, devant Me A. Larue, 17 septembre 1864, enregistré sous Lib B, No 46, vol. 11, p. 53, Ruggles Wright à Rosina Wright.
2. QRF, 1902, 7 janvier, B3, No 2762, vente, Rosina Wright à Louis-Arthur Caron, 18 avril 1889.
3. QRF, 1926, 7 mai, B49, No 49750, vente, Louis-Arthur Caron à Lucien Caron, 1er mai 1926.
4. QRF, 1944, 20 mai, B77, No 78047, vente, Lucien Caron à Victor Falardeau, 15 mai 1944.
5. QRF, 1945, 6 septembre, B80, No 80484, vente, Victor Falardeau à Josaphat Goulet, 25 août 1945.
6. QRF, 1968, 3 janvier, No 172968, vente, Josaphat Goulet à Gérard Boulet, 29 décembre 1967.
7. QRF, 1977, 17 mai, No 259 746, vente, Gérard Boulet à Lise Pinsonnault, 16 mai 1977.
8. QRF, 1985, 20 décembre, No 347 693, vente, Lise Pinsonnault à Alex Coghill, 19 novembre 1985.
9. QRF, 1988, 15 juillet, No 388 647, vente, Alex Coghill à Diane Boyer, 13 juillet 1988.
10. QRF, 1994, 21 avril, No 482 745, vente de 5 % indivis, Diane Boyer à Alex Coghill, 31 mars 1994.
11. QRF, 2015, 1er juin, No 21 575 768, vente, Alex Coghill et Diane Boyer à Louis Sirois et Guillaume Charron, 1er juin 2015.

159, rue Champlain
Maison Valin-Pilon

© M. Gervais 2015

© M. Guitard 1997

Cadastre : 1 621 442
Ancien numéro de lot : 45-1, Quartier 4
Date de construction : 1908

Style architectural

À l'origine de style hullois avec revêtement de bois et de deux étages et demi, cette maison est transformée probablement vers 1926-1930 par l'architecte Joseph Elzéar Pilon, qui y incorpore quelques éléments du style néo-Tudor, dont l'ajout de la baie vitrée, percée de cinq fenêtres à ouverture carrée à deux carreaux inégaux munis de vitres grillagées en losange. Des planches décoratives imitant les poutres anciennes sont apposées au stuc du pignon. La porte d'entrée, élargie par des panneaux latéraux et une imposte, le tout encadré par une moulure imitant des colonnes soutenant un fronton, est un détail de style néo-classique et non néo-Tudor.

Modifications : Outre les rénovations mentionnées ci-haut, on a probablement revêtu de brique la façade au rez-de-chaussée, et de stuc les autres murs, à l'époque des rénovations. La brique de couleur jaune du sud de l'Ontario commence à être utilisée à Hull à la fin des années 1920. Le garage est construit vers 1926.

Cette maison est à conserver pour l'intérêt des personnalités qui y ont vécu et parce qu'elle fait partie de l'ensemble pignon sur rue sur ce côté de la rue. Malheureusement, on constate une détérioration générale depuis 1997.

Propriétaires et occupants

De 1869 à 1908, l'histoire de cette propriété est identique à celle de la propriété voisine, le 157, rue Champlain (voir cette adresse) puisque, durant toutes ces années, ces deux propriétés n'en forment qu'une seule (1 et 4). C'est en avril 1908 que Léa Bourgeau, propriétaire du lot 45 demeuré vacant depuis la conflagration de 1888, subdivise ce lot en deux parties. Elle vend alors à Joseph-Arthur Valin (5) la moitié nord du lot, appelée à devenir le 159, rue Champlain.

Au mois d'octobre 1908, Valin fait construire la maison. Il est marié, depuis octobre 1904, à Rose-Anna Saint-Denis, fille d'Antoine Saint-Denis et d'Eulalie Sabourin. Né à Québec en 1878, Valin séjourne, enfant, aux États-Unis avant d'arriver à Hull en 1888[1]. Il y fait ses études au Collège Notre-Dame, puis à l'Université d'Ottawa. Au Recensement du Canada de 1901, il vit avec sa mère veuve et sa sœur, et est identifié comme teneur de livres. En 1908, il est voyageur de commerce, puis marchand au tournant des années 1920. On voit qu'il a également été secrétaire-trésorier de la Lion Mead Rubber ltée en 1924, puis agent immobilier en août 1926. Échevin en 1922-1923, il est nommé assistant-protonotaire et greffier de la paix au palais de justice de Hull en 1928[2]. Parmi ses activités de loisirs, il fait du théâtre au Cercle dramatique de Hull et est un des collaborateurs de Wilfrid Sanche (voir le 245, rue Papineau)[3].

Au mois d'août 1926, Valin vend la propriété à l'architecte Joseph-Elzéar Pilon (6). Le mois suivant, Pilon achète aussi une parcelle du terrain voisin pour se faire construire un garage attenant à la maison. Fils de Joseph Pilon, le fondateur de l'entreprise bien connue Pilon ltée, Joseph-Elzéar, né en 1893 à Casselman, a 5 ans lorsque ses parents

1. Ils ne sont pas inscrits au Recensement du Canada de 1891. Dans celui de 1901, il y a sa mère qui est veuve, sa sœur, Joséphine, et lui.
2. Anonyme, *Registre social de Hull*, 1928, p. 18, 20.
3. Brault, *Hull 1800-1950*, p. 163.

De gauche à droite : Joseph-Arthur Valin, Joseph-Elzéar Pilon et Me Léon Couture.
Sources, de gauche à droite : *Registre social de Hull*, 1928, p. 18 ; *Le Droit*, 7 avril 1930 ; *Personnalités de chez nous*, 1946, p. 120.

s'établissent à Hull. Il étudie au Collège Notre-Dame, à Hull, puis à celui d'Ottawa, avant de terminer ses études en architecture à Montréal en 1913. Associé à l'architecte Charles Brodeur, Pilon est président de l'Association des architectes pendant deux ans, au tournant des années 1920. Il épouse Yvonne-Ida Bourque, la fille de l'entrepreneur Joseph Bourque (137, rue Notre-Dame-de-l'Île). Le jeune architecte et son collègue ont beaucoup de succès. Au nombre de ses réalisations comme architecte, mentionnons l'église d'Alfred, les hôpitaux de Ville-Marie et de Mattawa, l'édifice du journal *Le Droit*, l'hôpital du Sacré-Cœur, l'hôtel Windsor, l'Orphelinat Sainte-Thérèse et l'annexe de l'hôpital Saint-Vincent. Pilon travaille pour le délégué apostolique de même que pour les commissions scolaires d'Ottawa et de Hull. Au moment de son décès survenu le 5 avril 1930, Pilon réside dans cette maison[4]. Il n'a que 36 ans, mais il est malade depuis longtemps. Les funérailles de l'architecte ont lieu à l'église Notre-Dame et il est inhumé au cimetière Notre-Dame, aujourd'hui les Jardins du Souvenir, rue Fournier[5].

Après le décès de Joseph-Elzéar Pilon, son épouse, Yvonne-Ida Bourque, devient propriétaire de la maison (7). Elle se remarie deux fois par la suite ; d'abord avec Gustave Aubry, voyageur de commerce, puis avec Henri Tassé. Quand elle vend la propriété à Léon Couture (8), en avril 1934, elle est mariée à Gustave Aubry et habite Ottawa.

4. « Pilon, Joseph Elzéar », Dictionary of Architects in Canada, en ligne : http://www.dictionaryofarchitectsincanada.org/node/1706
5. « L'architecte J.E. Pilon est décédé samedi. », *Le Droit*, 7 avril 1930.

L'avocat Léon Couture, né à Hull le 23 février 1898, est le fils d'Alphonse Couture et de Philomène Letellier de Saint-Just, tous deux originaires du comté de Bellechasse, près de Québec. Il étudie, tour à tour, au Collège Notre-Dame de Hull, au Collège de Rigaud et au Collège Sainte-Marie à Montréal, avant de terminer ses études classiques à l'Université d'Ottawa en 1921. Quatre ans plus tard, il termine ses études de droit à la même université. La même année, il ouvre son étude au 163, rue Principale, à Hull, et épouse Rhéa Bélanger. Celle-ci est la fille de Napoléon Bélanger, président de la maison O'Reilly et Bélanger et de la société Bélanger Frères, spécialisée en vente de charbon et de mazout, ou d'huile à chauffage, comme on disait à l'époque. En 1938, Couture, nommé registreur au Bureau d'enregistrement du comté de Hull, abandonne la pratique du droit. En 1940, il devient secrétaire du journal *Le Droit*, poste qu'il occupe jusqu'en 1946. Entre-temps, en janvier 1942, il vend la propriété à son frère, le bijoutier Albert Couture (9)

Albert Couture, marié depuis juin 1931 à Vénita Richer, fille d'Anthime Richer et de Louise Lalande, habite la maison jusqu'en octobre 1958, lorsqu'il la vend à l'avocat Roland St-Onge, d'Aylmer, en octobre 1958 (10). Ce dernier achète aussi le 151-153, rue Champlain en 1980. Nous ne croyons pas que St-Onge ait habité dans la maison. Devenu juge de la Cour canadienne de l'impôt, il vend la propriété, en février 1984, à son fils, l'avocat André St-Onge (11). Roland St-Onge meurt le 25 octobre 2010[6]. En 2016, André St-Onge en est toujours le propriétaire.

Chaîne de titres

159, rue Champlain

1. QRF, 1900, 11 décembre, B1, No 829, vente, Ruggles Wright fils à Adèle Leduc, 11 novembre 1869.
2. QRF, Référence manquante dans l'Index des immeubles, Adèle Leduc [?] à Pierre Montpetit, dit Potvin.
3. QRF, 1902, 17 septembre, B6, No 5442, vente, Pierre Montpetit, dit Potvin, à Théophile Viau, 13 février 1878.
4. QRF, 1903, 8 avril, B7, No 6308, vente, Théophile Viau à Léa Bourgeau, 7 mars 1903.

6. « St-Onge, Roland », notice nécrologique, *Le Droit*, 28 octobre 2010, en ligne : http://necrologie.genealogiequebec.com/avis-de-deces/601647-ST-ONGE-Roland

5. QRF, 1908, 29 avril, B15, No 13407, vente, Léa Bourgeau à Joseph-Arthur Valin, 20 avril 1908.
6. QRF, 1926, 9 août, B49, No 50662, vente, Joseph-Arthur Valin à Joseph-Elzéar Pilon, 9 août 1926.
7. QRF, 1930, 23 avril, B60, No 60870, legs, Joseph-Elzéar Pilon à son épouse, Yvonne-Ida Bourque, 15 avril 1930.
8. QRF, 1934, 3 avril, B67, No 68206, vente, Yvonne-Ida Bourque à Léon Couture, 3 avril 1934.
9. QRF, 1942, 28 janvier, B73, No 74614, vente, Léon Couture à Albert Couture, 27 janvier 1942.
10. QRF, 1958, 22 octobre, No 122 070, vente, Albert Couture à Roland St-Onge, 21 octobre 1958.
11. QRF, 1984, 14 février, No 321 664, vente, Roland St-Onge à André St-Onge, 14 février 1984.

160-162, rue Champlain

© M. Gervais 2015

© M. Guitard 1997

Cadastre : 1 621 451 et 1 621 452
Anciens numéros de lot : 46-1 et 46-2, Quartier 4
Date de construction : 1890

Style architectural

Adaptation du style hullois, ce jumelé de deux étages et demi avec pignon sur rue est doté, à l'origine, de fenêtres rectangulaires avec châssis à guillotine, lesquels étaient munis de deux carreaux. L'élément décoratif du pignon de 1997 permet d'imaginer la façade ancienne, garnie de boiseries décoratives autour des fenêtres, disparues au moment de la pose du revêtement de stuc.

Modifications : Un agrandissement vers l'arrière est bâti entre 1908 et 1915. Le style du porche laisse penser qu'il date des années 1940. Les nouvelles fenêtres, bien que respectant le format des anciennes, n'en respectent pas le style. La brique et le déclin de la façade sud ont été refaits depuis 1997.

Ce jumelé, qui ressemble tout à fait à plusieurs autres dans le quartier, construit vers la même date que ceux-ci, a la particularité

d'avoir été inscrit au rôle d'évaluation municipale depuis sa construction comme deux maisons séparées. Il a tout probablement été construit par Eucher Caron, menuisier. Cette maison doit être conservée, tant pour son ancienneté que pour l'intérêt de son histoire de famille. Elle fait partie des jumelés historiques du secteur.

Propriétaires et occupants

Jusqu'en 1888, ce terrain, qui appartient à Rosina Wright (1), est vacant. À la suite de la conflagration de 1888, Eucher Caron, entrepreneur-menuisier de 28 ans, et Louis Rémillard (2), marchand d'huile de 37 ans, en font l'acquisition et y construisent ce jumelé de 14 sur 22 pieds. Le premier se réserve la partie nord (162, rue Champlain) et le second, la partie sud (160, rue Champlain)[1]. Cette alliance Caron-Rémillard se comprend mieux quand on sait qu'ils étaient beaux-frères. Eucher Caron était marié, en séparation de biens, à Lina Trudel, tandis que Louis Rémillard avait épousé une sœur de Caron, Délia. Les parents de Louis Rémillard habitaient sur la même rue depuis quelques années déjà (voir le 171-173, rue Champlain).

162, rue Champlain – Famille Caron

Eucher Caron (né le 28 juin 1862) et son épouse Lina (née le 30 juin 1868) ont deux filles et trois fils : Gertrude (17 août 1893), Régina (30 avril 1895), Donat (2 août 1896), Rosario (2 octobre 1898) et Emmanuel (17 février 1901). En 1901, ils ont une servante de 18 ans, Emma Bourque[2].

À la fin de l'année 1910, Caron, impliqué dans une faillite, voit sa propriété saisie. La Ville de Hull en devient propriétaire (3). Mise aux enchères le 11 janvier 1911, elle est adjugée à son beau-frère Louis Rémillard (4). Désormais propriétaire de la totalité de la résidence, Rémillard fait néanmoins preuve de solidarité familiale et, en juin de la même année, il revend la moitié nord à Lina Trudel, l'épouse d'Eucher Caron (5). Elle et son époux y vivent pendant une trentaine d'années par la suite, sinon davantage. En septembre 1940, Caron étant gravement malade, son épouse Lina fait don de la propriété à leur fille, Régina Caron (6), avec « tout l'ameublement de la maison [...] lingerie, et autres articles de maison, tels qu'actuellement dans l'immeuble »,

1. Ville de Hull, Rôles d'évaluation de 1888-1889 à 1890-1891.
2. BAC, Recensement du Canada de 1901, « Rémillard, Louis », en ligne : http://data2.collectionscanada.ca/1901/z

moyennant quoi Régina s'engage à loger ses parents chez elle, « le tout tels qu'actuellement logés » et, fait intéressant sur le plan social, avec la mention « avec droit d'accès dans toutes les pièces », ce qui indique que ce n'était pas le cas de toutes les donations.

On ignore pendant combien d'années Régina Caron s'occupe de ses parents. Elle-même meurt le 7 décembre 1984 au Foyer du Bonheur, à Hull, après avoir légué la propriété à Robert William Broome (7), un journalier qui y réside déjà depuis au moins 1979. Broome meurt à son tour le 23 août 1988 à l'âge de 60 ans, après avoir légué la propriété à Mario Labelle (8) qui y résidait déjà, lui aussi, avec sa mère Simone Brosseau. Cette séquence de legs – de Caron à Broome, puis de celui-ci à Labelle – entre personnes ayant cohabité au 162, rue Champlain laisse supposer qu'elles avaient fait preuve de beaucoup d'entraide les unes envers les autres. Mario Labelle, quant à lui, vend la propriété en octobre 1991 à un représentant des ventes, Robert McDonald, qui en est toujours propriétaire (9).

160, rue Champlain – Famille Rémillard

Pendant ce temps, une histoire parallèle, elle aussi empreinte d'esprit de solidarité, se déroule de l'autre côté du mur mitoyen, où habitent Louis Rémillard (né le 23 octobre 1851), son épouse Délia Caron (née le 15 juillet 1858) et leur fils Joseph-Athénaïs (né le 8 août 1886). En 1901, de vendeur d'huile à l'origine, Louis devient fonctionnaire et son épouse, modiste. Les Rémillard ont une servante de 22 ans, Rosanne Mathé[3]. Louis Rémillard décède à son domicile le 8 avril 1935 après avoir légué la propriété à son épouse, Délia Caron (10). Celle-ci survit à son époux et demeure dans la maison, mais à présent avec la famille de son fils Joseph. Elle meurt le 11 février 1945 à l'âge de 85 ans. Dans son testament, et conformément aux vœux de son défunt époux, elle s'était réservé l'usage gratuit de sa demeure sa vie durant. Leur fils Joseph et son épouse, Adèle Guillaume, ont huit enfants héritiers (11). On ignore jusqu'à quand Joseph et Adèle occupent le 160, rue Champlain, mais chose certaine, ils y vivent au début des années 1950.

En octobre 1991, la succession de Délia Caron vend la propriété à Robert McDonald (12) qui, depuis cette date, possède le 160-162, rue Champlain en totalité.

3. BAC, Recensement du Canada de 1901, « Rémillard, Louis », en ligne : http://data2.collectionscanada.ca/1901/z

C'est donc Robert McDonald qui a fait les rénovations de la maison actuelle.

Chaîne de titres

160-162, rue Champlain, lots 46-1 et 46-2

1. QRF, 1901, 15 octobre, No 2222, testament de Ruggles Wright, devant Me A. Larue et collègues, no 5893, 6 août 1863 ; contrat de partage et division de propriété, devant Me A. Larue, 17 septembre 1864, enregistré sous Lib B, No 46, vol. 11, p. 53, Ruggles Wright à Rosina Wright.
2. Ville de Hull, Rôles d'évaluation de 1888-1889 et 1890-1891, Rosina Wright à Eucher Caron et Louis Rémillard, en ou avant 1889.

162, rue Champlain, lot 46-1

3. QRF, 1910, 7 novembre, B1, No 16997 ; QRF, 1911, 19 juin, B20, No 17949, saisie, Eucher Caron à Cité de Hull, entre le 5 novembre 1910 et le 11 janvier 1911.
4. QRF, 1911, 19 juin, B20, No 17949, adjudication, Cité de Hull à Louis Rémillard, 11 janvier 1911.
   QRF, 1911, 19 juin, B20, No 17950, vente, Louis Rémillard à Lina Trudel, 1er juin 1911.
5. QRF, 1940, 14 septembre, B72, No 73289, donation, Lina Trudel à sa fille, Régina Caron, 9 septembre 1940.
6. QRF, 1985, 8 août, No 341 935, legs, Régina Caron à William Robert Broome, 7 décembre 1984.
7. QRF, 1988, 7 octobre, No 392 540, legs, William Robert Broome à Mario Labelle, 23 août 1988.
8. QRF, 1991, 27 mai, No 436 980, vente, Mario Labelle à Robert McDonald, 6 mai 1991.

160, rue Champlain, lot 46-1

9. QRF, 1936, 14 janvier, B68, No 69 555, legs, Louis Rémillard à son épouse, Délia Caron, 8 avril 1935.
10. QRF, 1945, 28 juin, B79, No 80 083, legs, Délia Caron à son fils, Joseph-Athénaïs Rémillard, et à ses huit enfants, 11 février 1945.
11. QRF, 1991, 28 octobre, No 445 533, vente, succession de Délia Caron à Robert McDonald, 23 octobre 1991.

161, rue Champlain

© M. Gervais 2015

© M. Guitard 1997

Cadastre : 1 621 443
Ancien numéro de lot : 36B, Quartier 4
Date de construction : 1888-1889

Style architectural

De style hullois, de deux étages et demi, cette maison est presque identique à ses voisines du 157 et 159, rue Champlain.

Modifications : Maison rénovée en 1984. Les baies des fenêtres ont été conservées et, depuis 1997, les châssis à guillotine, munis d'un carrelage, ont remplacé les précédents châssis à battant tout comme les fenêtres de la baie en encorbellement ronde au rez-de-chaussée. On a aussi fait un revêtement de brique. Il y a maintenant trois unités dans cette maison. Deux portes ont remplacé celle qui devait avoir une imposte et des fenêtres latérales.

Les rénovations ont modifié le caractère original de la maison. Mais, ici encore, nous pouvons l'intégrer dans l'ensemble architectural du quartier par sa dimension et la symétrie de ses ouvertures.

Propriétaires et occupants

Ce terrain fait partie des acquisitions d'Adèle Leduc en 1869 auprès de Ruggles Wright fils (1). En 1884-1885, Octave Lalonde est propriétaire d'une maison de 28 sur 24 pieds avec cuisine et hangar sur le terrain (2)[1]. On ne connaît pas le lien entre Octave et le menuisier Napoléon Lalonde (3), mais c'est vraisemblablement celui-ci qui, âgé d'environ 41 ans[2], y construit une nouvelle maison peu après l'incendie de 1888, qu'il vend à Alexandre Séguin (4).

La famille Séguin habite la maison pendant près de 30 ans. Le journalier Alexandre Séguin (né le 9 octobre 1818) est arrivé à Hull avant 1872[3]. Lui et son épouse Marguerite, qui a un an de moins que lui[4], ont six enfants. L'aînée, Cornélie (née le 20 novembre 1844), est couturière, comme son frère, Oscar (né le 18 août 1859). Léocadie naît le 24 novembre 1850[5]. Marie (24 ans en 1891), Zotique (30 ans en 1891) et Aristide (26 ans) sont inscrits au Recensement du Canada de 1891 mais n'y sont plus en 1901, ayant vraisemblablement quitté la maison.

Entre 1891 et 1901, la maison abrite deux ménages : celui d'Alexandre et celui de sa fille Léocadie, qui a épousé le forgeron Joseph Lefebvre (né le 4 mai 1856), et leur fils Olivier (né le 30 novembre 1886)[6]. Alexandre cède sa maison à ses filles Cornélie et Léocadie vers 1898 sous seing privé, puisqu'il n'existe aucune inscription légale (5). En 1901, maintenant âgé de 81 ans, il habite chez son fils Oscar, qui loge aussi sa sœur Cornélie. Oscar a deux filles, Palmira, 11 ans, et France, 8 ans. L'absence du nom de l'épouse d'Oscar indique que celle-ci était probablement décédée au moment du recensement.

1. Ville de Hull, Rôles d'évaluation de 1884-1885, Quartier 4, lot 36B.
2. Le Recensement du Canada de 1881 lui donne 34 ans. Il n'existe pas de renseignements sur Octave Lalonde, mais son épouse se nomme Octavie. Il faudrait poursuive les recherces, car il y a peut-être une erreur dans le rôle d'évaluation de 1884-1885.
3. Cinq-Mars, « Liste de citoyens », [1872], p. 38.
4. BAC, Recensement du Canada de 1881.
5. BAC, Recensement du Canada de 1901.
6. Les dates de naissance sont inscrites au Recensement du Canada de 1901. BAC, Recensement du Canada de 1901, comté de Wright, Cité de Hull.

Même si c'est le nom de Joseph Lefebvre qui est indiqué au rôle d'évaluation, c'est bien Léocadie qui est propriétaire de la maison, comme le confirme un prêt de 1908[7]. Cela rappelle qu'à l'époque, c'est toujours le chef de famille qui est inscrit comme propriétaire ; le nom des épouses n'apparaît qu'après la mort de l'époux. Léocadie était mariée en séparation de biens. Le 15 novembre 1916, elle rédige son testament en faveur son époux (6). Elle décède deux jours plus tard. Cornélie Séguin renonce à tous ses droits. Le 5 mars 1917, Joseph Lefebvre vend la propriété à John Daoust, qualifié de « faiseur de papier » de Hull (7).

Le 18 septembre 1917, Daoust achète l'autre moitié du lot, le 36A (le 163), d'Azalma Gratton, fille d'Octave et veuve de Louis D. Reinhardt, laquelle l'avait poursuivi devant la Cour supérieure pour une raison que nous n'avons pas pu vérifier. Le 10 juin 1919, Daoust vend la propriété à Edmond Gauthier, un épicier de Hull (8). Cette maison ne lui est pas étrangère, car, en 1901, Philomène Gauthier (née le 15 octobre 1837), agée de 63 ans, et sa fille Éva (née le 29 mars 1875), 25 ans, y vivent[8]. Edmond Gauthier, né à Papineauville en 1870, fils de Joseph et Philomène Cyr[9], avait épousé en premières noces Francine Roy de Plantagenet. En 1914, il épouse en secondes noces Élisabeth Gravelle, à qui il lègue tous ses biens à son décès, le 29 juin 1943, à l'âge de 72 ans (9).

En 1920, Edmond hypothèque la maison en contractant un emprunt au révérend Joseph Gravel, le curé de Bois-Franc, et à Octave Gauthier, de Tupper Lake, New York. En 1925, le curé Gravel, qui est peut-être lié à l'épouse de Gauthier[10], maintenant à la cure de Messines, cède son rang de première hypothèque sur l'immeuble à Octave Gauthier, le frère d'Edmond Gauthier. Octave meurt en octobre 1926[11].

Elizabeth Gravelle est mariée en premières noces à Hughes Cooper, avec qui elle a une fille, Pearl. Celle-ci hérite sûrement de l'épicerie de Gauthier, sitiée au au 80, rue Saint-Laurent (des Allumettières),

7. QRF, 1908, 7 décembre, B16, No 14190, obligation, Léocadie Séguin, épouse de Joseph Lefebvre, devant Me F.A. Labelle, no 9485, 5 décembre 1908.
8. De toute évidence, il s'agit de la mère d'Edmond qui achète la maison en juin 1919, BAC. Recensement du Canada de 1901.
9. Anonyme, *Registre social de Hull*, 1928, p. 58.
10. Bien que le nom ne soit pas écrit de la même manière.
11. QRF, Index des immeubles, 1920, 11 novembre, B35, No 35187, obligation, Jos Gravel à Edmond Gauthier ; QRF, Index des immeubles, 1925, 4 mars, B46, No 465 505, cession, Jos Gravel à Octave Gauthier ; QRF, 1926, 15 décembre, B51, Nos 51612 et 51613, testament et déclaration de décès, Octave Gauthier.

lot 482, Quartier 5, car elle vend à sa mère, avec qui elle demeure, cette propriété, « avec les comptoirs, trois balances, un coffre-fort, un gros frigidaire, un coupeur de viande automatique et d'autres objets »[12]. À son décès, le 4 décembre 1973, Élisabeth Gravelle, 86 ans, habite encore le 161½, rue Champlain (10) ; cela faisait donc plus de 50 ans qu'elle habitait le quartier.

Sa fille, Pearl Cooper, déménagée à Ottawa, vend la maison le 31 janvier 1979 à Richard Tremblay et Suzanne Séguin (11), du 161, rue Champlain. En 1982, ceux-ci vendent la maison à Annie-Jeanne Olivier d'Ottawa (12). Olivier inscrit le 161, rue Champlain comme adresse lorsqu'elle vend à son tour la propriété à Louis-Pierre Scott, fonctionnaire de Hull, et à la D[re] Lise Scott, médecin d'Ottawa (13). Cette dernière vend sa moitié de la propriété le 3 mai 1995 à l'entrepreneur Louis-Pierre Scott, qui en est toujours le propriétaire, mais qui ne l'habite pas (14).

En 1984, la maison est transformée pour y aménager une galerie d'art au rez-de-chaussée. En 1990, la galerie d'art est remplacée par une boutique d'informatique, Protologik. Depuis 2001, Dominic Lafleur en est le propriétaire et habite un des logements (15).

Chaîne de titres

161, rue Champlain

1. QRF, 1900, 11 décembre, B1, No 829, vente, Ruggles Wright fils à Adèle Leduc, 11 novembre 1869. Note : la réinscription se fait avec Frances M. Russell, l'épouse de Ruggles Wright fils, mort en 1872.
2. Ville de Hull, Rôles d'évaluation de 1884-1885, Adèle Leduc [?] à Octave Lalonde, en ou avant 1884.
3. Ville de Hull, Rôles d'évaluation de 1888-1889, Octave Lalonde à Napoléon Lalonde.
4. Ville de Hull, Rôles d'évaluation de 1890-1891, Napoléon Lalonde à Alexandre Séguin.
5. Ville de Hull, Rôles d'évaluation de 1898, Alexandre Séguin à Léocadie et Cornélie Séguin.
6. QRF, 1916, 27 novembre, C2, No 2764, legs, Léocadie Séguin à Joseph Lefebvre, devant Me Louis Bertrand, no 8079, 15 novembre 1916.

12. L'adresse de l'épicerie est dans Anonyme, *Registre social de Hull*.

7. QRF, 1917, 9 mars, B28, No 27664, vente, Joseph Lefebvre à John Daoust, 5 mars 1917.
8. QRF, 1919, 12 juin, B32, No 31690, vente, John Daoust à Edmond Gauthier, 10 juin 1919.
9. QRF, 1943, 19 août, B76, No 76695, legs, Edmond Gauthier à son épouse, Élisabeth Gravelle, 19 juillet 1943.
10. QRF, 1974, 5 décembre, No 235 490, legs, Élisabeth Gravelle à sa fille, Pearl Cooper, 31 août 1974.
11. QRF, 1979, 1er février, No 276025, vente, Pearl Cooper à Richard Tremblay et Suzanne Séguin, 31 janvier 1979.
12. QRF, 1982, 22 décembre, No 308 620, vente, Richard Tremblay et Suzanne Séguin à Annie-Jeanne Olivier, 20 décembre 1982.
13. QRF, 1983, 5 octobre, No 317627, vente, Annie-Jeanne Olivier à Louis-Pierre et Lise Scott, 30 septembre 1983.
14. QRF, 1995, 4 mai, No 494991, vente d'une moitié indivise, Lise Scott à Louis-Pierre Scott, 3 mai 1995.
15. Ville de Gatineau, Rôles d'évaluation de 2016, Louis-Pierre Scott à Dominic Lafleur, 4 novembre 2001.

163, rue Champlain

© M. Gervais 2015

© M. Guitard 1997

Cadastre : 1 621 444
Ancien numéro de lot : 36A, Quartier 4
Date de construction : 1888-1889

Style architectural

À l'origine de style hullois, cette maison présentait quelques détails propres au style à l'italienne, dont les ouvertures semi-elliptiques des fenêtres et les voussoirs de l'étage, qu'on pouvait encore observer en 1997. Ces fenêtres étaient à double châssis à guillotine et comptaient deux carreaux chacun. La fenêtre du pignon a dû être dans une baie de forme semi-elliptique. La porte de la façade sur rue a conservé son imposte. La maison a été construite en même temps que celle du 154, rue Champlain et a dû lui être identique à l'origine.

Modifications : En 1997, on pouvait encore voir la trace d'une frise sous la corniche, laquelle a probablement été enlevée lorsqu'on a rénové cette dernière avec de l'aluminium. Il y avait une galerie dès 1901, qui a été reconstruite probablement vers les années 1940 et de nouveau depuis 1997. Les fenêtres ont été remplacées depuis 1997.

Une couturière a son atelier de couture au rez-de-chaussée.

Propriétaires et occupants

Octave Gratton travaille à Hull comme journalier et y vit déjà en 1872[1]. Deux ans plus tard, en novembre 1874, il achète d'Adèle Leduc [(1) et (2)] l'emplacement de l'actuel 163, rue Champlain dans le but de s'y établir. Dix ans plus tard, sa propriété comporte une maison de 20 sur 24 pieds, une cuisine et un hangar. La famille d'Octave Gratton habite cette maison[2].

Octave Gratton est inscrit comme colporteur au Recensement du Canada de 1891, ensuite comme marchand d'huile. Il a alors 54 ans et son épouse, Sophie Carrière, 50 ans, est la sœur de Basile Carrière. Ils ont trois filles et trois garçons. Au Recensement de 1891, Rose-Anna a 28 ans, Ida, 15 ans, Azalma, 12 ans, et Ovila, 8 ans. Il y a aussi, dans la maison, Adolard, 22 ans, forgeron. Jules, qui est boulanger, a 24 ans. Il est marié et ne vit plus chez ses parents[3]. Octave Gratton investit aussi dans l'immobilier puisqu'il acquiert deux autres propriétés du Quartier du Musée : le 166, rue Champlain en 1887 et le 168-168A de la même rue en 1890. Il meurt le 6 novembre 1904 après avoir légué tous ses biens à son épouse, Sophie Carrière (3). À ce moment-là, la plus jeune de ses filles, Azalma, cohabite avec ses parents, puis avec sa mère jusqu'au décès de celle-ci, en 1916 (4). Deux ans plus tôt, en 1914, Azalma avait marié Louis Reinhardt, propriétaire de l'entreprise de fer forgé Hull Iron and Steel Co.[4] Reinhardt meurt en 1916. La mort de sa mère et de son époux enlève à Azalma le désir de continuer d'habiter la maison familiale. Elle la vend donc l'année suivante, soit le 18 septembre 1917, à John Daoust (5), un « faiseur de papier » de Hull, qui a aussi acheté la maison voisine (le 161) au mois de mars précédent. C'est la fin de la présence de la famille Gratton dans cette résidence.

---

1. Cinq-Mars, « Liste de citoyens », [1872], p. 34
2. Ville de Hull, Rôles d'évaluation de 1884-1885 ; *Ottawa City Directory 1893-1894*, [Section Hull].
3. BAC, Recensement du Canada de 1891, comté d'Ottawa, Cité de Hull. L'épouse de Jules est Malvina. Ils ont tous deux 24 ans et ils ont alors une fille d'un an et demi, Irène. Basile Carrière l'indique comme étant son neveu. C'est peu après les funérailles de Jules que Carrière s'est senti mal et est mort. Voir le 85, rue Victoria.
4. QRF, 1916, 27 novembre, No 27312, contrat de mariage, Louis Reinhart et Azalma Gratton, devant Me F.A. Labelle, 20 novembre 1914.

En 1921, John Daoust quitte son emploi et achète une ferme à Moose Creek, en Ontario, de François Brunet (6), à qui il vend sa maison de la rue Champlain. Brunet, étant demeuré à Moose Creek, vend la propriété à James Thomas Purcell, de Hull, en mars 1923 (7).

James Thomas Purcell est percepteur du revenu. Pour acheter la maison, Purcell obtient un prêt hypothécaire d'Adelmar Labelle, épicier du coin des rues Victoria et Laval. En 1937, n'étant pas parvenu à rembourser son prêt, Purcell lui cède tous ses droits dans la propriété, élargie d'un pied de profondeur sur toute la largeur du terrain donnant sur le lot 37 à l'arrière (8). À cette époque, Adelmar Labelle déclare « ne pouvoir signer à cause de maladie de ses nerfs » ; son fils Wilfrid signe donc à sa place.

En 1937, Labelle loue la maison pour 110 mois avec promesse de vente à Gérald Brisson, médecin. Labelle meurt le 29 juillet 1940 à l'âge de 74 ans. Dans son testament de 1902, il lègue tout à son épouse, Hélène Lévesque (9). C'est donc cette dernière qui, au terme de la promesse de vente, conclut la transaction avec Gérald Brisson (10) qui y réside déjà depuis trois ans. Brisson avait épousé Gilberte Paquette, une Franco-Américaine, au Michigan.

En 1944, Gérald Brisson emménge au 175, rue Champlain, dans la nouvelle maison récemment construite à quelques portes vers le nord ; il conserve néanmoins le 163. C'est probablement pour diviser la propriété en deux logements qu'il emprunte de l'argent de Josaphat Pharand en 1945. La maison est en location à compter de cette période. En 1951, Gaston et Thérèse Lamarre ainsi que Charles et Anna Turgeon occupent les logements.

Ce n'est qu'en 1960 que Brisson vend la maison à Gabriel Thibault, fonctionnaire (11), qui y réside jusqu'en 1969. Celui-ci la vend ensuite à Charles Séguin, commissionnaire, et à Jacqueline Bruyère, son épouse (12), qui, d'Ottawa, emménagent dans la maison. En mai 1986, Séguin vend la maison à Mayez A. et Omar Teriaky, d'Ottawa (13). Le 18 novembre suivant, ces derniers la vendent à Herman Lam, homme d'affaires d'Ottawa, et à Mireille Villemaire, fonctionnaire (14). Cette dernière vend sa part à Herman Lam le 28 janvier 1987 (15), et cinq mois plus tard, celui-ci revend la propriété à Michel Marchand, architecte, et à Luisa Royas Paez (16), de Gatineau. En l'espace d'un an, le prix de cette maison est passé de 50 000 à 135 000 dollars. Michel Marchand et sa conjointe n'ont jamais habité sur la rue Champlain.

À la veille de Noël 1994, Dorothea Marie Yeatman, femme d'affaires d'Ottawa, se porte acquéreure de la maison et en est la propriétaire depuis (17). Designer-couturière, elle a son atelier dans sa résidence depuis plusieurs années.

Chaîne de titres

163, rue Champlain

1. QRF, 1900, 11 décembre, B1, No 829, vente, Ruggles Wright à Adèle Leduc, 11 novembre 1869.
2. QRF, 1901, 5 décembre, B3, No 2571, vente, Adèle Leduc à Octave Gratton, 18 novembre 1874.
3. QRF, 1904, 10 décembre, B10, No 8963, legs, Octave Gratton à son épouse, Sophie Carrière, 7 décembre 1904.
4. QRF, 1916, 25 mai, B27, No 26541, legs, Sophie Carrière à sa fille, Azalma Gratton, 20 mai 1916.
5. QRF, 1917, 11 octobre, B29, No 28684, vente, Azalma Gratton à John Daoust, 18 septembre 1917.
6. QRF, 1921, 2 mai, B36, No 36331, vente, John Daoust à François Brunet, 23 avril 1921.
7. QRF, 1923, 15 mars, B41, No 41344, vente, François Brunet à James Thomas Purcell, 1er mars 1923.
8. QRF, 1937, 15 juin, B69, No 70605, vente, James Thomas Purcell à Adelmar Labelle, 20 mai 1937.
9. QRF, 1940, 16 septembre, B72, No 73293, legs, Adelmar Labelle à son épouse, Hélène Lévesque, 21 août 1940.
10. QRF, 1941, 24 janvier, B72, No 73552, vente, Hélène Lévesque à Gérald Brisson, 23 janvier 1941.
11. QRF, 1960, 15 juillet, No 129 182, vente, Gérald Brisson à Gabriel Thibault, 27 juin 1960.
12. QRF, 1969, 23 avril, No 181 867, vente, Gabriel Thibault à Charles Séguin, 15 avril 1969.
13. QRF, 1986, 27 mai, No 353 393, vente, Charles Séguin à Mayez A. et Omar Teriaky, 23 mai 1986.
14. QRF, 1986, 20 novembre, No 362 090, vente, Mayez A. et Omar Teriaky à Herman Lam et Mireille Villemaire, 18 novembre 1986.
15. QRF, 1987, 29 janvier, No 364 676, vente, Mireille Villemaire à Herman Lam, 28 janvier 1987.
16. QRF, 1987, 8 mai, No 369 154, vente, Herman Lam à Michel Marchand et Luisa Rojas Paez, 7 mai 1987.
17. QRF, 1994, 28 décembre, No 491 868, vente, Michel Marchand et Luisa Rojas Paez à Dorothea Marie Yeatman, 23 décembre 1994.

165-167, rue Champlain

© M. Gervais 2015

© M. Guitard 1997

Cadastre : 1 621 445
Ancien numéro de lot : 19B, Quartier 4
Date de construction : 1888-1889

Style architectural

Depuis son origine, le bâtiment représente une version du style hullois en jumelé, semblable aux maisons qui sont construites presque en face de celui-ci, avec cuisine à l'arrière. Ici, les portes de façade sont séparées par une fenêtre. Les fenêtres à guillotine à deux carreaux par châssis sont d'origine. Les poteaux et la rampe d'escalier ne sont probablement pas d'origine, mais conviennent tout à fait bien au style original de la maison.

Modifications : Rénovations récentes respectueuses du style de la maison.

Propriétaires et occupants

Comme les terrains voisins, celui-ci est acheté de Ruggles Wright fils par Adèle Leduc en 1869 (1). D'après les rôles d'évaluation, elle a un locataire en constitut avant 1884, Joseph Deslauriers, journalier, qui loge dans une maison en bois. Après le feu de 1888, Deslauriers construit une nouvelle maison de deux logements, mais n'y réside pas. En 1892, le locataire d'un des logements se nomme Jacques Villeneuve et celui de 1893-1894 est Napoléon St-Denis, imprimeur. Un autre locataire, François-Xavier Loyer, devient propriétaire de la maison en ou avant 1894. Puis, en 1908, il achète d'Adèle Leduc le terrain dont il jouit depuis plusieurs années, pour la somme de 300 dollars (2). Au moment de son décès, le 4 juillet 1916, il est agent d'assurance. Son épouse, Clémentine Saint-Denis, hérite de ses biens (3).

Le Recensement du Canada de 1901 décrit la famille Loyer comme suit : le chef de famille, Xavier, électricien, est né le 9 avril 1855 et son épouse, Clémentine, le 13 mars 1861. Une couturière de 26 ans, Rosemary Yelle, vit avec eux. C'est probablement les parents de Clémentine qui sont voisins : Antoine Saint-Denis, 73 ans, né le 14 mars 1828, est fonctionnaire et son épouse, Eulalie, 67 ans, est née le 13 février 1834. Leur fils Alexandre, 45 ans, né le 22 novembre 1855, est [?] général. Leurs filles sont Joséphine, 30 ans (née le 1er décembre 1870), modiste, et Rosanna, 25 ans (née le 8 octobre 1875), commis de poste[1].

Le 14 mars 1924, Clémentine Saint-Denis-Loyer vend la maison à Alexis, alias Francis Saint-Jean (4). Il est employé de la Compagnie d'électricité d'Ottawa. Marié à Bernadette Saint-Amand, ils ont une fille adoptive nommée Yvette-Pauline Saint-Jean. Alexis meurt le 5 décembre 1935 (5) et son épouse Bernadette décède, à Ottawa, le 18 juin 1937 ; Yvette-Pauline hérite alors de la maison (6). Elle y demeure avec son époux, Jean-Louis Laflèche, jusqu'en décembre 1964, après y avoir vécu 40 ans. Ce sont les derniers propriétaires à habiter la maison, qui est en location depuis.

Lucien Payer (7), un vendeur de Hull, l'achète en 1964 mais n'y habite pas. Deux ans plus tard, il la revend à Maurice Lavergne, ouvrier, et à son épouse, Ghislaine Blais (8), qui ne semblent pas non plus habiter la maison. En 1974, ils la vendent en fidéicommis à Ursula Ruppert (9), administratrice.

Entre 1980 et 1982, la propriété passe, toujours en fidéicommis, d'Ursula Ruppert à Morris M. Kerzer (10), avocat, puis à E. Deans

1. BAC, Recensement du Canada de 1901, comté d'Ottawa, Cité de Hull.

Berry, (11), comptable, tous d'Ottawa, qui vendent à perte. Jean-Baptiste Drouin (12), un journalier de Hull, l'achète le 30 novembre 1982. Il la revend au fonctionnaire Denis D'Aoust (13), de Hull, en août 1984. Par la suite, D'Aoust s'identifie comme homme d'affaires et, à ce titre, en janvier 1989, vend la propriété à son entreprise, la société 161081 Canada inc., ayant son siège social à Gatineau, et à Fiona McCaffery (14), femme d'affaires de Nepean. Sept mois plus tard, la société 161081 Canada inc. et Fiona McCaffery lui cèdent la propriété (15). Denis D'Aoust, alors domicilié au 293, rue Notre-Dame, vend en 1991 la propriété à Monelle Proulx et Gilles Leblanc (16), de Gatineau. Ni l'un ni l'autre n'habitent la maison. Ils vendent celle-ci à l'infirmier Michel Gravelle (17) le 3 décembre 2001. Celui-ci y demeure jusqu'en janvier 2013, la vendant alors à Philippe Doucet (18), qui transfère le bien à son entreprise, la société Canal Geomatics Realty (19), installée dans la maison voisine.

Chaîne de titres

165-167, rue Champlain

1. QRF, 1900, 11 décembre, B1, No 829, vente, Ruggles Wright à Adèle Leduc, 11 novembre 1869.
2. QRF, 1908, 10 avril, B15, No 13308, vente de terrain, Adèle Leduc à François-Xavier Loyer, devant Me F.A. Labelle, no 8665, 8 avril 1908.
3. QRF, 1916, 14 juillet, B27, No 26744, et C2, No 2714, legs, François-Xavier Loyer à son épouse, Clémentine Saint-Denis, 4 juillet 1916.
4. QRF, 1924, 20 mars, B44, No 44052, vente, Clémentine Saint-Denis à Alexis alias Francis Saint-Jean, 14 mars 1924.
5. QRF, 1936, 10 janvier, B68, Nos 69546 et 69547, legs, Alexis alias Francis Saint-Jean à son épouse, Bernadette Saint-Amand, 5 décembre 1935.
6. QRF, 1937, 4 octobre, B69, Nos 70821 et 70822, legs, Bernadette Saint-Amand à sa fille, Yvette-Pauline Saint-Jean, 21 juin 1937.
7. QRF, 1964, 23 décembre, No 155 666, vente, Yvette-Pauline Saint-Jean à Lucien Payer, 17 décembre 1964.
8. QRF, 1966, 13 mars, No 162 708, vente, Lucien Payer à Maurice Lavergne, 21 février 1966.
9. QRF, 1974, 14 février, No 225 762, vente, Maurice Lavergne à Ursula Ruppert en fiducie, 1er février 1974.
10. QRF, 1980, 10 juillet, No 288 807, transfert, Ursula Ruppert en fiducie à Morris M. Kerzer en fiducie, 23 mai 1980.

11. QRF, 1982, 27 août, No 305 614, transfert, Morris M. Kerzer en fiducie à E. Deans Berry en fiducie, 26 août 1982.
12. QRF, 1982, 30 novembre, No 307 876, vente, E. Deans Berry en fiducie à Jean-Baptiste Drouin, 30 novembre 1982.
13. QRF, 1984, 30 août, No 328 905, vente, Jean-Baptiste Drouin à Denis D'Aoust, 30 août 1984.
14. QRF, 1989, 25 janvier, No 396 590, vente, Denis D'Aoust à 161081 Canada inc. et Fiona McCaffery, 19 janvier 1989.
15. QRF, 1989, 28 septembre, No 407 849, cession, 161081 Canada inc. et Fiona McCaffery à Denis D'Aoust, 14 septembre 1989.
16. QRF, 1991, 18 juillet, No 440 338, vente, Denis D'Aoust à Monelle Proulx et Gilles Leblanc, 17 juillet 1991.
17. QRF, 2001, 3 décembre, No 570 534, vente, Monelle Proulx et Gilles Leblanc à Michel Gravelle, 3 décembre 2001.
18. QRF, 2013, 14 janvier, No 19 679 628, vente, Michel Gravelle à Philippe Doucet, devant Me Jean Paquin, no 392, 11 janvier 2013.
19. QRF, 2014, 13 juin, No 20 826 997, vente, Philippe Doucet à Canal Geomatics Realty inc., 13 juin 2014.

166, rue Champlain

© M. Gervais 2015

© M. Guitard 1997

Cadastre : 1 621 453
Ancien numéro de lot : 35-2, Quartier 4
Date de construction : 1888-1889

Style architectural

L'influence du style néo-gothique se retrouve dans cette maison de style hullois. La symétrie des ouvertures, les deux fenêtres sous le pignon et le format général de ce bâtiment révèlent, comme les plans d'assurance l'indiquent, qu'il fut, jadis, composé de jumelés, tout comme le bâtiment voisin côté sud.

Modifications : La transformation de ce bâtiment a pu avoir lieu dans les années 1930-1940, comme le laissait supposer la présence des carreaux en losange de la grande fenêtre du rez-de-chaussée en 1997. Ces fenêtres ont été remplacées depuis. Il y avait une galerie qui couvrait tout le rez-de-chaussée en façade. Elle a disparu au moment où le revêtement de brique a été refait pour être remplacé par un double porche en fer forgé, lequel a été remplacé depuis 1997. Les fenêtres sous le pignon ont conservé leurs dimensions originales. Le toit et sa corniche sont récents. Ici aussi, les marques d'une ancienne frise paraissent encore en 1997. La porte du second étage n'épouse plus l'ouverture prévue.

Propriétaires et occupants

Octave Gratton (2), propriétaire résident du 163, rue Champlain (sur Gratton, voir cette dernière adresse), acquiert de Rosina Wright le 166 de la même rue en novembre 1887 (1). Au lendemain de la conflagration de 1888, Joseph Gratton, journalier et probablement un parent, vit dans une maison en brique de 24 sur 30 pieds située sur ce lot[1]. Par la suite, d'autres locataires succèdent à Joseph. Au décès d'Octave Gratton survenu le 26 novembre 1904, la propriété échoit à son épouse Sophie Carrière (2). Lorsque celle-ci décède à son tour, le 5 mai 1916, la propriété passe à son fils Ovila Gratton (3), marchand.

Au moment où il hérite de la maison, Ovila (né le 3 juillet 1882)[2] l'habite déjà avec son épouse Alice (née en mai 1886), leur fille Annette (née en avril 1908) et leur fils Henri, qui a à peine 1 an au Recensement de 1911.

En juillet 1929, Ovila Gratton vend la propriété à Marguerite Binet (4), mariée depuis quatre ans au Dr J.-Ephrem Perras. En août 1953, Jean Telmosse (5), agent immobilier, qui habite déjà la maison, s'en porte acquéreur. À la suite de son décès, le 1er novembre 1958, son épouse, Thérèse Schnobb (6), hérite de la propriété. En novembre 1971, celle-ci, remariée au Dr Gérald Brisson depuis 1961 (voir le 163, rue Champlain), vend la propriété à Alphonse Schnobb (7), fonctionnaire qui habite déjà la maison. Enfin, en mars 1976, ce dernier la vend à un autre fonctionnaire, Louis Desroches (8), qui en est propriétaire depuis 40 ans.

Chaîne de titres

166, rue Champlain

1. QRF, 1901, 15 octobre, No 2222, testament de Ruggles Wright père, devant Me A. Larue et collègues, no 5893, 6 août 1863 ; contrat de partage et division de propriété, devant Me A. Larue, 17 septembre

1. Ville de Hull, Rôles d'évaluation de 1888-1889, Quartier 4, lot 35-2.
2. BAC, Recensement du Canada de 1901, voir famille Octave Gratton, en ligne : http://data2.collectionscanada.ca/1901/z

1864, enregistré sous Lib B, No 46, vol. 11, p. 53, Ruggles Wright à Rosina Wright.

2. QRF, 1901, 30 décembre, B3, No 2713, vente, Rosina Wright à Octave Gratton, 20 novembre 1887.
3. QRF, 1904, 10 décembre, B10, No 8963, et C1, No 1047, legs, Octave Gratton à son épouse, Sophie Carrière, 26 novembre 1904.
4. QRF, 1916, 25 mai, B27, No 26541, et C2, No 2684, legs, Sophie Carrière à son fils, Ovila Gratton, 5 mai 1916.
5. QRF, 1929, 9 juillet, B58, No 58889, vente, Ovila Gratton à Marguerite Binet, 8 juillet 1929.
6. QRF, 1953, 25 août, No 103 648, vente, Marguerite Binet à Jean Telmosse, 19 août 1953.
7. QRF, 1959, 29 avril, Nos 124 049 et 124 050, legs, Jean Telmosse à son épouse, Thérèse Schnobb, 1er novembre 1958.
8. QRF, 1971, 10 novembre, No 202 550, vente, Thérèse Schnobb à Alphonse Schnobb, 2 novembre 1971.
9. QRF, 1976, 30 mars, No 248 337, vente, Alphonse Schnobb à Louis Desroches, 25 mars 1976.

168-168A, rue Champlain
Maison Delaney

© M. Gervais 2015

© M. Guitard 1997

Cadastre : 1 621 454
Ancien numéro de lot : 35-1, Quartier 4
Date de construction : 1908

Style architectural

L'influence du style Queen Anne, manifeste par sa forme en L renversé, prédomine dans ce bâtiment de deux étages et demi, qui conserve des caractéristiques du style hullois. L'imposante double galerie, la fenêtre plus large du rez-de-chaussée avec son carrelage de laiton carré, l'ouverture large de l'entrée principale avec une porte avec fenêtres latérales sont les principales caractéristiques de l'influence Queen Anne. Les ouvertures semi-elliptiques, marquées de voussoirs, rappellent le style à l'italienne.

Modifications : Les colonnes sur pilier de brique de la galerie étaient très probablement des colonnes de bois rondes, semblables à celles de la maison voisine qui soutenaient la galerie supérieure. Elles ont probablement été remplacées au cours des années 1940.

Propriétaires et occupants

En novembre 1890, Octave Gratton (2), qui habitait de l'autre côté de la rue, acquiert, de Rosina Wright (1), cet emplacement vacant qui jouxtait sa propriété voisine, le 166, rue Champlain, et dont il est propriétaire depuis trois ans. À son décès le 26 novembre 1904, le lot, toujours vacant, passe à son épouse, Sophie Carrière (3), qui le vend, en mai 1908, à Hormidas Limoges, mouleur (4). Limoges y fait construire la maison qui s'y trouve actuellement, puis la vend (5) à l'épicier Adelmar Labelle en juillet 1912 ; celui-ci n'y habite pas[1]. En 1915, deux locataires, Albert Gibeault et Fortunat Meunier, y logent. En mars 1921, Labelle vend cet immeuble à Dona Cousineau (6), épouse d'André Guertin, marchand hullois.

En août 1932, Dona Cousineau, qui vit désormais à Pointe-Gatineau où son mari exploite une taverne, vend cette maison pour la symbolique somme d'un dollar à la Northern Life Insurance Company of Canada (7). Cette vente est sûrement liée à la crise économique qui sévit. Celle-ci, ainsi que la Deuxième Guerre mondiale, surviennent avant l'achat de la propriété par J.-Wilfrid Delaney (8) en avril 1947.

L'agronome J.-Wilfrid Delaney y réside déjà et y demeure jusqu'à son décès, le 22 janvier 1961, à l'âge de 64 ans. Marguerite Rousseau (9), qu'il avait épousée en octobre 1924, en hérite. Celle-ci, désormais domiciliée à Ottawa, s'en départit en décembre 1968 en faveur de Marc Delaney et de son épouse, Madeleine Jean (10), déjà résidents de la maison. Ils y habitent encore en 1997. À la suite du décès de son conjoint, en 2003, Madeleine (11) vend, la même année, la propriété à trois Ottaviens, Ian, Mark et Yannie Watson (12). En 2013, Ian Watson cède sa part à Mark et Yannie Watson (13), qui en sont aujourd'hui (2017) propriétaires non résidents.

Avec ses 56 ans, c'est la famille Delaney qui a vécu le plus longtemps dans cette maison.

Chaîne de titres

168-168A, rue Champlain

1. QRF, 1901, 15 octobre, No 2222, testament de Ruggles Wright, devant Me A. Larue et collègues, no 5893, 6 août 1863 ; contrat de partage et division de propriété, devant Me A. Larue, le

1. L'épicerie de Labelle, fondée en 1889, se trouvait au coin des rues du Lac et Victoria.

17 septembre 1864, enregistré sous Lib B, No 46, vol. 11, p. 53, Ruggles Wright à Rosina Wright.

2. QRF, 1901, 30 décembre, B3, No 2714, vente, Rosina Wright à Octave Gratton, 8 novembre 1890.
3. QRF, 1904, 10 décembre, B10, No 8963, et C1, No 1047, legs, Octave Gratton à son épouse, Sophie Carrière, 26 novembre 1904.
4. QRF, 1908, 21 mai, B15, No 13520, vente, Sophie Carrière à Hormidas Limoges, 18 mai 1908.
5. QRF, 1912, 6 août, B21, No 19975, vente, Hormidas Limoges à Adelmar Labelle, 29 juillet 1912.
6. QRF, 1921, 16 mars, B36, No 35934, vente, Adelmar Labelle à Dona Cousineau, 8 mars 1921.
7. QRF, 1932, 2 août, B65, No 65991, cession, Dona Cousineau à The Northern Life Insurance Company of Canada, 1er août 1932.
8. QRF, 1947, 11 avril, B85, No 84283, vente, The Northern Life Insurance Company of Canada à J.-Wilfrid Delaney, 8 avril 1947.
9. QRF, 1961, 7 juillet, Nos 134 132 et 134 133, legs, J.-Wilfrid Delaney à son épouse, Marguerite Rousseau, 22 janvier 1961.
10. QRF, 1969, 21 janvier, No 180 212, donation, Marguerite Rousseau à Marc Delaney et Madeleine Jean, 27 décembre 1968.
11. QRF, 2003, 23 juillet, No 10 595 191, déclaration de transmission, Marc Delaney à Madeleine Jean, 23 juillet 2003.
12. QRF, 2003, 5 décembre, No 10 932 727, vente, Madeleine Jean à Ian, Mark et Yannie Watson, 5 décembre 2003.
13. QRF, 2013, 27 septembre, No 20 290 225, vente, Ian Watson à Mark et Yannie Watson, 27 septembre 2013.

169, rue Champlain
Maison Lapierre-Couture

© M. Gervais 2015

© M. Guitard 1997

Cadastre : 1 621 446
Ancien numéro de lot : 19A, Quartier 4
Date de construction : 1890-1891

Style architectural

Identifiable au style hullois, de deux étages et demi, cette maison possède son revêtement de brique depuis 1897. Elle a été divisée en jumelés entre 1915 et 1928.

Modifications : Plusieurs rénovations ont été effectuées. La toiture, dont la corniche en aluminium, la brique en façade et les fenêtres sous le pignon ont été élargies. Les porches ont été refaits possiblement au cours des années 1940. Le remplacement des fenêtres par des fenêtres à guillotine aurait avantageusement mis en valeur l'architecture ancienne de la maison. La fenêtre du pignon aurait gagné à être agrandie sur la hauteur.

Sa division en jumelés, après 1915, montre bien la polyvalence de ce style vernaculaire.

Propriétaires et occupants

Voici un autre terrain qu'a acquis Adèle Leduc (2), de Ruggles Wright fils (1), en 1869. Le 25 avril 1876, un explorateur (il s'agit sûrement d'un explorateur de minerais), Luc Dupuis (3), achète le terrain d'Adèle Leduc et habite une maison en bois avec cuisine et écurie[1]. En 1887, le propriétaire n'y demeure plus, mais loue la maison à Samuel Valin, charpentier, et à deux plâtriers, Zotique et Hermidas Leblanc. La maison est détruite dans l'incendie de 1888. Elle est reconstruite en 1890-1891 pour Joseph Lapierre (4), qui a acheté la propriété de Dupuis en avril 1889.

C'est alors une maison unifamiliale. Joseph Lapierre y réside. Au Recensement du Canada de 1901, celui-ci (né le 27 novembre 1821) a 79 ans et son épouse, Edwige Lanoue (née le 2 juillet 1824), en a 76. Deux de leurs deux filles – Herménie-H. (née le 27 novembre 1854), 46 ans, libraire, et Ida (née le 14 juillet 1868), 32 ans, commis – habitent avec eux. Une autre fille, Élodie, est religieuse (Sœur grise). Un frère, Ernest, appartient à la communauté des Frères des Écoles chrétiennes avant 1897 ; il est connu comme le Frère Raymond. Joseph Lapierre s'éteint le 7 juin 1904 et son épouse, Edwidge, le suit de près le 26 octobre 1904 (5). Herménie, l'aînée, devient propriétaire de la maison (6). Nous ne connaissons pas le lien entre Herménie et Edgar Laflamme, son exécuteur testamentaire, chez qui elle décède le 27 mars 1930. Herménie lègue sa propriété à ses sœurs et à son frère (7). Sa succession vend la maison paternelle à Catherine Danis (8) au mois de juillet suivant.

Catherine Danis est l'épouse d'Adjutor Couture, commerçant de Hull. Le 9 février 1931, elle vend une partie de la propriété à son beau-frère, Oscar Couture (9). Les Couture sont des marchands de chaussures et ont leur magasin dans l'édifice de l'actuel 169-173, Promenade-du-Portage. En octobre 1946, Catherine Danis et Oscar Couture vendent leur propriété à Albertine Couture (10), célibataire et probablement fille de l'un d'eux. En 1951, Albertine habite au 169, rue Champlain. Dans le logement voisin, Didier Couture partage son logement avec Olive Couture et son époux, Émile Ducasse. La maison demeure dans la famille Couture jusqu'en 1970.

Le 20 octobre 1970, Albertine Couture vend la propriété à un journalier qui habite le 128 de la même rue, Henrique Diogo (11) ;

1. Comme indiqué dans l'introduction, on mentionne rarement les bâtiments des cours, mais en voici un exemple qui rappelle l'importance des chevaux à l'époque.

celui-ci est marié à Margarita Furtado. Nous ne savons pas si le couple l'a habitée. Probablement pas, puisqu'il demeure à Touraine lors de la vente en fidéicommis, en 1973, à l'homme d'affaires d'Ottawa Peter Fallis (12). En mai 1980, ce dernier transfert l'immeuble en même temps que celui du 151-153, rue Champlain, toujours en fidéicommis, à l'avocat Manis W. Kertzen, d'Ottawa (13). En janvier 1981, Kertzen vend la propriété à Suzanne Jacques (14), fonctionnaire, de Pointe-Gatineau.

Suzanne Jacques n'habite pas la maison, qu'elle loue plutôt jusqu'en mai 1997. Deux femmes de Gatineau, Jeanne-Mance Collard, infirmière auxiliaire, et Suzanne Trudel, greffière (15), deviennent propriétaires de la maison en 1997. Elles sont mariées respectivement à Jean-Marc et Clément Fournier, qui sont frères. Le 9 juin 1997, elles mettent sur pied, avec leurs époux, la société 3382036 Canada inc., représentée par Clément Fournier, à laquelle elles cèdent leur titre le 9 octobre 1997 (16).

En juin 2007, la société 3382036 Canada inc. vend la propriété à Pascal La Bissonnière et Carl-Denis Bouchard, respectivement agent d'administration et directeur de ressources humaines (17). Ces derniers vendent l'immeuble le 11 juin 2010 à Philippe Doucet et Andrew Carbognin (18), lesquels revendent leur titre le 21 décembre suivant à leur société, la Canal Geomatics Realty inc. (19) Celle-ci en est l'actuelle propriétaire. Au rôle d'évaluation de 2016, Diana Spencer est inscrite comme représentante de l'entreprise de Philippe Doucet, mais non Carbognin. Ils y ont leurs bureaux.

Chaîne de titres

169, rue Champlain

1. QRF, 1901, 15 octobre, No 2222, testament de Ruggles Wright, devant Me A. Larue et collègues, no 5893, 6 août 1863 ; contrat de partage et division de propriété, devant Me A. Larue, 17 septembre 1864, enregistré sous Lib B, No 46, vol. 11, p. 53, Ruggles Wright père à Ruggles Wright fils.
2. QRF, 1900, 11 décembre, B1, No 829, vente, Ruggles Wright à Adèle Leduc, 11 novembre 1869.
3. QRF, 1932, 1er février, B64, No 65027, vente, Adèle Leduc à Luc Dupuis, 25 avril 1876.
4. QRF, 1932 1er février, B64, No 65027, vente, Luc Dupuis à Joseph Lapierre, 29 avril 1889.

5. QRF, 1904, 16 juin, B9, No 8357, et C1, No 988, legs, Joseph Lapierre à son épouse, Edwidge Lanoue, 7 juin 1904.
6. QRF, 1904, 10 novembre, B9, No 8845, et C1, No 1037, legs, Edwidge Lanoue à sa fille, Herménie-H. Lapierre, 26 octobre 1904.
7. QRF, 1932, 1er février, B64, Nos 65027 et 65028, legs, Herménie-H. Lapierre à ses sœurs, Ida et Élodie, et à son frère Ernest, 27 mars 1930.
8. QRF, 1932, 1er février, B64, No 65031, vente, succession d'Herménie-H. Lapierre à Catherine Danis, 30 juillet 1930.
9. QRF, 1931, 16 février, B62, No 62849, vente d'une moitié indivise, Catherine Danis à Oscar Couture, 9 février 1931.
10. QRF, 1946, 21 octobre, B83, No 83218, vente, Catherine Danis et Oscar Couture à Albertine Couture, 18 octobre 1946.
11. QRF, 1970, 20 octobre, No 192 755, vente, Albertine Couture à Henrique Diogo, 20 octobre 1970.
12. QRF, 1973, 14 août, No 219 578, vente, Henrique Diogo à Peter Fallis en fiducie, 2 août 1973.
13. QRF, 1980, 10 juillet, No 288 806, transfert, Peter Fallis en fiducie à Manis W. Kertzen en fiducie, 23 mai 1980.
14. QRF, 1981, 5 février, No 293 543, vente, Manis W. Kertzen en fiducie à Suzanne Jacques, 21 janvier 1981.
15. QRF, 1997, 21 mai, No 517 600, vente, Suzanne Jacques à Jeanne-Mance Collard et Suzanne Trudel, 20 mai 1997.
16. QRF, 1997, 9 octobre, No 522 976, cession, Jeanne-Mance Collard et Suzanne Trudel à 3382036 Canada inc., 9 octobre 1997.
17. QRF, 2007, 2 août, No 14 491 116, vente, 3382036 Canada inc. à Pascal La Bissonnière et Carl-Denis Bouchard, devant Me Sylvie Pichette, no 14143, 1er août 2007.
18. QRF, 2010, 11 juin, No 17 267 202, vente, Pascal La Bissonnière et Carl-Denis Bouchard à Philippe Doucet et Andrew Carbognin, 11 juin 2010.
19. QRF, 2010, 21 décembre, No 17 806 950, vente, Philippe Doucet et Andrew Carbognin à Canal Geomatics Realty inc., 21 décembre 2010.

170, rue Champlain
Maison Bouvrette

© M. Gervais 2015

© M. Guitard 1997

Cadastre : 1 621 455
Ancien numéro de lot : 20-2, Quartier 4
Date de construction : 1903

Style architectural

Ici encore, nous retrouvons l'influence à la fois du style à l'italienne et du style Beaux-Arts. Les ouvertures semi-elliptiques décorées d'un voussoir sont caractériques du style à l'italienne, comme son toit plat avec ses garnitures et sa corniche en métal, pièces disponibles chez les ferblantiers de la région. La galerie surmontée d'un balcon soutenu par les doubles colonnes appuyées sur un pilier, la couverture à fronton du balcon et la grande fenêtre du rez-de-chaussée sont des éléments de l'architecture Beaux-Arts. Ce style ressemble fort au style à l'italienne de nombre de maisons qui existaient à Hull quelques années plus tôt. La différence tient surtout à l'absence de consoles sur la frise, à la grandeur des ouvertures et à l'absence de carreaux doubles dans les châssis, ainsi qu'à la galerie et au balcon avec leurs colonnes.

Modifications : D'abord construite en bois, elle est recouverte de brique entre 1908 et 1915. Elle est divisée en deux logis, vraisemblablement après 1968. Elle a été restaurée depuis 1992, en respectant remarquablement son authenticité, par les propriétaires actuels qui y résident et est redevenue une maison unifamiliale.

Cette maison a sûrement été construite par son premier propriétaire, Joseph Bourque, entrepreneur et propriétaire de tout le lot 20, sur lequel est aussi située la maison voisine, le 172-174, rue Champlain. Il habitait le 137, rue Notre-Dame-de-l'Île.

Propriétaires et occupants

Le terrain de cette maison est acheté par l'entrepreneur Joseph Bourque (2), de Rosina Wright (1), vers 1888. Il y fait construire une maison en bois vers 1901-1903[1], dans laquelle ont résidé le menuisier Joseph Fournier et son gendre, Edmond Massé[2]. Il serait intéressant de connaître le nombre de maisons, dans le secteur, construites par ces hommes. Il est dommage que nous n'ayons pas les archives des entreprises de Joseph Bourque. Joseph Fournier étant parfois identifié comme chef de chantier, il se peut qu'il ait travaillé pour Bourque.

Le 2 novembre 1910, un professeur de Hull, Albert Bouvrette (3), achète la propriété qui n'est que de 30 pieds de front sur 99 pieds de profondeur, soit 3 pieds de moins que la majorité des lots vendus. La maison est alors en bois[3]. Bouvrette décède le 23 avril 1920, laissant pour héritiers Eudoxe Desrosiers, son épouse depuis 1903, Eudoxie, et leurs enfants, Sylvio, Cécile, Jacques, Jeanne, Jean et Paul, encore mineurs (4). La famille continue à vivre dans la maison jusqu'au décès d'Eudoxie Desrosiers, le 19 juillet 1939, qui lègue ses biens à ses six enfants (5). À ce moment-là, deux de ses filles sont entrées en religion. Ses quatre fils habitent tous à Hull. En 1940, frères et sœurs cèdent leurs droits de propriété sur la maison familiale à Sylvio (6), qui habite peut-être déjà la maison avec sa mère. Sylvio, marié en secondes noces avec Marguerite Proulx, demeure dans la maison jusqu'en

1. Les rôles d'évaluation et les plans d'assurance permettent de connaître la date de construction à ce moment-là. Un acte hypothécaire de 1907 confirme que la maison est déjà construite. QRF, 1907, 9 juillet, B14, No 12344, Agreement and hypothect, The Bank of Ottawa à Joseph Bourque, devant Me N. Tétreau, no 25229.
2. Voir les 133 et 135-137, rue Champlain.
3. Ville de Hull, Rôles d'évaluation de 1911-1912, Quartier 4, lot 20S.

novembre 1968. Après 60 ans d'occupation, donc, cette maison est incontestablement associée à la famille Bouvrette.

La propriétaire suivante est une fonctionnaire célibataire du nom d'Agathe Blais (7). Nous ne savons pas si elle habite la maison, mais nous pensons que c'est elle qui fait diviser la maison en deux logements. Lorsqu'elle la vend, le 15 décembre 1975, elle est mariée et demeure à Clarence Creek, en Ontario. C'est la société immobilière Lepage et Lepage ltée (8), représentée par Jean Lepage, qui achète la maison.

En 1977, Lepage et Lepage ltée vend la propriété à la société Gestion A.J.C.L. ltée (9), incorporée moins d'un mois auparavant et représentée par André Cloutier, son secrétaire. L'année suivante, par le jugement de la Cour supérieure du 21 octobre 1978, la société Assurance Vie Desjardins (10) saisit l'immeuble et devient propriétaire à compter de la date d'achat de la propriété, soit le 19 décembre 1977. La société trouve rapidement des acheteurs. Le 22 décembre 1978, Daniel Chiasson et Gilles Bergeron (11) achètent cette propriété parmi dix autres immeubles de la société Assurance Vie Desjardins. Les deux hommes d'affaires fondent la société Chiber ltée et y transfèrent, en novembre 1980, les titres de leur immeuble (12).

Quatre mois plus tard, soit le 13 mars 1981, Chiber ltée vend la maison à Alain Louis-Seize, recherchiste-interviewer, et Hélène Sauvé, fonctionnaire (13), tous deux célibataires. Ceux-ci habitent la maison, mais ils habitent à Ottawa au moment de sa vente, le 18 janvier 1984, à la société Renault et Sénécal inc. (14) Cette société, dont le siège social est situé au 15, rue Papineau, à Hull, transfère ses titres de propriété à un administrateur, Yvon Lavoie (15), d'Ottawa, pour des considérations non détaillées, le 29 mars 1984. Yvon Lavoie vend la maison à Mariette Migneron (16), professeure, de la rue Dupuis à Hull. Entre 1978 et 1984, le prix de cette propriété passe de 33 000 à 84 000 dollars.

Depuis le 29 avril 1992, l'ingénieur Claude Royer et Kate Helwig, conservatrice en patrimoine matériel (17), sont propriétaires résidents de cette maison qu'ils avaient louée avant d'acheter. La famille de Claude et Kate y habite toujours. Tous deux sont très engagés, depuis plus de 20 ans, dans la communauté du quartier et de l'île de Hull.

Chaîne de titres

170, rue Champlain

1. QRF, 1901, 15 octobre, No 2222, testament de Ruggles Wright, devant Me A. Larue et collègues, no 5893, 6 août 1863 ; contrat

de partage et division de propriété, devant Me A. Larue, 17 septembre 1864, enregistré sous Lib B, No 46, vol. 1, p. 53, Ruggles Wright à Rosina Wright, terrain.

2. QRF, 1900, 27 juillet, B1, No 321, hypothèque du terrain, Joseph Bourque à Bank of Ottawa, Ville de Hull, Rôles d'évaluation de 1888-1889, Rosina Wright.
3. QRF, 1910, 11 novembre, B19, No 17010, vente, Joseph Bourque à Albert Bouvrette, 2 novembre 1910.
4. QRF, 1924, 8 juillet, B44, Nos 44921 et 44922, legs, Albert Bouvrette à son épouse, Eudoxie Desrosiers, et leurs six enfants, 23 avril 1920.
5. QRF, 1940, 20 février, B71, Nos 72771 et 72772, legs, Eudoxie Desrosiers à ses six enfants, 19 juillet 1939.
6. QRF, 1940, 20 février, No 198, sommaires, cession, succession d'Eudoxie Desrosiers à Sylvio Bouvrette, 16 février 1940.
7. QRF, 1968, 22 novembre, No 179 232, vente, Sylvio Bouvrette à Agathe Blais, 21 novembre 1968.
8. QRF, 1975, 18 décembre, No 246 063, vente, Agathe Blais à Lepage et Lepage ltée, 15 décembre 1975.
9. QRF, 1977, 21 décembre, No 265 425, vente, Lepage et Lepage ltée à Gestion A.J.C.L. ltée, 19 décembre 1977.
10. QRF, 1978, 30 octobre, No 273 848, saisie, Gestion A.J.C.L. ltée à Assurance Vie Desjardins, 19 décembre 1977.
11. QRF, 1978, 29 décembre, No 275 408, vente, Assurance Vie Desjardins à Daniel Chiasson et Gilles Bergeron, 22 décembre 1978.
12. QRF, 1980, 12 novembre, No 291 895, vente, Daniel Chiasson et Gilles Bergeron à Chiber ltée, 11 novembre 1980.
13. QRF, 1981, 25 mars, No 294 518, vente, Chiber ltée à Alain Louis-Seize et Hélène Sauvé, 13 mars 1981.
14. QRF, 1984, 19 janvier, No 320 954, vente, Alain Louis-Seize et Hélène Sauvé à Renault et Sénécal inc., 18 janvier 1984.
15. QRF, 1984, 3 avril, No 323 178, vente, Renault et Sénécal inc. à Yvon Lavoie, 29 mars 1984.
16. QRF, 1984, 6 novembre, No 331 409, vente, Yvon Lavoie à Mariette Migneron, 1er novembre 1984.
17. QRF, 1992, 30 avril, No 453 988, vente, Mariette Migneron à Claude Royer et Kate Helwig, 29 avril 1992.

171-173, rue Champlain

© M. Gervais 2015

© M. Guitard 1997

Cadastre : 1 621 463
Ancien numéro de lot : 10B, Quartier 4
Date de construction : après 1945 (CUO)

Style architectural

L'examen détaillé de ce bâtiment, construit peu après la maison voisine, laisse penser que c'est aussi l'architecte Jean-Serge LeFort qui en a dessiné les plans. On y retrouve des caratérisiques du style néo-Tudor. Le toit à quatre versants, coupé de frontons et avec une lucarne sur le côté, et la baie en saillie, surmontée d'un pignon, sont des éléments caractéristiques de ce style. Les porches couverts d'un toit à fronton sur consoles, avec une porte jadis munie d'une toute petite fenêtre encadrée par des pilastres, révèlent le mélange des styles classique et néo-Tudor. Les fenêtres d'origine s'apparentaient davantage au style néo-Tudor.

Modifications : Rénovations récentes. La bande de bois parcourant l'étage du haut sur le stuc laisse soupçonner qu'il y avait, au début, du faux colombage qui a été enlevé par la suite. Ce grand immeuble résidentiel est l'un des rares bâtiments, avec son voisin côté nord, construits après les années 1940 dans le secteur. Leur volume et leurs logements superposés, qui se distinguent des anciens jumelés, marquent une évolution dans l'occupation des terrains de dimensions traditionnelles.

Propriétaires et occupants

Cette maison de 1945 est construite sur un terrain qui a une histoire antérieure à sa contruction. Comme ses voisines, elle est située sur un des terrains achetés de Ruggles Wright fils par Adèle Leduc (1), en 1869.

Le terrain avant la présente maison

Le menuisier Pierre Morin (2) achète ce terrain à une date inconnue pour le revendre, en 1873, à Jean-Baptiste Rémillard (3). En 1872, ce dernier est inscrit comme journalier, puis est parfois identifié comme fermier et parfois comme marchand. Il est peut-être les deux. Sa maison est en bois avec une cuisine ajoutée et une étable[1]. Rémillard et son épouse, Élise Sélignac, ont cinq enfants : Louis, Joseph, Aglaé, Marie-Jeanne et Archibald[2]. Après l'incendie de 1888, Rémillard fait reconstruire une maison plus petite et y habite jusqu'à son décès, le 2 juin 1901. Élise, son épouse, meurt avant lui, le 12 juillet 1894. Leurs deux filles, Aglaé et Marie-Jeanne (4), toutes deux célibataires et habitant avec leurs parents, héritent de la propriété. Marie-Jeanne hérite de la part de sa sœur, Aglaé, au décès de cette dernière le 30 avril 1905 (5).

Aglaé Rémillard vit jusqu'en mai 1933. Elle lègue ses effets personnels à sa belle-sœur, Délia Caron, épouse de Louis Rémillard, une somme de 1 000 dollars à son frère Joseph et le résidu de tous ses biens, dont le lot 10B, à son frère Louis (6). Ce dernier, qui habite tout près, au 160, rue Champlain, meurt à son domicile le 8 avril 1935 ; son épouse Délia Caron, mère de leur fils Joseph, en devient la légataire universelle (7). En 1940, Délia Caron vend la propriété à Léopold Gratton (8).

---

1. Cinq-Mars, « Liste de citoyens-contribuables » ; Ville de Hull, Rôles d'évaluation de 1884-1885, Quartier 4, lot 10B.
2. Les enfants eurent des parts qui ont été cédées à Marie-Jeanne et Aglaé. Pour ne pas perdre nos lecteurs, nous ne mettons pas chacune de ces transactions, lesquelles n'ont pas d'impact sur la propriété actuelle. Nous ne retenons que l'essentiel pour la compréhension historique de cet immeuble. Archibald Rémillard devient télégraphiste et habite à Ottawa. La fille d'Archibald, Lorenza, décédée avant sa mère, céda sa part à sa tante, Aglaé, en 1908.

Qu'est-il advenu de la maison habitée par les Rémillard ? Nous ne le savons pas. La maison actuelle qui se trouve sur ce site a été construite pour Léopold Gratton vers 1945.

Lors de la vente de cette maison en 1961, Gratton s'identifie comme promoteur. Ken Way Wong, restaurateur, et Kow Shew, tous deux domiciliés au 37, rue Saint-Laurent, à Hull, en deviennent les nouveaux propriétaires (9). Lorsqu'ils donnent la propriété à Chan Lai Wong, née Har (10), l'épouse de Ken Way Wong, le 1er décembre 1976, les Wong habitent sur l'avenue du Parc, à Hull, et Kow Shew, sur la rue Chapel, à Ottawa.

Le 31 janvier 1984, Robert Théberge, bibliotechnicien, et Madeleine Sanscartier (11), institutrice, tous deux célibataires, achètent cette maison où ils habitent encore en 1998. Outre son travail d'enseignante, Madeleine Sanscartier, originaire de Val-des-Monts, est une comédienne de l'Outaouais connue entre 1960 et 1997. Edgard Demers la rencontre en 1960, lors d'auditions pour *La ménagerie de verre*, de Tennessee Williams, et elle joue souvent sous sa direction, comme sous celle de Gilles Provost. Elle joue aussi en anglais dans des pièces comme *Anne of a Thousand Days*, à l'Ottawa Little Theatre, et *Huis clos*, de Sartre, à Ottawa et à Toronto. Elle signe aussi la mise en scène, entre autres, d'une pièce de Gaby Déziel-Hupé, *Les outardes*, au Théâtre de l'Île, en 1991. De 1967 à 1975, elle est actionnaire, avec Edgard Demers, du Domaine des Cèdres au Lac Simon (Chénéville, Québec), qui comprend une auberge et un théâtre d'été, La boîte à Gagard[3]. Le théâtre de la région a perdu une grande artiste lorsque celle-ci s'est éteinte, le 6 février 1998[4].

Robert Théberge achète la part de Madeleine Sanscartier le 3 décembre 1997 (12). Il vend la propriété à René Chiasson (13), directeur d'école, en octobre 2009. Ce dernier y demeure encore.

Chaîne de titres

171-173, rue Champlain

1. QRF, 1900, 11 décembre, B1, No 829, vente, Ruggles Wright à Adèle Leduc, 11 novembre 1869.

3. Université d'Ottawa, Centre de recherche en civilisation canadienne française, Fonds Edgard-Demers (P362).
4. Edgard Demers, « À la mémoire de Mado Sanscartier et d'Agathe Legault », *Le Droit*, 17 février 1998, p. 8 ; Marc-André Joanisse, « Les Outardes reviennent au bercail. », *Le Droit*, 2 novembre 2011.

2. QRF, 1903, 19 septembre, B8, No 7108, vente, Adèle Leduc [?] à Pierre Morin, date inconnue.
3. QRF, 1903, 19 septembre, B8, No 7108, vente, Pierre Morin à Jean-Baptiste Rémillard, 12 décembre 1873.
4. QRF, 1901, 19 juin, C1, No 105, legs, Jean-Baptiste Rémillard à ses filles, Aglaé et Marie-Jeanne Rémillard, 2 juin 1901.
5. QRF, 1906, 26 février, C1, No 1194, et B11, No 10444, legs, Marie-Jeanne Rémillard à sa sœur, Aglaé Rémillard, 30 avril 1905.
6. QRF, 1933, 7 décembre, B66, Nos 68019 et 68020, legs, Aglaé Rémillard à son frère, Louis Rémillard, 7 mai 1933.
7. QRF, 1936, 14 janvier B68, Nos 69555 et 69556, legs, Louis Rémillard à son épouse, Délia Caron, 8 avril 1935.
8. QRF, 1940, 18 juillet, B72, No 73159, vente, Délia Caron à Léopold Gratton, 15 juillet 1940.
9. QRF, 1962, 4 janvier, No 137400, vente, Léopold Gratton à Ken Way Wong et Kow Shew, 28 décembre 1961.
10. QRF, 1976, 2 décembre, No 255 627, vente, Ken Way Wong et Kow Shew à Chan Lai Har, 1er décembre 1976.
11. QRF, 1994, 1er février, No 321 339, vente, Chan Lai Har à Robert Théberge et Madeleine Sanscartier, 31 janvier 1994.
12. QRF, 1997, 3 décembre, No 524 746, vente, Madeleine Sanscartier à Robert Théberge, devant Me Mireille Alary, no 3296, 3 décembre 1997.
13. QRF, 2009, 14 octobre, No 16 631 466, vente, Robert Théberge à René Chiasson, devant Me Mireille Alary, no 11080, 13 octobre 2009.

172-174, rue Champlain
Maison Alexandre Taché

© M. Gervais 2015

© M. Guitard 1997

Cadastre : 1 621 456
Ancien numéro de lot : 20, Quartier 4
Date de construction : 1909-1910

Style architectural

Cette maison allie des caractéristiques architecturales des styles à l'italienne, Queen Anne et Beaux-Arts. Le style Beaux-Arts se voit aux fenêtres larges, plutôt carrées, soulignées d'un linteau et d'un seuil en pierre blanche, contrastant avec la brique rouge. La galerie légèrement surélevée qui longe toute la façade avant, les colonnes sur base de pierre et surmontées d'une galerie devenue véranda, qui atténue la forme carrée du bâtiment, sont des emprunts au style Queen Anne. Par contre, le toit plat et sa corniche garnie de consoles et l'ornementation de celui-ci tiennent du style à l'italienne.

Le soin mis à la conservation de cette maison historique est remarquable.

Propriétaires et occupants

Cette propriété, construite par un des plus importants entrepreneurs de l'Outaouais, a été la résidence d'Alexandre Taché, un homme politique très connu dans la région et au Québec.

Au moment de la répartition des biens de Ruggles Wright père, en septembre 1864, sa fille Rosina hérite du terrain où est érigée cette maison (1)[1]. Vers 1888-1889, l'entrepreneur hullois Joseph Bourque (2), qui habite au 137, rue Notre-Dame-de-l'Île, est inscrit au rôle d'évaluation de la Ville comme propriétaire d'un terrain de 66 sur 99 pieds de profondeur. Il divise le terrain en deux et fait construire une première maison en 1901-1903[2].

En 1909-1910, Joseph Bourque fait construire une deuxième maison de deux étages sur la partie nord du lot 20. Celle-ci, de 31 sur 36 pieds, couvre presque entièrement le terrain et est allongée par une aile arrière de 18 sur 25 pieds. Elle comprend une grande cuisine au rez-de-chaussée, ainsi qu'une salle de bain et une chambre à l'étage. Le revêtement de brique est complété en 1913[3]. Il s'agit d'un jumelé aux deux côtés identiques. Les premiers locataires de cette maison sont Louis-Ferdinand Goyette, fonctionnaire, et Joseph Moussette[4].

À son décès en 1918, Bourque lègue cette maison à son fils Arthur, qui y réside (3). L'autre fils de Bourque, Oscar, médecin à Montréal, hérite du lot 9, voisin côté nord, où il y avait un immeuble à logements[5]. Les deux fils concluent un contrat concernant un droit de passage entre leurs propriétés ainsi qu'un droit de passage donné à un dénommé Parent, propriétaire d'une maison à l'angle nord-est du lot 9, soit la maison toujours existante au 40, rue Saint-Jean-Baptiste (Quartier 4, lot 9-1)[6].

1. Rosina Wright (1843-1925), épouse de Patrick Lawless. Voir l'introduction. Dans les rôles d'évaluation, c'est le nom du mari qui apparaît même si Rosina en est la propriétaire. Ville de Hull, Rôles d'évaluation de 1888-1893, Quartier 4.
2. Voir le 170, rue Champlain. QRF, 1907, 9 juillet, B14, No 12344, « Agreement and hypotheck », The Bank of Ottawa à Joseph Bourque.
3. Les rôles d'évaluation de la Ville de Hull entre 1910 et 1913-1914 permettent de saisir le moment de la construction et le revêtement de brique.
4. Ville de Hull, Rôles d'évaluation de 1912-1913, p. 46.
5. QRF, 1919, 4 novembre, B33, No 32590, Certificat de paiement de droits, 4 novembre 1919. Document signé par E.-H. Laflamme, percepteur du revenu de la province de Québec ; *Le Droit*, 24 décembre 1918.
6. QRF, 1919, 17 octobre, B33, No 32495, conventions (moitié nord), Arthur Bourque à J.-Oscar Bourque, devant Me Louis Bertrand, no 10190, 11 juin 1919.

Arthur Bourque hérite aussi de son père la manufacture de portes et fenêtres qu'il dirige. En mars 1924, il emprunte 4 000 dollars à la Capital Trust Corporation, en hypothéquant, entre autres, sa résidence de la rue Champlain. Le 11 août de l'année suivante, il obtient une hypothèque de 6 000 dollars sur sa propriété, cette fois de son beau-frère, Louis de Gonzague Raby, qui habite la maison paternelle, rue Notre-Dame-de-l'Île[7]. En 1928, Arthur ne parvient pas à rembourser ses créanciers. Que lui est-il arrivé ? C'est connu, les années 1920 sont difficiles dans le monde industriel. Il faudrait analyser la liste de ses créanciers pour obtenir plus de renseignements. En septembre 1928, il est donc acculé à la faillite et tous ses biens sont saisis au profit des créanciers (4). La vente des biens et propriétés a lieu quelques jours plus tard et c'est sa sœur, Alexina, l'épouse de Louis de Gonzaque Raby, qui rachète la maison au prix de 6 000 dollars, soit le coût de l'hypothèque assumée par son époux (5).

C'est déjà une très mauvaise période pour vendre une maison lorsqu'éclate la Grande Crise, à l'automne 1929. De toute évidence, malgré les succès du père en affaires, les enfants ont peu de liquidités. Aussi, pour racheter la maison de son frère, Alexina emprunte-t-elle 5 000 dollars à Dosithée Caron, un comptable de Hull[8]. Un peu plus de deux ans passent avant qu'elle ne réussisse à vendre la maison au comptable Lucien Massé, voisin du terrain arrière (161, rue Notre-Dame-de-l'Île), le 26 décembre 1930 (6).

Lucien Massé n'habite pas la maison et, selon le contrat d'acquisition de la propriété, il retire les loyers à compter du 1er janvier 1931. Massé conserve la maison pendant 12 ans. Au cours de cette période, la maison lui sert de caution pour des emprunts à Dosithée Caron. Ce dernier transfère les obligations à J.R. Daniel Caron le 5 juin 1941[9], mais c'est Lucien Massé qui est propriétaire au moment de la vente de la propriété en 1942.

7. QRF, 1924, 8 mars, B43, No 43922, obligation (moitié nord), The Capital Trust Corp. Ltd à Arthur Bourque, devant Me Edgar Laberge, 1er mars 1924 ; QRF, 1925, 21 août, B47, No 47891, obligation, Louis de Gonzague Raby à J.-Arthur Bourque, devant Me F.A. Labelle, no 43262, 11 août 1925.

8. QRF, 1930, 9 juin, B60, No 61315, obligation payable dans cinq ans, J.-E. Dosithée Caron à Alexina Bourque, devant Me F.A. Labelle, B48, no 48 932, 6 novembre 1928.

9. QRF, 1936, 28 octobre, B68, No 70123, obligation Pt. Nord, 4 000 dollars, payable dans trois ans, J.-E. Dosithée Caron à Lucien Massé ; QRF, 1941, 6 juin, No 216, sommation, J.-E. Dosithée Caron à J.R. Daniel Caron, devant Me Henri Desrosiers, 5 juin 1941.

L'année suivante, le 5 août 1942, Marie-Berthe Laflamme, épouse de l'avocat Alexandre Taché, achète la maison de Massé (7). Nous le verrons plus loin, Berthe Laflamme était indépendante de fortune. Le 14 décembre de la même année, elle la revend à son époux au même prix qu'elle l'a payée, tout en lui consentant une hypothèque de 4 000 dollars, montant dû à Caron (8).

Berthe et Alexandre Taché n'habitent pas immédiatement la maison. Deux locataires y demeurent, soit le notaire Ludovic Blain, qui passe le contrat de vente, et le bijoutier Albert Couture. Ce dernier emménage dans la maison qu'il vient d'acheter tout près, au 159 de la même rue. On ne connaît pas le locataire qui l'a remplacé avant l'arrivée de la famille Taché en 1944, celle-ci au 172, devenant voisine du notaire Blain. Du côté nord, le voisin immédiat était Hector Langevin, homonyme du célèbre parent de la mère d'Alexandre Taché ; ce Langevin était membre de la famille Sainte-Marie du même quartier. Trois ans plus tard, Taché prend la moitié de la maison où était Blain, soit le 174, et c'est un neveu de Mme Taché, Herbert Huard, qui partage la maison pendant plusieurs années. Avant que celui-ci n'y emménage, les Taché, ayant besoin d'espace supplémentaire, percent une porte entre les deux chambres à coucher à l'avant et condamnent, pendant plusieurs années, la porte qui mène au reste de la maison, côté 172. Après le décès d'Alexandre Taché, Berthe Laflamme en redevient propriétaire (9). Elle quitte la maison en 1964 et la loue la même année à Flora K. Silvanna Avetta-Vaney. Celle-ci l'achète le 30 octobre 1967 et y demeure jusqu'en 2002 (10). Mme Vaney est née à Cossano, en Italie, le 21 octobre 1920. Son époux, Roland Vaney, était le propriétaire du restaurant très connu Le Pied de Cochon et de la boîte à chansons le Mazot, de la rue Principale (Du Portage) dans les années 1960. Après avoir quitté sa maison, Mme Vanier déménage à Trois-Pistoles, où se trouve son fils Maurice. Elle y rend l'âme le 20 septembre 2012[10].

C'est Mme Vaney qui a de nouveau séparé les jumelés[11]. Pendant de nombreuses années, des employées de Radio-Canada se succèdent dans l'autre moitié de la maison : Dominique Bernier et Lorraine Larouche, puis Margot Richard et Lyne Meloche. Louise Allaire,

10. Salon funéraire Jean Fleury et fils, « Flora Avetta-Vaney, 1920-2012 », archives, en ligne : www.jeanfleuryetfils.com/deces-det.asp?NoClient543

11. Renseignements sur l'occupation de la maison obtenus lors d'une entrevue avec Mme Vaney en 1997.

réalisatrice et traductrice, y élit domicile de 1985 à 1995 avec son fils Didier, qui la remplace jusqu'au départ de Mme Vaney[12].

En 2003, Mme Vaney vend la maison à Anne Grace, Alexandre Castonguay et Karen Wyatt, qui entreprennent de la restaurer (10). Depuis 2009, Karen Wyatt et son conjoint Michael Montgomery en sont les propriétaires (11). Ils résident avec leurs enfants au 174, alors que les parents de Karen habitent à côté. La maison d'Alexandre Taché est à nouveau occupée par une famille et pleine de vie. Ses propriétaires sont très engagés dans la conservation du Quartier du Musée.

Alexandre Taché

Alexandre Taché, né à Saint-Hyacinthe le 17 août 1899, arrive dans la région alors qu'il est encore jeune. Son père, Joseph de La Broquerie Taché, notaire et journaliste, vient y occuper les postes d'imprimeur du Roi et de bibliothécaire du Parlement à Ottawa. Sa mère, Marie-Louise Langevin, était parente de sir Hector-Louis Langevin, un des Pères de la Confédération[13]. La famille Taché s'établit initialement dans la paroisse du Sacré-Cœur, à Ottawa. Alexandre étudie successivement au séminaire de Saint-Hyacinthe, à l'Université d'Ottawa et à l'Université de Montréal. Il est admis, à l'âge de 25 ans, au Barreau du Québec, soit le 21 janvier 1924.

L'année suivante, le 26 octobre 1925, le jeune avocat épouse Marie-Berthe Laflamme tôt le matin dans la chapelle privée de l'église Notre-Dame-de-Grâce. Berthe (née en septembre 1905), qui n'a pas encore 21 ans, est considérée comme mineure. Elle est la fille de l'agent d'assurance Édouard-Hector Laflamme et de Delvina Berthiaume, de Hull[14]. Curieusement, cet acte n'est pas inscrit au registre des mariages de la paroisse. Aussi, chose qui n'était pas courante à l'époque, le jeune couple signe un contrat de mariage en séparation de biens selon la loi de l'Ontario. Cet intéressant contrat précise que « [l]a future épouse aura l'entière administration de ses biens meubles et immeubles, avec le droit de disposer de son mobilier et de l'aliéner, comme bon lui semblera. Elle pourra, sur sa simple signature, sans le concours de son mari, recevoir le remboursement de toutes sommes à elle dues ; faire tous transports

12. Merci à Louise Allaire pour tous ces renseignements.
13. Anonyme, *Personnalités de chez nous*, 1946, p. 10.
14. « Le mariage de M. l'avocat Taché », *Le Droit*, 26 octobre 1925. Pour une raison inconnue, ce mariage n'est pas inscrit au registre des mariages de la paroisse.

Alexandre Taché, figure marquante de Hull. BAnQ, Gatineau, P1000 D1 PL099.

Maurice Duplessis et les députés de l'Union nationale représentant l'Outaouais, 3 août 1948. Assis : Maurice Duplessis, Roméo Lorrain (député de Papineau) et Alexandre Taché (député de Hull). Debout : Raymond Johnston (député du Pontiac) et Gérard Desjardins (député de Gatineau). BAnQ, Gatineau, Fonds Alphonse-Moussette P45, S1 D57, photo T.V. Little Photo Ottawa.

[…][15] ». Rares étaient les femmes pouvant conclure des transactions sans la signature de leur mari. La valeur des effets personnels de la mariée avait été fixée à environ 500 dollars. En plus, tous les meubles et effets mobiliers acquis au cours de la vie commune lui revenaient. S'ajoutait une assurance vie de 15 000 dollars, probablement exigée par son père. La présence de toute la famille Laflamme, de même que le fait que seul Georges-H. Brunet ait signé le contrat, semblent indiquer que la famille Laflamme tenait à cette entente notariée. Berthe Laflamme jouissait donc légalement d'une autonomie financière beaucoup plus grande que la plupart des femmes de son époque. Berthe et Alexandre ont cinq enfants : Alexandre (OMI), Yolande, Pierre, Suzanne et Lyse.

Alexandre Taché a une carrière remarquable. Il devient conseiller du Roi en 1938, puis bâtonnier du Barreau de Hull de 1939 à 1941. Son étude d'avocat et son bureau de député sont installés, de 1938 à 1956, dans la maison Labelle-Desrosiers de la rue Principale. En 1946, l'Université d'Ottawa lui remet un doctorat *honoris causa*.

Taché est surtout connu pour sa carrière politique. Il est élu député de la circonscription de Hull sous la bannière de l'Union nationale à

15. QRF, 1964, 23 mars, No 150-735, hypothèque, Berthe Laflamme Taché à Caisse populaire de Hull, devant Me Pierre Desrosiers, 20 mars 1964, no 1758.

l'Assemblée législative en 1936. Défait en 1939, il est réélu en 1944, 1948 et 1952. Il est président de l'Assemblée législative du 7 février 1945 au 15 décembre 1955. Il ne se représente pas aux élections de 1956. Durant cette période d'activité politique, il est l'hôte du premier ministre de la province de Québec, Maurice Duplessis, lors de ses passages en Outaouais durant les campagnes électorales. Duplessis arrivait alors avec son médecin et la famille Taché lui cédait tout l'étage[16].

À la fin de sa carrière politique, en 1956, Alexandre Taché est nommé juge à la Cour des magistrats des districts de Hull, Terrebonne et Pontiac. Deux ans plus tard, il est promu juge à la Cour supérieure.

Apprécié par son entourage, on le décrit comme étant « tenace, perspicace, tolérant et réfléchi, il a de l'entregent et inspire confiance. Il est loyal et se voit entouré d'une inaltérable loyauté de la part d'amis dévoués [...][17] ». Pour des raisons politiques ou à cause de convictions personnelles, Alexandre Taché se fait remarquer à Hull par son intérêt pour la question ouvrière, soit comme arbitre, soit comme avocat. Il meurt le 9 mars 1961 à l'âge de 61 ans.

Les enfants Taché grandissent dans cette maison de la rue Champlain. L'un d'eux, Pierre, est un des éminents citoyens non seulement du Quartier du Musée, mais aussi de la Ville de Hull. Né à Hull le 22 novembre 1928, il est admis au Barreau en 1954 et pratique sa profession à Hull. Le 6 septembre 1988, il est nommé juge de la Cour du Québec. Lui et son épouse, Denise Lavigne, ont deux filles, Joanne et Michèle. La réputation de Pierre Taché est celle d'un « homme enjoué qui avait toujours le mot pour dérider même lorsqu'il portait sa toge de juge, mais qu'il n'en était pas moins un homme de principes avec des idées bien arrêtées qui, il va sans dire, lui attiraient parfois des critiques[18] ». Il meurt le 25 janvier 1996 à l'âge de 67 ans.

L'histoire de cette maison est intimement liée à celle de la famille Bourque du 137, rue Notre-Dame-de-l'Île, et à celle du 161, de la même rue, où habitait la famille Massé, suivie par celle des Brunet. M. Brunet nous a livré les souvenirs de ses liens amicaux avec Pierre Taché. Cette maison est un monument historique de grande importance dans le Quartier du Musée et dans la ville de Gatineau. Une maison pleine d'histoire...

---

16. Nous remercions Yollande Taché pour ce renseignement ainsi que plusieurs autres.
17. Anonyme, *Personnalités de chez nous*, [Hull, 1946], p. 10.
18. *Le Droit*, 26 janvier 1996, p. 10.

Chaîne de titres

172-174, rue Champlain

1. QRF, 1901, 15 octobre, No 2222, testament de Ruggles Wright, devant Me A. Larue et collègues, no 5893, 6 août 1863 ; contrat de partage et division de propriété, devant Me A. Larue, 17 septembre 1864, enregistré sous Lib B, No 46, vol. 11, p. 53, Ruggles Wright à Rosina Wright.
2. Ville de Hull, Rôles d'évaluation de 1888-1889, Quartier 4, lot 2, Rosina Wright à Joseph Bourque.
3. QRF, 1919, 17 octobre, B33, No 32493, testament, Joseph Bourque à Arthur Bourque, devant Me Louis Bertrand, 23 décembre 1918.
4. QRF, 1928, 17 septembre, No 52, Arthur Bourque à syndic J.-Eugène Couture, septembre 1928.
5. QRF, 1930, 5 juin, B60, No 61261, vente, 6 000 dollars, syndic J.-Eugène Couture à Alexina Bourque, épouse de Louis de Gonzague Raby, devant Me Edgard Laberge, no 3086, 24 octobre 1928.
6. QRF, 1930, 27 décembre, B61, No 62585, vente, Alexina Bourque, épouse de Louis de Gonzague Raby, à Lucien Massé, devant Me F.-A. Binet, no 4675, 26 décembre 1930.
7. QRF, 1942, 10 août, B74, No 75338, vente, 7 000 dollars, Lucien Massé à Berthe Laflamme, épouse d'Alexandre Taché, devant Me J.-Ludovic Blain, 5 août 1942.
8. QRF, 1941, 15 décembre, B74, No 75782, vente sous seing privé, Berthe Laflamme à son époux, Alexandre Taché, 14 décembre 1942.
9. QRF, [décès] Alexandre Taché à Berthe Laflamme ux Alexandre Taché, 9 mars 1961.
10. QRF, 1967, 2 novembre, No 172 032, vente, devant Me Charles Munn, no 6223, 30 octobre 1967, Berthe Laflamme, veuve d'Alexandre Taché, à Flora K. Silvina-Vaney, née Avetta, ux Roland Vaney, 30 octobre 1967.
11. QRF, 2002, 10 octobre, No 10 117 012, vente, Flora K. Silvina-Vaney, née Avetta, ux Roland Vaney à Anne Grace, Alexandre Castonguay et Karen Wyatt, octobre 2002.
12. QRF, 2009, 11 août, No 16 447 561, vente, Anne Grace et Alexandre Castonguay à Michael Montgomery, novembre 2009.

175, rue Champlain
Maison Jean-Serge LeFort

© M. Gervais 2015

© M. Guitard 1997

Cadastre : 1 621 464
Ancien numéro de lot : 10A, Quartier 4
Date de construction : 1940

Style architectural

Cette maison est un excellent exemple de construction domiciliaire d'inspiration néo-Tudor. L'entrée en pierre et la porte en bois, avec ses ferrures décoratives épousant l'ouverture semi-elliptique, sont des éléments intéressants empruntés à ce style dans les années 1930-1940, dans la région, de même que le faux colombage sur crépis pour l'ensemble de l'étage supérieur, la baie en saillie de l'entrée et celle sur le côté.

En raison de la concordance des dates entre celle de la présence de l'architecte et celle de la construction de la maison, il est probable que l'architecte Jean-Serge LeFort, qui l'a habitée, en soit le concepteur, mais nous ne pouvons le confirmer pour le moment.

La restauration récente de l'édifice le met bien en valeur. Des bureaux professionnels l'occupent. Ce bâtiment doit être conservé autant que possible dans son intégrité architecturale. Bien que récent, il constitue un témoin de qualité de cette période et est un spécimen intéressant.

Propriétaires et occupants

La maison érigée sur ce terrain en 1884 est disparue en 1888. Il faut attendre les années 1940 avant qu'il n'y ait un autre bâtiment sur ce terrain. Il se peut qu'il y ait eu un hangar à certains moments, mais nous n'avons pas suffisamment de renseignements pour le confirmer. Nous profitons donc de ce terrain vague pendant de nombreuses années pour parler d'Adèle Leduc, la première propriétaire après la famille Wright.

Adèle Leduc

Le 11 novembre 1869, Adèle Leduc, mariée au jeune notaire Nérée Tétreau en février de l'année précédente, achète, de Ruggles Wright fils, huit lots du Quadrilatère 5 (2). Ruggles fils les avait reçus dans le partage de la succession de son père en 1864 (1). Quatre de ces huit lots situés du côté ouest de la rue Inkerman (aujourd'hui Champlain) sont vacants. Adèle Leduc les subdivise par la suite. Lorsqu'elle meurt, le 9 novembre 1909, à l'âge de 70 ans, elle s'est déjà départie de toutes ses propriétés à l'exception d'une seule, le terrain en pente à l'angle des rues Champlain et Élisabeth-Bruyère dont hérite son époux (3). Ce terrain était cependant loué depuis septembre 1901, avec promesse d'achat, au forgeron François Laframboise. Le notaire Tétreau décède le 25 janvier 1911 et, en octobre suivant, Laframboise concrétise sa promesse d'achat à la succession [(4) et (5)]. Il conserve le terrain jusqu'en octobre 1916, le vendant alors au Dr Raoul Chevrier (6).

Chevrier meurt le 14 novembre 1929, laissant pour héritiers son épouse, Yvonne Boucher, et leurs cinq enfants (7). Le krach de 1929 vient d'éclater. La crise économique qui s'ensuit explique vraisemblablement qu'ils parviennent à vendre le terrain seulement dix ans plus tard. Le 1er février 1940, la succession du Dr Chevrier vend la propriété à l'architecte Jean-Serge LeFort (8).

L'architecte Jean-Serge LeFort

Au moment de l'achat, l'architecte Jean-Serge LeFort habite au 160, rue Wellington. Comme il n'y a pas de maison sur le terrain acheté et que LeFort est architecte, il est probable qu'il soit le concepteur de cette maison. Il a sans doute vu ce terrain en pente comme un défi professionnel intéressant. La maison est divisée en deux appartements. LeFort en occupe un avec son épouse, Paulette Lemieux, pendant quatre ans et loue l'autre.

Jean-Serge LeFort est un architecte dont les œuvres sont reconnues particulièrement dans la région de la capitale nationale. Né à Ottawa le 14 juillet 1905 et fils de l'architecte des travaux publics Paul A. LeFort, il fait ses études à l'Université d'Ottawa (1915-1922), puis à l'École technique de Hull (1925-1927). Il commence sa carrière dans l'étude de Noffke, Morin et Sylvester (1922-1924) puis la poursuit dans celle de Brodeur et Pilon (1924). Ces derniers habitent à l'époque la rue Champlain, tout près. LeFort étudie ensuite à la MIT, puis revient à Montréal, où il entre à l'École des Beaux-Arts de 1930 à 1934. Il travaille, pendant l'été, dans les bureaux des architectes Ludger Lemieux (1929-1930), A. Beaugrand-Champagne (1931) et Lucien Leblanc (1932-1933). Il ouvre un bureau à Montréal, mais, deux ans plus tard, revient à Ottawa, où il fait une brillante carrière. Ses œuvres comptent notamment l'école catholique de Gatineau Mills (1935) ; l'ajout d'un étage au Collège Saint-Jean Vianney (1947) de Gatineau ; la prison de Hull (1938) ; le couvent du Bon Pasteur, rue Saint-André ; (1939) ; une partie de l'Hôpital Saint-Vincent (1946) à Ottawa. Il est l'architecte de plusieurs édifices de l'Université d'Ottawa (1948-1950). Il a aussi dessiné un édifice du gouvernement fédéral et le bureau de poste de Val d'Or (1948-1949). Sa principale clientèle se trouvait dans le monde religieux de la région. Son œuvre maîtresse est sans doute l'édifice Sir-Leonard-Titley, sur le chemin Heron à Ottawa, dont la valeur architecturale est reconnue formellement le 7 novembre 2002 dans le *Répertoire des lieux patrimoniaux du Canada*. LeFort meurt en 1982[1].

En octobre 1944, LeFort vend la propriété au Dr Gérard Brisson, qui habite au 163, rue Champlain (9). Brisson s'installe dans la nouvelle maison en mai 1945 avec sa première épouse, Gilberte Paquet. En 1961, il épouse en secondes noces Thérèse Schnobb, veuve de Jean Telmosse du 166, rue Champlain, chez qui il emménage[2]. Du moins y résidait-il en août 1976, date à laquelle il vend la propriété au notaire Jacques-Marcel Sainte-Marie, alors domicilié au 132, rue Champlain (10) (maintenant démolie).

---

1. « LeFort, Jean-Serge », *Biographical Dictionary of Architects in Canada, 1800-1950*, en ligne : www.dictionaryofarchitectsincanada.org/node/
2. Il y demeure au moment où il vend l'immeuble du 175, rue Champlain, à Sainte-Marie.

Jacques-M. Sainte-Marie, fils de Marcel Sainte-Marie et de Georgette Fortier, est né le 22 novembre 1942. Il épouse, en 1968, la Dre Geneviève Bourque, fille du Dr Henri Bourque et de Thérèse Panneton, d'Ottawa. Le 27 janvier 1978, Jacques-M. Sainte-Marie cède la propriété à Marcel Sainte-Marie, arpenteur-géomètre bien connu de Hull et résident d'Aylmer (11). Neuf mois plus tard, ce dernier remet la propriété à Jacques-M. Sainte-Marie (12). En mars 1985, ce dernier cède une partie indivise de sa propriété à Michel Sainte-Marie, avocat (13). Le bâtiment est entièrement occupé par les bureaux professionnels des Sainte-Marie, avocat, notaire et arpenteur. L'avocat Jacques Berthiaume (14) intègre l'étude en février 1999. En 2014, Jacques-M. Sainte-Marie vend sa part indivise à l'avocat Norman Carrière (15), de Gatineau. Le stationnement d'en face est la propriété des partenaires de cette étude d'avocat.

Chaîne de titres

175, rue Champlain

1. QRF, 1901, 15 octobre, No 2222, testament de Ruggles Wright, devant Me A. Larue et collègues, no 5893, 6 août 1863 ; contrat de partage et division de propriété, devant Me A. Larue, 17 septembre 1864, enregistré sous Lib B, No 46, vol. 11, p. 53, Ruggles Wright père à Ruggles Wright fils.
2. QRF, 1900, 11 décembre, B1, No 829, vente, Ruggles Wright fils à Adèle Leduc, 11 novembre 1869.
3. QRF, 1909, 26 novembre, B17, No 15617, legs, Adèle Leduc à son époux, Nérée Tétreau, 24 novembre 1909.
4. QRF, 1944, 18 octobre, B78, No 78874, legs, Nérée Tétreau à divers membres de sa famille, 25 janvier 1911.
5. QRF, 1911, 20 novembre, B20, No 18654, vente, succession de Nérée Tétreau à François Laframboise, 17 octobre 1911.
6. QRF, 1916, 8 novembre, No 27212, vente, François Laframboise à Raoul Chevrier, 20 octobre 1916.
7. QRF, 1933, 7 septembre, No 67872, legs, Raoul Chevrier à son épouse, Yvonne Boucher, et leurs cinq enfants, 27 novembre 1929.
8. QRF, 1940, 1er février, No 72715, vente, succession de Raoul Chevrier à Jean-Serge LeFort, 1er février 1940.
9. QRF, 1944, 18 octobre, No 78 875, vente, Jean-Serge LeFort à Gérald Brisson, 18 octobre 1944.
10. QRF, 1976, 25 août, No 252 723, vente, Gérald Brisson à Jacques-Marcel Sainte-Marie, 25 août 1976.

11. QRF, 1978, 27 janvier, No 266 056, cession, Jacques-Marcel Sainte-Marie à Marcel Sainte-Marie, 27 janvier 1978.
12. QRF, 1978, 10 novembre, No 274 236, vente, Marcel Sainte-Marie à Jacques-Marcel Sainte-Marie, devant Me Sylvie Arsenault, no 140, 9 novembre 1978.
13. QRF, 1985, 21 mars, No 336 756, vente d'une moitié indivise, Jacques-Marcel Sainte-Marie à Michel Sainte-Marie, 21 mars 1985.
14. QRF, 1999, février, vente d'une part indivise, Jacques-Marcel Sainte-Marie à Jacques Berthiaume, février 1999.
15. QRF, 2014, 20 octobre, No 21 199 637, vente d'une part indivise, Jacques-Marcel Sainte-Marie à Normand Carrière, devant Me Roxanne Lacombe, no 187, 20 octobre 2014.

184-186, rue Champlain

© M. Guitard, 1997

Trouvé en ligne par R. Ouimet 2016. Champlainimage 004

Cadastre : –
Ancien numéro de lot : 545, Quartier 5
Date de construction : 1887
DÉMOLIE

Style architectural

Par son style et ses matériaux, cette maison était un document en soi. Son revêtement en déclin de bois était probablement d'origine. La finition des têtes de fenêtres, la porte avec ses moulures façonnées en pignon et celle de la bordure du toit étaient d'origine. La double galerie sur le côté est construite entre 1908 et 1915. Les demi-poteaux sur le mur de la maison révèlent la facture des anciens poteaux de la galerie originale. Le corps arrière, construit entre 1908 et 1915, remplace celui de l'étage et demi de petite dimension. Le hangar-entrepôt à l'arrière, construit entre 1915 et 1928, était une rallonge à un garage situé côté nord de la maison, lequel a été remplacé par une fabrique de charrette.

L'entrée latérale de la maison, dissimulée dans la côte, révèle que la rue ne passait pas aussi près de la maison lors de sa construction. Avant 1888, le chemin passait en biais sur les terrains situés un peu plus haut où sont les maisons du 43, rue Saint-Jean-Baptise, et du 167, rue Notre-Dame, et sur le terrain du stationnement devant le 175, rue Champlain.

Propriétaires et occupants

Cette maison – la première construite sur ce terrain – est bâtie en 1887 par Justinien Tardif, menuisier (3). Elle n'a pas brûlé dans la conflagration de 1888. Elle a été agrandie ou modifiée en 1897, probablement par le peintre Henri Lefebvre (4). Nous n'avons pas les actes de vente de Tardif à Lefebvre, ni de celui-ci à Ferrier Gratton (5). Ce sont les rôles d'évaluation qui nous permettent de faire ce lien. Le forgeron Ferrier Gratton l'a achetée vers 1900. En 1909, il achète le terrain de Janet Louisa Scott, héritière de Nancy Louisa Wright [(1), (2) et (6)].

Ferrier Gratton et son épouse Paméla ont trois enfants : Émile, Ubald et Anita. Paméla meurt le 8 janvier 1915 et, lui, le 19 mars 1919 (7). Les héritiers Gratton vendent la propriété à un autre forgeron, Napoléon Laurin, le 9 mars 1920 (8).

Les documents révèlent que la période de la crise des années 1930 est difficile pour Laurin. En 1937, ne pouvant faire ses versements hypothécaires à la Caisse populaire de Hull, il est contraint de vendre la maison à son créancier pour le prix des taxes (9). La Caisse populaire revend la maison à Lévis Desroches, un marchand d'autos, en 1943 seulement (10). Ce dernier n'habite pas la maison, qui est louée.

En 1945, Desroches la vend à Mandoza Charrette (11). Cultivateur de Perkins au moment de l'achat, Charette devient garagiste, domicilié au 184, rue Champlain, l'année suivante. La propriété est décrite comme étant le 184-186 et 188, rue Champlain, ainsi que le 37 et 39, rue Saint-Jean-Baptiste. Il vend la propriété à Joseph Beauchamp, scieur domicilié au 276, rue Saint-Rédempteur (12). Beauchamp est marié à Doralice Charrette, qui est vraisemblablement la fille ou la sœur de Mandoza Charette, puisqu'ils ont la même adresse. Joseph Beauchamp décède le 19 avril 1971 à l'âge de 67 ans (13). Son épouse habite le 184, rue Champlain jusqu'à son décès, le 1er octobre 1983. La famille Charette habite donc cette maison pendant presque 40 ans.

Doralice Charette lègue sa maison à Lise Roy, qui habite avec elle (14). Celle-ci, par contre, ne conserve pas la propriété. Elle la vend à Bertrand Fortin, fonctionnaire, le 27 novembre 1984 (15). Ce dernier, par l'intermédiaire de Raymond, Chabot inc., vend la propriété en 1992 à une société à numéro de Gatineau, la 164711 Canada inc., constituée en 1989 et représentée par Yves Bourgon, président, le 8 mai 1995 (16).

Accolée à cette maison, il y avait des ateliers divers, dont une forge, puis un garage. Peu spatieuse, la maison loge pourtant plusieurs personnes, dont des artisans et des ouvriers. L'ancienne demeure est abandonnée avant d'être démolie.

Chaîne de titres

184-186, rue Champlain

1. QRF, 1900, 25 juillet, B1, No 310, vente, Janet Louisa Scott à Nancy Louisa Wright, 26 octobre 1885.
2. QRF, 1901, 10 décembre, C1, No 193, legs, Nancy Louisa Wright à Janet Louisa Scott, 28 août 1901.
3. Ville de Hull, Rôles d'évalutation de 1886-1887, Quartier 5, lot 545, Justinien Tardif.
4. Ville de Hull, Rôles d'évaluation de 1897-1898, Justinien Tardif à Henri Lefebvre, v. 1897.
5. Ville de Hull, Rôles d'évaluation de 1900-1901, Henri Lefebvre à Ferrier Gratton, v. 1900.
6. QRF, 1909, 13 avril, B17, No 14695, vente (terrain), Janet Louisa Scott à Ferrier Gratton, 9 avril 1909.
7. QRF, 1919, 5 avril, B31, No 31174, et C2, No 3193, legs, Ferrier Gratton à ses trois enfants, 1er avril 1919.
8. QRF, 1920, 10 mars, B33, No 33216, vente, succession de Ferrier Gratton à Napoléon Lorrain, 9 mars 1920.
9. QRF, 1937, 10 septembre, avis de vente pour taxes no 207, Napoléon Lorrain à Caisse populaire Notre-Dame de Hull, 29 septembre 1937.
10. QRF, 1943, 23 mars, B75, No 76089, vente, Caisse populaire Notre-Dame de Hull à Lévis Desroches, 22 mars 1943.
11. QRF, 1945, 10 avril, B79, No 79 690, vente, Lévis Desroches à Mandoza Charrette, 9 avril 1945.
12. QRF, 1946, 21 juin, B82, No 82270, vente, Mandoza Charette à Joseph Beauchamp, 18 juin 1946.
13. QRF, 1971, 21 septembre, Nos 201 084 et 201 085, legs, Joseph Beauchamp à son épouse, Doralice Charrette, 19 avril 1971.
14. QRF, 1984, 26 octobre, Nos 331 043 et 331 044, legs, Doralice Charette à Lise Roy, 11 octobre 1983.

15. QRF, 1984, 28 novembre, No 332 326, vente, Lise Roy à Bertrand Fortin, 27 novembre 1984.
16. QRF, 1995, 9 mai, No 495108, vente sous contrôle de justice, Bertrand Fortin par Raymond, Chabot inc. à 164711 Canada inc., 8 mai 1995.

196, rue Champlain

© M. Guitard 1997

Cadastre : –
Ancien numéro de lot : 542, partie, Quartier 5
Date de construction : 1890
DÉMOLIE

Style architectural

De style hullois, de deux étages et demi, en bois à l'origine, cette maison avait une façade de brique et les côtés en tôle galvanisée. Ce matériau est devenu très populaire après le feu de 1900. Les fenêtres à guillotine de deux carreaux par châssis étaient d'origine. La façade de brique et la galerie ont été installées entre 1915 et 1925.

Modifications : La fenêtre sous le pignon avant a été élargie.

Cette maison avait été laissée à l'abandon. La peinture des boiseries extérieures, effectuée à l'été 1997, a redonné tout son charme à cette maison. Il faut remarquer la galerie sans rampe et les poteaux qui sont probablement d'origine. Ses côtés de tôle galvanisée sont, pour l'étude de la construction à Hull, un document fort intéressant.

Propriétaires et occupants

L'occupation de ce terrain et les titres de propriété sont si confus qu'on pourrait en faire une histoire très complexe. Ce qui est clair, c'est qu'en 1889, le terrain est la propriété de Nancy L. Wright, sur laquelle se trouve une maison habitée par un journalier, Trefflé Gauthier. D'après les rôles d'évaluation de 1895-1896, Janet L. Scott, la fille de Nancy, en est devenue la propriétaire (1). En 1898, celle-ci vend l'immeuble à Onésime Groulx, grand connétable du district d'Ottawa, et à son épouse Marie Bélanger (2). Ils n'y habitent pas.

Lorsque Marie Bélanger meurt, en décembre 1901, il y a deux maisons sur le terrain et d'autres bâtisses. Onésime Groulx obtient une hypothèque sur la propriété d'Ovila Chénier auprès d'Ovila Chénier, hôtelier de la rue Notre-Dame, à Hull, le 4 mars 1902 (3). Le 19 octobre 1905, Ovila Chénier cède tous ses droits sur l'immeuble à William Scott (4). Groulx avait vraisemblablement obtenu aussi une hypothéque sur sa maison de Stéphanie Bédard, car l'acte de vente de celle-ci à William Scott (5), datée du même jour, indique qu'elle a acheté la maison de Groulx. La Hulloise Stéphanie Bédard est veuve de Charles Guillemette et épouse de Godfroy Parizeau. William Scott est journalier. Son achat comprend toutes les maisons et autres bâtisses construites sur le lot 542. William Scott emprunte à plusieurs personnes et à plusieurs reprises, ce qui indique qu'il ne devait pas être très riche. En 1911, il achète néanmoins les titres du fond de terrain de la succession Janet L. Scott. Il le paie cher, 650 dollars, comparativement aux prix des terrains environnants, qui se vendaient entre 300 et 400 dollars. En février 1916, il vend sa propriété au menuisier Léonidas Picard (6) en incluant une clause en vertu de laquelle les bâtisses resteraient sans charge jusqu'au 1er mai suivant. William Scott n'y demeure donc plus à sa mort, le 9 mai 1918[1].

Léonidas Picard vend la partie est du terrain à Louisa Myre en 1923. Lorsqu'il meurt le 25 avril 1933, il laisse en héritage trois logements dans sa maison, les 192, 194 et 196, rue Champlain (7). Son épouse, Alphonsine Bélanger, meurt l'année suivante, le 26 novembre 1934, à l'âge de 66 ans, léguant ses biens à ses enfants (8) : Honoré, menuisier célibataire, Émile, chaudronnier, marié à Éva Navion (*sic*), Romuald, pharmacien, marié à Rhéa Boucher, et Jeanne, sa sœur, habitant tous à Hull, à l'exception d'Eugène, agent, et de son épouse, Alma

1. Il laissait son épouse, Mélina Lanctôt, et quatre enfants : Laura, épouse de Napoléon Cabana, Nelson, Daniel et Alectance, tous trois journaliers.

Courville, qui habitent Ottawa. Le 24 septembre 1943, ils vendent la propriété à Lorenzo Lavigne (9), peintre d'enseignes hullois. Les héritiers Picard avaient-ils reconverti la maison en un seul loyer ? Or, la propriété qu'ils vendent à Lavigne est décrite comme étant le 196, rue Champlain, et on mentionne un hangar.

Lorenzo Lavigne semble avoir habité la maison qu'il vend, le 20 avril 1948, à Paul Boisvert, un hôtelier de Hull (10). Ce dernier la revend en novembre 1950 à Lucien Durocher (11), menuisier de la rue Verdun. Durocher, né à Hull le 16 mars 1905, avait épousé Lucille Faubert de Rockland en 1938. À son décès, en juin 1979, il laisse la maison de deux logements de la rue Champlain à sa fille adoptive, Jacqueline Aubé (12). Le mois suivant, elle vend cette maison à la société 92565 Canada ltée (13), qui en est propriétaire en 1997.

Chaîne de titres

196, rue Champlain

1. QRF, 1901, 10 décembre, C1, No 193, legs, Nancy L. Wright à Janet L. Scott, 28 août 1901.
2. QRF, 1902, 23 janvier, B3, No 2898, et C1, No 238, vente, Janet L. Scott à Onésime Groulx, 1898.
3. QRF, 1906, 11 mai, B12, No 10847, Onésime Groulx à Ovila Chénier, 4 mars 1902.
4. QRF, 1906, 11 mai, B12, No 10847, cession de droits, Ovila Chénier à William Scott, 19 octobre 1905.
5. QRF, 1906, 11 mai, B12, No 10847, vente, Stéphanie Bédard à William Scott, 19 octobre 1905.
6. QRF, 1916, 3 mars, B26, No 26147, vente, William Scott à Léonidas Picard, 29 février 1916.
7. QRF, 1933, 11 mai, B66, Nos 67221 et 67222, legs, Léonidas Picard à son épouse, Alphonsine Bélanger, et leurs cinq enfants, 5 mai 1933.
8. QRF, 1935, 31 juillet, B68, No 69196, legs d'un tiers indivis, Alphonsine Bélanger à ses cinq enfants, 4 décembre 1934.
9. QRF, 1943, 1er octobre, B75, No 76905, vente, succession de Léonidas Picard à Lorenzo Lavigne, 24 septembre 1943.
10. QRF, 1948, 23 avril, B88, No 86974, vente, Lorenzo Lavigne à Paul Boisvert, 20 avril 1948.
11. QRF, 1950, 19 décembre, No 94 714, vente, Paul Boisvert à Lucien Durocher, 28 novembre 1950.

12. QRF, 1979, 13 septembre Nos 282 244 et 282 245, legs, Lucien Durocher à Jacqueline Aubé, 15 juin 1979.
13. QRF, 1979, 13 septembre, No 282 246, vente, Jacqueline Aubé à 92565 Canada inc., 13 juillet 1979.

118, rue Notre-Dame-de-l'Île
Presbytère de la paroisse Notre-Dame-de-Grâce

© M. Guitard 2015

© M. Guitard, 1990

Cadastre : 1 621 643
Anciens numéros de lot : don des lots 49-150 en 1846 ; achat des lots 85, 86, 107, 108, 117, 118, 139, 140, 171, 172 en 1870, Quartier 4.
Date de construction : 1889

Style architectural

Deux styles ont influencé la construction du presbytère, le Second Empire et le néo-roman. Les éléments caractéristiques du style Second Empire de ce bâtiment de pierre grise sont le toit mansardé, percé de lucarnes à ouverture semi-elliptique, les cheminées latérales hautes et ornées, les fondations bien apparentes et percées de fenêtres ainsi que la porte d'entrée avec son ouverture semi-elliptique et un linteau. Le néo-roman s'exprime par l'utilisation de pierres martelées pour décorer les coins de l'édifice et souligner le contour des fenêtres. Les bandeaux de pierre martelée délimitent les étages, tout en diminuant la hauteur du bâtiment. Le reste est en pierre bosselée. Une clef de voûte marque le dessus de la porte principale. Les composantes ornementales en pierre du fronton à pignon de la façade et ses fenêtres en plein cintre rendent manifeste le caractère religieux de ce bâtiment. L'ensemble répond à l'éclectisme de la fin du XIXe siècle dans l'architecture canadienne.

Église Notre-Dame-de-Grâce, vers 1940, Ville de Gatineau, collection de la Ville de Hull, H012-01/0448.

Église Notre-Dame-de-Grâce, vers 1916. Inconnu, collection P.L. Lapointe.

Modifications : Peu de changements extérieurs jusque vers 1971. Les fenêtres ont toutes été remplacées, les volets en bois ont disparu. L'intérieur est complètement transformé, mais, en 1990, il restait quelques boiseries anciennes. Le presbytère était rattaché à l'église par un passage d'un étage en pierre, lequel a été démoli. La galerie en encorbellement du côté de la rue Laurier a aussi été démolie.

Depuis 1985, le bâtiment, divisé en salles de conférence, est exploité par l'hôtel construit à côté. L'intérieur a été rénové, mais, dans plusieurs salles, les boiseries rappellent un passé où le travail du bois était à l'honneur. On a enlevé les cheminées et un nouveau passage entre cet édifice et l'hôtel a été construit.

Cet immeuble, un des rares bâtiments institutionnels de la fin du XIXe siècle, a une valeur documentaire indéniable, mais c'est aussi le seul édifice encore existant de l'ensemble de l'église de la première paroisse catholique de Hull. Puisque l'église a été incendiée, cet ancien presbytère, de grandes dimensions, remarquons-le, est l'important porteur de l'histoire religieuse et sociale de la ville et de sa région. Il a donc une valeur patrimoniale exceptionnelle.

Propriétaires et occupants

La première paroisse catholique de Hull naît du besoin de desservir les bûcherons et les draveurs des camps forestiers de l'Outaouais. Les missionnaires de la Communauté des OMI s'établissent à Ottawa en 1843. Le 16 septembre 1846, l'un d'eux, le père Eusèbe Durocher, demande à Ruggles Wright, et obtient de celui-ci deux lots (149-150) pour ériger une chapelle à proximité du débarcadère de Hull[1]. La « chapelle des chantiers » qu'il construit est non seulement un lieu qui sert à célébrer les offices religieux, mais aussi, occasionnellement, d'auberge pour les cageux[2]. La rapide croissance démographique des années 1860, à Hull, pousse les religieux à construire une nouvelle église. Ce qui surprend, c'est que les OMI n'attendent pas d'être propriétaires du terrain pour entreprendre la construction d'une nouvelle église en 1868.

Ruggles Wright père meurt le 18 août 1863. Son testament est homologué l'année suivante et les terrains résiduels du Quadrilatère 13, où se trouve l'église, sont légués à sa fille Rosina (1)[3]. Il précise, dans son testament, l'exception du terrain donné à l'Église catholique. C'est

1. QRF, 1902, 14 novembre, B6, No 5666, donation, devant Me Larue, 16 septembre 1846.
2. Ces renseignements proviennent de sources diverses, dont les travaux de Lucien Brault sur Hull et sur Pointe-Gatineau, et de Romuald Boucher, « La paroisse Notre-Dame-de-Grâce de Hull », *Le Hull disparu*, p. 23-27. L'article paru dans *Asticou*, cahier no 20, décembre 1978, p. 70-72, intitulé « La chapelle des chantiers (1846-1868) », par le Dr L.-M. Bourguoin, pose un problème de chronologie, mais, peut-être, les missionnaires avaient-ils effectivement construit la chapelle des chantiers en mai 1846, avant d'avoir obtenu le terrain. Archives Deschâtelets, JC 4001, C21R, pièce 5. Un autre détail curieux : aux archives Deschâtelets, dans le fonds Presbytère Notre-Dame, JC 4001, C21R, 9-13, pièce 11 [Presbytère Notre-Dame], les lots du père Reboul concédés aux OMI l'ont été devant Me Nérée Tétreau, le 17 décembre 1870. Est-ce à dire que le don de Ruggles Wright, en 1846, était au missionnaire seulement, comme le laisse entendre ce document, et que la cession des lots fut officialisée seulement en 1870, donc après le décès de Ruggles Wright (1863) ? QRF, Index des immeubles, lot 118, 1902, 14 novembre, B6, No 5667, cession, devant Me N. Tétreau, 17 décembre 1870. Cela est fort possible dans le contexte des droits de l'Église catholique romaine au XIXe siècle, car, après la Conquête, il y eut un long moment où un individu, tel un prêtre ou un évêque, pouvait avoir une propriété, mais non une communauté religieuse catholique. Voir la carte de W.A. Austin des propriétés de Ruggles Wright, 1864, BAC, Collection nationale des cartes et plans, NMC 20244, 20266.
3. Les numéros de lot ne sont pas inscrits, seul le « Bloc 13 », mais avec la mention « excepting however that part of lot thirteen, given by the said Testator, the late Ruggles Wright, for the use of the Roman Catholic Church according to the deed thereof ».

sur les lots 171-172 qu'on entreprend la construction d'une nouvelle église en pierre, en 1868, selon les plans de l'architecte Lecours[4]. L'abbé Georges Bouillon est l'architecte de la chapelle du Couvent du Sacré-Cœur de la rue Rideau, aujourd'hui exposée au Musée des beaux-arts du Canada, de même que de l'église Saint-François-de-Sales de Pointe-Gatineau. C'est lui qui dessine les plans de l'intérieur de l'église dédiée à Notre-Dame-de-Grâce[5].

L'achat du terrain pour le presbytère a lieu le 4 janvier 1871. L'héritière, Rosina Wright, habite alors à Toronto. C'est son frère, William McKay Wright, qui est son procureur pour la vente des terrains restants du Quadrilatère 13 à la Communauté des OMI, représentée par le père Florent Vanderbergue (2). Il s'agit de tous les lots restants du quadrilatère entre les rues Papineau, Laurier, Victoria et Notre-Dame[6].

L'achat des terrains effectué, la Communauté des OMI achète, l'année suivante, soit en 1872, 120 acres près de la branche nord du ruisseau de la Brasserie, pour le cimetière catholique Notre-Dame (boulevard Fournier) et y transfère les corps inhumés près de la première chapelle[7]. Le presbytère est érigé sur le site du premier cimetière. Église et presbytère brûlent dans l'incendie du quartier de juin 1888[8].

Le 25 octobre 1888, le père Eugène Cauvin, curé de la paroisse de 1877 à 1890, engage les architectes Roy et Gauthier, de Sorel, pour

4. Boucher, OMI, « La paroisse Notre-Dame-de-Grâce de Hull », p. 24.
5. Luc Noppen, « Au Musée des Beaux-Arts du Canada, une des plus belles chapelles du pays », Ottawa, Musée des beaux-arts du Canada, 1988. Les plans de cette église, dessinés par Georges Bouillon, sont aux Archives nationales de Trois-Rivières (Raymond Ouimet, information orale).
6. QRF, 1902, 14 novembre, B6, No 5668, vente, devant Me Nérée Tétreau, no 1684, 4 janvier 1871. Le document de la Communauté des OMI, Archives Deschâtelets, Presbytère Notre-Dame, JC 4001, C21R, pièces 9 à 13, n'est pas très précis et indique 1870. Rosina est l'épouse de John-Patrick Lawless, gérant à la Bank of British North America. Patrick Evans, *Les Wrights, Étude généalogique sur les premiers habitants de la région de la capitale nationale du Canada,* Commission de la Capitale nationale, 2e éd., revue et corrigée, 1979, planche 38.
7. Archives Deschâtelets, lettre du R.P. Vandenberghe, 30 septembre 1872. Photocopie, G.L. 3092, dans *Le Droit,* 30 janvier 1924. Le Hullois y disait avoir vu le cimetière près de la première église, mais l'achat du terrain pour la construction du presbytère ne concorde pas. Cet homme était arrivé à Hull en 1861 et devait avoir plus de 70 ans. Communauté des OMI, Archives Deschâtelets, JC 4007, C21R, nos 12 et 17.
8. Communauté des OMI, Archives Deschâtelets, Codes historicus, tome 1, 1888-1911, Paroisse Notre-Dame-de-Grâce, JC 4001, C21C ; Joseph Jolicoeur, *Histoire anecdotique de Hull,* p. 65.

la construction d'une nouvelle église et de son presbytère[9]. Le contrat de maçonnerie est accordé aux entrepreneurs Prénoveau, Turcot et Martineau. Joseph Bourque, de L'Assomption, obtient le contrat pour la charpente et les boiseries intérieures[10]. C'est vraisemblablement ce contrat qui attire Joseph Bourque à Hull, où il se construit une résidence tout près, au 137, rue Notre-Dame-de-l'Île. Il devient rapidement un des principaux entrepreneurs en construction non seulement à Hull, mais au Canada. Il devient aussi maire de la ville (voir 137, rue Notre-Dame-de-l'Île).

Les travaux de construction du presbytère commencent par la maçonnerie, le 28 mars 1889. À la mi-septembre, on installe l'appareil de chauffage. Le 3 mai 1890, la bibliothèque, située au troisième étage, est construite et installée aux frais de la société E.B. Eddy. Au cours de l'été 1891, on construit la buanderie et des écuries. En septembre 1890, la maison qui avait servi de presbytère est démolie. En janvier 1892, on pose une cloche électrique dans la maison. Puis, de mai à juillet 1892, on plante des pommiers dans le jardin, qu'on clôture, et on aménage le parterre[11]. Il y a aussi une chapelle dans le presbytère, laquelle sera remplacée par une nouvelle chapelle en 1933[12].

La construction du presbytère est en cours lorsque les prêtres en prennent possession, le 21 décembre 1889. Entre 1901 et 1908, le concierge est Xavier Hubert, 51 ans. De 12 à 14 personnes y logent, dont 12 adultes. L'écurie abrite un cheval et une voiture hippomobile ainsi qu'une vache[13]. En 1904, l'édifice est décrit comme étant grand, spacieux, aéré, commode, bien chauffé et bien situé. Avec l'église, les dépendances où logent un gardien et sa famille, avec aussi un jardinet et un boulingrin que garde une statue de Marie Immaculée, le

9. Communauté des OMI, Archives Deschâtelets, Devis pour la reconstruction de l'église Notre-Dame-de-Grâce de Hull, 1888-1889, JC 4001, C21C, no 11 ; Codex historicus, Notre-Dame, 1888-1894 [Devis pour la reconstruction]. Le père Cauvin est le fondateur de ce presbytère. Il est né en France et mort à Hull en 1890 ; Dr L.M. Bourguoin, « Le presbytère Notre-Dame-de-Grâce de Hull, monument historique », *Asticou*, no 29, décembre 1983.

10. Communauté des pères OMI, Archives Deschâtelets, Devis pour la reconstruction ; Communauté des OMI, Archives Deschâtelets, Presbytère Notre-Dame, JC 4001, C21R, 9-13, pièce 11.

11. Communauté des OMI, Archives Deschâtelets, Codex historicus, Notre-Dame, 1888-1894.

12. Communauté des OMI, Archives Deschâtelets, JC 4009, C21P, pièce 3, Correspondance, Arthur Surveyer & cie, ingénieurs-conseils à R.P. Béland, Montréal, 5 octobre 1933.

13. Ville de Hull, Rôles d'évaluation de 1901-1908, Quartier 4, lots 86, 105, 107,108, 118, 139, 140, 149, 150.

bâtiment occupe, entre quatre rues, un espace de 12 lots. Les prêtres sont aidés par trois « bonnes filles » qui font la cuisine et le service. Les frères convers s'occupent de la sacristie, de l'église et du jardinage, et gardent la porte. Au troisième, la bibliothèque offre toutes les facilités pour l'étude et la préparation des instructions et des conférences théologiques. Le nombre de religieux varie selon les moments de l'année, car les missionnaires de l'arrière-pays ou encore les enseignants des écoles municipales y logent. Il y aurait eu 27 religieux en 1904[14]. C'est dire l'envergure régionale de cet établissement.

Durant les trois années suivant l'incendie de 1888, les prêtres officient à la maison de l'Œuvre de la jeunesse, sur la rue Albion (Dollard-des-Ormeaux), puis, au mois d'août 1891, dans le sous-sol de l'église, laquelle ouvre finalement ses portes le 25 décembre 1892. Le clocher de « la plus belle église du diocèse », du haut de ses 84,84 mètres, domine la ville. Au tournant du siècle, l'église dessert une population de quelque 12 000 âmes, dont la majorité est de langue française.

Le grand feu de 1900 épargne l'église et le presbytère Notre-Dame-de-Grâce. Un témoin de la Communauté des OMI mentionne que seuls le presbytère, l'église, les deux couvents des Sœurs grises, la gare du Pacifique et ses dépendances ont été épargnés par l'incendie[15]. En fait, comme de nombreux autres témoins, il oublie de mentionner que les maisons du quartier, autour de l'église, l'ont aussi été. Heureusement, car la plupart n'avaient pas dix ans.

Si l'église est un lieu de prière, le presbytère est souvent un lieu de rencontre entre laïques et religieux, un lieu de consultation touchant moult problèmes sociaux et spirituels, mais aussi des documents paroissiaux. C'est là que tous les citoyens nés dans la paroisse obtiennent la copie de leur certificat de baptême ou de mariage, indispensable pour de multiples documents légaux, et, jusque dans les années 1980, les passeports. Ce bâtiment représente aujourd'hui un lieu religieux, mais aussi un lieu de patrimoine identitaire.

En plein démembrement du tissu social à la suite du remplacement des habitations par les tours de Place du Portage, l'église Notre-Dame-de-Grâce brûle le 12 septembre 1971. On ne tente pas de la restaurer. L'année suivante, ses murs de pierre sont démolis. Le plus

---

14. Boucher, OMI, « La paroisse Notre-Dame-de-Grâce de Hull », p. 26. Il est intéressant de noter que le rôle d'évaluation indique la présence de 12 adultes seulement. Ville de Hull, Rôles d'évaluation de 1904-1905.
15. Communauté des OMI, Archives Deschâtelets, JC 4001, C21R, pièce 9, Conflagration à Hull et à Ottawa, Récit d'un témoin, 27 avril 1900.

important point de repère de la ville disparaît avec l'hôtel de ville, le bureau de poste, le palais de justice, sans compter les résidences et les commerces qui donnent à la communauté son sens identitaire. Seul le presbytère, construit en 1889, survit à la vague de démolition, mais il perd sa fonction. Le 12 juillet 1974, la Communauté des OMI achète la maison de Marie-Eva Belzile, veuve du Dr Bégin, sise au 111, rue Champlain, et y établit son presbytère[16].

L'église démolie, l'ancien presbytère est vendu en mai 1975 à la société Place Notre-Dame-de-Hull ltée (3). En 1976, cette dernière loue les locaux à l'Université du Québec (4). Le 18 septembre 1984, la compagnie engage la firme Construction J.A Tremblay, de Repentigny, pour y construire un hôtel[17]. Le 9 novembre 1984, la société de plomberie Raynald Robinson et fils ltée, de Gatineau, entreprend les travaux de plomberie en sous-traitance[18]. En 1985, les nombreux avis indiquent les difficultés financières de la société Place Notre-Dame-de-Hull ltée. En mars 1986, après avoir placé la société en fiducie, elle loue le nouvel hôtel à la Banque Royale du Canada [(5) et (6)][19]. En construisant le nouvel hôtel sur le terrain où était l'église Notre-Dame, le nouveau propriétaire conserve le presbytère, les anciennes pierres conférant un prestige au nouvel édifice. Lorsque la société Place Notre-Dame-de-Hull ltée fait faillite, c'est un syndic qui vend la propriété à la société 32758 Canada inc. en juillet 1996 (7). Celle-ci la vend à la société KSE Entreprises Ltd/Entreprises KSE ltée, qui la cède à KSD Entreprises Ltd en 2005 (8). Depuis 2009, la société 35 Laurier-Ltd-Partnership est propriétaire du quadrilatère (9).

Le presbytère fait encore partie de l'hôtel, qui a changé de nom à quelques reprises. Aujourd'hui, c'est l'hôtel Four Points de Sheraton qui gère le bâtiment pour le compte de la société 35 Laurier-Ltd-Partnership. À la suite des rénovations de l'ancien presbytère, en 2003, l'hôtel reçoit le Prix Orange de la Société d'histoire de l'Outaouais pour sa participation à la conservation du patrimoine.

16. QRF, 1974, 14 août, No 232 175, vente, Marie-Eva Belzile à Communauté des OMI, devant Me André Bourassa, no 3079, 12 juillet 1974.

17. QRF, 1985, 16 juillet, No 340 911, avis de conservation de privilège. Construction J.A Tremblay.

18. QRF, 1985, 8 mars, No 335 376, avis de privilège, Plomberie Raynald Robinson et fils, 8 mars 1985.

19. QRF, 1986, 24 mars, No 350 832, bail, Place Notre-Dame-de-Hull ltée à Banque Royale du Canada.

Chaîne de titres

118, rue Notre-Dame-de-l'Île

1. QRF, 1901, 15 octobre, No 2222, testament de Ruggles Wright père, devant Me A. Larue et collègues, no 5893, 6 août 1863 ; contrat de partage et division de propriété, devant Me A. Larue, 17 septembre 1864, enregistré sous Lib B, No 46, vol. 11, p. 53, Ruggles Wright Sr à Rosina Wright.
2. QRF, 1902, 14 novembre, B6, No 5668, vente, Rosina Wright à Communauté des OMI, devant Me Nérée Tétreau, no 1684, 4 janvier 1871.
3. QRF, 1975, 16 mai, No 239 299, vente, Communauté des OMI à Place-Notre-Dame-de-Hull ltée, mai 1975.
4. QRF, 1976, 18 août, No 252 472, Index des immeubles, lot 118, 1976 ; QRF, 1976, 18 août, No 252 472, bail, Place Notre-Dame-de-Hull ltée à Université du Québec, 18 août 1976.
5. QRF, 1986, 24 mars, No 350832, bail, Place Notre-Dame-de-Hull ltée à Banque Royale du Canada, 24 mars 1986.
6. QRF, 1992, 4 décembre, No 447 579, amendement bail, Place Notre-Dame-de-Hull ltée à Banque Royale du Canada, 4 décembre 1991.
7. QRF, 1996, 10 juillet, lot 150, 1996, No 508 083, vente, syndic actif de Place-Notre-Dame-de-Hull ltée à 32758 Canada inc.
8. QRF, 2000, 12 janvier, No 549 900, vente, 32758 Canada inc. à KSE Entreprises Ltd/Entreprises KSE ltée, 12 janvier 2000.
9. QRF, 2005, 31 octobre, No 12 809 084, cession, KSE Entreprises ltée/ Entreprises KSE Ltd à KSD Entreprises ltée, 31 octobre 2005 (cadastre lot 1 621 643).
10. QRF, 2009, 27 juillet, No 16 410 989, vente, KSD Entreprises Ltd/ Entreprises KSE ltée à 35 Laurier-Ltd-Partnership, 27 juillet 2009 (cadastre lot 621 643).

133-135, rue Notre-Dame-de-l'Île
Maison Ida et Josaphat Pharand

© M. Gervais 2015

© M. Guitard 1996

Cadastre : 1 621 437
Ancien numéro de lot : 73, Quartier 4
Date de construction : 1888-1889

Style architectural

Le style vernaculaire est exprimé, dans cette construction, dans toute sa diversité. La façade avant avec pignon central et ses avant-toits à retour sont inspirés du renouveau classique. Les ouvertures des fenêtres et des portes avec leurs têtes semi-elliptiques, tout comme les petites fenêtres en plein cintre garnies de voussoirs, relèvent du style à l'italienne. La baie de cinq fenêtres en encorbellement et la galerie sur deux façades avec son coin avec toit rond sont des emprunts au style néo-Queen Anne. Par contre, le balcon surmonté d'un toit avec pignon retenu par des colonnes sur des piliers de brique est du style Beaux-Arts et a vraisemblablement été ajouté au début du XXe siècle. Il s'agit donc d'un amalgame dont le résultat est une maison de belle apparence qui, en plus, s'intègre bien au paysage urbain du Quartier du Musée.

Modifications : À l'origine, cette maison était divisée en jumelés, semblables à d'autres maisons du quartier. Au cours des années, la maison a subi des rénovations et des ajouts. Heureusement, la façade avant a conservé ses caractéristiques. La façade sud et l'arrière ont été agrandis et rénovés pour y installer des bureaux professionnels.

Entre 1903 et 1915, les plans d'assurance révèlent un recul de la partie ajoutée à l'arrière du corps principal de la maison. Entre 1928 et 1946, le jumelé devient une maison unifamiliale, mais avec un logement à l'arrière. Entre 1958 et 1975, la maison a été transformée en appartements. En 1975-1976, le rez-de-chaussée a été en partie transformé pour y accueillir des commerces, mais ces modifications n'ont pas été majeures. Entre 1979 et 1989, le rez-de-chaussée a été aménagé en restaurant et le premier étage loge des bureaux professionnels. Sous le toit, un appartement est converti en mezzanine, où on a aménagé une bibliothèque en 1991. La même année, on a fait une terrasse à l'extérieur.

Propriétaires et occupants

Cette maison a surtout été celle d'Ida Boucher, qui l'a reçue en cadeau de noces de son père et en est la propriétaire de 1902 à 1948 (3). Son époux, Josaphat Pharand, a jadis été très actif dans la société hulloise, en plus de posséder le plus grand magasin de la ville, rue Champlain, là où s'élève aujourd'hui la tour de Portage I. Sa collaboration à des événements culturels, comme la fondation du poste de radio CKCH, en fait un des bâtisseurs importants de la ville. La maison peut donc être désignée sous les noms d'Ida Boucher et de Josaphat Pharand.

Le premier propriétaire, inscrit au rôle d'évaluation de la Ville de Hull, est le meunier Octave Boucher. Il habite Hull depuis au moins 1872[1]. En 1884-1885, les fondations d'une maison sont construites, mais celle-ci brûle trois ans plus tard dans le feu du quartier. Boucher construit alors deux maisons sur ce terrain[2]. La première, une maison en brique, est complétée en 1888-1889 sur la rue Notre-Dame-de-l'Île (Alma). Elle est divisée en jumelés. L'ensemble mesure 24 sur 40 pieds avec une rallonge en brique de 14 sur 20 pieds et une autre rallonge en bois de 10 sur 4 pieds[3]. La deuxième est la petite maison disparue, en 1919-1920, qui était à l'arrière[4]. Le 2 octobre 1896, Octave Boucher

1. Cinq-Mars, « Liste de citoyens », [1872], p. 32.
2. Ville de Hull, Rôles d'évaluation de 1884-1885, 1888-1889 et 1889-1890.
3. Goad, *Insurance Plan*, 1901, 1908, 1915 ; Ville de Hull, Rôles d'évaluation de 1911-1912.
4. Cette petite maison de 16 sur 20 pieds, d'un étage et demi, donnait sur la rue Papineau. Elle est disparue vers 1919-1920.

obtient une hypothèque d'une compagnie torontoise et achète, le même jour, l'immeuble de Charles Everet Graham sur lequel il construit deux maisons [(1) et (2)][5]. Il rachète ainsi les droits de constitut[6].

Octave Boucher occupe une partie de la maison sur Notre-Dame. Plusieurs locataires se succèdent dans les logis. Les premiers sont Napoléon Hébert et Gilbert Lefebvre, suivis, en 1895-1898, par Herbert Malone Beach, *shipper*. Certains locataires, comme Lorenzo Leduc (1905-1910) et Lucien Montpetit (1932-1950), sont des gens connus à Hull.

Le 5 février 1902, Marie Ida Boucher, fille d'Octave et de feu Marguerite Audette, signe un contrat de mariage avec Josaphat Pharand, marchand bien connu de Hull dont le magasin est situé sur la rue Champlain, à proximité de l'hôtel de ville. Octave Boucher donne en cadeau de noces le lot 73 et les deux bâtisses dont la mariée devra assumer les coûts et l'entretien, mais il se réserve la jouissance et l'usufruit sa vie durant[7]. Octave Boucher meurt le 17 août 1913, au moment où la rue Alma est renommée Notre-Dame. Les époux Pharand, qui habitaient jusqu'alors au 70, rue Champlain, s'installent dans la maison paternelle peu de temps avant le décès de celui-ci – ils y sont inscrits comme locataires en 1913-1914. Comme c'est généralement le cas, la maison est inscrite au rôle d'évaluation comme appartenant à Pharand, bien que son épouse Ida en soit la propriétaire. Il devient propriétaire au décès de celle-ci, le 28 septembre 1948. À cette date, elle possédait aussi la propriété du 153-155, rue Notre-Dame-de-l'Île[8].

Ida Boucher ne vient pas d'un milieu cossu, mais, outre la propriété qu'elle reçoit en cadeau de noces, elle apporte sa garde-robe et ses bijoux, un trousseau considérable, de la literie et des lingeries, des

5. D'après les rôles d'évaluation, Octave Boucher est propriétaire du terrain et des bâtiments depuis au moins 1884. Malheureusement, les deux transactions de 1896 n'indiquent pas l'achat antérieur, Ville de Hull, Rôles d'évaluation de 1884-1900.

6. Par cette vente, nous constatons qu'il manque des transactions dans la chaîne de titres de cet immeuble. Selon le testament de Ruggles Wright père, ce quadrilatère va à sa fille, Rosina, mais c'est l'époux de sa petite-fille, Florence, qui vend la propriété. Florence est décédée en 1894 et c'est normal que ses biens passent à son mari, mais il manque un lien entre Rosina et Charles E. Graham.

7. QRF, 1902, 21 février, No 3332, donation, Octave Boucher à Ida Boucher, devant Me F.A. Labelle, no 2847, 5 février 1902. Josaphat Pharand fera éteindre le droit d'usufruit en 1935 ; QRF, 1935, 21 septembre, B68, No 69297, déclaration, devant Me F.-A. Binet, no 8651, 21 septembre 1935.

8. QRF, 1949, 26 septembre, No 90985, certificat, succession d'Ida Boucher, no 226944, Québec, 22 septembre 1949.

articles de ménage et des objets divers, mais aussi un piano. Le tout est évalué à 800 dollars. À l'époque, c'est considérable. Le contrat prévoit aussi qu'en cas de dissolution du mariage, elle peut réclamer ses biens et tout ce qu'elle peut recevoir par succession, donation, legs ou autrement. Ne recevant pas de douaire, l'époux s'engage à lui donner tous les meubles et autres effets mobiliers, sans exception, qui servent à meubler ou orner la demeure des futurs époux. À cela, il ajoute ses polices d'assurance[9]. Le couple n'a aucun enfant. Ida Boucher meurt le 28 septembre 1948, laissant ses biens à son époux (4). Il épouse, en secondes noces, Simone Roy qui meurt aussi avant lui.

Il y a peu de contrats de mariage à cette époque où le droit du Québec prévoyait la communauté de biens entre époux et, souvent, dans les années 1950-1960, signer un contrat de mariage était considéré comme un manque de confiance entre les fiancés. Aussi, en général, les contrats de mariage sont-ils passés dans les milieux où les avoirs, l'argent et les propriétés entrent en ligne de compte. Par conséquent, les contrats de mariage sont des fenêtres sur les avoirs, mais aussi sur les conditions de vie des femmes, documents trop peu étudiés dans cette optique.

Josaphat Pharand, né à Saint-Clet, comté de Soulanges, le 9 septembre 1873, est le fils de Jean-Baptiste et d'Alize Leroux, et le frère de Jean-Baptiste Pharand de la mercerie J.B. Pharand de la rue Principale (Du Portage). L'étudiant du Collège de Rigaud est initié au commerce par son père, à qui il succède en 1899[10].

Bien que Pharand possède plusieurs propriétés à Hull et une résidence secondaire à Fraser, dans le Canton de Hull, qu'il soit un marchand connu et qu'il fasse partie de la classe bourgeoise de la ville, il demeure toute sa vie dans une maison dont une partie est louée. Le jumelé avait été transformé en maison unifamiliale, mais il y a un logement dont l'entrée est du côté de la rue Papineau. Comme son frère Jean-Baptiste Carrière et d'autres marchands de l'époque, qui habitent au-dessus de leur commerce, Josaphat ne manifeste pas d'intérêt particulier pour les résidences spacieuses ou la banlieue. On constate ainsi que le vivre en ville à l'époque était bien différent, d'autant plus que Pharand se montrait particulièrement intéressé par l'aménagement urbain et était un grand admirateur de l'urbaniste Jacques Gréber. Les locataires sont, jusqu'en 1932, les familles du barbier Paul Rodier, du

9. QRF, 1902, 21 février, B4, No 3332, donation, Octave Boucher à Ida Boucher, devant Me F.A. Labelle, no 2847, 5 février 1902.

10. Anonyme, *Personnalités de chez nous*, [1946], p. 44.

journalier Louis Charrette et de l'entrepreneur Oscar Genest. Puis, en 1932, Lucien Montpetit, un fonctionnaire, emménage avec son épouse Albertine et ils y demeurent plusieurs années[11].

Comme la plupart de ses collègues commerçants, Pharand fait partie d'organismes sociaux comme les Chevaliers de Colomb, le Club Rotary et la Chambre de commerce de Hull, dont il est président.

Le magasin de Josaphat Pharand était probablement le plus grand de la ville. Plusieurs personnes se souviennent de son intérieur avec sa mezzanine, ses grands comptoirs en bois et, ce qui a frappé la mémoire de nombre d'enfants, son système de caisse où l'argent circulait dans de petites boîtes de métal qui disparaissaient sur des rails ou des tuyaux pour revenir avec la monnaie par le même moyen. Josaphat Pharand prend sa retraite relativement tôt, soit avant 1946, et désigne Thomas Moncion comme successeur. Il lui vend son commerce le 24 juin 1955[12].

Surtout connu pour son magasin, Josaphat Pharand s'intéresse aussi – du moins financièrement – à d'autres domaines. La radiodiffusion est l'un de ceux-ci. CKCH, le premier poste de radio francophone dans la région, commence sa diffusion dans de petits studios, au café Laurier sur la rue Dupont (Eddy), puis déménage chez l'architecte Charles Brodeur, rue Hôtel-de-Ville, et au Standish Hall. Avant 1940, Josaphat Pharand achète le poste et en devient le président[13]. Il installe alors le studio dans son magasin. Le journal *Le Droit* achète le poste en 1942 et déménage le studio dans l'immeuble Le Centre, autrefois la Salle Notre-Dame, à moins d'un coin de rue de la résidence de Pharand[14]. On lui doit aussi le monument aux Martyrs canadiens, érigé en 1926 dans le parc de Val-Tétreau. En 1946, c'est apparemment le seul monument de la ville de Hull[15].

Josaphat Pharand voyage beaucoup en Amérique, mais il traverse aussi l'Atlantique à plusieurs reprises et visite plusieurs pays

11. Ville de Hull, Rôles d'évaluation de 1925 à 1952 ; *Annuaires d'adresses de la Cité de Hull*, Chambre de commerce junior de Hull, Hull, Éditions Royal Enr. En 1932, l'adresse de ce logis est le 55, rue Papineau. Le numéro a été modifié par la suite.
12. QRF, 1957, 8 mai, No 116 827, certificat de prêt, Josaphat Pharand à Thomas Moncion. La vente est enregistrée sous le numéro 109 987 et passée devant Me F. Groulx, le 24 juin 1955.
13. Congrès des Chefs de Police et Pompiers, Province de Québec, 11 juillet 1940, p. 91 ; Michel Filion, *CKCH la voix française de l'Outaouais*, Hull, Vents d'Ouest, 2008, p. 26-27.
14. Brault, *Hull 1800-1950*, p. 164.
15. Anonyme, *Personnalités de chez nous*, [1946], p. 43-45.

européens. Il rédige son testament le 25 avril 1956, à l'âge de 83 ans. Parmi ses principaux héritiers, on compte ses neveux et nièces Pharand : Paul, René, Ubald, Émile, Madeleine (André Dussault) et Charlotte (Philippe St-Germain). Il lègue une maison, sise au 73, rue Boucherville, à sa secrétaire, Jeanne Lalonde. Sa résidence du 133, rue Notre-Dame-de-l'Île va à Fleurette LaSalle, veuve d'Eudore Faubert, sa ménagère depuis plusieurs années (5). Elle reçoit la propriété au complet, maison, meubles et effets mobiliers. Mais ce don est « à la charge par cette dernière de prendre soin de moi et de continuer à tenir ma maison jusqu'à l'heure de mon décès », ce qu'elle fit. Un vieil employé se voit dispenser de rembourser tout l'argent qu'il pouvait lui devoir. De toute évidence, Pharand était très religieux, car tout le reste de ses biens va à des communautés religieuses. Thomas Moncion et sa secrétaire, Jeanne Lalonde, sont liquidateurs de ses biens. Son notaire Ludovic Blain habite aussi tout près, au 172-174, rue Champlain. Ils ont beaucoup à faire, car, outre les biens désignés, ils enregistrent 55 actes de prêt sous seing privé[16]. Josaphat Pharand meurt à sa résidence le 11 octobre 1956.

Fleurette LaSalle, sa ménagère, est veuve et élève seule ses enfants. Son époux était de Val-des-Bois. Deux ans après le décès de Pharand, elle obtient une hypothèque de 2 000 dollars de Félix Chevalier (6). Elle vend ensuite, le 26 août 1958, la maison ainsi que les meubles de trois chambres à coucher, à Aldéa St-Martin, épouse d'Aurèle Morin (7). Elle quitte ensuite la ville pour aller vivre dans la Petite-Nation[17].

Mme St-Martin, qui est d'Angers, prend possession de la maison le 1er septembre 1958, mais ne l'habite pas et la loue. Le 16 octobre 1975, elle vend la propriété à Hubert Cyr et Gilles Faubert (8). Hubert Cyr est inscrit comme agent d'assurance au moment de l'achat, mais est aussi antiquaire. Gilles Faubert, médecin de Piedmont, s'était marié à Hull en 1959[18]. Ces deux hommes investissent beaucoup dans le quartier. Ils possèdent déjà la propriété voisine à l'arrière, le 144-152, rue Champlain, et Cyr possède aussi le 175-177, rue Notre-Dame-de-l'Île.

Cyr installe un commerce d'antiquités dans une partie de la maison. Il partage le rez-de-chaussée avec Roger Deslauriers, vendeur de

16. QRF, Tous les actes de prêt sont sous les numéros 116 820 à 116 875, 29 avril 1957.
17. Témoignage d'un parent.
18. QRF, 1975, 24 octobre, No 244 392, vente, Aldéa St-Martin à Hubert Cyr *et al.*, devant Me Gérald Pichette, no 12720, 16 octobre 1975.

faire-part et de cartes professionnelles. La négligence avec laquelle Cyr gère son commerce pousse la Ville à lui retirer son permis[19].

Le 24 avril 1979, les avocats Jacques Allard (Ottawa) et Roger Trudel (Gatineau) achètent la propriété de Cyr (9). Le bâtiment porte désormais deux numéros civiques : le 133, rue Notre-Dame, et le 241, rue Papineau, cette deuxième adresse étant celle des bureaux d'avocats, situés à l'étage. Outre les deux acheteurs, les avocats Gérard Desjardins, Luc-R. Forget et Jacques Coutu y pratiquent entre 1980 et 1987. Le contrat d'achat d'Allard et Trudel exige la démolition du garage derrière la maison. Ils font des rénovations importantes en 1986[20].

Le 23 janvier 1987, Allard et Trudel vendent l'immeuble à l'avocate Nicole Bilodeau, collègue de bureau (10). La vente comprend une condition selon laquelle Jacques Allard doit continuer à demeurer au troisième étage aux mêmes conditions que les autres locataires dont le bail est en vigueur.

Le 18 décembre 1987 a lieu un partage des droits sur la propriété entre les avocats Nicole Bilodeau, Denis Pommainville et Jean-Charles Desjardins, lequel est confirmé par une déclaration de fiducie le 22 juillet 1988. Bilodeau détient alors 30 %, Pommainville, 30 % et Desjardins, 40 % (11). Le même jour, Bilodeau vend ses parts à Jean-Charles Desjardins et, le 16 janvier 1988, Pommainville lui vend les siennes (12).

Jean-Charles Desjardins y entreprend alors des rénovations majeures, transformant le rez-de-chaussée en restaurant. Le Tartuffe, propriété de Stéphane Desjardins, frère de Jean-Charles, est rapidement connu par les gourmets. Les avocats, dont Denis Pommainville, Micheline Fauteux, Michèle Farley, Martin Lamontagne et Mark N. Heyendal, s'installent tous à l'étage et l'appartement du troisième devient, en 1991, une bibliothèque. La même année, le restaurant est prolongé à l'extérieur par une jolie terrasse. Stéphane Desjardins vend son commerce à son cuisinier Gérard Fischer vers 1995[21]. Cet excellent restaurant ferme en 2016.

L'histoire de cette maison, partiellement vouée à la location, à l'image de celle située sur le même terrain et construite par un artisan – un meunier –, soulève une question beaucoup plus grande au sujet

19. Ville de Hull, Service des permis, dossier 133, rue Notre-Dame.
20. QRF, 1986, 9 juillet, No 35 5750, hypothèque, devant Me Gérald Pichette, no 21 224, 9 juillet 1986.
21. Ville de Hull, Service des permis, dossier 133, rue Notre-Dame.

de l'histoire de Hull. Combien d'artisans et de travailleurs ont construit ou fait construire leur propre maison et possiblement d'autres ? Cette question porte à réfléchir sur l'idée répandue touchant la pauvreté généralisée des travailleurs et des artisans hullois. L'histoire de cette maison, comme celle d'autres dans le quartier, remet en question les prétendues conditions de vie des travailleurs francophones et leur dépendance complète à l'égard des propriétaires anglophones. Il faudrait effectuer une analyse plus poussée de la condition de vie des citoyens francophones à différentes périodes. L'autre aspect fort intéressant de l'histoire de cette résidence, c'est que des bourgeois très aisés partageaient leur espace résidentiel avec des artisans et des ouvriers, situation qui n'existe plus aujourd'hui.

Source : Josaphat Pharand, Anonyme, *Personnalités de chez nous*, 1946, p. 43.

Chaîne de titres

133-135, rue Notre-Dame-de-l'Île

1. QRF, 1901, 15 octobre, No 2222, testament de Ruggles Wright, devant Me A. Larue et collègues, no 5893, 6 août 1863 ; contrat de partage et division de propriété, devant Me A. Larue, 17 septembre 1864, enregistré sous Lib B, No 46, vol. 11, p. 53, Ruggles Wright à Rosina Wright.
2. QRF, 1901, 2 novembre, B3, No 2367, vente, 1 100 dollars et int., The York County Loan Co. à Octave Boucher, Mortgage, 2 octobre 1896 ; QRF, 1901, 6 novembre, B3, No 2406, vente, Charles E.

Graham à Octave Boucher, devant Me N. Tétreau, no 6205, 2 octobre 1896

3. QRF, 1902, 21 février, No 3332, contrat de mariage entre Josaphat Pharand et Ida Boucher, Octave Boucher à Ida Boucher, devant Me F.A. Labelle, no 2847, 5 février 1902.
4. QRF, 1949, 26 septembre, No 90985, succession d'Ida Boucher à Josephat Pharand, devant Me J. Ludovic Blain, 9 mars 1949, décès le 28 septembre 1948.
5. QRF, 1956, 19 novembre, No 115 579, Josaphat Pharand à Fleurette LaSalle-Faubert, testament, devant Me J. Ludovic Blain, no 11694, 25 avril 1956, décès le 11 octobre 1956.
6. QRF, 1958, 4 juin, No 120 401, hypothèque, Félix Chevalier à Dame Fleurette Lasalle-Faubert, devant Me Claude Blain, 30 mai 1958.
7. QRF, 1958, 3 septembre, No 121 531, vente, Fleurette LaSalle-Faubert à Aldea St-Martin-Morin, devant Me François Groulx, no 5813, 26 août 1958.
8. QRF, 1975, 24 octobre, No 244 392, vente, Aldea St-Martin-Morin à Hubert E. Cyr et Gilles Faubert, devant Me Gérald Pichette, no 12720, 16 octobre 1975.
9. QRF, 1979, 25 avril, No 278 042, vente, Hubert E. Cyr et Gilles Faubert à Jacques Allard et Roger Trudel, devant Me Gérald Pichette, no 17131, 24 avril 1979.
10. QRF, 1987, 23 janvier, No 364 402, vente, Jacques Allard et Roger Trudel à Nicole Bilodeau en fiducie, devant Me Laurent Roy, no 4379, 23 janvier 1987.
11. QRF, 1988, 22 juillet, No 388 925, vente de parts, Nicole Bilodeau en fiducie (Denis Pommainville et Jean-Charles Desjardins) à Jean-Charles Desjardins, devant Me Laurent Roy, 22 juillet 1988.
12. QRF, 1989, 17 juillet, No 396 300, vente de parts, Denis Pommainville à Jean-Charles Desjardins, devant Me Laurent Roy, no 5444, 16 janvier 1989 ; QRF, 1989, 17 janvier, No 396 300, Denis Pommainville à Jean-Charles Desjardins, vente, devant Me Laurent Roy, no 5444, 16 janvier 1989.

© M. Guitard 1996

© M. Guitard 1996

132-134, rue Notre-Dame- de-l'Île

© M. Gervais 2015

© M. Guitard 1997

Cadastre : 1 621 642
Ancien numéro de lot : 74-2, Quartier 4
Date de construction : 1895 et 1910

Style architectural

L'influence du style à l'italienne est remarquable dans la photographie de la maison de 1997, avec son toit plat, sa corniche et les consoles, ses fenêtres avec châssis à guillotine de deux carreaux chacun, dont la tête de l'ouverture est légèrement semi-elliptique et garnie d'un seuil en pierre. La fenêtre du rez-de-chaussée à double châssis permet de l'inscrire dans les constructions des années 1890. Elle était, à l'origine, de deux étages et demi et n'avait pas d'aile du côté gauche. Cette addition et le troisième étage ont été exécutés vers 1910 ou 1911. Le revêtement de brique en façade et sur le côté a été posé entre 1910 et 1915.

Modifications : Les porches sont nettement postérieurs. Leurs colonnes sont carrées au lieu de celles probablement tournées à l'origine. La balustrade a été ajoutée. On a remplacé les fenêtres en enlevant les careaux caractéristiques du style d'origine. Heureusement, la forme semi-elliptique de la tête des fenêtres, surmontée de voussoirs, a été conservée.

Ce bâtiment à logements est unique dans le quartier.

Propriétaires et occupants

Ruggles Wright avait donné ce quadrilatère à son fils, Philemon Wetherall (1), et celui-ci meurt en 1877. Nous ne savions pas qui l'a ensuite possédé par la suite, mais pouvons reprendre le fil grâce aux rôles d'évaluation de 1892 à 1894, qui fait état de la présence du boulanger Basile Dompierre, inscrit à titre de propriétaire, qui avait une maison en bois et une boulangerie sur la moitié sud du lot 74, dont l'adresse était du côté de la rue Papineau (Alfred)[1]. En 1895, le marchand Ovila Chénier loue, avec promesse d'achat, une maison au machiniste Victor Bilodeau[2]. La vente est complétée le 16 février 1900 (2). La description de l'immeuble indique qu'il s'agit bien du lot sur le coin des rues Alma et Alfred (Notre-Dame-de-l'Île et Papineau). Le terrain mesure 33 sur 49 pieds et demi, la moitié sud de la moitié ouest du lot 74, Quartier 4, avec maison et autres bâtisses dessus construites.

En 1900-1901, Bilodeau a deux locataires : Eusèbe Huot, un journalier de 40 ans, et un médecin, le Dr Alexandre Ouimet, célibataire, qui y a peut-être un bureau puisqu'il n'y habite pas. Sur l'autre partie du lot 74, sur la rue Alfred, le maçon Calixte D'Aoust, 29 ans, y vit en 1900-1901 dans une maison en bois de 20 sur 26 pieds avec cuisine[3].

Revenons au propriétaire, Victor Bilodeau. Ingénieur de profession, il y réside jusqu'à son décès, le 21 octobre 1943, soit pendant 43 ans. Il a épousé, en premières noces, Vitaline Dupéré, décédée vers 1920. En juin 1926, il se remarie avec Aimée Lévesque qui meurt aussi avant lui. Victor Bilodeau lègue la propriété à ses cinq fils, vraisemblablement issus de son premier mariage : Apollinaire, devenu menuisier, François-Xavier, fonctionnaire, Alphonse, comptable, ainsi que Louis-Victor et Georges-Étienne (3). Au moment de son décès, Bilodeau possède aussi le 154, rue Champlain, loué, avec promesse d'achat, à son fils Apollinaire, ainsi que le lot 250 du Quartier 1 (le 248, boulevard Saint-Joseph ?), détenu par son fils Georges-Étienne.

1. Ville de Hull, Rôles d'évaluation de 1892-1893 et 1893-1894, Quartier 4, moitié du lot 74.
2. Voir les propriétés d'Ovila Chénier dans la description du 97-103, rue Laurier.
3. Ville de Hull, Rôles d'évaluation de 1900-1901, Quartier 4.

La succession conserve la propriété pendant cinq ans, mais aucun des cinq fils ne semble y avoir résidé après le décès de leur père. Ils la vendent en novembre 1947 à Berthe Ménard (4). Veuve d'Émile Ménard, elle habite à ce moment au 99, rue Champlain avec son fils Jean-Marie, coiffeur. Elle lui vend l'immeuble de la rue Notre-Dame-de-l'Île dès le mois suivant (5). Ils semblent y être déménagés vers cette date. À tout le moins y habitent-ils en juillet 1949 lorsque Jean-Marie la vend à Maurice Ménard, mécanicien (6), qui vivait à la même adresse et est donc vraisemblablement un parent. Ce dernier est marié à Marguerite-Françoise Parisien depuis 1942. En juillet 1951, Maurice vend la propriété à Wilfrid Desjardins (7), un barbier qui habitait alors au 117, rue Champlain. Lors de cette vente, Maurice Ménard demande que le nouvel acquéreur maintienne le bail de Gérard Ménard, probablement un autre membre de la famille. Sans doute la propriété a-t-elle été à nouveau subdivisée puisqu'elle porte alors trois numéros civiques, soit les 132 et 134, rue Notre-Dame, et le 243, rue Papineau.

Wilfrid Desjardins et son épouse, Valéda Dagenais, habitent l'appartement du 132, rue Notre-Dame-de-l'Île. Après le décès de son épouse, le 26 novembre 1964, Wilfrid y demeure jusqu'au 1er juin 1970. Quinze jours avant de s'éteindre, il avait vendu la propriété à un Français, Christian Pleignit, serveur aux tables, alors domicilié au 106, rue Eddy (8). Pleignit et son épouse, Marie-Josée Snegireff, s'installent pendant deux ans dans l'appartement du 134, rue Notre-Dame-de-l'Île. Le 1er mai 1972, Gilbert McElroy, alors célibataire et professeur à Ottawa, achète l'immeuble (9). Par la suite, McElroy délaisse l'enseignement pour se lancer en affaires. En mai 1990, il vend la propriété à un homme d'affaires de Cumberland, Ontario, Hung Yong Kwak, et à son épouse, Kim Kwang Soon (10), qui en sont propriétaires en 1997. En septembre 2003, ils vendent l'immeuble à Sylvain Lafrenière et Odette Gauvreau (11). Ceux-ci, après une série de tractations avec des créanciers, sont contraints de vendre la propriété. Ainsi, depuis décembre 2009, c'est la société 7038259 Canada inc., représentée par Pierre-Hugues Fortin, qui en est propriétaire (12).

Chaîne de titres

132-134, rue Notre-Dame-de-l'Île

1. QRF, 1901, 11 novembre, B3, No 2421, vente, [?] à Ovila Chénier, date inconnue.

2. QRF, 1901, 11 novembre, B3, No 2421, bail et promesse de vente, Ovila Chénier à Victor Bilodeau, 2 mars 1895, et vente, Ovila Chénier à Victore Bilodeau, devant Me N. Tétreau, no 18739, 16 février 1900.
3. QRF, 1943, 25 novembre, B76, No 77213, legs, Victor Bilodeau à ses enfants, 21 octobre 1943.
4. QRF, 1947, 6 novembre, B87, No 85993, vente, succession de Victor Bilodeau à Berthe Ménard, 3 novembre 1947.
5. QRF, 1947, 30 décembre, B87, No 86335, vente, Berthe Ménard à Jean-Marie Ménard, 25 décembre 1947.
6. QRF, 1949, 11 juillet, No 90 392, vente, Jean-Marie Ménard à Maurice Ménard, 5 juillet 1949.
7. QRF, 1951, 14 juillet, No 96 580, vente, Maurice Ménard à Wilfrid Desjardins, 13 juillet 1951.
8. QRF, 1970, 3 juin, No 189878, vente, Wilfrid Desjardins à Christian Pleignit, 15 mai 1970.
9. QRF, 1972, 2 mai, No 206 600, vente, Christian Pleignit à Gilbert McElroy, 1er mai 1972.
10. QRF, 1990, 10 mai, No 419 415, vente, Gilbert McElroy à Hung Yong Kwak et Kim Kwang Soon, 8 mai 1990.
11. QRF, 2003, 12 septembre, No 10 713 380, vente, 220 000 dollars, Hung Yong Kwak et Kim Kwang Soon à Sylvain Lafrenière et Odette Gauvreau.
12. QRF, 2009, 10 décembre, No 16 796 665, vente, 337 000 dollars, Jacques Marcel Ste-Marie pour Sylvain Lafrenière et Odette Gauvreau à 7038259 Canada inc.

136, rue Notre-Dame-de-l'Île
Maison Henry

© M. Gervais 2015

© M. Guitard 1996

Cadastre : 1 621 645
Ancien numéro de lot : 74-1, Quartier 4
Date de construction : 1886

Style architectural

Cette résidence est de style hullois, de deux étages et demi, avec revêtement en bois à l'origine, et composée de deux blocs principaux. Sa galerie, sur les deux façades de la maison avec ses colonnes rondes et cannelées, de même que sa rampe d'origine, datent d'entre 1903 et 1908.

Modifications : Le revêtement en simili pierre n'est pas d'origine. La porte avant et les fenêtres ont été remplacées. La galerie a été réparée. Cette maison a conservé son caractère d'origine et constitue un bâtiment très important comme référence à la restauration des autres maisons de la même période. La peinture lui donne un cachet avantageux.

Propriétaires et occupants

Edward Nicholson et Eliza Greene achètent probablement ce terrain de Henry Newell Bate (1), mais nous n'en avons pas la confirmation sinon que celui-ci était propriétaire des terrains de ce quadrilatère lorsque Nicholson et son épouse obtiennent, en mars 1886, une hypothèque sur leur propriété « avec toutes les améliorations dessus érigées » de Damien Richer, prêt qu'ils acquittent huit mois plus tard[1]. Le 17 novembre 1886, ils vendent la propriété à Fannie Washburn (Sarah Frances Washburn), de Hull (2). Fannie Washburn est la fille d'un manufacturier de haches, dont l'entreprise est située sur le site de la brasserie Wright (les Brasseurs du Temps, ou BDT, d'aujourd'hui). Le 20 juin 1895, cette dernière vend la maison à Dolphis Ladouceur, fileur, et à Charles Lévesque, journalier, tous deux de Hull (3). Trois ans plus tard, Lévesque vend sa part à Ladouceur (4).

Cependant, avant que Ladouceur et Lévesque n'achètent la maison, le rôle d'évaluation de 1886-1887 indique que la maison n'est pas encore terminée. L'année suivante, un locataire du nom de Joseph Normand loge dans une maison de 18 sur 26 pieds. Aucune indication ne permet de penser que la maison a été incendiée en 1888. Par conséquent, nous la datons de l'année 1887.

En 1906, Ladouceur vend la propriété à Henriette Proulx (5), de Montebello, veuve de Narcisse Gravelle. Le jour même de cette transaction, elle consent une promesse de vente à Léonidas Picard, menuisier de Hull, vente qui se concrétise six ans plus tard, le 1er mai 1912 (6). Picard ne la conserve pas longtemps, la revendant le jour même à Hubert-Stanislas Allard, dentiste, et Joseph-Arthur Allard, médecin (7). Le 3 décembre 1915, le médecin vend sa part au dentiste (8). Cinq ans plus tard, le 8 septembre 1920, Hubert-Stanislas Allard vend la propriété à David Henry (9). Henry, propriétaire d'un garage à Ottawa, prend possession de l'immeuble le 3 octobre 1920. Marié en Ontario à Albertine Guindon, il a trois enfants : Marie-Jeanne,

1. Les transactions sont contenues dans la réinscription des actes enregistrés le 7 mai 1903, sous le numéro 6452. Ils avaient été passés devant Me J.O. Archambault le 19 mars 1886 et enregistrés le 22 mars 1886 sous Lib 36, No 358, puis le retour de Richer à Nicholson et Green devant Me J.-O. Archambault, le 17 novembre 1886, enregistré le 24 janvier 1887, vol. 32, no 246. La description du lot 74 est complexe car les points d'orientation ne concordent pas avec les renseignements sur l'ensemble du lot. Notre objectif n'étant pas l'analyse de cette seule propriété, nous considérons donc les titres de propriété par les noms des propriétaires subséquents.

Dieudonné et Yvonne. En novembre 1946, il vend la maison à sa fille Marie-Jeanne Henry, célibataire et fonctionnaire (10). Celle-ci habite cette maison pendant 52 ans. Lorsqu'elle meurt, le 22 avril 1972, à l'âge de 70 ans, sa sœur Yvonne, veuve de Léon Béland, et son frère Dieudonné héritent de la propriété (11). Yvonne n'habite pas la maison ; elle meurt le 14 février 1975 à l'âge de 76 ans[2]. Sa moitié indivise de la maison paternelle échoit à ses quatre enfants : Jacques, avocat, Paul, Jeannine et Irène (12). L'autre moitié indivise appartient toujours à leur oncle Dieudonné, époux de Rita Desjardins[3].

Le 12 janvier 1984, la famille Henry-Béland vend le 136, rue Notre-Dame à François et Magdi-Gérard Yassa (13). Chimiste, Magdi-Gérard Yassa est né au Caire le 19 juillet 1923. Il épouse, en 1951, Andrée Besson à Strasbourg, en France. Ils étaient dans la région depuis une dizaine d'années puisque leur fils François, né à Lyon, en France, le 20 mars 1952, épouse Ginette Tremblay, de Buckingham, en 1973. En 1984, ils habitent la rue Caron. En octobre 1996, Magdi-Gérard fait don de la propriété à François, qui s'en est toujours occupé. Ils ne l'habitent ni l'un ni l'autre, la maison étant louée. François habite Williamstown, Ontario, en 2016.

Chaîne de titres

136, rue Notre-Dame-de-l'Île

1. QRF, 1903, 7 mai, B7, No 6452, vente, Henry Newell Bate [?] à Edward Nicholson et Eliza Greene, date inconnue, mais en ou avant mars 1886.
2. QRF, 1903, 7 mai, B7, No 6452, vente, Edward Nicholson à Fannie Washburn, devant Me J.O. Archambault, 17 novembre 1886, enregistré, 24 janvier 1887, vol. 32, no 246.
3. QRF, 1903, 7 mai, B7, No 6452, vente, Fannie Washburn à Dolphis Ladouceur et Charles Lévesque, devant Me Nérée Tétreau, le 20 juin 1895, enregistré, 4 juillet 1895, B40, no 619.
4. QRF, 1903, 7 mai, B7, No 6452, vente d'une moitié indivise, Charles Lévesque à Dolphis Ladouceur, devant Me Nérée Tétreau, 30 mai 1898, enregistré, 1er juin 1898, B43, no 174.
5. QRF, 1906, 8 août, B12, No 11166, vente, Dolphis Ladouceur à Henriette Proulx, 16 mai 1906.

---

2. En 1960, la famille Béland demeurait au 88, rue Maisonneuve, mais elle déménage ensuite sur la rue Brady, où Yvonne décède à l'âge de 76 ans, le 14 février 1975.
3. En 1972, Dieudonné habitait sur la rue Lucien-Brault, à Hull.

6. QRF, 1912, 18 mai, B21, No 19536, vente, Henriette Proulx à Léonidas Picard, 1er mai 1912.
7. QRF, 1912, 18 mai, B21, No 19537, vente, Léonidas Picard à Hubert-Stanislas et Joseph-Arthur Allard, 1er mai 1912.
8. QRF, 1915, 10 décembre, B26, No 25891, vente, Joseph-Arthur Allard à Hubert-Stanislas Allard, 3 décembre 1915.
9. QRF, 1920, 10 septembre, B35, No 34671, vente, Hubert-Stanislas Allard à David Henry, 8 septembre 1920.
10. QRF, 1946, 12 décembre, B84, No 83556, vente, David Henry à Marie-Jeanne Henry, 29 novembre 1946.
11. QRF, 1972, 1er septembre, No 210 064, legs, Marie-Jeanne Henry à Yvonne et Dieudonné Henry, 8 juin 1972.
12. QRF, 1976, 5 février, No 240 701, legs d'une moitié indivise, Yvonne Henry-Béland à Jacques, Paul, Jeannine et Irène Béland, 6 mai 1975.
13. QRF, 1984, 20 janvier, No 320 973, vente, succession d'Y. Henry-Béland et D. Henry à François et Magdi-Gérard Yassa, 12 janvier 1984.
14. QRF, 1996, 2 octobre, No 510 787, donation, Magdi-Gérard Yassa à François Yassa, 2 octobre 1996.

137, rue Notre-Dame-de-l'Île
Maison Joseph Bourque

© M. Gervais 2015

© M. Guitard 1990

© M. Guitard 1990

Cadastre : 1 621 457
Ancien numéro de lot : 60 sud, Quartier 4
Date de construction : 1890

Style architectural

Par sa structure rectangulaire, avec un toit mansardé recouvert de fer galvanisé gaufré percé de lucarnes en façade sur rue, cette maison est de style Second Empire. Celui-ci était souvent utilisé dans les milieux urbains denses, comme à Montréal. Le reste de la toiture est en pente vers l'arrière. Les fenêtres de multiples formats et les portes sont toutes à ouverture semi-elliptique, décorées de voussoirs et d'un linteau en pierre, à l'exception de celles des façades arrière et celles du côté nord. La porte avant du rez-de-chaussée a une imposte façonnée à une vitre. Des moulures en guise de colonnes sur le mur visent à donner de la hauteur aux fenêtres et à la porte du rez-de-chaussée sous la galerie. Celle-ci est surmontée d'un balcon avec toit à fronton, appuyé sur des colonnes rondes.

Modifications : La maison, d'abord construite en bois, est recouverte de brique en 1893-1894. Les arcs semi-elliptiques de la galerie ont certainement remplacé des colonnes rondes comme soutien de son toit. Certaines fenêtres du côté sud ont été percées en 1917. Un escalier menait jadis au deuxième étage sur le côté sud. Le palier de cet escalier est converti en balcon. On a ajouté une terrasse sur le toit de la partie arrière du bâtiment au-dessus de l'ajout de deux étages, qui est là depuis la construction du bâtiment.

La maison Bourque est un des meilleurs éléments de l'histoire de l'architecture gatinoise. Elle démontre bien que les courants architecturaux de la fin du XIXe siècle ont trouvé leur place dans les nouvelles constructions hulloises après l'incendie de 1888. Plusieurs des maisons de l'arrondissement historique dans lequel se trouve cette résidence attirent l'attention par la qualité de leur construction, mais celle-ci a un caractère particulier. La diversité des formats des fenêtres autour de la maison révèle à merveille l'auteur de sa construction, Joseph Bourque, entrepreneur et manufacturier de portes et fenêtres. Voici donc un document en trois dimensions des matériaux utilisés dans la construction vers 1890 à Hull.

Il faudrait faire une étude plus détaillée des travaux en bois dans cette maison. Nous aurions ainsi probablement des renseignements utiles sur le type de travail que faisait Bourque à la fin du XIXe siècle.

Propriétaires et occupants

Cette résidence a été celle de Joseph Bourque, sa famille et ses descendants pendant 71 ans. Joseph Bourque, menuisier, est l'un des entrepreneurs de l'Outaouais les plus importants au tournant du XXe siècle. Il construit un grand nombre d'édifices publics non seulement à Hull, mais partout dans l'est ontarien pour des municipalités et pour le gouvernement fédéral. Il crée un commerce de portes et fenêtres au coin des rues Laurier et Papineau. Il s'engage en politique municipale et devient maire de Hull. Notez que lorsque nous avons fait l'étude de sa maison en 1990, nous étions loin de connaître l'envergure du personnage qu'a été Joseph Bourque. Il faudrait écrire sa biographie.

Joseph Bourque

Né en 1866 à l'Assomption, Québec, Joseph Bourque épouse, en premières noces, Henriette Charland, puis, en secondes noces, Clara Fortier[1]. Il a six enfants : Arthur, Alexina, Albina, Oscar, Georgine et Yvonne. Arrivé à Hull vers 1888, Bourque (2) fait construire cette maison qu'il habite avec sa famille[2]. Il a vraisemblablement acquis le terrain de Rosina Wright, héritière de Ruggles Wright père (1).

C'est un contrat de construction de l'intérieur du presbytère et de l'église Notre-Dame-de-Grâce qui attire Joseph Bourque à Hull, ces bâtiments ayant brûlé dans l'incendie de 1888[3]. Il serait intéressant de connaître les antécédents familiaux de Bourque, car il est âgé d'à peine 22 ans lorsqu'il arrive à Hull et, en peu d'années, il devient un entrepreneur d'envergure. Il s'engage, par contrat, à construire des voies d'allongement de l'aqueduc à Hull en 1894[4]. En 1900, Bourque a des contrats relatifs à la construction de nombreux bâtiments publics et privés dans plusieurs villes canadiennes. Stanislas Rémi Poulin,

1. « Joseph Bourque », notice nécrologique, *Le Droit*, 24 décembre 1918.
2. Ottawa City Directory, 1890-1891.
3. Communauté des OMI, Archives Deschâtelets, Devis pour la reconstruction de l'église Notre-Dame de-Grâce de Hull, 1888-1889, JC 4001,.C21C, pièce 11 ; *ibid.*, Presbytère Notre-Dame, 9-13, pièce 11.
4. Des amendements à ce contrat en 1895 avaient entraîné des frais supplémentaires qui engagèrent la Ville et Bourque dans une poursuite judiciaire. En 1901, la Ville de Hull dût lui payer une somme de 6 500 dollars; BAnQ, minutier de Me N. Tétreau, no 19753, janvier 1901, procès de la Cour supérieure. *Joseph Bourque, demandeur c. Cité de Hull, défenderesse*. Ce document contient le questionnaire et plusieurs détails, dont les rues concernées.

J.-Arthur Desrivières et Charles Lemoyne sont partenaires d'affaires avec Bourque.

Il investit aussi dans l'immobilier. Il possède, entre autres, dans le Quartier 4, le lot 20 et une bande du lot 74 près du lot 75 où se trouve sa manufacture de portes et fenêtres, à l'angle des rues Laurier et Papineau. Sa résidence est située sur le lot 60 du même quartier[5]. Compte tenu de ses intérêts, il n'est pas étonnant qu'il investisse dans des limites de coupe de bois et ait des actions dans une société d'électricité[6].

Parmi les nombreux édifices construits par Joseph Bourque figure le palais de justice de Hull (démoli), l'église du Sacré-Cœur d'Ottawa (brûlée), un pavillon de l'Université d'Ottawa, jadis connu comme le Juniorat, plusieurs bureaux de poste dont celui de Hull (démoli), la rénovation du Collège Notre-Dame de Hull (démoli), l'agrandissement de l'hôtel des postes et la construction de l'École des hautes études commerciales, rue Viger, à Montréal, « son monument principal » (aujourd'hui l'édifice des archives de Bibliothèque et Archives nationales du Québec)[7].

Joseph Bourque entre au conseil municipal en tant qu'échevin du Quartier 4 et y siège de 1903 à 1911, à l'exception de 1907-1909, le marchand Joseph Caron ayant été élu. Il se présente à la mairie en 1911, mais il est défait par le médecin Urgel Archambault puis, l'année suivante, par l'entrepreneur Hormidas Dupuis. En 1913, Dupuis se retire avant les élections, permettant ainsi à Joseph Bourque d'accéder à la mairie de Hull, poste qu'il occupe de janvier 1914 à 1916[8].

En 1905, le Conseil de Hull étudie un projet de construction d'une promenade pour voitures entre le pont des Chaudières et le pont Alexandra, comme il en existait alors à Ottawa. Le maire J.-U. Archambault et l'échevin Joseph Bourque tentent sans succès d'intéresser le gouvernement fédéral à ce projet[9].

---

5. QRF, 1900, 27 juillet, B1, No 321, reconnaissance d'emprunt entre Joseph Bourque et la Banque d'Ottawa, devant Me A. Labelle, 7 juillet 1900.
6. QRF, 1902, 9 juillet, B14, No 12344, hypothèque, devant Me N. Tétreau, no 25290, 25 juin et 5 juillet 1907. Dans cet acte, nous apprenons que Stanislas Rémi Poulin est ingénieur à North Bay.
7. « Mort de M. Bourque », *Le Droit*, 24 décembre 1918. Son contrat pour la construction du Collège Notre-Dame est inscrit aux procès-verbaux de la Commission scolaire de Hull en 1900.
8. Ville de Hull, Bureau du greffier, Bisson, *Élections municipales*. Il fut à nouveau défait par Archambault en 1916. Denise Latrémouille, « Dr Joseph-Urgel Archambault, maire de Hull », *Asticou*, cahier 29, décembre 1983.
9. Joseph Jolicœur, *Histoire anecdotique de Hull*, p. 55.

Joseph Bourque meurt le 23 décembre 1918 d'une crise cardiaque[10]. Outre des actions de la Banque provinciale du Canada, il laisse plusieurs propriétés, dont le bâtiment logeant la Banque provinciale du Canada, jadis sise à côté de l'Hôtel Chez Henri (Promenade du Portage). Selon ses dernières volontés, les revenus de location de cet immeuble, géré par son fils Arthur, constituent en partie la rente viagère qu'il laisse à son épouse et le reste est réparti également entre ses héritiers. Son épouse Clara conserve la jouissance, l'usage et l'usufruit sa vie durant de leur résidence et de tout ce qui s'y trouve. Il laisse à sa fille Yvonne le 160, rue Wellington, à sa fille Alexina, le 162, rue Wellington, à sa fille Albina, le 164, rue Wellington, et aux enfants de sa fille Georgine, épouse décédée du Dr Edmond Bourque, le 166 de la même rue. Son fils Arthur hérite de sa résidence au 172-174, rue Champlain, de l'atelier avec la machinerie, des outils et du terrain sur la rue Verdun, et vraisemblablement de l'atelier paternel. Oscar reçoit, pour sa part, la propriété achetée de Normand Tellier au coin des rues Champlain et Élisabeth-Bruyère (aujourd'hui un stationnement), à l'exception de la maison habitée par Parent (40, rue Élisabeth-Bruyère). Quant à ses actions de la Banque provinciale du Canada, il en lègue une à chacun de ses filleuls : Henriette Bourque, Claire Dufort, Joseph L. de G. Raby et Claire Fortier[11]. Les liquidateurs de ses biens sont ses gendres, Alexandre Dufort et Louis de G. Raby, de même que son fils Oscar, qui est médecin à Montréal. Dufort meurt avant le mois de juin suivant[12]. La manufacture de portes et fenêtres et tout le bois, après évaluation, peuvent être achetés par son fils Arthur, à 75 % de la valeur, ce que fait ce dernier dès l'année suivante[13]. Bourque avait divisé ses biens en six parties indivises pour les cinq enfants encore vivants et les enfants de sa fille Georgine, décédée (3).

Au moment du décès de Bourque père, le protonotaire Louis de Gonzague Raby et son épouse Alexina habitent la maison où se trouvait le bureau d'enregistrement sur la rue Principale (Du Portage) ; cette maison est transformée et devient l'Hôtel Chez Henri. Le couple

10. QRF, 1919, 4 novembre, Lib B33, No 32590, certificat, 4 novembre 1919, signé par E.H. Laflamme, percepteur du revenu de la province de Québec ; « Mort de M. Bourque », *Le Droit*, 24 décembre 1918.

11. QRF, 1918, 23 décembre. B33, No 32493, testament de Joseph Bourque, devant Me Louis Bertrand, no 9592, 23 décembre 1918.

12. QRF, 1919, 10 octobre, B33, No 32494, devant Me Louis Bertrand, no 10191, 11 juin 1919.

13. QRF, 1919, 17 octobre, B33, No 32494, vente de la succession Bourque à Arthur Bourque, devant Me Louis Bertrand, 11 juin 1919.

s'installe dans la maison Bourque, qu'il loue de la succession pendant cinq ans à compter du 1er mai 1920. Le bail exige qu'aucun changement ne soit effectué et que les locataires tiennent la maison garnie de meubles, paient les taxes des locataires et assurent convenablement l'immeuble[14]. Cinq ans plus tard, Louis de Gonzague Raby achète un sixième indivis de tous les biens meubles et immeubles de la succession de Joseph Bourque, que détenait Arthur Bourque, pour la somme de 9 000 dollars (4), se retrouvant ainsi membre de la succession de Joseph Bourque.

Louis de Gonzague Raby

Louis de Gonzague Raby, né le 5 décembre 1872 à Saint-André-Avellin, est le fils du notaire et marchand H.-N. Raby. Il étudie à l'École normale Jacques-Cartier à Montréal, puis à l'Université d'Ottawa. Il travaille quelque temps avec son père avant d'être nommé registreur, en 1897, du comté de Labelle, de Buckingham, puis de Papineauville. Après un retour chez son père entre 1901 et 1903, il devient assistant du registreur de Hull, Louis Duhamel, auquel il succède en 1915. Il épouse Alexina Bourque en 1917 et ils ont six enfants : Louis fils, Josette, Lise, Jacqueline, Monique et Denise.

Raby participe à de nombreuses activités sociales reconnues. Il fait partie du Conseil des Chevaliers de Colomb, dont il est Grand Chevalier et un des fondateurs de leur maison à Hull. Il est directeur de l'Association du district pour la protection du poisson et du gibier. Il s'intéresse également à plusieurs organisations sportives et au progrès du tourisme dans la région. Il est membre de la Chambre de commerce de Hull et de la Congrégation des hommes, organisme religieux laïque. Outre ces activités, son poste au Bureau d'enregistrement le fait évidemment connaître de tous les notaires, avocats, agents immobiliers et entrepreneurs de la région. Lorsqu'il meurt, le 10 janvier 1938, à l'âge de 65 ans, d'une crise cardiaque au Bureau d'enregistrement, son lieu de travail pendant 23 ans[15], c'est la consternation. L'article du journal *Le Droit* note qu'il est « [t]rès connu et populaire dans tout le district. M. Raby laisse de nombreux amis. La nouvelle de sa mort s'est répandue rapidement, suscitant autant de regret que de surprise ».

---

14. QRF, 1925, 11 février, B46, No 46389, devant Me F.A. Labelle, no 31178, 11 février 1920.
15. « Mort subite de J.L. de G. Raby, registrateur », *Le Droit*, 11 janvier 1938.

Louis de Gonzague Raby, S.A., *Album souvenir du 125e anniversaire de la fondation de Hull*

Père Louis de G. Raby, AUO, PHO NB6 318.

En plus du sixième de la succession Bourque, Louis de Gonzague Raby lègue à ses enfants plusieurs propriétés (5). Son assistant au Bureau d'enregistrement, Omer Masse, est nommé tuteur de ses enfants, qui étaient tous mineurs au moment de son décès.

Au cours des années 1960-1970, son fils, aussi appelé Louis de Gonzague Raby, devenu prêtre, est connu pour son humanisme à l'Université d'Ottawa. Né le 17 juillet 1918, il fait ses études primaires à l'École normale de Hull (École Saint-Joseph), son secondaire à L'Académie De La Salle et au Juniorat de l'Université d'Ottawa. Son père décédé, il devient caissier à la Banque de Montréal à Hull, à Pembroke et au Témiscamingue de 1938 à 1941. Il s'enrôle au Corps royal de l'aviation canadienne et est affecté à Londres pendant trois ans. À la fin de la guerre, il reprend ses études et obtient son baccalauréat à l'Université d'Ottawa en 1947 et sa licence en théologie au scolasticat Saint-Joseph en 1953. Ordonné prêtre de la Communauté des OMI en 1952, il devient aumônier de la Jeunesse ouvrière du Canada en 1953 à la paroisse Notre-Dame-des-Ouvriers, à Montréal, expérience qui le convainc des bienfaits des syndicats pour les ouvriers et l'amène à comprendre les contestations et les jeunes contestataires lorsqu'il devient aumônier de l'Université d'Ottawa en 1957. Il dirige adroitement l'énergie des jeunes pour que ceux-ci l'aident dans ses œuvres, dont une équipe de bénévoles qui recueille des vêtements, les lave et les répare, puis va les porter aux familles pauvres de la Basse-Ville d'Ottawa. Il les incite à faire partie du Mouvement universitaire national pour le développement outremer (MUNDO). La leucémie l'emporte le 9 septembre 1975. Il est enterré au cimetière Notre-Dame-de-Grâce. Cet homme bon et doux canalise la générosité des jeunes de manière exceptionnelle[16].

Étrangement, il semble y avoir eu des problèmes administratifs au décès de Louis de Gonzague Raby père, car la maison est adjugée pour taxes et Marguerite Dufour, d'Ottawa, acquiert la maison (6). Le tuteur des enfants rachète la propriété au prix de 900 dollars et emprunte 20 000 dollars de dame Dufour en 1942 (7). Deux ans plus tard, le tuteur Omer Masse vend la part des enfants à Alexina et à sa sœur, Yvonne, veuve de George David Kelly (8). La situation se rétablit, car Alexina et Yvonne conservent la maison jusqu'en 1961. Après plus de 70 ans, la belle résidence construite par un grand bâtisseur de la ville – dans le vrai sens du terme – passe à un nouveau propriétaire. Yvonne meurt le 24 octobre 1962. Sa fille Joan fait les déclarations nécessaires[17]. Alexina déménage dans un nouveau quartier de Hull. C'est la fin de la période d'occupation de cette résidence par la famille Bourque-Raby.

Le nouveau propriétaire, Ernest Boudreau, chiropraticien de Glenwood Domaine (secteur Aylmer), acquiert la maison en février 1961 (9). Il y réside quelque temps avec son épouse Rolande Picard, qu'il a mariée en septembre 1949 à Trois-Rivières, puis déménage à Ottawa en 1974. Il vend la maison le 17 mai 1979, puis déménage en Colombie-Britannique. Un autre chiropraticien, Pierre Delorme, d'Ottawa (10), achète la maison. Ce dernier en est propriétaire depuis plus de 37 ans.

Que d'histoires à raconter au sujet de cette maison de plus de 125 ans. Et encore de nombreuses recherches à effectuer sur l'histoire des femmes qui l'ont habitée.

---

16. Université d'Ottawa, Archives, Fonds 6, Louis de Gonzague Raby. Des notes personnelles ont été ajoutées puisque nous avons connu et participé « aux chantiers » du père Raby.
17. QRF, 1963, 16 août, No 147 092, certificat de transmission de propriété, no 422 749 ; QRF, 1963, 16 août, No 1147 094, déclaration de Joan Kelly, devant Me Guy Couture, no 2228, 12 août 1963.

Chaîne de titres

137, rue Notre-Dame-de-l'Île

1. QRF, 1901, 15 octobre, No 2222, testament de Ruggles Wright, devant Me A. Larue et collègues, no 5893, 6 août 1863 ; contrat de partage et division de propriété, devant Me A. Larue, 17 septembre 1864, enregistré sous Lib B, No 46, vol. 11, p. 53, Ruggles Wright père à Rosina Wright.
2. Ville de Hull, Rôles d'évaluation de 1888-1889, 1890-1891. Rosina Wright à Joseph Bourque, vers 1889.
3. QRF, 1918, 23 décembre, B33, No 32493, testament de Joseph Bourque à succession Bourque, devant Me Louis Bertrand, no 9592, 23 décembre 1918.
4. QRF, 1925, 21 août, B47, No 47890, vente de J. Arthur Bourque à Louis de Gonzague Raby, devant Me F.A. Labelle, no 43262, 11 août 1925, succession de Bourque (J. Arthur Bourque) à Louis de Gonzague Raby, 11 août 1925.
5. QRF, 1939, 16 novembre, B71, No 72559, certificat ; QRF, 1939, 16 novembre, B71, No 72561, déclaration de Louis de Gonzague Raby, Louis de Gonzague Raby à succession Raby, devant Me Henri Desrosiers, no 14331, 18 juin 1938.
6. QRF, Liste de vente pour taxe, No 274, 14 novembre 1940, succession Raby à Marguerite Dufour, adjudication Marguerite Dufour, le 25 septembre 1940.
7. QRF, 1942, 19 novembre, B74, Nos 75701 et 75702, Marguerite Dufour à Omer Masse pour succession Raby, devant Me Henri Desrosiers, no 22570, 13 novembre 1942.
8. QRF, 1944, 15 juin, B77, No 78183, vente, Omer Masse à Alexina et sa sœur, Yvonne, veuve de George David Kelly, devant Me Henri Desrosiers, no 26133, 13 juin 1944.
9. QRF, 1961, 23 février, No 132 044, vente, Alexina Bourque-Raby et Yvonne Bourque-Kelly à Ernest Boudreau, devant Me Guy Couture, no 777, 15 février 1961 ; QRF, 1961, 8 mars, No 132 226, convention pour une deuxième hypothèque, devant Me Guy Couture, no 797, 7 mars 1961 ; QRF, 1961, 24 février, No 132 049, hypothèque, Alexina et Yvonne Bourque à Ernest Boudreau, 15 février 1961.
10. QRF, 1979, 17 mai, No 278 714, vente, Ernest Boudreau à Pierre Delorme, devant Me Yvon Leclerc, no 3084, 17 mai 1979.

138, rue Notre-Dame-de-l'Île
Maison Deslauriers-Saumure

© M. Gervais 2015

© M. Guitard 1997

Cadastre : 1 621 646
Ancien numéro de lot : 59-2 (59 sud), Quartier 4
Date de construction : 1886-1887

Style architectural

De style victorien hullois, cette maison était à l'origine en bois. La façade en brique a été posée entre 1915 et 1928. On reconnaît ce style à la disposition et à l'ouverture semi-elliptique des fenêtres ainsi qu'à l'emplacement de la porte. À noter que le rôle d'évaluation actuel de la Ville de Gatineau indique 1905 comme date de construction, ce qui est une erreur.

Modifications : La maison est complètement rénovée avant 1996.

Cette maison appartenait, en 1997, à la famille Deslauriers depuis plus de 50 ans.

Propriétaires et occupants

Cette maison est construite en 1886-1887 pour le boucher Éléodore Blanchette (1), mais l'année suivante, c'est le boucher Napoléon Giroux qui est inscrit au rôle d'évaluation (2) ; en avril 1897, celui-ci la vend au marchand Basile Carrière, de la rue Victoria (3). Le 15 novembre 1899, Carrière la loue avec promesse d'achat à Ovila Paillé, achat qui se concrétise en mai 1906 (4). Comme cette année-là, Paillé, constructeur de son métier, travaille à Wonsocket, aux États-Unis, c'est son épouse, Rose-de-Lima Côté, qui, munie d'une procuration, effectue la transaction. En 1908, Paillé vend la maison à Philémon Lanctôt (5), un fabricant de papier de Hull. Celui-ci la revend, en 1911, à Georges Reinhardt (6), peintre en bâtiment, qui possède d'autres propriétés sur la même rue[1]. Reinhardt conserve cet immeuble jusqu'en novembre 1942, lorsqu'il le vend à Josaphat Pharand (7), le voisin du 133 de la même rue. Reinhardt occupe une de ces maisons et loue les autres.

En 1961, Thomas Moncion et Jeanne Lalonde, liquidateurs des biens de Pharand, décédé en 1956, cèdent les titres de la propriété à la Communauté des Pères Montfortains, de Montréal (8), agissant pour et au nom du Séminaire Montfort, de Papineauville. Pharand, ayant accordé un bail avec promesse d'achat, en 1946, à Émilie Breault (9), épouse d'Honoré Deslauriers, les Pères Montfortains lui cèdent la maison contre le paiement du capital résiduel à verser, un mois après l'avoir reçue de la succession de Pharand.

Émilie Breault et Honoré Deslauriers sont mariés en 1930 et ont eu un garçon et une fille, Lucille, née le 15 mai 1916 à Hull. La famille Deslauriers vit au 138, rue Notre-Dame depuis au moins l'année 1946. Lorsqu'Émilie Breault dicte son testament en 1973, son époux est décédé. Elle le suit le 26 décembre 1979. Elle lègue la propriété à sa fille Lucille, mariée à Wilfrid Saumure (10). Ce couple y avait vécu de nombreuses années et ce sont eux qui ont fait les rénovations de la maison, en conservant tout ce qu'ils pouvaient des boiseries intérieures[2]. Wilfrid meurt le 28 septembre 1998. Lucille lui survit jusqu'au 10 novembre 2002. Elle lègue sa propriété à ses deux nièces, Louise Deslauriers de Vars, en Ontario, et Eva Myre Deslauriers (11). Louise, liquidatrice des biens de sa tante, vend la maison à Stéphane Lambert le 2 décembre 2003 (12). Ce dernier vend l'immeuble à Robert

1. Voir le 144-146 et le 148-150, rue Notre-Dame-de-l'Île.
2. Avant 1996, M. et Mme Saumure nous avaient fait visiter leur maison dont ils étaient très fiers.

Tran et Maude Guérin (13), de Gatineau, le 27 octobre 2005. Ceux-ci n'y habitent pas ; la maison est en location.

Chaîne de titres

138, rue Notre-Dame-de-l'Île

1. Ville de Hull, Rôles d'évaluation de 1884-1885, Quartier 4, Henry Newell Bate à Éléodore Blanchette, entre 1884 et 1886.
2. Ville de Hull, Rôles d'évaluation de 1866 à 1888, Quartier 4, vente, Éléodore Blanchette à Napoléon Giroux, 1887-1888.
3. QRF, 1902, 26 février, B4, No 3506, vente, Napoléon Giroux à Basile Carrière, 6 avril 1897.
4. QRF, 1906, 29 mai, B12, No 10911, vente, Basile Carrière à Ovila Paillé, 22 mai 1906.
5. QRF, 1908, 6 avril, B15, No 13270, vente, Ovila Paillé à Philémon Lanctôt, 28 mars 1908.
6. QRF, 1911, 27 septembre, B20, No 18 361, vente, Philémon Lanctot à Georges Reinhardt, 19 septembre 1911.
7. QRF, 1942, 24 novembre, B75, No 75 719, vente, Georges Reinhardt à Josaphat Pharand, 17 novembre 1942.
8. QRF, 1961, 18 octobre, No 136 054, transport, succession de Josaphat Pharand aux missionnaires de la Compagnie de Marie Montfortain, 11 octobre 1961.
9. QRF, 1962, 10 janvier, No 137 466, cession, les missionnaires de la Compagnie de Marie Monfortain à Émilie Breault, 29 décembre 1961.
10. QRF, 1980, 8 mars, Nos 286 642 et 286 644, legs, Émilie Breault à sa fille, Lucille Deslauriers, 8 mars 1980.
11. QRF, 2003, 28 janvier, No 10 233 696, déclaration de transmission, Lucille Deslauriers à Louise Deslauriers et Eva Myre Deslauriers (succession Deslauriers), devant Me Charles Munn, no 28750, 24 janvier 2003.
12. QRF, 2003, 13 mai, No 10 396 565, vente, 162 000 dollars, Louise Deslauriers, succession Lucille Deslauriers à Stéphane Lambert.
13. QRF, 2005, 27 octobre, No 12 800 953, vente, 240 000 dollars, Stéphane Lambert à Robert Tran et Maude Guérin.

139, rue Notre-Dame-de-l'Île
Famille Bérubé

© M. Gervais, 2015

© M. Guitard 1997

Cadastre : 1 621 458
Ancien numéro de lot : 60-1, Quartier 4
Date de construction : 1890

Style architectural

De style hullois de deux étages et demi, la maison, en bois à l'origine, est recouverte de brique et on y ajoute une rallonge de 14 sur 16 pieds en 1914.

Modifications : La maison a été divisée en logements entre 1935 et 1958. Le revêtement actuel de brique, les fenêtres en aluminium agrandies et le porche surmonté d'un balcon en métal datent des années 1950 environ. Depuis 1997, la galerie et le porche ont été rénovés. Il faut remarquer l'ajout d'une lucarne en appentis (*dormer*), qui permet d'aménager un autre espace sous le toit.

Propriétaires et occupants

Comme le reste du quadrilatère, Ruggles Wright père lègue ce terrain à sa fille Rosina (1). Vacant en 1884-1885, on y trouve, en 1886-1887, une maison en bois de 16 sur 24 pieds, propriété du charretier Germain Hamel, qui loue vraisemblablement le terrain en constitut. Cette demeure est détruite lors de l'incendie de 1888. Deux ans plus tard, Joseph Letarte (2), boucher, possède le terrain et y construit une maison en bois. En 1896, il la vend à Adrienne Gauvreau (3), célibataire. Après avoir épousé, à une date indéterminée, un fonctionnaire nommé Charles Dontigny, elle vend sa maison le 25 février 1909 à Adélard-Ernest Bérubé (Adélard, né en novembre 1879) (4), un typographe de Hull.

La famille d'Adélard Bérubé en fait sa résidence jusqu'en 1968, soit pendant 50 ans. Il épouse Louise-Anna Roger, cousine du voisin Eudore Roger, avec qui elle avait été élevée[1]. Louise-Anna (née en août 1879) et Adélard ont quatre enfants : Aline (1905-1997), Jean-Louis (1907-1999), Marc-Aurèle (-1980) et Huguette (-2008)[2]. En 1911, ils ont deux autres filles, Ediphe et Lucille, probablement décédées avant leurs parents. La mère d'Adélard, Philomène, née en 1840, habite avec eux[3]. Adélard Bérubé meurt à Hull le 4 mai 1935 à l'âge de 55 ans, laissant une moitié indivise du 139, rue Champlain à ses enfants (5), qui la donnent à leur mère (6), déjà propriétaire de l'autre moitié. Lorsque Louise-Anna Roger décède à son tour, le 27 mars 1964, la propriété échoit à ses enfants (7). À cette date, trois d'entre eux, célibataires, habitent ensemble au 139A, rue Notre-Dame : Marc-Aurèle, huissier à la Cour supérieure, Huguette, institutrice, et Aline qui, après avoir été religieuse à Papineauville, sous le nom de Sœur Marie-Augustine, est devenue professeure de musique. Jean-Louis, quant à lui, est marié à Béatrice Routh et vit à Kirk's Ferry, au Québec, où il est greffier.

Aline Bérubé étudie le chant au Conservatoire de musique de Montréal sous Anna Malenfant et Pauline Donalda. Pendant de nombreuses années, elle enseigne chant, piano et solfège à Hull dans un studio situé sur la rue Hôtel-de-Ville, au-dessus de la pharmacie

1. BAC, Recensement du Canada de 1891. Elle a alors 11 ans et il est inscrit qu'elle est la fille du frère de Ferdina [*sic* Ferdinand] Roger. Eudore a alors 13 ans. Elle est inscrite sous le nom de Louisiana, vraisemblablement c'est Louise-Anna.
2. Jardins du Souvenir, en ligne : http://lesjardinsdusouvenir.com/fr/concession-funeraire/recherche-dun-defunt-par-concession/
3. BAC, Recensement du Canada de 1911.

Farley. Elle rédige, en français, une méthode de piano pour les petits, laquelle, en 1963, est encore la seule au Canada[4]. Elle était bien connue dans la communauté hulloise.

Le 12 novembre 1968, les Bérubé vendent la maison paternelle à Sebastiao Olivera (8), un ouvrier d'origine portugaise alors domicilié au 133, rue Wright. Sebastiao Oliveira meurt le 22 juillet 2011. Emanuel Oliveira et sa conjointe, Lyse Vézina Oliveira (9), sont propriétaires depuis le 30 avril 2003.

Chaîne de titres

139, rue Notre-Dame-de-l'Île

1. QRF, 1901, 15 octobre, No 2222, testament de Ruggles Wright père, devant Me A. Larue et collègues, no 5893, 6 août 1863 ; contrat de partage et division de propriété, devant Me A. Larue, 17 septembre 1864, enregistré sous Lib B, No 46, vol. 11, p. 53, Ruggles Wright à sa fille Rosina Wright.
2. Ville de Hull, Rôles d'évaluation de la Ville de Hull, vente, Rosina Wright à Joseph Letarte, v. 1888.
3. QRF, 1904, 9 juillet, B8, No 7829, vente, Joseph Letarte à Adrienne Gauvreau, 6 août 1896.
4. QRF, 1909, 4 mars, B16, No 14464, vente, Adrienne Gauvreau à Adélard-Ernest Bérubé, 25 février 1909.
5. QRF, 1935, 28 mai, B67, No 69062, legs d'une moitié indivise, Adélard-Ernest Bérubé à ses quatre enfants, 14 mai 1935.
6. QRF, 1935, 28 mai, B67, No 69064, donation d'une moitié indivise, enfants d'Adélard-Ernest Bérubé à leur mère, Louise-Anna Roger, 15 mai 1935.
7. QRF, 1964, 3 septembre, Nos 153 629 et 153 630, legs, Louise-Anna Roger à ses quatre enfants, 27 mars 1964.
8. QRF, 1968, 14 novembre, No 179 063, vente, succession de Louise-Anna Roger à Sebastiao Oliveira, 12 novembre 1968.
9. Ville de Gatineau, Rôles d'évaluation de 2016, Sebastiao Oliveira à Emanuel Oliveira et Lyse Vézina Oliveira, 30 avril 2003.

4. Denise Latrémouille, *Anthroponymes féminins*, Ville de Hull, v. 1990, Banque de noms.

140-142, rue Notre-Dame-de-l'Île
Maison Harkins-Medeiros

© M. Gervais 2015

© M. Guitard 1997

Cadastre : 1 621 647
Ancien numéro de lot : 59-1 (59 nord), Quartier 4
Date de construction : 1886-1887

Style architectural

L'influence du style victorien adapté à la région outaouaise, qu'on a défini comme style hullois, précède la conflagration de 1888. Sur cette rue, trois maisons presque identiques étaient en construction en 1886-1887 : celle-ci et ses deux voisines de la même rue, les 144-146 et 148-150, ont en commun de ne pas avoir de sous-sol apparent (elles n'en ont peut-être pas). C'est ce qui les différencie des jumelés de la rue Champlain qui, sinon, ont un style semblable. En raison de la symétrie des baies, on peut raisonnablement penser qu'elles ont été construites en même temps par le même constructeur.

Modifications : Toutes les modifications sont donc très apparentes : corniche, brique, toiture de la galerie, fenêtres sous le pignon et fenêtres du rez-de-chaussée. Un beau travail de restauration a été effectué par le propriétaire actuel.

Ces trois jumelés, construits la même année, côte à côte, méritent d'être conservés.

Propriétaires et occupants

En 1886-1887, Antoine Saint-Denis (1) est inscrit au rôle d'évaluation à titre de propriétaire de cet immeuble en construction. Il a acquis ce terrain de Henry Newell Bate au cours des deux années précédentes[1]. Il n'en est cependant pas le seul propriétaire puisqu'en 1890, il le vend conjointement, avec le marchand Damien Richer, à Joseph Marion (2), le commis du marché public. En 1896, Marion vend la maison à Alexander Harkins (3), un ingénieur de Hull marié à Elizabeth Lindsay. Cette dernière est déjà décédée en 1901. Alexander Harkins, un Irlandais, est né le 9 février 1850. Il meurt en décembre 1908, laissant ses biens à ses six enfants : Robert Edward (né le 5 septembre 1875), ingénieur ; Thomas Alexander (né le 14 novembre 1877), électricien ; Sarah Florence Catherine (née le 28 février 1889) ; Annie Louisa (née le 9 août 1891) ; Mary Isabelle (Marybelle) (née le 15 octobre 1882) ; Elizabeth (née le 25 décembre 1882) (4)[2]. Dans le Recensement du Canada de 1901, son fils Edward habite la maison avec son épouse, Ellen (née le 22 février 1881), et leur fils Thomas (né le 28 mars 1900). Thomas et son épouse Cordélia Gadbois habitent aussi la maison paternelle avec leurs trois enfants, Georges, Rita et Edgar.

En 1914, Annie vend sa part à ses frères et sœurs (5). Puis, la part de Robert Edward, décédé en Colombie-Britannique en 1918, est transmise, l'année suivante, à son frère, Thomas Alexander (6). À son décès, en septembre 1926, Thomas lègue à son épouse les trois cinquièmes de la propriété (7). Ses sœurs, Elizabeth et Florence, propriétaires des deux autres cinquièmes, vendent leur part, en mars 1927, à leur belle-sœur, Cordélia (8). La succession réglée en juin 1927, cette dernière devient la seule propriétaire de la maison.

Entre novembre 1934 et octobre 1936, Cordélia Gadbois convole en secondes noces avec Joseph-Léonidas Brunet. Celui-ci emménage avec elle au 140, rue Notre-Dame-de-l'Île, mais les époux n'y restent pas, car au décès de Léonidas, le 23 novembre 1963, Cordélia Gadbois réside au 78, rue Dollard-des-Ormeaux, maison qu'elle avait aussi

1. Ville de Hull, Rôles d'évaluation de 1884-1885 et 1886-1887. En 1884-1885, le terrain était vacant.
2. Nous soulignons le nom usuel d'après le Recensement du Canada de 1901, lequel donne aussi les dates de naissance.

achetée. Son fils Edgard, liquidateur de ses biens et représentant des héritiers (9), vend le 140-142, rue Notre-Dame à deux retraités, Léo et Gérald Campeau (10).

Au moment de la transaction, Léo Campeau demeure au 152, rue Notre-Dame et Gérald, au 124, rue Champlain (démolie). Le premier est marié à Lilianne Charrette et le second, à Lucie Fortin. En mars 1969, Léo vend sa part à Gérald (11). Ce dernier vend la propriété à José Madeiros (12) le 1er mai 1972. Madeiros et son épouse, Fernande Arruda, y résident encore en 2017.

Chaîne de titres

140-142, rue Notre-Dame-de-l'Île

1. QRF, 1903, 29 octobre, B8, No 7428, vente, Henry Newell Bate à Damien Richer et Antoine Saint-Denis, date inconnue.
2. QRF, 1903, 29 octobre, B8, No 7428, vente, Damien Richer et Antoine Saint-Denis à Joseph Marion, 1890.
3. QRF, 1903, 29 octobre, B8, No 7428, vente, Joseph Marion à Alexander Harkins, 12 juin 1896.
4. QRF, 5 mars 1909, C1, No 1569, legs, Alexander Harkins à ses six enfants, 3 mars 1909.
5. QRF, 1914, 2 octobre, B24, No 24044, vente d'un sixième, Annie Harkins à ses frères et sœurs, 17 septembre 1914.
6. QRF, 1924, 25 février, B43, Nos 43 824, 43 825 et 43 827, legs d'un cinquième, Robert Edward Harkins à Thomas Alexander Harkins, 27 janvier 1919.
7. QRF, 1927, 15 juin, B52, Nos 53 074, 53 075 et 53 076, legs des trois cinquièmes, Thomas Alexander Harkins à son épouse, Cordélia Gadbois, 28 septembre 1926.
8. QRF, 1927, 15 juin, B52, No 53077, vente des deux cinquièmes, Elizabeth et Florence Harkins à leur belle-sœur, Cordélia Gadbois, 19 mars 1927.
9. QRF, 1964, 16 novembre, Nos 154 930, 154 931 et 154 932, legs, Cordélia Gadbois à divers membres de sa famille, 23 novembre 1963.
10. QRF, 1965, 6 juillet, No 158 758, vente, succession de Cordélia Gadbois à Léo et Gérald Campeau, 25 juin 1965.
11. QRF, 1969, 1er avril, No 181 438, vente d'une moitié indivise, Léo Campeau à Gérald Campeau, 28 mars 1969.
12. QRF, 1972, 4 mai, No 206 667, vente, Gérald Campeau à José Medeiros, 1er mai 1972.

141-145, rue Notre-Dame-de-l'Île
Maison Famille Roger

© M. Gervais 2015

© M. Guitard 1997

Cadastre : 1 621 459
Ancien numéro de lot : 47, Quartier 4
Date de construction : 1900-1901

Style architectural

Cet immeuble urbain à logements date de la fin du XIXe siècle. Le style à l'italienne qui le caractérise est visible par son toit plat, orné d'une corniche en fer galvanisé avec ses consoles décoratives, les fenêtres et portes avec leur tête semi-elliptique avec voussoirs. Presque toutes les fenêtres avaient encore leur châssis à guillotine originaux à deux carreaux, en 1997. Les impostes au-dessus des portes créent l'équilibre des ouvertures sur la façade avant de la maison.

Modifications : Les fenêtres ont été remplacées par des fenêtres à guillotine, tout en conservant le style du bâtiment. Cet immeuble est l'un des bâtiments les plus intacts du début du siècle de tous ceux de la rue Notre-Dame. Seuls les porches et quelques portes ont été modifiés.

L'intégrité architecturale de ce bâtiment mérite d'être conservée avec grand soin, car il s'agit probablement du plus beau spécimen de ce type de bâtiment à logements multiples, encore existant, dans le quartier et la région. Il existe des bâtiments semblables dans le secteur de la rue Wright-Montcalm, mais ils ne sont pas aussi intacts. La maison est encore la propriété de la famille Roger qui l'a fait construire.

Propriétaires et occupants

Ce terrain fait partie de l'héritage de Rosina, reçu de Ruggles Wright père (1). Elle l'a vraisemblablement vendu à l'entrepreneur d'Ottawa John Poupore, avant 1890, lequel en a acheté plusieurs autres (2) avant son décès, en 1896. La propriété échoit à ses héritiers, William J. et John G. Poupore (3), aussi entrepreneurs, d'Ottawa. Le 3 juillet 1899, ceux-ci vendent le terrain sur lequel il n'y a encore aucun bâtiment, à Ferdinand Roger (né en novembre 1850), contremaître et menuisier, et à son épouse, Zénaïde Paquet (4).

Ferdinand Roger a donc 50 ans au moment où il fait construire cette maison à logements multiples, en 1900. Pour ce faire, il emprunte de l'argent à Stanislas Aubry en août et en novembre 1900 (5). Le second emprunt est sous forme de vente à réméré. Aubry meurt en 1908 et lègue ses biens à sa fille, Marie-Louise (6), épouse du photographe François-Xavier Filteau[3]. Celle-ci cède ses droits sur cette propriété à Ferdinand Roger en 1908 (7).

Entre-temps, Zénaïde (ou Zanaïde Paquet) décède le 27 mai 1902, léguant sa part indivise de la propriété à son époux Ferdinand (8). Leur fils Eudore, né en décembre 1877, emménage alors dans la nouvelle maison avec son père et sa propre famille. Il est alors marié à Florestine Fournier, née en avril 1878, fille du charpentier Joseph Fournier (133, rue Champlain) ; le couple a trois garçons : René (né en novembre 1903), Paul (né en juillet 1904) et George (né en janvier 1907). Eudore est un barbier et tabagiste bien connu à Hull ; sa boutique est située sur la rue Albert (Hôtel-de-Ville)[4]. Néanmoins, la famille n'est pas fortunée car, en 1908, Eudore est contraint de faire un emprunt auprès de son beau-père, Joseph Fournier, pour rembourser son emprunt à l'héritière d'Aubry. Il fait également d'autres emprunts, ce qui témoigne de sa fragilité financière. Néanmoins, il réussit à faire en sorte que l'immeuble reste dans la famille.

Son frère, le menuisier Apollinaire Roger, né en septembre 1881, habite probablement le même immeuble, porte voisine, avec son

3. F.-X. Filteau est le frère de Mme Basile Carrière (voir le 85, rue Victoria).
4. Les dates de naissance sont dans BAC, Recensement du Canada de 1911, comté de Wright, Cité de Hull ; Aubin et Bérubé, *Hull industriel.*

épouse Alexina, née en novembre 1882, et leur fils, né en février 1910. Le couple a une servante, Marie Rocheleau, âgée de 52 ans[5].

Le Recensement du Canada de 1911 révèle la présence de la famille de John Leamy au numéro 145 du même édifice. Né en mars 1853, il y habite avec son fils Andrew, un commis âgé de 35 ans (né en août 1875), et ses filles Milley (née en 1886) et Anney (née en 1890), qui est sténographe. Ce John Leamy n'a pas de métier inscrit à cette époque.

En 1934, Ferdinand Roger, retraité, fait don entre vifs de la propriété à son fils Eudore (9). Celui-ci est maintenant marié, en secondes noces, à Bernadette Laroche. En contrepartie, le couple doit loger, nourrir et vêtir le donateur, payer ses médicaments en cas de maladie et pourvoir de façon convenable à ses obsèques. Ce genre de donation est courant depuis le début de la colonie française au Canada.

Eudore Roger meurt peu après, soit le 2 décembre 1937, laissant la propriété à ses quatre fils : René, Paul-André, Léon et Rémi (10). George est peut-être décédé à ce moment-là. Léon et Rémi sont-ils les fils de Bernadette Laroche ?[6] C'est cette dernière qui est liquidatrice des biens de son époux. C'est probablement à la suite du décès de Rémi qu'elle vend, en juillet 1946, la propriété aux trois fils d'Eudore : René, assistant-greffier de la Ville de Hull, Paul-André, employé de banque à Acton Vale, et Léon, résident de Hull (11).

En octobre 1954, Paul-André est de retour à Hull et habite la rue Hôtel-de-Ville lorsque ses deux frères lui vendent leur part de la maison familliale (12). Paul-André, marié à Irène Séguin, s'installe alors sur la rue Notre-Dame. Il meurt, veuf, le 19 septembre 1983, à l'âge de 78 ans. Son unique fils, Pierre, habite la maison en 1997. Il n'y habite plus à présent, mais il en est propriétaire depuis 1984 (13).

Centenaire, cette maison est demeurée, depuis sa construction, la propriété de la famille Roger sans interruption, ce qui est rare.

Chaîne de titres

141-145, rue Notre-Dame-de-l'Île

1. QRF, 1901, 15 octobre, No 2222, testament de Ruggles Wright, devant Me A. Larue et collègues, no 5893, 6 août 1863, contrat de partage et division de propriété, devant Me A. Larue, 17 septembre

5. BAC, Recensement du Canada de 1911.
6. La généalogie de la famille Roger a été rédigée et elle est sûrement à la SGO.

1864, enregistré sous Lib B, No 46, vol. 11, p. 53, Ruggles Wright à sa fille, Rosina Wright.

2. Ville de Hull, Rôles d'évaluation de 1890, vente, Rosina Wright à John Poupore.
3. QRF, 1900, 8 juin, B1, No 120, legs, John Poupore à William J. et John G. Poupore, 1896.
4. QRF, 1900, 8 juin, B1, No 120, vente, William J. et John G. Poupore à Ferdinand Roger et Zénaïde Paquet, 3 juillet 1899.
5. QRF, 1900, 27 août, B1, No 407, obligation ; QRF, 1900, 13 novembre, B1, No 705, vente à réméré, Ferdinand Roger à Stanislas Aubry, 27 août 1900 et 13 novembre 1900.
6. QRF, 1908, 12 février, B15, No 13085, et C1, No 1428, legs, Stanilas Aubry à Marie-Louise Aubry, épouse de François-Xavier Filteau, 12 février 1908.
7. QRF, 1908, 15 décembre, B16, No 14213, cession, Marie-Louise Aubry, épouse de François-Xavier Filteau, 15 décembre 1908.
8. QRF, 1902, 31 juillet, B6, No 5250, et C1, No 580, legs, Zénaïde Paquet à Ferdinand Roger, 27 mai 1902.
9. QRF, 1934, 1er août, B67, No 68460, donation, Ferdinand Roger à Eudore Roger, 27 juillet 1934.
10. QRF, 1938, 18 février, B69, Nos 71102, 71103 et 71104, legs, Eudore Roger à ses quatre fils, 2 décembre 1937.
11. QRF, 1946, 2 août, B82, No 82619, vente, Rémi Roger à ses frères, René, Paul-André et Léon Roger, 23 juillet 1946.
12. QRF, 1954, 5 novembre, No 107 861, vente, Léon et René Roger à leur frère, Paul-André Roger, 23 octobre 1954.
13. QRF, 1984, 15 novembre, No 331 780, legs, Paul-André Roger à son fils Pierre Roger, 19 septembre 1983.

144-146, rue Notre-Dame-de-l'Île

© M. Gervais 2015

© M. Guitard 1997

Cadastre : 1 621 648
Ancien numéro de lot : 48-2 (48 sud), Quartier 4
Date de construction : 1886-1887

Style architectural

Maison en construction de 20 sur 24 pieds en 1886-1887, c'est un jumelé de style hullois, d'abord en bois, puis en brique. De deux étages et demi avec, à l'origine, des fenêtres et des portes à têtes semi-elliptiques, cette maison était probablement identique à celle du 148-150, rue Notre-Dame, dont elle a les mêmes caractéristiques.

Modifications : Une rallonge de 14 sur 20 pieds ainsi qu'un revêtement de brique auraient été ajoutés vers 1915. Le revêtement de stuc date probablement des années 1940-1950 et a été repeint récemment. La photographie de 1997 révèle que les baies originales étaient semi-elliptiques. Les fenêtres ont été remplacées récemment par des fenêtres à guillotine compatibles avec le style de la maison. L'escalier sur le côté indique l'accès à un logement aménagé sous le toit.

Propriétaires et occupants

En 1886-1887, Jules Joannette (3), journalier, est le propriétaire de cette maison en construction, qui est alors un semi-détaché au revêtement de bois. Comme il n'est pas propriétaire du terrain, il l'achète en 1895 de Damien Richer (2) qui l'a vraisemblablement lui-même acheté du marchand ottavien Henry Newell Bate (1)[1]. Il y réside tout en louant l'autre moitié du jumelé jusqu'en 1898. Il la vend alors au charpentier William Hamilton (4), qui habite l'ancien quartier, à l'ouest du ruisseau de la Brasserie. Il loue la maison à David Blackeney et à une veuve. En juin 1904, Hamilton la vend au menuisier Alfred Massé (5).

Le 13 février 1908, étant déménagé à Montréal, Massé cède la propriété à Georges Reinhardt (6), un peintre décorateur hullois qui habite la maison voisine (148-150, rue Notre-Dame-de-l'Île). Le fait que Reinhardt ait aussi pu acheter, en 1911, la propriété du 138 de la même rue est un indice intéressant des revenus que pouvait tirer de son métier un peintre décorateur.

Reinhardt conserve les maisons du 144-146 et du 138, rue Notre-Dame-de-l'Île jusqu'en novembre 1942, soit pendant 30 ans. Le marchand Josaphat Pharand (7), voisin du 135, rue Notre-Dame, en devient alors propriétaire ; il prend des locataires. Au décès de Pharand, ses liquidateurs vendent cette propriété le 28 décembre 1956 à Pierre Champagne, un machiniste du boulevard Gamelin (8). Quelques semaines ou mois plus tard, Champagne épouse Gabrielle Gariépy. On doute qu'il ait habité la maison, car lorsqu'il vend la propriété, en décembre 1988, il demeure à Angers. Les nouveaux propriétaires, quant à eux – Alex E. Goghill, ingénieur, et son épouse, Diane-C. Boyer (9) – sont résidents de Kanata. En juillet 1989, Coghill cède sa part à Diane Boyer (10), qui possède encore la propriété en 1997.

Cette dernière vend la propriété en 2000 à Scott Amey, musicien, et à Lissa Constantine, designer (11). À la suite de leur séparation, en 2004, Scott Amey vend sa part à Lissa (12), qui habite encore la maison. Depuis juillet 2015, celle-ci a cédé une partie indivise à son nouvel époux, Michael Toporowski (13). Elle y a sa firme de design, birddogdesign.com, dans la partie voisine de la maison. Les rénovations récentes ont respecté le style de cette maison de 130 ans, conservant le charme discret de ces maisons construites dans les années 1880.

1. Le fils héritier du bloc 3, Philemon Wetherall Wright, meurt en 1877 et son épouse, l'année suivante. Nous ne savons pas, pour le moment, quand Bate a acquis les terrains de cet îlot.

Chaîne de titres

144-146, rue Notre-Dame-de-l'Île

1. QRF, 1902, 16 juin, B6, No 5029, vente, Henry Newell Bate à Damien Richer, date inconnue.
2. QRF, 1902, 16 juin, B6, No 5029, vente du terrain, Damien Richer à Jules Joannette, 29 mai 1895.
3. QRF, 1902, 16 juin, B6, No 5029, vente, Jules Joannette à William Hamilton, 16 mars 1898.
4. QRF, 1904, 15 juillet, B9, No 8487, vente, William Hamilton à Alfred Massé, 27 juin 1904.
5. QRF, 1908, 14 février, B15, No 13089, vente, Alfred Massé à George Reinhardt, 13 février 1908.
6. QRF, 1942, 24 novembre, B75, No 75719, vente, George Reinhardt à Josaphat Pharand, 17 novembre 1942.
7. QRF, 1957, 8 janvier, No 115933, legs, Josaphat Pharand à diverses communautés et institutions de charité, 28 décembre 1956.
8. QRF, 1957, 8 janvier, No 115934, vente, succession de Josaphat Pharand à Pierre Champagne, 28 décembre 1956.
9. QRF, 1989, 18 janvier, No 396344, vente, Pierre Champagne à Alex-E. Coghill et Diane-C. Boyer, 22 décembre 1988.
10. QRF, 1989, 2 août, No 405 009, cession, Alex-E. Coghill à Diane-C. Boyer, 21 juillet 1989.
11. QRF, 2000, 1er août, No 554 009, vente, Diane-C. Boyer à Scott Amey et Lissa Constantine, devant Me Marc Trépanier, no 3690, 31 juillet 2000.
12. QRF, 2004, 4 août, No 11 587 040, vente, Scott Amey à Lissa Constantine, 4 août 2004.
13. QRF, 2015, 9 juillet, No 21 686 230, cession, droits indivis, Elysabeth Lissa Constantine à Michael Toporowski, 9 juillet 2015.

148-150, rue Notre-Dame-de-l'Île
Maison Guy Sanche – Bobino

© M. Gervais 2015

© M. Guitard 1997

Cadastre : 1 621 649
Ancien numéro de lot : 48-1 (48 nord), Quartier 4
Date de construction : 1886-1887

Style architectural

Ce jumelé de style hullois est construit en 1886-1887 et son revêtement en brique est posé en 1893. Rare phénomène, le toit a encore ses retours d'origine. Les ouvertures semi-elliptiques des portes et fenêtres sont garnies de voussoirs. Les porches couverts de leur toiture légèrement en pignon accentuent le caractère du pignon sur rue. Il faut aussi remarquer l'imposte au-dessus des portes.

Modifications : Les porches peuvent dater des années 1910. Les fenêtres, qui avaient été remplacées par des châssis à carreau simple, l'ont été à nouveau depuis 1997. La rampe des porches est récente. La brique a été peinte. Les propriétaires actuels ont aussi rénové l'intérieur et refait le revêtement du toit.

Malgré la rampe des porches trop moderne et la brique peinte, cette maison est un document architectural. Il faut la conserver dans toute son authenticité.

Georges Reinhardt, peintre décorateur et propriétaire de plusieurs maisons, a habité celle-ci pendant plusieurs années. Nous croyons que les trois maisons jumelées, construites la même année côte à côte, vraisemblablement identiques à l'origine, l'ont été par l'entrepreneur John Poupore pour les différents propriétaires – cela demeure une hypothèse pour le moment. Si seulement on avait encore les documents de cette entreprise ou les permis de construction de la Ville…

Propriétaires et occupants

Ce terrain, propriété de Henry Newell Bate, est vacant avant 1886-1887, mais un maçon, Pierre Saint-Arnaud, devient propriétaire d'une maison en construction (1) et, en 1890, il a un locataire, Joseph Latrémouille. En 1892-1893, la propriété appartient à l'entrepreneur John Poupore (2), qui ne l'habite pas. Cependant, Saint-Arnaud y demeure ainsi que Pierre Poupore, *quarryman*. Il y avait deux locataires : Pierre Poupore, un gérant de chantier de 53 ans, et Joseph Chénier, un agent d'assurance de 34 ans. En avril 1904, William Joseph Poupore, alors entrepreneur à Montréal, qui avait hérité cette propriété de son oncle, la vend à Georges Reinhardt (3).

Le 30 décembre 1898, Reindhardt épouse Delvina Poupore (parfois écrit Poupart), probablement la fille de John Poupore, d'Ottawa, qui a construit plusieurs maisons à Hull. Au décès de Delvina, Reinhardt avait convolé en secondes noces avec Rosina Gratton, à Ottawa, vers 1920. Il est peintre décorateur, imitateur ; à l'époque on faisait du trompe-l'oeil et du faux marbre, comme on en fait encore. Il était aussi tapissier. Son commerce était situé dans la maison actuelle[1].

Le locataire de Reinhardt, en cette fin du XIXe siècle, est nul autre que Wilfrid Sanche (1879-1941), cet artiste considéré comme un fondateur de l'histoire du théâtre en Outaouais. Il déménage ensuite au 245, rue Papineau. Son fils Jean-Paul, né le 25 décembre 1908, y loge dans les années 1930. Marié à Juliette Sauvé, à Hull, le 23 juin 1932, il habitait cette maison où naît leur fils Guy le 4 juillet 1934. Ce garçon devient l'artiste extraordinaire qui a personnifié Bobino, cette icône de la culture québécoise. Plus tard, la famille de Jean-Paul Sanche déménage à Saint-Hubert, Québec. Jean-Paul Sanche y meurt le 26 avril 1990 à l'âge de 81 ans.

1. Son commerce était au 149, rue Alma, en 1908, ce qui est l'adresse de la maison actuelle, le numéro civique de la maison étant alors le 149-151, rue Alma.

Guy Sanche

Guy Sanche est ce célèbre comédien, connu par son rôle de Bobino, un clown costumé d'une veste rapiécée, fleurie d'une marguerite, portant un chapeau melon et des gants gris, et ayant une canne (voir son costume dans la vitrine à l'entrée de la bibliothèque de Gatineau, qui porte son nom). De 1957 à 1985, il fait le bonheur des enfants à la télévision. Guy Sanche improvise ses textes et crée un univers de fantaisies. Après un an, l'auteur Michel Cailloux devient son complice avec ses scénarios et l'ajout d'une petite sœur marionnette, Bobinette, « championne de la poire à eau et des pétards à la farine ». Plus de 5 000 scénarios divertissent les tout-petits tout en leur inculquant des notions de géographie, d'histoire et de sciences naturelles, et en leur donnant des consignes de sécurité et des éléments d'apprentissage de la vie. Lorsque Radio-Canada veut cesser la série, en 1983, « plusieurs dizaines de milliers de lettres et de téléphones de protestation, de pétitions », et même, des interpellations à la Chambre des communes à Ottawa, finissent par faire céder le diffuseur, qui prolonge l'émission d'un an et accorde des reprises par la suite. Prisonnier de son personnage, Guy Sanche ne peut à peu près pas jouer d'autres rôles, bien qu'on le retrouve occasionnellement dans plusieurs grandes séries télévisées. Il habite Saint-Fabien-sur-Mer, Québec. Il meurt d'un cancer à l'hôpital de Rimouski, le 27 janvier 1988, à 52 ans. Trois enfants sont nés de son mariage avec Monique Chabot : Dominique, Isabelle et Catherine[2].

Revenons à Georges Reinhardt qui, le 23 février 1925, vend la maison à l'épicier Moïse-J. Laverdure (4). En 1889, ce dernier épouse Eugénie Filteau avec qui il a six enfants : Jules, Édouard (voir le 118, rue Champlain), Lucien, Guy, Jeannette et Thérèse. En novembre 1913, Moïse épouse en secondes noces Julia Dorion. Il meurt le 18 février 1935 à l'âge de 69 ans, laissant la propriété à sa seconde épouse et à ses six enfants nés du premier lit (5). Julia Dorion cède sa part aux enfants (6) et, au moment de la répartition des biens du défunt, en mars 1935, Lucien Laverdure, comptable, rachète les parts de ses frères et sœurs (7). Lucien Laverdure semble avoir habité dans cette maison (le 148) pendant une douzaine d'années avant d'acquérir la maison Carrière au 85, rue Victoria. Il loue l'autre logement. En avril 1948, il vend la

2. Robert Lévesque, « La mort de Guy Sanche, Bobino n'est plus. », *Le Devoir*, 28 janvier 1988. Les journaux ont écrit qu'il avait 52 ans et qu'il est né en 1936, mais le registre de la paroisse Notre-Dame indique bien 1934. Pierre Roberge, « Bobino s'éteint. », *Le Droit*, 28 janvier 1988.

Guy Sanche incarnait Bobino dans l'émission *Bobino et Bobinette* (Radio-Canada). Bado, 1988 (rev 2017).

propriété à Eugénie Gagné (8), veuve d'Auguste D'Amours ; résidente d'Ottawa, elle n'occupe pas la maison. En 1951, Marcel et Marcelle D'Amours ainsi que Paul et Jacqueline Farley habitent la maison. En juillet 1960, Eugénie Gagné-D'Amours vend la propriété à Alphonse Labonté (9), qui habite déjà au 148 à ce moment-là.

Son épouse, Adrienne Saint-Louis, étant décédée le 28 janvier 1957, Alphonse Labonté, comptable, fait don de la propriété à sa fille Nicole, en 1992 (10). Le père et la fille habitent cette jolie maison du siècle dernier en 1997.

Depuis 2004, les derniers propriétaires, Marc Arseneau et Marie-Josée Marziliano, deux professionnels, et leurs enfants habitent la maison. Ils sont très impliqués dans la vie du quartier et de la ville.

Chaîne de titres

148-150, rue Notre-Dame-de-l'Île

1. Ville de Hull, Rôles d'évaluation de 1884-1885 et 1888-1889, Quartier 4, lot 48N, vente, Henry Newell Bate à Pierre Saint-Arnaud, date inconnue.
2. Ville de Hull, Rôles d'évaluation de 1891-1892, Quartier 4, lot 48N, Pierre Saint-Arnaud à William Joseph Poupore, vers 1891-1892.
3. QRF, 1904, 18 mai, B9, No 8239, vente, William Joseph Poupore à Georges Reinhardt, 18 avril 1904.
4. QRF, 1925, 2 mars, B46, No 46531, vente, Georges Reinhardt à Moïse-J. Laverdure, 23 février 1925.
5. QRF, 1935, 29 mars, B67, No 68912, legs, Moïse-J. Laverdure à sa seconde épouse, Julia Dorion, et à ses six enfants, 14 mars 1935.
6. QRF, 1935, 29 mars, B67, No 68914, cession, Julia Dorion aux six enfants de Moïse-J. Laverdure, 14 mars 1935.
7. QRF, 1935, 29 mars, B67, No 68916, vente, succession de Moïse-J. Laverdure à Lucien Laverdure, 14 mars 1935.
8. QRF, 1948, 13 avril, B87, No 86889, vente, Lucien Laverdure à Eugénie Gagné, 13 avril 1948.

9. QRF, 1960, 12 juillet, No 129 113, vente, Eugénie Gagné à Alphonse Labonté, 30 juin 1960.
10. QRF, 1992, 30 septembre, No 461 834, cession, Alphonse Labonté à Nicole Labonté, 24 septembre 1992.
11. QRF, 2004, 29 janvier, No 11 047 740, vente, Nicole Labonté à Marc Arseneau et Marie-Josée Marziliano, janvier 2004.

149, rue Notre-Dame-de-l'Île

© M. Gervais 2015

© M. Guitard 1997

Cadastre : 1 621 460
Ancien numéro de lot : 34-2 (34 sud), Quartier 4
Date de construction : 1894-1895

Style architectural

Cette maison d'un étage et demi est de style Second Empire avec son toit en mansarde sur les côtés. Or, les ouvertures semi-elliptiques des fenêtres, garnies de voussoirs, tiennent du style à l'italienne, ce qui laisse supposer que le toit a été modifié au début du xxe siècle. Entre 1901 et 1911, une cuisine de 20 sur 16 pieds est ajoutée à la maison originale. C'était une solide maison sur fondation de pierre.

Modifications : La véranda et la galerie ont été refaites. La brique a été peinte. Le toit, probablement légèrement différent à l'origine, a été refait.

Propriétaires et occupants

En 1886-1887, une maisonnette en bois de 16 sur 20 pieds, avec une cuisine à l'arrière et un hangar, occupaient ce site, le tout appartenant à Joseph Saint-Arnaud, un maçon (3). De toute évidence, ces bâtiments furent rasés lors de l'incendie de 1888. La maison était vraisemblablement sur un terrain en constitut que l'héritière Rosina Wright vend à l'entrepreneur John Poupore [(1) et (2)], qui a acheté les lots 60, 47, 34 et 21, devenus vacants après l'incendie de 1888. John Poupore a vraisemblablement vendu le terrain à Joseph Saint-Arnaud[1], mais c'est le maçon, Pierre Saint-Arnaud (fils du précédent ?) qui construit une remise sur le lot 34 sud, puis une nouvelle maison en 1893-1894. Le 5 mars 1895, Joseph Saint-Arnaud la loue avec promesse de vente au journalier Joseph Auger (4), mais c'est de Charles Campagna qu'Auger achètera la propriété le 10 juillet 1903[2], acte qui sera enregistré le 11 juillet 1903. On ne sait pas quand Campagna achète cette propriété.

Le menuisier Joseph Auger, né en septembre 1850, a épousé Jeanne Nicolas, née en août 1856. Au recensement de 1911, ils ont six enfants : Arthur (né en septembre 1882), Léa (née en juillet 1884), Louisa (née en novembre 1886), Oswald (né en août 1888), Oscar (né en décembre 1890) et Claudia (née en juin 1892). Au décès de Jeanne, le 14 avril 1933, le nom d'une autre fille est mentionné, Marie-Ange, mariée à un nommé A. Paquette, d'Ottawa. Douze jours après le décès de son épouse, Auger vend la propriété à Béatrice Paquette (5), célibataire, d'Ottawa. En décembre 1939, Béatrice fait don de la propriété à Léa Auger (6), mariée à Ludger Doré, un restaurateur demeurant à Eastview. Léa Auger meurt en avril 1953, laissant une moitié indivise de la propriété à ses frères et sœurs, neveux et nièces, et l'autre moitié, à son époux, Ludger Doré (7). Une des héritières vend sa part à Ludger Doré (8). Ce dernier meurt à son tour trois ans plus tard et la propriété échoit à différents membres de sa famille (9). En janvier 1957, sa succession la vend à Laurencia Auger (10), veuve de J.-Arthur Charbonneau, habitant alors sur la rue Montcalm, qui

1. Pour cette période, nous n'avons, pour le moment, que les rôles d'évaluation pour nous guider. Il n'y a aucun Saint-Arnaud, Pierre ou Joseph, inscrit dans les Recensements du Canada de 1891 ou 1901 pour les Villes de Hull, de Québec ou d'Ottawa.
2. Dans la vente d'Auger à Béatrice Paquette en 1933, l'acquisition est inscrite comme étant de Campagna, no 22107 du répertoire de Me Nérée Tétreau. QRF, 1933, 2 mai, B66, No 67178, vente, Joseph Auger à Béatrice Paquette, 26 avril 1933, devant Henri Desrosiers.

emménage dans la maison à une date inconnue. Elle s'est remariée à Patrick Flansbury. En 1971, elle vend la propriété à Maurice et Hector Charbonneau (11), peut-être ses fils. Deux ans plus tard, en 1973, ceux-ci la vendent à cinq personnes nommées Guérin (12), qui habitaient ensemble au 105, rue Laurier : Émilia, ménagère, Conrad, menuisier, Roland, serveur, et Lorenzo, ouvrier. Ils déménagent tous sur la rue Notre-Dame. Plusieurs transactions transmettent la part des frères et de la sœur dans les mains de Conrad. En 1984, sa sœur et ses frères étant décédés, celui-ci vend la propriété à l'Association athlétique Hull-Volant (13), qui la loue comme logements. Ce sont Benoît Rioux et Jean-Sébastien Rioux qui sont les propriétaires depuis 2005 (14).

Chaîne de titres

149, rue Notre-Dame-de-l'Île

1. QRF, 1901, 15 octobre, No 2222, testament de Ruggles Wright, devant Me A. Larue et collègues, no 5893, 6 août 1863 ; contrat de partage et division de propriété, devant Me A. Larue, 17 septembre 1864, enregistré sous Lib B, No 46, vol. 11, p. 53, Ruggles Wright à sa fille Rosina Wright.
2. Ville de Hull, Rôles d'évaluation de 1888-1889, Quartier 4, lot 34 sud, vente de terrains, Rosina Wright par Patrick O. Lawless à John Poupore, 1888-1889.
3. Ville de Hull, Rôles d'évaluation de 1885-1886, Rosina Wright à Joseph Saint-Arnaud [?], en ou vers 1886.
4. QRF, 1903, 8 août, B8, No 6940, vente, Charles Campagna à Joseph Auger, devant Me Nérée Tétreau, 10 juillet 1903, no 22107 ; QRF, 1904, 16 novembre, C1, No 1040, rectification par Campagna qu'il s'agit du lot 34 sud et non 34 nord, comme décrit dans le document No 6940.
5. QRF, 1933, 2 mai, B66, No 67178, vente, Joseph Auger à Béatrice Paquette, 26 avril 1933.
6. QRF, 1939, 30 décembre, B71, No 72653, donation, Béatrice Paquette à Léa Auger, 23 décembre 1939.
7. QRF, 1954, 18 janvier, No 105 011, legs, Léa Auger à son époux, Ludger Doré, ses frères et sœurs, neveux et nièces, 16 avril 1953.
8. QRF, 1954, 18 janvier, No 105 012, vente, Joséphine Auger *et al.* à Ludger Doré, 16 janvier 1954.
9. QRF, 1956, 17 novembre, No 115 569, legs, Ludger Doré à ses frères et sœurs, 8 novembre 1956.

10. QRF, 1957, 5 février, No 116 105, vente, succession de Ludger Doré à Laurencia Auger, 10 janvier 1957.
11. QRF, 1971, 20 août, No 200 115, vente, Laurencia Auger à Maurice et Hector Charbonneau, 19 août 1971.
12. QRF, 1973, 21 septembre, No 220 764, vente, Maurice et Hector Charbonneau à Émilia, Conrad, Roland, Lorenzo et René Guérin, 18 septembre 1973.
13. QRF, 1984, 21 février, No 321 855, legs de sa part, René Guérin à Émilia, Conrad, Roland et Lorenzo Guérin, 15 juin 1975.
14. QRF, 1984, 21 février, Nos 321 856 et 321 857, legs de sa part, Lorenzo Guérin à Émilia, Conrad et Roland Guérin, 3 mars 1977.
15. QRF, 1984, 21 février, Nos 321 858 et 321 859, legs de sa part, Émilia Guérin à Conrad et Roland Guérin, 8 janvier 1981.
16. QRF, 1984, 21 février, Nos 321 860 et 321 861, legs de sa part, Roland Guérin à Conrad Guérin, 26 novembre 1982.
17. QRF, 1984, 13 mars, No 322 462, vente, Conrad Guérin à l'Association athlétique et sociale Hull-Volant inc., 9 mars 1984.
18. QRF, 2005, 28 octobre, No 12 803 215, vente, Association athlétique et sociale Hull-Volant inc. à Benoît Rioux et Jean-Sébastien Rioux, 28 octobre 2005.
19. Ville de Gatineau, Rôles d'évaluation de 2016-2017, Association athlétique et sociale Hull-Volant inc. à Gestion Sajelas inc., 7 juillet 2016.

152, rue Notre-Dame-de-l'Île
Maison Thibault

© M. Gervais 2015

© M. Guitard 1997

Cadastre : 1 621 650
Ancien numéro de lot : 33-2 (33 sud), Quartier 4
Date de construction : 1886

Style architectural

Le style vernaculaire à l'italienne domine ici. Construite en 1886, cette maison avait un toit à pignon sur rue, à l'origine, et un revêtement en bois, qui a été couvert d'un crépi en 1898. Vers 1913, des travaux majeurs transforment la maison, les transformations les plus remarquables étant un toit applati et un revêtement en brique. La fenêtre à double châssis séparée par une moulure date de la première construction, mais les deux autres fenêtres du rez-de-chaussée sont probablement des rénovations de 1913.

Modifications : Les rénovations récentes du porche et du balcon ont été effectuées en conservant le style de la maison, bien qu'étant d'influence contemporaine.

Les propriétaires de cette maison, toujours très bien entretenue, ont préservé l'authenticité de la maison telle que rénovée au début du xxe siècle. Sa corniche, qui doit être en fer galvanisé, est particulièrement bien conservée et mise en évidence.

Propriétaires et occupants

Le terrain de cette propriété est passé des mains de Henry Newell Bate à Damien Richer (1), bourgeois hullois, entre 1885 et 1886. Richer vend le terrain en 1890 à Pierre Brisebois (2), qui y a déjà construit une maison en 1886. C'est une grande maison avec cuisine et hangar, qui n'a pas brûlé dans l'incendie de 1888. Elle était en bois avec le toit pentu et pignon sur rue, donc du style hullois[1]. En 1898, il appose un revêtement de crépi.

Pierre Brisebois est né le 2 août 1850. Il est marié à Sophie qui a le même âge que lui et ils ont quatre filles et un garçon : Albertine (née le 10 octobre 1876), Mathilda (née le 14 août 1880), Wildina (née le 29 mai 1884), Florida (née le 1er octobre 1890) et Wilfrid (né le 1er octobre 1887)[2]. Bien qu'il habite le Quartier 4, Pierre Brisebois est échevin du Quartier 5 de 1894 à 1896[3].

En décembre 1902, il vend sa propriété à Étienne Whissel (3), un journalier qui ne l'achète que pour la revendre à Alfred-Philéas Thibault (4), le secrétaire-trésorier de la Cité de Hull, le 19 février 1903. C'est pendant qu'y habitait la famille Thibault que la maison subit des transformations majeures pour adopter un style vernaculaire à l'italienne vers 1913.

Alfred-Philéas Thibault est né le 18 mai 1856 à Saint-Louis-de Gonzague de Beauharnois. Il avait 10 ans lorsque ses parents, Joseph et Zoé Préjean, sont venus s'établir à Ottawa vers 1866, où la région de la nouvelle capitale du Canada offrait une perspective d'emploi. En 1880, il épouse Anna Beaudet, connue sous le nom de Bella, laquelle est originaire de Saint-Christophe d'Arthabasca, y étant née le 7 janvier 1857. Ses parents sont Geofroy Beaudet et Marie Giguère. Alfred-Philéas et Anna (Bella) ont 10 enfants : Bertha (1882-1947), Léontine (1883-1952), Maria (1885-1935), Léon (1890-1920), Joseph (1892-1961),

1. Sur les rôles d'évaluation de 1886-1887, les dimensions de la maison sont de 25 sur 30 pieds, plus cuisine et hangar. Aux rôles de 1888-1889, la maison est décrite comme mesurant 24 sur 48 pieds, mais ni la cuisine ni le hangar ne sont mentionnés, ce qui laisse entendre qu'on a alors mesuré en tenant compte de la cuisine, car, par la suite, elle est décrite comme étant de 24 sur 30 pieds.
2. BAC, Recensement du Canada de 1901, comté de Wright, Cité de Hull.
3. Bisson, Élections municipales, p. 39.

Donalda (1894-1983), Jeanne (1895-1987) et Philéas (1898-1973). Deux garçons sont morts : Alfred (1886-1889), à 3 ans, et Eugène (1888-1913), à 24 ans.

Alfred-Philéas Thibault meurt le 14 janvier 1914 à Hull, laissant ses biens à son épouse (5). Celle-ci vit avec son plus jeune garçon, Philéas, qui n'a que 16 ans, Donalda, institutrice, et Jeanne qui enseigne la musique. Elle aurait contribué à la poursuite des études classiques de Philéas fils au Juniorat de l'Université d'Ottawa. Il évite le service militaire, ce qui n'est pas le cas de ses frères Léon (commis) et Joseph (machiniste), qui servent durant la Première Guerre mondiale. La période de la guerre semble avoir été plus difficile pour Bella, car, en 1917, elle emprunte de l'argent à l'hôtelier Joseph Fournier, son gendre, marié à sa fille Bertha. En 1920, elle vend la propriété à Fournier (6), peut-être pour rembourser sa dette de 1917.

Les enfants s'en vont graduellement. Les études terminées, Philéas épouse Jeannette M.-Anne Trudel, fille d'Adrien Trudel et d'Alma Grondin, de Hull, en 1919. Le couple se marie à Ottawa, où habite Philéas, qui y est fonctionnaire. Léontine épouse Ulric Cloutier, un commis voyageur de Hull, Maria épouse Édouard Contant à Montréal. Bella meurt le 12 mars 1936. Elle n'assistera pas au mariage de Jeanne avec Marcel Karch, à Montréal, en 1946[4].

Le 9 septembre 1935, Bertha et Joseph Fournier donnent leurs propriétés, dont la maison du 152, rue Notre-Dame, à leurs filles, Gabrielle et Diane (7). Elles n'y habitent pas, la maison étant en location. En 1943, les locataires qui y habitent, Yvon, Jeannine et Fleur-Ange Groulx, un frère et deux sœurs, achètent le 160, rue Notre-Dame, et y déménagent. La maison continue à être louée pendant encore dix ans.

Le 24 août 1953, Gabrielle Fournier, habitant désormais à Ottawa, et Diane, à Montréal, vendent la maison de la rue Notre-Dame à Oscar Deroin (8), entrepreneur en fer ornemental, de la rue Wellington, à Hull. La même journée, Deroin la revend au double du prix à Marie-Anna Monnin (9), mieux connue comme « Madame Burger », veuve d'Henry Burger. Elle est la célèbre fondatrice et propriétaire du Café Henry Burger, sis sur la propriété voisine à l'arrière de la maison. Madame Burger loue la maison de la rue Notre-Dame[5]. Un des locataires, Léo

4. Tous les renseignements viennent de la généalogie de la famille Thibault, rédigée par Jeannette (Nanette) Thibault, la fille de Philéas et Jeannette, que nous remercions de sa collaboration. On peut la trouver en ligne à NANTIBO.

5. Michelle Guitard, « Marie Monnin-Burger », p. 20-23.

Campeau, retraité, qui y logeait en 1965, achète la maison du 140-142, rue Notre-Dame-de-l'Île (voir cette adresse).

Au début des années 1970, le quartier fait l'objet de spéculation immobilière, à la suite de la construction de Place du Portage et la fermeture de l'usine de bisulfite de la E.B. Eddy. En 1973, Marie-Anna Monnin, peu avant son décès, vend toutes ses propriétés à la Société Gestion Fides (aussi écrit Phides ltée) (10). Cette société, qui regroupe des professionnels de Hull, dont son notaire personnel, Pierre DesRosiers, et le collègue de celui-ci, Charles Munn, achète en plus des trois lots de Mme Burger, le 73 et le 77, rue Laurier, tous dans ce quadrilatère entre la rue Notre-Dame-de-l'Île et Laurier. De cette société, les propriétés passent, en 1974, à la compagnie Gatineau Westgate (11), puis, la même année, à la Gatineau Westgate (1974) ltée, représentée par son vice-président, P.R. Gareau, et son trésorier, E.A. Kirk (12).

En novembre 1980, la société Gatineau Westgate (1974) ltée, maintenant représentée par Robert Labine et Roger Lévesque, vend la maison de la rue Notre-Dame à Daniel Cozak, (13), un résident du 57, rue Saint-Étienne à Hull. En 1982, déménagé à Québec, ce dernier vend la maison au professeur de l'Université d'Ottawa François Gallays (14), qui habite déjà la maison. En décembre 1999, sa fille [?], Emmanuelle Gallays, et son époux, Mehdy Khalid (15), deux coordonnateurs de projets et mariés depuis l'été précédent, se portent acquéreurs de la maison où ils résidaient déjà, François Gallays étant déménagé.

Depuis novembre 2004, Antoine Lagarec, Ken Lagarec et d'autres (16) achètent la maison. Deux ans plus tard, Ken cède sa part de l'immeuble à Antoine, designer au Nordic, et à son épouse Réna Lavallée (17). Ils sont les propriétaires actuels (2016) et y résident avec leurs trois enfants.

Chaîne de titres

152, rue Notre-Dame-de-l'Île

1. QRF, 1910, 28 février, B18, No 15894, vente du terrain Henry Newell Bate à Damien Richer, 1885-1886 ; Ville de Hull, Rôles d'évaluation de 1884-1885 et 1886-1887, Quartier 4, lot 33.
2. QRF, 1910, 28 février, B18, No 15894, vente du terrain, Damien Richer à Pierre Brisebois, 18 avril 1890.
3. QRF, 1902, 9 décembre, B6, No 5779, vente de l'immeuble, Pierre Brisebois à Étienne Whissel, 8 décembre 1902.

4. QRF, 1903, 23 février, B7, No 6077, vente, Étienne Whissell à Alfred-Philéas Thibault, 19 février 1903.
5. QRF, 1915, 17 décembre, B26, No 25921, legs, Alfred-Philéas Thibault à son épouse, Bella Beaudet, 7 janvier 1914.
6. QRF, 1920, 17 septembre, B35, No 34721, vente, Bella Beaudet à Joseph Fournier, 27 février 1920.
7. QRF, 1937, 8 janvier, B69, No 70252, donation, Joseph Fournier à ses filles, Gabrielle et Diane Fournier, 9 septembre 1935.
8. QRF, 1953, 1er septembre, No 103 712, vente, Gabrielle et Diane Fournier à Oscar Derouin, 24 août 1953.
9. QRF, 1953, 1er septembre, No 103 713, vente, Oscar Derouin à Marie-Anne Monnin, 24 août 1953.
10. QRF, 1974, 4 janvier, No 224 340, vente, Marie-Anne Monnin à Société de Gestion Phides ltée, 14 septembre 1973.
11. QRF, 1974, No 224 584, vente, Société de Gestion Phides ltée à Gatineau Westgate inc., 10 janvier 1974.
12. QRF, 1974, 14 juin, No 230250, vente, Gatineau Westgate inc. à Gatineau Westgate (1974) ltée, 14 juin 1974.
13. QRF, 1980, 7 novembre, No 291 828, vente, Gatineau Westgate (1974) ltée à Daniel Cozak, 6 novembre 1980.
14. QRF, 1982, 1er avril, No 302 225, vente, Daniel Cozak à François Gallays, devant Me Guy Couture, 1er avril 1982.
15. QRF, 1999, 10 décembre, No 547 342, vente, François Gallays à Emmanuelle Gallays et Mehdy Khalid, 10 décembre 1999.
16. QRF, 2004, 9 novembre, No 11 854 000, vente, Emmanuelle Gallays et Mehdy Khalid à Antoine Lagarec, Ken Lagarec *et al*, 8 novembre 2004.
17. QRF, 2006, 2 février, No 1 030 853, cession, Ken Lagarec à Antoine Lagarec et Réna Lavallée, 2 février 2006.

156, rue Notre-Dame-de-l'Île

© M. Gervais 2015

© M. Guitard 1997

Cadastre : 1 621 651
Ancien numéro de lot : 33-1 (33 nord), Quartier 4
Date de construction : 1887

Style architectural

Cette maison en brique de style hullois, de deux étages et demi, est en forme de L renversé. Une baie en encorbellement au rez-de-chaussée en façade, une baie vitrée sur le côté et le toit en croupe révèlent l'influence du style à l'italienne. C'est une adaptation d'un plan tiré du catalogue de plans de l'architecte américain William H. Ranlett, qui a été populaire dans le quartier, comme l'indiquent les maisons du 161 et du 163, rue Notre-Dame-de-l'Île.

Modifications : Vers 1914-1915, la rallonge à l'arrière est agrandie, la maison rehaussée d'un étage et revêtue de brique. Une pièce est ajoutée du côté droit à la place de la galerie. Une restauration récente a respecté l'architecture de la maison. Il semble y avoir eu une transformation importante vers 1900-1901. Nous ne pouvons affirmer avec certitude si on a agrandi la maison existante ou si on en a construit une nouvelle.

Propriétaires et occupants

Le terrain vacant en 1884-1885 appartenait à Henry Newell Bate. La maison a été construite en 1887-1888, vraisemblablement par le menuisier Nelson Poulin (1). Le rôle d'évaluation de 1888-1889 révèle une grande maison en brique de 26 sur 30 pieds. Il n'y habite pas, car elle est occupée par Henry McCready, un fonctionnaire, puis par Sévère Châtillon et par l'huissier William Carter[1]. Entre 1890 et 1895, Thomas Mousseau, constructeur ou installateur de moulin (*millwright*), l'achète (2). Il s'agit vraisemblablement du même Thomas Mousseau qui a inventé des machineries pour la E.B. Eddy, avec George Millen, en 1884 et par la suite. En mars 1901, Mousseau, devenu contremaître, vend sa propriété à Eustache Carrière, fonctionnaire municipal, qui y habite (3). En 1910, celui-ci la vend au maître-boulanger hullois Dieudonné Lévesque (4).

Lévesque meurt le 14 novembre 1939 à l'Hôpital du Sacré-Coeur à l'âge de 67 ans. En plus de sa résidence qu'il partage avec son épouse Antonine Émard (5) et leur fille de 14 ans Claudiane, il possède une autre propriété située sur le chemin de la Montagne. En 1954, Antonine Émard vend la résidence à la Société d'adoption de Hull (6), incorporée le 7 février 1949. Lors de cette transaction, la société était représentée par son président, le Dr Henri Pilon, et son vice-président, l'avocat François Chevalier. Quelles ont été les activités de cette société à Hull ? Cette maison servait-elle d'abri aux enfants avant leur adoption ? Combien de personnes y travaillaient ? Ce sont quelques-unes des questions qui se posent et y répondre exigerait de plus amples recherches.

Au cours des années 1960, les organismes sociaux connaissent de profonds changements. En 1966, la Société d'adoption de Hull est cédée à la Corporation de l'évêque catholique romain de Hull (7), alors représentée par Mgr Émile Charbonneau ; cette cession comprend le 156, rue Notre-Dame-de-l'Île. En 1978, la Corporation, désormais représentée par Mgr Adolphe Proulx, vend la propriété à la Garderie populaire de Hull (8), compagnie à but non lucratif constituée en novembre 1975[2]. Le nom de la garderie change le 25 novembre

---

1. Ville de Hull, Rôles d'évaluation de 1890-1891, 1898-1899 et 1899-1900, Quartier 4.
2. Société constituée selon la *Loi des compagnies*, le 19 novembre 1975, no 1148054316. Référence dans l'acte de vente à Dominic Lachapelle et Camille Lapalme, 2 février 2004.

2003, devenant Centre de la petite enfance Le Baluchon inc. Quelques mois plus tard, le 2 février 2004, le Centre vend la maison à Dominic Lachapelle, analyste politique, et Camille Lapalme, superviseure du service à la clientèle, qui habitent alors tous deux au 182, rue Champlain (9). Camille Lapalme cède sa part à Dominic Lachapelle le 26 mai 2005 (10). Le 25 juin 2007, Daniel Mercer (11) s'en porte acquéreur et en est toujours propriétaire (2016).

Chaîne de titres

156, rue Notre-Dame-de-l'Île

1. Ville de Hull, Rôles d'évaluation de 1884-1885 et 1886-1887, Quartier 4, lot 33N, Henry Newell Bate à Nelson Poulin, avant 1886.
2. Ville de Hull, Rôles d'évaluation de 1890-1895, Quartier 4, lot 33N, Nelson Poulin à Thomas Mousseau, entre 1890 et 1895.
3. QRF, 1901, 26 mars, B2, No 1165, vente, Thomas Mousseau à Eustache Carrière, 25 mars 1901.
4. QRF, 1910, 4 mai, B18, No 16241, vente, Eustache Carrière à Dieudonné Lévesque, 30 avril 1910.
5. QRF, 1940, 9 janvier, B71, Nos 72669 et 72670, legs, Dieudonné Lévesque à son épouse, Antonine Émard, 12 décembre 1939.
6. QRF, 1954, 2 novembre, No 107 807, vente, Antonine Émard à Société d'adoption de Hull inc., 25 octobre 1954.
7. QRF, 1966, 17 février, No 162 308, cession, Société d'adoption de Hull inc. à Corporation de l'évêque catholique romain de Hull, 15 février 1966.
8. QRF, 1978, 15 décembre, No 275 150, vente, L'évêque catholique romain de Hull à Garderie populaire de Hull, devant Me Rodrigue Guindon, 14 décembre 1978.
9. QRF, 2004, 2 février, No 11 054 168, vente, Centre de la petite enfance Le Baluchon (ex : Garderie populaire de Hull) à Dominic Lachapelle et Camille Lapalme, devant Me Luc Lavallée, no 13126, 2 février 2004.
10. QRF, 2005, 26 mai, No 12 341 390, cession, Camille Lapalme à Dominique Lachapelle, 26 mai 2005.
11. QRF, 2007, 25 juin, No 14 372 727, vente, Dominic Lachapelle à Daniel Mercer, 25 juin 2007.

158, Notre-Dame-de-l'Île

© M. Gervais 2015

© M. Guitard 1997

Cadastre : 1 621 652
Ancien numéro de lot : 22-2 (22 sud), Quartier 4
Date de construction : 1888-1889

Style architectural

Le bâtiment encore existant, à l'arrière de la rallonge sans style sur la façade, était, à l'origine, de style à l'italienne, comme le laissent voir la corniche et les consoles sous la toiture. Ce bâtiment était en bois.

Modifications : Il a été recouvert de stuc probablement vers 1950-1960. L'ajout en façade date sans doute de la même époque. On a fait un patio au-dessus de la rallonge ajoutée en façade. Depuis 1997, la maison a été rénovée et on y a introduit une petite épicerie.

La maison originelle a été construite sur la marge arrière du terrain. Ce phénomène est peu courant à Hull. On le voit à quelques endroits dans le Vieux-Hull.

Ce petit dépanneur-resto est très achalandé par les gens du quartier, par les écolières de l'École Saint-Joseph et par les employés, entre autres, du Musée canadien de l'histoire. Sa petite terrasse attire aussi des passants.

Propriétaires et occupants

Le terrain de cette maison, vacant en 1884-1885, passe d'Henry Newell Bate à Damien Richer en 1886 [(1) et (2)]. En 1887, un projet de construction d'une maison en bois de 30 sur 28 pieds, de Narcisse Gagnon, contremaître, est mis de l'avant ; ce projet ne semble pas avoir abouti. Cependant, le rôle d'évaluation de 1888-1889 indique la présence d'une nouvelle maison avec des dimensions totalement différentes, et le menuisier Joseph Reinhardt a remplacé Gagnon. Cette maison, tout en longueur, en recul par rapport à la rue, mesure 16 pieds, côté rue, sur 32 pieds de profondeur. Celle-ci est habitée par le machiniste Joseph Reinhardt fils, qui finit par l'acheter en 1899 de Damien Richer (3).

Joseph Reinhardt naît le 20 janvier 1862 ; il épouse, vers 1885 ou 1886, Augustine Gareau (née le 24 novembre 1865). Donc, c'est un tout jeune ménage qui entre dans la maison et qui s'y installe jusqu'au décès de Joseph, le 3 février 1933, après y avoir vécu quelque 45 ans. De son premier mariage avec Augustine, il a cinq enfants : Béatrice (née le 6 mars 1886), épouse d'Émile Laverdure ; Honorius (né le 20 janvier 1891) ; Jude (né le 24 juin 1895) ; Gonzague (né le 29 mars 1899) ; Eva May (née en mai 1901)[1]. Il se remarie en 1907 avec Rose-Anna Gratton, née en janvier 1863. Aucun enfant n'est issu de ce mariage. À son décès, tous ses biens immobiliers échoient à quatre de ses enfants : Jude, Honorius, Béatrice et Eva May (4). En plus de cette maison, Joseph Reinhardt leur lègue plusieurs propriétés, dont le moulin à planer et sa machinerie, situé à l'angle des rues Laval et Wellington. En 1943, la succession de Reinhardt vend la maison paternelle, alors habitée par Rose-Anna, la seconde épouse, et par la fille de Joseph, Eva May, à Joseph-Rodolphe-Hervé Fortin (5), un fonctionnaire alors établi à Pointe-Gatineau.

En 1951, Fortin, toujours fonctionnaire, mais résident alors du 237, rue Notre-Dame-de-l'Île, vend cette maison à Adeline Thibault (6), célibataire qui habite tout près, au 43A, rue Saint-Jean-Baptiste. Celle-ci revend la propriété en 1958 à Lucien Beaudin (7), un ingénieur ayant élu domicile rue Sainte-Bernadette, qui la vend en 1974 à Roger-André Dufour (8), installé dans la maison voisine, soit le 160, rue Notre-Dame-de-l'Île. Finalement, Dufour la vend en novembre 1979

1. BAC, Recensement du Canada de 1901. « Reinhardt, Joseph ». Eva-May n'est pas nommée dans le Recensement du Canada de 1901, étant née en janvier 1901. On la retrouve, ainsi que Rose Anna, inscrite comme Rosana dans le Recensement du Canada de 1911.

Joseph Reinhardt. Aubin, V.P., et A.E. Bérubé, *Hull industriel*, Hull, 1908, p. 80.

à Gaston Garceau, huissier (9). André Guibord, homme d'affaires de Val-des-Monts, achète cet immeuble en 2005, qu'il revend à sa compagnie, 6101925 Canada inc, dont le bureau sis au 73, rue Laurier jouxte cette propriété à l'arrière, et dont il est le président. Il transfère les titres à la société 3380777 Canada inc. en 2013, mais la précédente compagnie, la 6101925 Canada inc., est encore inscrite au rôle d'évaluation, tout comme André Guibord, le propriétaire actuel.

Chaîne de titres

158, rue Notre-Dame-de-l'Île

1. Ville de Hull, Rôles d'évaluation de 1884-1885, vente, de [?] à Henry Newell Bate, en ou avant 1884.
2. Ville de Hull, Rôles d'évaluation de 1886-1887, Quartier 4, lot 22, vente, Henry Newell Bate à Damien Richer, ca1886.
3. QRF, 1901, 7 décembre, B3, No 2577, vente, Damien Richer à Joseph Reinhardt fils, 30 janvier 1899.
4. QRF, 1933, 25 mars, Nos 67015 et 67016, legs, Joseph Reinhardt à Jude, Honorius, Béatrice et Eva May Reinhardt, 3 mars 1933.
5. QRF, 1943, 16 février, No 75956, vente, Jude, Honorius, Béatrice et Eva May Reinhardt à Joseph-Rodolphe-Hervé Fortin, 10 février 1943.
6. QRF, 1951, 28 novembre, No 97 820, vente, Joseph-Rodolphe-Hervé Fortin à Adéline Thibault, 24 novembre 1951.
7. QRF, 1958, 29 mai, No 120 329, vente, Adéline Thibault à Lucien Beaudin, 28 mai 1958.
8. QRF, 1974, 24 septembre, No 233 570, vente, Lucien Beaudin à Roger-André Dufour, 23 septembre 1974.
9. QRF, 1979, 30 novembre, No 184 198, vente, Roger-André Dufour à Gaston Garceau, 29 novembre 1979.

10. QRF, 2001, 29 octobre, No 569 183, vente, Gaston Garceau à André Guibord, devant Me Charles-Henry Rioux, 29 octobre 2001.
11. QRF, 2005, 23 juin, No 12 448 573, vente, André Guibord à 6101925 Canada inc., devant Me Odile St-Hilaire, 17 juin 2005.
12. QRF, 2013, 20 novembre, No 20 411 128, avis de préinscription, demande de passation de titres, 6101925 Canada inc. à 3380777 Canada inc., 20 novembre 2013.

160, rue Notre-Dame-de-l'Île

© M. Gervais 2015

© M. Guitard 1997

Cadastre : 1 621 653
Ancien numéro de lot : 22-1 (22 nord), Quartier 4
Date de construction : 1915-1916

Style architectural

Cette imposante maison en brique avait, à l'origine, des caractéristiques du style néo-Queen Anne, mais son toit à la Mansart et ses lucarnes tiennent du style Second Empire, de même que ses deux baies sur la hauteur de deux étages.

Modifications : Le bâtiment a été agrandi entre 1915 et 1928. La baie de gauche originale avait la forme de celle de droite avant d'être rallongée vers l'avant. Une rallonge à l'arrière date de la même époque. Le toit a probablement été modifié à ce moment.

D'autres rénovations ont lieu en 1943. La maison est divisée en deux logements. La brique est refaite et le bois des rampes des balcons est remplacé par du fer forgé. Les châssis sont remplacés par de l'aluminium. L'absence du bâtiment voisin donne à cette maison l'apparence d'être tronquée, mais elle est construite sur la marge du terrain ; une autre maison, maintenant démolie, était construite tout près sur le terrain voisin.

Propriétaires et occupants

En 1884-1885, Henry Newell Bate posséde ce terrain alors vacant (1). Damien Richer (2) l'achète vraisemblablement de Bate peu après, puisque c'est lui qui le revend, toujours vacant, à Eugénie L'Espérance (3) le 22 juillet 1886. Elle est l'épouse de William H. John Nicholson, alors contremaître, mais il a souvent changé de travail. L'Espérance et son époux font d'abord construire une maison carrée de 24 sur 24 pieds d'un étage et demi, située, comme sa voisine, en retrait par rapport à la rue. Avant 1901, ils lui ajoutent une petite aile d'un étage[1]. L'Irlandais John Nicholson (né le 12 juillet 1847) est, en 1901, facteur de papier. Lui et son épouse, Eugénie (née le 6 octobre 1854), y demeurent avec leurs trois filles : Marie (née le 14 août 1880), Marguerite (née le 4 mars 1882), et la petite dernière, May (née le 8 juin 1894)[2]. Au moment de son décès, en 1915, John Nicholson est identifié comme étant mesureur de bois. Le 15 septembre 1915, Eugénie L'Espérance vend la propriété à Eugénie Pharand (4), épouse d'Armand H. Dame (-1968), employé civil.

Ce sont Eugénie Pharand et Armand Dame qui font construire cette maison au cours des années 1916-1917. Des travaux sont en cours en vue de diviser la maison, en novembre 1943, lorsqu'Eugénie Pharand vend la propriété à Yvon, Jeannine et Fleur-Ange Groulx (5), qui habitaient au 152, rue Notre-Dame-de-l'Île. Le contrat de vente stipule en effet « que la venderesse devra terminer le premier étage d'une manière convenable ; quant aux deuxième et troisième étages, les acquéreurs devront eux-mêmes faire les réparations qu'ils jugeront à propos[3] ».

En 1945, Fleur-Ange Groulx vend sa part de l'immeuble à sa sœur Jeannine (6), institutrice. Elles habitent alors toutes les deux la maison. Trois ans plus tard, leur frère Yvon, notaire de Montréal, vend lui aussi sa part à sa sœur Jeannine (7). Bien des années plus tard, en

1. Goad, *Insurance Plan*, 1901.
2. BAC, Recensement du Canada de 1901, Nicholson, John, en ligne : http://data2.collectionscanada.ca/1901/z
3 QRF, 1943, 9 novembre, B76, No 77136, vente, Eugénie Pharand à Yvon, Jeannine et Fleur-Ange Groulx.

novembre 1970, celle-ci vend la propriété à Roger Dufour (8), directeur adjoint de la Commission scolaire régionale de Hull. Dufour y habite déjà et y demeurera encore dix ans.

En octobre 1980, la société Placements Globe inc., agissant alors par l'entremise de son président, Gérald L'Heureux, achète la propriété (9). Trois ans plus tard, plusieurs propriétés appartenant à Placements Globe inc. – dont cet immeuble ainsi que les deux lots contigus, soit les lots 7-1 (avec bâtiments) et 7-2 (vacant) – passent directement aux mains de Gérard L'Heureux (10), contremaître de Pointe-Gatineau. Ce dernier vend la propriété à Roger Vaillant (11) en septembre 2006. C'est Vaillant qui vend cette maison, en novembre 2013, à Gilles Desjardins sous le nom de la société 6881530 Canada inc. (12).

Chaîne de titres

160, rue Notre-Dame-de-l'Île

1. Ville de Hull, Rôles d'évaluation de la Ville de Hull de 1884-1885 et 1886-1887, à Henry Bate, en ou avant 1884.
2. QRF, 1915, 2 octobre, B26, No 25594, vente, Henry Bate à Damien Richer, en ou avant 1886.
3. QRF, 1915, 2 octobre, B26, No 25594, vente, Damien Richer à Eugénie L'Espérance, 22 juillet 1886.
4. QRF, 1915, 6 octobre, B26, No 25618, vente, Eugénie L'Espérance à Eugénie Pharand, 20 septembre 1915.
5. QRF, 1943, 9 novembre, B76, No 77136, vente, Eugénie Pharand à Yvon, Jeannine et Fleur-Ange Groulx, 8 novembre 1943.
6. QRF, 1945, 25 octobre, B80, No 80824, vente d'un tiers indivis, Fleur-Ange Groulx à sa sœur, Jeannine Groulx, 22 octobre 1945.
7. QRF, 1948, 31 mars, B87, No 86 791, vente d'une moitié indivise, Yvon Groulx à sa sœur, Jeannine Groulx, 29 mars 1948.
8. QRF, 1970, 12 novembre, No 193 424, vente, Jeannine Groulx à Roger Dufour, 6 novembre 1970.
9. QRF, 1980, 7 octobre, No 291012, vente, Roger Dufour à Placements Globe inc., 3 octobre 1980.
10. QRF, 1983, 16 novembre, No 319004, vente, Placements Globe inc. à Gérald L'Heureux, 14 novembre 1983.
11. QRF, 2006, 1er septembre, No 13 616 832, vente, hypothèque, droit de résolution, Gérard L'Heureux à Roger Vaillant, 1er septembre 2006.
12. QRF, 2013, 11 novembre, No 20 388 331, vente, Roger Vaillant à 6881530 Canada inc., 11 novembre 2013.

161, rue Notre-Dame-de-l'Île
Maison Lucien Massé et Gilles Brunet, puis de l'Association Hull-Volant

© M. Gervais 2015

© M. Guitard 1997

Cadastre : 1 621 461
Ancien numéro de lot : 21, Quartier 4
Date de construction : 1890

Style architectural

Cette maison hulloise en brique de deux étages et demi, en forme de L renversé, présente des caractéristiques du style à l'italienne avec ses baies des fenêtres semi-elliptiques, sa baie en saillie au rez-de-chaussée en façade et leur seuil en pierre. Il y avait sûrement des voussoirs accentuant la forme semi-elliptique des ouvertures. C'est une adaptation d'un plan tiré du catalogue de plans de l'architecte américain William H. Ranlett, populaire dans le quartier comme en atteste le style des maisons du 156 et 163, rue Notre-Dame-de-l'Île.

Modifications : La brique a été peinte. On a ajouté une grande aile à deux étages à l'arrière. Depuis 1997, on a remplacé les fenêtres.

La brique remise à son état originel et la marquise enlevée, cette maison retrouverait tout son charme d'antan, du moins l'extérieur. Cette maison fait partie des principales maisons historiques du secteur.

Fait à noter, le lot du 161, rue Notre-Dame-de-l'Île a ses dimensions d'origine, soit 66 pieds de largeur sur 99 pieds de profondeur, tout comme le 77, rue Laurier et le 145, rue Champlain. Ce lot n'a subi qu'une légère amputation, en 1915, de 7 pouces à l'avant et de 17 pouces à l'arrière. Un semi-détaché en bois a jadis occupé le stationnement actuel. Il est démoli depuis 1952.

Propriétaires et occupants

Comme les terrains avoisinants, ce terrain est légué à Rosina Wright, fille de Ruggles Wright (1). C'est elle ou son époux, Patrick Lawless, qui la représente, qui le vend à Télesphore Madore (2), un agent des forêts de la Couronne[1] vers 1890. C'est lui qui fait construire une maison en bois. Ce dernier vend la propriété à Damien Richer (3) le 18 janvier 1895, qui loue la maison à Walter Leamy, un contremaître. Un Irlandais né le 2 mars 1850, il épouse Catherine (née le 5 août 1851), avec qui il a quatre filles et un fils : Florence (née le 20 février 1877), Catherine (née le 23 octobre 1882), Mary (née le 15 février 1886), Theresa (née le 27 juin 1889) et Walter (né le 10 janvier 1884)[2].

En février 1902, Richer vend la propriété à Georgiana-Célia Taillon (4), seconde épouse de Henry MacGrady, fonctionnaire. Peu après l'avoir acquise, la nouvelle propriétaire fait poser de la brique aux murs de la maison[3]. En janvier 1933, elle fait don entre vifs de la maison à sa belle-fille, Gertrude A. MacGrady (5), s'en réservant cependant l'usufruit et le droit d'occupation pour elle et son époux. Henry MacGrady meurt le 6 février 1936 et, au mois d'octobre suivant, sa fille Gertrude vend la propriété à Lucien Massé (6), un comptable connu de Hull. La famille MacGrady a donc vécu plus de 30 ans dans cette maison.

Lucien Massé, né vers 1903 à Hull, est le fils de Géhusse Massé. Nous ne savons pas s'il s'agit du même Géhusse Massé qui demeurait au 135, rue Champlain. Après des études au Collège Notre-Dame de Hull et à l'Académie De La Salle d'Ottawa, il fait des études supérieures en comptabilité à l'École des hautes études commerciales à Montréal. Il

1. Le terme employé au rôle d'évaluation de 1892-1893 est *Crown timber agent*.
2. BAC, Recensement du Canada de 1901, en ligne : http://data2.collectionscanada.ca/1901/z
3. Goad, *Insurance Plan*, 1903, revisé en 1908. Ville de Hull, Rôles d'évaluation de 1902-1904, Quartier 4, lot 21.

ouvre ensuite un cabinet comptable à Hull[4]. Il épouse Rose Bénard en 1927. Le couple emménage dans sa nouvelle maison en début 1937 et y demeure jusqu'en 1956. La biographie de cet homme n'est pas encore faite, mais son expertise est continuellement mise à contribution dans de nombreux dossiers. Il est membre de la Chambre de commerce de Hull où il a été, entre autres, secrétaire en 1929. Il est ami des familles Taché et Brunet.

En août 1956, Massé vend la propriété à Rose-Anna Guertin (7), veuve de l'ex-épicier Joseph Charbonneau. Celle-ci la vend à son tour, en août 1960, à Gilles Brunet (8), entrepreneur en construction hullois bien connu.

À l'époque où Gilles Brunet réside dans cette maison avec sa famille, il dirige la firme de construction Ed Brunet et fils, fondée par son grand-père, Ed Brunet, en 1901. Encore très jeune, il est responsable, en 1942, de la construction de l'immeuble aujourd'hui connu comme la Fonderie (rue Montcalm), du sanatorium, devenu l'Hôpital Pierre-Janet, et de la prison de Hull. Depuis, cette firme participe à la restauration de nombreux édifices patrimoniaux, dont l'ancien acqueduc, devenu le bar-restaurant BDT, et l'auberge de Wakefield, pour ne nommer que ceux-là[5]. La famille Brunet est une des plus connues à Hull par son lien et son implication dans la société gatinoise. Gilles Brunet déménage à Lucerne lorsqu'il vend, en 1965, cette maison à Cyril Guay (9), fonctionnaire, qui y demeure jusqu'en mai 1971. Celui-ci la vend alors à l'Association athlétique et sociale Hull-Volant inc. (10)

Mise sur pied en 1932 et originairement constituée en corporation sous le nom d'Association Hull-Volant AAA[6] en 1936, cette association récréative adopte son nom actuel en 1962. Elle fête ses 65 ans en 1997. Son équipe de baseball se fait connaître non seulement sur la scène locale, mais aussi sur la scène nationale. Elle remporte le championnat junior de l'est du Canada en 1938. Au début des années 1940, les B & B, dirigés par Bob Guertin, décrochent le championnat provincial. Parmi les leaders de cette équipe de baseball amateur, mentionnons Phil Cholette et Bob Guertin. Les années 1940 sont l'âge d'or du baseball amateur. L'équipe de hockey affiliée à la même association connaît elle aussi autant de succès à la fin des années 1930 et au cours des années 1940.

4. Anonyme, Chambre de commerce de Hull, 1929.
5. Le site Web de la firme Ed Brunet et associés n'indique que les travaux les plus récents : http://www.edbrunet.com/realisations/
6. Le nom de cet organisme a changé entre 1936 et 1971.

En 2014, l'Association athlétique et sociale Hull-Volant inc. contracte une hypothèque sur la propriété de Raymond Brunet (11), le fils de Gilles Brunet. Cette transaction est conclue le 4 avril 2016 sous le nom de la compagnie Gestion Sajedas (12). Raymond Brunet projette d'y construire un immeuble à logements multiples en intégrant la maison où il a vécu pendant son enfance. L'Association Hull-Volant déménage au sous-sol de l'église Notre-Dame-de-l'Île, boulevard du Sacré-Cœur.

Cette maison, quelque peu négligée depuis 1970, rappelle néanmoins que ce fut jadis le quartier où l'élite hulloise aimait y avoir son adresse.

Chaîne de titres

161, rue Notre-Dame-de-l'Île

1. QRF, 1901, 15 octobre, No 2222, testament de Ruggles Wright, devant Me A. Larue et collègues, no 5893, 6 août 1863 ; contrat de partage et division de propriété, devant Me A. Larue, 17 septembre 1864, enregistré sous Lib B, No 46, vol. 11, p. 53, Ruggles Wright à sa fille Rosina Wright.
2. Ville de Hull, Rôles d'évaluation de 1888-1889, Quartier 4, lot 21, vente, Rosina Wright à J.-Télesphore Madore, vers 1888. C'est John-Patrick Lawless, le mari de Rosina, qui est inscrit.
3. QRF, 1902, 7 mars, B4, No 3780, vente, J.-T. Madore à Damien Richer, devant Me A. Malo, 18 janvier 1895.
4. QRF, 1902, 7 mars, B4, No 3780, vente, Damien Richer à Georgiana-Célia Taillon, devant Me P. Thomas Desjardins, 12 février 1902.
5. QRF, 1933, 28 janvier, B65, No 66822, donation, Georgiana-Célia Taillon à sa belle-fille, Gertrude A. McGrady, 24 janvier 1933.
6. QRF, 1936, 28 octobre, B68, No 70 118, vente, Gertrude A. MacGrady à Lucien Massé, 26 octobre 1936.
7. QRF, 1956, 4 septembre, No 114 830, vente, Lucien Massé à Rose-Anna Guertin, 23 août 1956.
8. QRF, 1960, 30 août, No 129 819, vente, Rose-Anna Guertin à Gilles Brunet, 23 août 1960.
9. QRF, 1967, 7 juillet, No 169 829, vente, Gilles Brunet à Cyril Guay, 29 juin 1967.
10. QRF, 1971, 20 mai, No 197 951, vente, Cyril Guay à Association athlétique et sociale Hull-Volant inc., 4 mai 1971.
11. QRF, 2012, 4 mai, No 19 026 821, hypothèque ; QRF, 2014, 9 janvier, No 20 499 303, hypothèque, Association athlétique et

sociale Hull-Volant inc. à Raymond Brunet, 4 mai 2012 et 9 janvier 2014.

12. QRF, 2016, 4 avril, No 22 216 456, vente, Association athlétique et sociale Hull-Volant inc. à Gestion Sajedas inc. L'enregistrement de ce contrat contient aussi un droit de résolution et une hypothèque du constituant à Gestion Sajedas inc.

163, rue Notre-Dame-de-l'Île
Maison Dosithée Chéné

© M. Gervais 2015

© M. Guitard 1996

Cadastre : 1 621 462
Ancien numéro de lot : 8-2, Quartier 4
Date de construction : 1889

Style architectural

Comme sa voisine, cette maison de deux étages et demi en brique est un mélange du style hullois et de celui à l'italienne. Elle propose une baie en saillie rectangulaire avec fenêtres à double châssis et des châssis de chaque côté de cette baie, ainsi que des voussoirs accentués au-dessus des fenêtres permettant d'y reconnaître l'influence du style à l'italienne. Une partie du carré arrière a été construite et recouverte de brique à la construction de la maison.

Modifications : Une autre rallonge arrière en brique est de 1914. Les rénovations récentes ont tenu compte de l'architecture ancienne.

La famille Chéné, qui a longtemps habité cette maison, était une des plus connues de Hull. Elle était liée, entre autres, aux familles Carrière, Gendron, J.B. Pharand et Boult.

Propriétaires et occupants

Onésime Saint-Pierre (2), tailleur de pierre de son métier, achète le terrain de Rosina Wright le 17 mai 1886, qui l'avait reçu en héritage de son père, Ruggles Wright, en 1864 (1). Le 13 février 1889, Saint-Pierre le vend à l'entrepreneur Henri Durocher (3), qui le revend, dès le 30 mars suivant, à Marie-Antoinette Laflamme (née le 18 février 1851) (4), épouse de Paul Dosithée Chéné (né le 7 mai 1843), fonctionnaire qui avait été échevin du Quartier 4 de 1878 à 1882. Leur fils Jean-Dosithée, né le 2 février 1885, épouse Maria, la fille du marchand Basile Carrière, de la rue Victoria. Un autre fils, Evrard, naît en novembre 1887 et est suivi d'une fille, Laurence (née en 1888). En 1911, le frère de madame Chéné, Octave Laflamme, né en 1851, habite avec sa sœur, Marie-Antoinette[1].

Son fils, Jean-Dosithée Chéné, et son épouse Maria (née le 18 avril 1884) partagent cette maison avec les parents Chéné et leurs cinq enfants à eux : Jacques, Marie, Bertrand, Paul et Madeleine. Après le décès de Jeanne Carrière, épouse de Lionel Gendron, en 1924, ils accueillent leurs neveux et leur nièce encore mineurs : André, Monique et Marc Gendron[2]. Jean-Dosithée est ingénieur civil. Ils y vivent jusqu'en 1950.

En janvier 1926, devenue veuve, Marie-Antoinette Laflamme fait don de la propriété entre vifs à son fils, Jean-Dosithée Chéné (5), en retour de quoi Chéné s'engage à la loger et l'entretenir pour le reste de ses jours. On ignore la date du décès de Marie-Antoinette, mais son fils Jean-Dosithée possède encore la propriété en 1950. Jusqu'en septembre de cette année-là, le terrain voisin fait partie de la propriété ; c'était le jardin ou parterre, comme c'était le cas de la propriété de la famille Farley (rue Champlain). Chéné vend cet angle des rues Notre-Dame-de-l'Île et Élisabeth-Bruyère à Oscar Poulin, retraité, qui habite au 303, rue Maisonneuve et qui y fait construire une maison.

Le mois suivant, en octobre 1950, Chéné fait don du 163, rue Notre-Dame-de-l'Île à ses enfants : Jacques, comptable ; Marie, épouse d'Ubald Pharand ; Bertrand, dessinateur ; Paul, commis ; Madeleine, épouse de Keith E. Montgomery, d'Ottawa (6). Ceux-ci s'engagent à fournir au donateur et à son épouse, leur vie durant, « un logis gratuit, éclairage et chauffage compris, dans ledit immeuble, au

1. Dans le Recensement du Canada de 1911, leur nom est écrit sous Chénier, ce qui n'est pas exact. BAC, Recensement du Canada de 1911, comté de Wright, « Chénier, Dosithée, Chénier, Antoinette ».
2. Voir les 111, rue Champlain et 85, rue Victoria.

rez-de-chaussée, ledit logement comprenant le bloc ou la partie du dit immeuble faisant face à la rue Notre-Dame, avec entrée pour le donateur et son épouse sur ladite rue Notre-Dame ».

En 1965, la Caisse populaire Notre-Dame de Hull fait saisir la propriété par un jugement de la Cour supérieure, à la suite d'un prêt consenti aux Chéné en 1961 et non remboursé (7). Le 7 mars 1967, la Caisse populaire vend le 163, rue Notre-Dame à Gérard Viau (8), administrateur, qui le revend au mois d'octobre de la même année à André Gaudreau (9), employé de la E.B. Eddy. Deux ans plus tard, Gaudreau vend la propriété à René Gagnon (10), contremaître. Ni Viau ni Gaudreau n'occupent la résidence. René Gagnon, par contre, y emménage et y vivait encore en 1998. En juin 1992, son fils Guy (11) en devient propriétaire résident.

Depuis le 15 décembre 2002, Jason Ference (12) et Marc Gervais l'ont acquise et rénovée, à l'extérieur comme à l'intérieur.

Chaîne de titres

163, rue Notre-Dame-de-l'Île

1. QRF, 1901, 15 octobre, No 2222, testament de Ruggles Wright, devant Me A. Larue et collègues, no 5893, 6 août 1863 ; contrat de partage et division de propriété, devant Me A. Larue, 17 septembre 1864, enregistré sous Lib B, No 6, vol. 11, p. 53, Ruggles Wright à sa fille Rosina Wright.
2. QRF, 1902, 21 mars, B5, No 4226, vente, Rosina Wright à Onésime Saint-Pierre, 15 mai 1886.
3. QRF, 1902, 21 mars, B5, No 4226, vente, Onésime Saint-Pierre à Pierre-Henri Durocher, 13 février 1889.
4. QRF, 1902, 21 mars, B5, No 4226, vente, Pierre-Henri Durocher à Marie-Antoinette Laflamme, 30 mars 1889.
5. QRF, 1926, 15 janvier, B48, No 48865, donation, Marie-Antoinette Laflamme à son fils, Jean-Dosithée Chéné, 15 janvier 1926.
6. QRF, 1950, 7 octobre, No 94113, donation, Jean-Dosithée Chéné à ses enfants, 11 septembre 1950.
7. QRF, 1965, 26 août, No 159 653, saisie, succession Chéné à Caisse populaire Notre-Dame de Hull, 17 août 1965.
8. QRF, 1966, 7 mars, No 162 616, vente, Caisse populaire Notre-Dame de Hull à Gérard Viau, 3 mars 1966.
9. QRF, 1967, 18 octobre, No 171 800, vente, Gérard Viau à André Gaudreau, 6 octobre 1967.

10. QRF, 1969, 16 mai, No 182 313, vente, André Gaudreau à René Gagnon, 16 mai 1969.
11. QRF, 1992, 30 juin, No 457 556, vente, René Gagnon à Guy Gagnon, 30 juin 1992.
12. QRF, 2002, 19 décembre, No 10 199 762, vente, Guy Gagnon à Jason Ference, 15 décembre 2002.

165, rue Notre-Dame-de-l'Île

© M. Gervais 2015

© M. Guitard 1997

Cadastre : 1 621 475
Ancien numéro de lot : 8-1, Quartier 4
Date de construction : 1951

Style architectural

Il n'y a vraisemblablement eu aucune tentative de donner un style à cette construction qu'on voulait moderne.

Modifications : La rénovation de cette maison depuis 1997 lui a donné du caractère avec les galeries. Le nouveau revêtement en déclin, l'ajout des galeries et le choix de la peinture pour ces dernières sont remarquables. Les portes et la division de la galerie à l'étage indiquent la présence de logements.

Propriétaires et occupants

Le 20 septembre 1950, Oscar Poulin (1), retraité et domicilié au 303, rue Maisonneuve, achète de Jean-Dosithée Chéné ce terrain qui avait été le jardin de la maison voisine. Poulin y érige un immeuble à logements, qu'il vend aussitôt après sa construction, en décembre 1951, à Bertha Daoust (2), mariée à J.-Victor Cholette depuis octobre 1903. En 1955, Bertha Daoust vend la propriété à Marcellin Bouchard (3), mesureur de bois, de Pointe-Gatineau. Bouchard et son épouse, Laurette Charron, résident dans cette maison jusqu'en 1964.

Wilfrid Fitzgerald (4), marchand, domicilié au 233, rue Notre-Dame, acquiert la propriété le 14 octobre 1964. Edna Osborne, avec qui il s'était marié le 4 décembre 1941, meurt en novembre 1980. Wilfrid Fitzgerald meurt six ans plus tard, en janvier 1986. Leur fils Charles (5), journalier, hérite de la propriété et, en 1997, y habite.

Depuis le 3 juillet 2003, c'est Jean-Sébastien Rioux qui en est propriétaire. Il n'y habite pas. La maison est divisée en logements. Rioux y fait des rénovations judicieuses qui donnent du caractère à cette maison et l'intégre à l'ensemble architectural du Quartier du Musée.

Chaîne de titres

165, rue Notre-Dame-de-l'Île

1. QRF, 1950, 23 septembre, No 93 969, vente, Jean-Dosithée Chéné à Oscar Poulin, 20 septembre 1950.
2. QRF, 1951, 6 décembre, No 97 857, vente, Oscar Poulin à Bertha Daoust, 19 novembre 1951.
3. QRF, 1955, 17 août, No 110 582, vente, Bertha Daoust à Marcellin Bouchard, 30 juillet 1955.
4. QRF, 1964, 15 octobre, No 154 390, vente, Marcellin Bouchard à Wilfrid Fitzgerald, 14 octobre 1964.
5. QRF, 1986, 13 novembre, Nos 361 860 et 361 861, legs, Wilfrid Fitzgerald à Charles Fitzgerald, 13 novembre 1986.
6. Ville de Gatineau, Rôles d'évaluation de 2016, Charles Fitzgerald à Jean-Sébastien Rioux, 3 juillet 2003.

167-173½, rue Notre-Dame-de-l'Île
Maison Cousineau-Lalonde

© M. Gervais 2015

© M. Guitard 2015

© M. Guitard 2015

© M. Guitard 2015

© M. Guitard 1996

© M. Guitard 1990

Cadastre : 1 621 659
Anciens numéros de lot : 554, 554A, 536, Quartier 5
Date de construction : 1889-1924

Style architectural

On reconnaît les caractéristiques du style Beaux-Arts de la partie principale de ce bâtiment par son portail accentué par des colonnes rondes surmontées d'une volute renversée et dont la large porte, coiffée d'une imposte en demi-lune, donne de l'importance et de la hauteur au bâtiment. Les baies des fenêtres sont larges et carrées. Une corniche décorée entoure le toit plat surmonté d'une balustrade. Ici, en remplacement d'une fondation apparente, comme c'est généralement le cas dans ce style, le sol surélevé remplit la fonction décorative des fondations habituelles qui visent à donner de la hauteur au bâtiment. Le revêtement de stuc est aussi un élément nouveau dans les constructions de style Beaux-Arts. Une terrasse à balustrade sur le côté épouse bien le style du bâtiment

Les rallonges liées de ce bâtiment n'ont pas les caractéristiques de la maison principale. Ce terrain est aussi borné à l'arrière par une falaise.

Modifications : L'analyse des documents concernant cette maison indique que la structure originelle de la maison date de 1889. Elle a été complètement transformée en 1923-1924. Depuis, les fenêtres ont été remplacées et les rallonges, rénovées. En 1996, ce bâtiment, y compris ses rallonges, contenait six unités, certaines utilisées comme bureaux professionnels, d'autres comme logements. Les murs des rallonges portant les numéros 171 et 173½ ont de nouveaux revêtements en déclin d'un matériel synthétique.

Ce style est courant à Montréal, mais il y en a peu dans la région. En fait, cette maison, transformée en style Beaux-Arts, est unique dans le Quartier du Musée et dans la ville et est donc remarquable par la nouveauté de son architecture dans le Hull des années 1920.

Propriétaires et occupants

La maison du 167, rue Notre-Dame-de-l'Île est située sur le haut d'un terrain coupé par une falaise à l'arrière. Une frange de ce terrain faisait jadis partie d'un chemin public. Avec le temps, des parcelles de terrain sont vendues et achetées. Il s'agit donc d'un terrain de forme irrégulière qui fait l'objet de nombreuses transactions immobilières. Nous retenons, dans ce dossier, celles qui ont influencé la valeur historique et architecturale de la maison.

La Communauté des Sœurs de la Charité, qui a un couvent à Hull depuis 1870, était propriétaire de plusieurs acres de terrain, dont

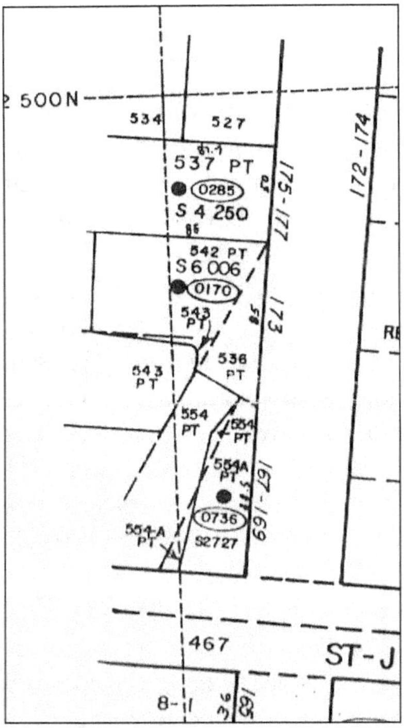

Plan cadastral ancien des lots

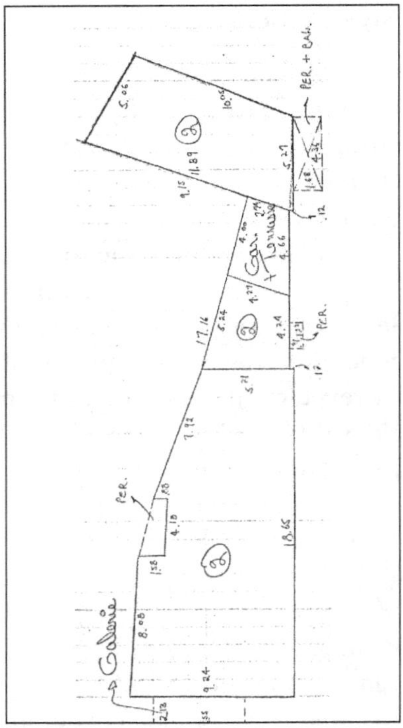

Plan des bâtiments sur ces lots

celui-ci[1]. Elle les avait acquis des héritières de Tiberius Wright, sa fille, Nancy Louisa Wright-Scott, et la fille de celle-ci, Janet, vers 1885 (1). La Communauté des religieuses vend le lot 554 à Alexis Marcoux (2), menuisier et épicier de Hull, le 26 janvier 1883[2]. L'année suivante, le 6 mai 1884, Marcoux vend un tiers du terrain au menuisier Alexis Daoust (3), l'autre tiers étant à Lectance Paquin, et lui conserve le troisième tiers[3].

En 1888, après l'incendie du quartier, les autorités municipales font réarpenter le terrain. La rue Notre-Dame-de-l'Île, alors nommée

1. « Une vaillante pionnière, une inlassable bâtisseuse ! », articles sur les 125 ans de l'École secondaire Saint-Joseph, *Le Droit*, 16 décembre 1995, p. A17.
2. QRF, 1902, 12 mars, B4, No 3905, A.F. Marcoux & Al & County Gen. Stores to Alexis Daoust, *Discharge & restif of sale* fr. Marcoux et A. Daoust et *refering to other deed*, devant Me Nérée Tétreau, no 4980, 26 janvier 1883. Alexis Marcoux est inscrit comme épicier dans les rôles d'évaluation de la Ville de Hull de 1886 à 1889.
3. Ville de Hull, Rôles d'évaluation de 1884-1885, Quartier 5, lot 554. Les rôles d'évaluation ne permettent pas de savoir comment et quand Lectance Paquin a acquis le terrain, ni si c'est de Marcoux ou des religieuses.

Alma, est prolongée en prenant sur l'ancien chemin du Roi (*King's Road*) et sur les terrains voisins. Le lot 554 est subdivisé et numéroté comme suit : 554, 554A et 536. L'immeuble qui nous intéresse est situé sur les lots 554, 554A et 536[4]. La maison voisine du 43, rue Élisabeth-Bruyère occupe aussi une partie des lots 554 et 554A. Par conséquent, l'étude des documents doit en tenir compte.

167-169, rue Notre-Dame-de-l'Île

Le réaménagement des voies routières et le redécoupage du cadastre sont l'occasion de construire de nouvelles résidences. À l'angle des rues Notre-Dame-de-l'Île et Élisabeth-Bruyère, le menuisier Alexis Daoust construit une nouvelle maison de 36 sur 40 pieds avec un revêtement de brique, à laquelle s'ajoute une cuisine. Il abrite son cheval dans une écurie. La maison est grande, mais trois fils – Antoine, Joseph et Louis – habitent avec lui. Le 30 décembre 1891, Daoust vend sa maison au Dr Charles Everet Graham (4), époux de Florence (1849-1884), la petite-fille de Ruggles Wright. Daoust continue à y habiter jusqu'en 1896 environ.

Cette maison est subdivisée et Daoust la partage avec ses fils, tous dans la vingtaine : Antoine est menuisier, Joseph, peintre en bâtiment, et le plus jeune, Louis, journalier. Il semble qu'Alexis Daoust soit décédé en 1896 ou 1897 et que l'année suivante, son épouse, Rose Délima Gosselin, le soit aussi. Il y a continuellement deux ou trois locataires dans la maison. L'un deux, William C. Monroe, inspecteur, puis mesureur de bois, y loge pendant de nombreuses années à compter de 1900.

La maison porte deux numéros, l'adresse principale donnant sur la rue Division (Élisabeth-Bruyère) et l'adresse secondaire, sur la rue Alma (Notre-Dame-de-l'Île). Vers 1898-1899, une rallonge de 20 sur 18 pieds est ajoutée au carré de la maison ; celle-ci est destinée à accueillir un nouveau locataire. La propriété comprend aussi une cuisine lambrissée de tôle et des latrines au fond du terrain, à proximité d'une clôture. À compter de 1911-1912 au moins, un hangar de 16 sur 25 pieds se trouve sur le terrain[5].

4. D'après le plan cadastral 2486, les lots 554, 554A et 536 ont été corrigés et modifiés pour retracer la rue Alma (Notre-Dame-de-l'Île) selon les dispositions de l'article 2174 du *Code civil*, tel qu'amendé par l'acte 49-50 Vict., c. 11, D.T.C. Québec, 10 octobre 1888, signé par E.E. Taché.
5. Ville de Hull, Rôles d'évaluation de 1900 à 1912.

Le 15 juillet 1907, Charles E. Graham donne cette propriété à son fils, l'avocat George Duncan Graham (5). Le 9 février 1922, Joseph Cousineau (6), 58 ans, huissier domicilié au 73, rue Notre-Dame-de-l'Île, loue, avec promesse d'achat, la propriété sise sur les lots 554A et 536 de George D. Graham[6].

Joseph Cousineau joue un grand rôle dans l'histoire de cette maison et de son terrain. Ayant acheté la principale partie du terrain, Cousineau vend, le 19 avril 1922, une parcelle du lot 536, du côté nord-est, à Léonidas Picard. Ce dernier la revend ensuite à Louisa Myre, épouse du Dr Joseph-Raymond Bélisle. Au mois de mai 1923, Lorenzo Potvin, propriétaire du lot 543, Quartier 5, accorde une servitude de vue à perpétuité à Cousineau[7]. L'acte coïncide avec la rénovation de l'ancienne maison ou la construction d'une nouvelle par Joseph Cousineau. Nous n'avons pas trouvé de documents confirmant la présence d'un nouveau bâtiment, et un jugement de cour de 1937 mentionne des frais de réparation, mais non le coût d'une nouvelle construction. Ces faits ainsi que l'examen minutieux des plans d'assurance de 1915 et 1928 nous donnent la quasi-certitude qu'une partie de la maison actuelle correspond au bâtiment d'origine. Cousineau fait aussi exécuter des travaux entre l'ancienne maison et le hangar. Le nouveau bâtiment, recouvert de stuc, accueille une résidence et un bureau. Par la forme des plans, il semble bien que ce soit Cousineau qui ait transformé l'ancien hangar en logements. La valeur totale de la propriété passe de 4 700 à 12 000 dollars selon le rôle municipal de 1923-1924, et la maison de stuc est évaluée, à elle seule, à 9 000 dollars, montant fort important pour l'époque.

Joseph Cousineau s'installe au 167 et loue le 169 et le 171, rue Notre-Dame-de-l'Île. Les locataires changent tous les ans jusqu'en 1931. Se succèdent le postillon Omer Lavoie, J. Coté, le journalier Arthur Jacob, le machiniste Raoul Danis, puis Robertson, R.N. Crepelle et Lucien Fortier.

Cousineau rencontre des difficultés financières. Il loue la maison du 167 – sa résidence – à J.-Noël Beauchamp, le 1er octobre 1928, pour une période de trois ans. Le bail décrit l'intérieur : un salon, un

6. George D. Graham est décédé le 24 juin 1943. Il résidait au 37, chemin d'Aylmer. Célibataire, il lègue tout à ses neveux. QRF, 1944, 17 mars, B77, No 77611, déclaration de George D. Graham [ce document de sept pages énumère de nombreuses propriétés], devant Me Henri Desrosiers, 21 février 1944.
7. QRF, 1923, 11 juin, B42, No 42081, servitudes de vue, Lorenzo Potvin à Joseph Cousineau, devant Edgard Laberge, no 1762, 26 mai 1923.

passage, une salle à manger, une cuisine, un boudoir et une cuisinette au rez-de-chaussée ainsi que deux chambres à coucher et une salle de bain à l'étage. Le locataire a accès à la moitié sud du sous-sol, le bailleur se réservant la moitié nord, à partir de la séparation de la fournaise. Sont inclus, dans la location, « un gros poêle électrique et tous les stores (*blinds*) ». Cousineau se réserve un petit bureau à l'entrée du 169, rue Notre-Dame-de-l'Île[8].

Beauchamp ne semble pas être demeuré plus de trois ans dans la maison. Cousineau et son épouse, Rosalie Bélanger, y reviennent. Après le décès de Cousineau, le 17 mars 1935, Rosalie Bélanger fait face à un autre huissier, J.E. Couture, qui lui délivre un avertissement de la part de George Duncan Graham, le 22 avril 1936, lui signifiant que le délai de huit ans pour l'achat de la maison est expiré et que les taxes municipales, dont l'acquittement constituait une des conditions de vente, n'étant pas payées depuis deux ans, elle doit remplir les conditions dans les deux mois suivants[9]. La cause est portée devant la Cour supérieure en août 1937 et, malgré les 22 000 dollars investis en réparations par Cousineau sur la propriété, le juge reconnaît les droits de Graham, qui en reprend ainsi possession (7). Rosalie Bélanger est évincée de sa résidence 15 jours plus tard. Cousineau avait vraisemblablement voulu terminer ses jours dans une belle demeure, mais il ne pouvait prévoir, au moment de son achat, qu'une crise économique majeure interromprait ses projets.

La maison est-elle inoccupée pendant près de deux ans ? C'est possible, car le chirurgien Joseph-Léo Lalonde (8) l'achète au prix de 8 000 dollars en mars 1939. Le terrain est réarpenté avant l'achat et est conclue une nouvelle entente de servitudes de vue et d'opacité d'une grande fenêtre garnie d'un vitrail à motif floral, située dans la partie en retrait de la maison. Son hypothèque comprend deux résidences en stuc portant les numéros 167 et 171, rue Notre-Dame-de-l'Île[10].

Le Dr Lalonde et son épouse, Simone Ouellette, s'y installent et y résident pendant 33 ans. Vers 1948, le couple utilise l'appartement loué

8. QRF, 1928, 29 août, B56, No 56684, bail (partie) de trois ans, Joseph Cousineau à J.-Noël Beauchamp, devant Me François Leduc, no 444, 28 août 1928.
9. QRF, 1936, 3 juillet, B68, No 69916, acte de dépôt d'avis (partie) d'avoir à remplir condition et obligation, George D. Graham à Mme Jos. Cousineau, B39/39259, devant Me François-A. Binet, 27 juin 1936.
10. QRF, 1939, 23 février, B70, No 720 021, procès-verbal d'arpentage, Dr J.-Léo Lalonde à Vitalice Laflamme, 17 février 1939 ; QRF, 1939, 3 mars, B70, No 720 022, hypothèque, Cie Mutuelle d'Immeuble ltée à J.-Léo Lalonde. Le contrat a été conclu le 28 février 1939. Lalonde habitait alors au 167, rue Saint-Joseph, à Hull.

à Joseph Cadieux comme bureau professionnel. Les appartements des 171 et 173 sont loués. On y retrouve, en 1951, la famille de Rhéal et Marie-Eva Monette (1946-1951), Gabrielle et Aldège Tessier (1946-1948), le journalier Carias, Gisèle Bélisle (1951), Albert et Marguerite Tims, ainsi que J.C. Palmer.

Le 9 août 1972, l'agent immobilier Gérald-B. Laramée (9) achète la propriété du médecin qui la quitte neuf jours plus tard. Laramée semble l'avoir habitée pendant six ans lorsqu'il la vend à Viateur Bergeron, avocat et bâtonnier du Barreau du Québec, et à Richard Gaudreau (10), aussi avocat hullois, le 24 octobre 1978. Les deux avocats y établissent leur étude. L'année suivante, ils louent à Jacqueline Lessard Bilodeau un local de 500 pieds carrés au 169, rue Notre-Dame-de-l'Île, où elle enseigne la musique pendant six ans[11]. Le 1er décembre 1984, le notaire René Martin signe un bail de location de deux ans pour le premier étage à cette adresse[12].

Durant la longue période où Bergeron et Gaudreau occupent la propriété, ils effectuent des travaux, entre autres, à la fin des années 1980. L'avocate Marcia Pinet d'Aylmer possède alors une part indivise de la propriété achetée le 6 mars 1987, mais rétrocède sa part aux deux propriétaires le 24 octobre 1990 (11).

Le 173 et 173½, rue Notre-Dame

Cette maison rudimentaire, juxtaposée à la propriété du 169-171, rue Notre-Dame-de-l'Île, fait aujourd'hui partie de l'ensemble, comme le démontre bien l'entretien extérieur des bâtiments. Joseph Cousineau vend une partie des lots 536, 542 et 543 à Léonidas Picard en 1922 (12), lequel la revend à Louise Myre Belisle[13] l'année suivante (13). Celle-ci fait construire cette maison modeste de deux étages pour loger des familles à faible revenu. La petite dimension du bâtiment, les fenêtres et les deux portes témoignent de l'exploitation qu'on en fait.

La rétrocession de la propriété de Cousineau à Graham (14), en 1937, oblige Louise Myre Belisle à racheter la propriété et la transaction est définitive seulement en août 1946 (15). À la suite du décès de

11. QRF, 1979, 28 août, No 281 809, bail de trois ans, Bergeron et Gaudreau à Jacqueline Lessard Bilodeau ; QRF, 1981, 25 juin, No 296 849, Bergeron et Gaudreau à J. Lessard Bilodeau.
12. QRF, 1984, 16 novembre, No 331 851, bail, Bergeron et Gaudreau à René Martin.
13. Le nom de cette personne est parfois écrit Louise, parfois Louisa Myre, épouse de J.R. Belisle.

Belisle à l'âge de 74 ans, à l'Hôpital du Sacré-Cœur de Hull (le 22 août 1948) (16), ses héritiers vendent l'immeuble au prix de 3 000 dollars à Ovila Roy (17), qui l'habite (18 février 1952)[14]. Ce dernier la revend le même jour au Dr Lalonde (18) le double du prix payé, soit 6 000 dollars. Ce dernier devient donc propriétaire de l'ensemble de l'immeuble, soit du 167 au 173½. En 1978, lors de la vente à Bergeron et Gaudreau, la maison du 167-169 est évaluée à 83 000 dollars et le 171-173-173½, à 17 000 dollars. La vente est conclue à 100 000 dollars. En 1986, les deux avocats ont l'intention de faire construire un nouvel édifice sur leur propriété, ce qui explique leur opposition à la désignation du quartier comme site patrimonial.

Viateur Bergeron

De tous les propriétaires de cette maison, Viateur Bergeron est la personnalité la plus connue[15]. Né à Ville-Marie, Québec, le 23 août 1932, Viateur Bergeron est docteur en droit, avocat, professeur de droit, arbitre en droit du travail et médiateur. Ce bâtonnier de Hull et bâtonnier du Québec est président de la division du Québec de l'Association du Barreau canadien, du Conseil interprofessionnel du Québec (deux mandats) ainsi que de la Chambre de commerce et d'industrie de l'Outaouais (deux mandats). Il est président du Parapluie du Oui, qui promeut la fusion des villes d'Aylmer, de Gatineau et de Hull. Il publie beaucoup dans le domaine du droit. À titre d'homme d'affaires, il investit dans l'immobilier. Il s'oppose farouchement à la constitution du Quartier du Musée comme site patrimonial aux réunions publiques des années 1990 et s'y oppose probablement encore.

Les avocats vendent la propriété du 167-173, rue Notre-Dame-de-l'Île et en déménagent. L'actuel propriétaire est Henry Lepine Symes, d'Ottawa, et ce, depuis le 30 septembre 2014 (19). Il n'y réside pas, l'immeuble étant utilisé pour des services de consultation en administration et en gestion des affaires, ainsi que pour des bureaux de psychologues.

Depuis la transformation de la maison par Cousineau au cours des années 1920, celle-ci sert principalement de résidence tout en logeant des bureaux professionnels. Depuis l'achat de la propriété

14. Louise Myre Belisle est aussi propriétaire de la maison au coin des rues Notre-Dame-de-l'Île et Saint-Laurent, où ses sœurs habitaient.
15. Il existe plusieurs biographies de Viateur Bergeron en ligne, dont celle-ci : http://www.iamq.org/cvhtml/cv-viateur-bergeron.htm

par Bergeron et Gaudreau, la maison sert surtout de bureaux, bien que quelques logements se trouvent maintenant dans la partie plus modeste du bâtiment. Cela n'est pas un cas isolé dans le quartier, car plusieurs autres résidences, habitées par des professionnels, ont aussi eu un bureau, puis sont devenues principalement des bureaux d'affaires avec un ou deux logements. Par contre, on retrouve aujourd'hui des résidents qui, travailleurs autonomes, ont, comme jadis, leur bureau à la maison.

Chaîne de titres

167-173½, rue Notre-Dame-de-l'Île

1. QRF, 1931, 25 avril, No 63 301, succession Scott à la communauté de l'Hôpital général d'Ottawa, vers 1885.
2. QRF, 1902, 12 mars, B4, No 3905, vente et décharge, Sœurs de la Charité à Alexis Marcoux, Fr. Marcoux et S. Daoust, devant Me Nérée Tétreau, no 4980, 26 janvier 1883.
3. QRF, 1902, 12 mars, B4, No 3905, vente et décharge, A.F. Marcoux *et al.* à Alexis Daoust, devant Me Nérée Tétreau, no 4980, 6 mai 1884.
4. QRF, 1902, 12 mars, B4, No 3906, vente, Alexis Daoust à Charles E. Graham, devant Me Nérée Tétreau, no 13642, 30 décembre 1892.
5. QRF, 1907, 2 août, B14, No 12449, donation, Charles E. Graham à George Duncan Graham, devant Me Nérée Tétreau, no 25315, 15 juillet 1907.
6. QRF, 1922, 5 mai, B39, No 39259, promesse de vente, George Duncan Graham à Joseph Cousineau, devant Me Louis Bertrand, no 13524, 9 avril 1922.
7. QRF, 1937, 14 octobre, B69, No 70858, rétrocession, Joseph Cousineau à George Duncan Graham dans *George D. Graham c. Rosalie Bélanger*, Vve Joseph Cousineau, jugement. Cour supérieure, Prov. de Québec, district de Hull, no 5604, 17 août 1937.
8. QRF, 1939, 3 mars, B70, No 72022, vente, George Duncan Graham à J.-Léo Lalonde, 28 février 1939.
9. QRF, 1972, 25 août, No 209 884, vente, J.-Léo Lalonde à Gérard B. Laramée, devant Me René-L. Ménard, no 5302, 9 août 1972.
10. QRF, 1978, 24 octobre, No 273 656, vente, Gérard B. Laramée à Viateur Bergeron et Richard Gaudreau, 24 octobre 1978.
11. QRF, 1987, 9 mars, No 366 234, cession d'une partie, Richard Gaudreau *et al.*, à Marcia Pinet, no 2801, le 6 mars 1987 ; QRF,

1990, 24 octobre, No 427 959, Marcia Pinet à Viateur Bergeron *et al.*, cession d'une partie, devant Me Roger Gosselin, no 2886, 11 juin 1988.

173 et 173½, rue Notre-Dame

12. QRF, 1922, 5 mai, B39, No 39260, vente pt 1, Joseph Cousineau à Léonidas Picard, devant Me Louis Bertrand, 19 avril 1922, no 13525.
13. QRF, 1923, 2 juin, B42, No 41981, vente, Léonidas Picard à Louisa Myre, épouse du Dr Jos-Raymod Belisle, devant Me Louis Bertrand, no 14368, 24 mars 1923.
14. QRF, 1937, 14 octobre, B69, No 70858, rétrocession, Joseph Cousineau à George Duncan Graham dans *George D. Graham c. Rosalie Bélanger*, Vve Joseph Cousineau, jugement. Cour supérieure, Prov. de Québec, district de Hull, no 5604, 17 août 1937.
15. QRF, 1946, 28 août, B83, No 82820, vente (pt), succession de George Duncan Graham à Louise Myre, Vve J.R. Belisle, devant Me F.-A. Binet, 27 août 1946.
16. QRF, 1949, 31 janvier, No 89025, déclaration du décès de Louise Myre Bélisle, devant Me F.-A. Binet, 6 octobre 1948.
17. QRF, 1952, 21 février, No 98376, vente, succession de Louise Myre Belisle à Ovila Roy, devant Me F.-A. Binet, no 24282, 18 février 1952.
18. QRF, 1952, 21 février, No 98377, vente, Ovila Roy à Dr J.-L. Lalonde, devant Me F.-A. Binet, no 24983, 18 février 1952.

Suite regroupée avec l'immeuble ci-haut. Voir no 8.

19. QRF, 2014, 1er octobre, No 21 088 857, vente, Viateur Bergeron et Richard Gaudreau à Henry Lépine Symes, 30 septembre 2014.

172-174, rue Notre-Dame-de-l'Île
École Saint-Joseph, jadis École normale

© M. Guitard 1997

© M. Guitard 2015

Cadastre : 1 621 662P
Anciens numéros de lot : 535, 535A, 536A, 536B, 548, 548A, 553, 552, 528, Quartier 5
Date de construction : 1889, 1909, 1931

École normale Saint-Joseph, 1920. Ville de Gatineau, collection de la Ville de Hull, H012-01/0157.

École normale Saint-Joseph, 1920. Couvent et École Notre-Dame, 1890. Ville de Gatineau, collection de la Ville de Hull, H012-01/0143.

Style architectural

L'immense bâtiment en pierre grise date de 1931. La fondation très apparente, en bloc de pierre taillée avec surface brute, rappelle le style Beaux-Arts. La corniche vient tout droit du style à l'italienne. L'accent donné aux pourtours des fenêtres avec un linteau et un seuil continu tient davantage du renouveau classique. Par contre, les têtes de fenêtres en demi-cercle sous la corniche tout autour semblent avoir été influencées par le style à l'italienne. Nous sommes devant un bâtiment qui est une composition architecturale unique.

Modifications : Au bâtiment de 1890, une aile de quatre étages est construite en 1909 par l'architecte hullois Charles Brodeur. Entre 1915 et 1920, on ajoute un étage à la partie originale pour la mettre au même niveau que la nouvelle aile. Une aile d'un étage est érigée dans la cour durant cette même période.

En 1931, les religieuses agrandissent le couvent en ajoutant l'aile de la chapelle ainsi qu'une aile du côté nord pour y faire des classes. Une restauration majeure est réalisée à la suite d'un incendie important en 1950.

Le bâtiment principal de cette vénérable institution est un bel immeuble. Le bâtiment peu esthétique du côté de la rue Laurier, construit en 1986-1987, s'intrègre mal à l'architecture de l'ensemble.

Le bâtiment en pierre de cette institution est un repère important non seulement sur le plan visuel, mais aussi pour l'histoire de l'éducation à Hull. Il s'agit d'un monument historique à conserver à tout prix.

Propriétaires et occupants

En 1870, les religieuses de la Communauté de l'Hôpital Général, de la Maison des pauvres et de l'Institution d'enseignement des Sœurs de la Charité d'Ottawa établissent une première résidence à Hull en même temps qu'un pensionnat et une école privée appelée Académie Notre-Dame-de-Grâce. Cette institution, surnommée le « couvent rouge », occupe alors l'étage supérieur de l'ancienne chapelle des chantiers, laquelle est située à l'angle des rues Laurier et Papineau. Après un début d'incendie survenu en décembre 1873, les religieuses relogent leur académie dans un nouvel édifice en brique, aménagé sur un terrain acquis à l'été de 1870, à l'angle des rues Notre-Dame-de-l'Île et Élisabeth-Bruyère. Le nouvel immeuble de deux étages, qui mesure 40 sur 80 pieds avec façade sur la rue Élisabeth-Bruyère, est un couvent pour les religieuses, un pensionnat et une école privée. Les religieuses, les pensionnaires et les élèves y entrent en septembre 1876. Incendié en 1888, un nouveau couvent en pierre y est construit en 1889-1890. Son entrée est celle du couvent d'aujourd'hui, soit le 172, rue Notre-Dame-de-l'Île. Les religieuses enseignantes de l'école et des autres écoles de la paroisse Notre-Dame-de-Grâce y logent.

La Communauté des Sœurs de la Charité construit son couvent sur un ensemble de terrains des héritiers de Tiberius, fils de Philemon. À la fin du XIXe siècle, ceux-ci font partie des biens immobiliers de sa fille Nancy L. Wright-Scott ou encore de sa petite-fille Janet L. Scott. La date d'acquisition par la communauté religieuse n'est pas précise – on y indique vers 1885 – ; ce sont les héritiers Scott qui rétablissent les titres de propriété. C'est ainsi que l'on peut dresser cette chaîne de titres pour le moment[1]. Ces terrains couvrent une partie de ce qui est la rue Notre-Dame-de-l'Île jusqu'à la rivière, y compris celui où est construite l'école, et s'étendent jusqu'au boulevard des Allumettières d'aujourd'hui. Le lot 535 fait l'objet d'une confirmation des titres de la Communauté en 1931, dans laquelle la Communauté affirme ne pas avoir les titres disparus dans l'incendie de 1900. La Communauté dit posséder le terrain depuis les temps immémoriaux, l'ayant acquis de la succession Scott. D'autres documents touchant les propriétés voisines indiquent pourtant qu'elle n'est propriétaire que depuis environ 1885[2]. Au fil des ans, les religieuses ont agrandi leur propriété en achetant des terrains limitrophes entre 1870 et 1885.

En 1909, les Sœurs grises ajoutent au couvent d'origine une école normale en même temps que l'École annexe d'Youville ; il s'agit d'une école primaire mixte, où les jeunes normaliennes apprennent à enseigner. En 1931, le besoin d'espace supplémentaire se faisant sentir, on enrichit le bâtiment d'une salle académique, qui existe toujours, d'un grand dortoir, devenu plus tard une bibliothèque, et d'une grande chapelle transformée par la suite en salles de classe. En 1942, l'École d'Youville obtient le statut d'école ménagère moyenne, dispensant dorénavant l'enseignement des huitième et neuvième années, en plus de l'enseignement primaire.

1. Notons qu'il y eut, en 1885, un transfert des biens de Janet L. Scott à sa mère. Par conséquent, dépendant de la date précise de ce document, les actes peuvent avoir été passés devant l'une ou l'autre.
2. La recherche pour rétablir cette chaîne de titres est à faire plus tard, compte tenu du nombre de terrains.

La maternelle de Sœur Marie-Angélina, vers 1950. Collection Louise Monnin.

Le 18 mai 1950, le couvent Notre-Dame-de-Grâce est la proie des flammes. Les élèves ont toutes la vie sauve, mais quatre religieuses périssent dans cet incendie et une cinquième est grièvement blessée. La partie du bâtiment érigée en 1890 est complètement détruite. De l'aile construite en 1909, seuls les murs subsistent, mais l'aile bâtie en 1931, à l'épreuve du feu, résiste aux flammes. Un grand coup de rénovation permet aux élèves de réintégrer leurs classes dès le mois de septembre suivant. Dans l'aile de l'École d'Youville, les enfants du quartier et de la ville font leur maternelle, avec, entre autres, Sœur Marie-Angélina, puis leurs études primaires et secondaires.

En 1963, on abandonne l'enseignement primaire pour ne conserver que celui des huitième et neuvième années. Quant à l'École normale Saint-Joseph, elle ferme ses portes le 1er juin 1968. Deux ans plus tard, en avril 1970, l'École secondaire d'Youville devient l'École secondaire Saint-Joseph, avec un nombre accru d'élèves. Le nombre d'élèves continue d'augmenter au point d'atteindre les 800 élèves, provoquant un manque d'espace. Les religieuses font donc construire une nouvelle annexe en brique donnant sur la rue Laurier.

Ce couvent-école joue, depuis plus de 115 ans, un rôle majeur dans l'éducation des jeunes filles et des enfants, garçons et filles, qui y ont fait leurs premières classes. Par conséquent, il s'agit d'un patrimoine de très grande importance dans l'histoire culturelle de la société hulloise et outaouaise.

Chaîne de titres

172, rue Notre-Dame-de-l'Île

Le nom officiel de la Communauté des Sœurs de la Charité était : Community General Hospital Alms House & Seminary of Learning of the Sisters of Charity of Ottawa, traduit ainsi dans les documents : Communauté de l'Hôpital Général, de la Maison des pauvres, et de l'Institution d'enseignement des Sœurs de la Charité d'Ottawa. Nous les nommerons Communauté de l'Hôpital Général d'Ottawa.

1. QRF, 1931, 25 avril, No 63 301, lot 535, succession Scott à la Communauté de l'Hôpital Général d'Ottawa, vers 1885.
2. QRF, 1931, 25 avril, B 62, No 63301, déclaration de propriété, Communauté de l'Hôpital Général d'Ottawa, devant F.-A. Binet, no 4959, 22 avril 1931.

175-177, rue Notre-Dame-de-l'Île

© M Gervais 2015

© M. Guitard 1997

Cadastre : 1 621 660
Ancien numéro de lot : 536 (partie) et 537 (partie), Quartier 5
Date de construction : 1902-1903

Style architectural

Ce jumelé en brique relève du style à l'italienne. Les fenêtres et les portes ont des ouvertures semi-elliptiques ornées de voussoirs avec relief. Le relief sur la moulure de la partie supérieure des châssis est digne de mention. Les portes, qui ne sont peut-être pas d'origine, conviennent très bien au style.

Modifications : Les châssis à carrelage amovible sont récents ainsi que l'aménagement d'une couverture sur l'entrée du sous-sol sur le côté.

Ce jumelé, bien qu'unique dans le quartier, s'apparente au style de la maison Roger, sise au 141-145, rue Notre-Dame-de-l'Île. Les quelques rénovations effectuées l'ont été en conservant l'authenticité de ce beau bâtiment du début du siècle. Mais depuis 1997, il semble négligé.

Propriétaires et occupants

Lorsqu'il achète ce terrain de Janet L. Scott (1) en août 1911, Hubert Théberge (2) possède déjà la maison qui s'y trouve. Celle-ci apparaît sur le plan d'assurance de 1903 et c'est probablement Théberge, un charpentier, qui la construit. Il la conserve pendant près d'un demi-siècle, ne la vendant qu'en juillet 1946. À cette date, il habite Templeton ; c'est Henry Beaudry, vendeur, qui achète la propriété (3). En 1959, Beaudry la vend à Hubert Cyr (4), un agent d'assurance, qui acquiert d'autres maisons du quartier, dont le 133, rue Notre-Dame-de-l'Île et le 144-152, rue Champlain.

Cyr occupe la propriété pendant plus de 20 ans avant de la vendre, en mars 1981, à la société Placements Pataud ltée (5), dont le siège social est à Old Chelsea et agissant par l'entremise de son président, W.-G. Macdonald. En juin 1986, cette société vend la propriété à Paul-E. Hamel, ingénieur, et à son épouse Madeleine (dite Jacqueline) Chaussé (6), domiciliés au 161, rue Kent, à Hull. Ils louent les logements et conservent l'immeuble deux ans. En avril 1988, Mandy Nikpour-Badr, ingénieure en design, et son conjoint, Michel-J.-D. Gauthier (7), achètent la propriété. En décembre 2006, Susan Giblin (8) l'acquiert par droit de résolution. Elle semble y résider.

Chaîne de titres

175-177, rue Notre-Dame-de-l'Île

1. QRF, 1900, 25 juillet, B1, No 310, vente, Philemon Wright à Janet Louisa Scott, 26 octobre 1885.
2. QRF, 1911, 4 août, B20, No 18171, vente, Janet Louisa Scott à Hubert Théberge, 1er août 1911.
3. QRF, 1946, 31 juillet, B82, No 82612, vente, Hubert Théberge à Henry Beaudry, 31 juillet 1946.
4. QRF, 1959, 4 septembre, No 125 759, vente, Henry Beaudry à Hubert Cyr, devant Me François Groulx, 14 août 1959.
5. QRF, 1981, 4 mars, No 294131, vente, Hubert Cyr à Les Placements Pataud ltée, 4 mars 1981.
6. QRF, 1986, 13 juin, No 354 296, vente, Les Placements Pataud ltée à Paul-E. Hamel et Madeleine Chaussé, 12 juin 1986.
7. QRF, 1988, 3 mai, No 384 918, vente, Paul-E. Hamel et Madeleine Chaussé à Mme Mandy Nikpour-Badr, 29 avril 1988.
8. QRF, 2006, 22 décembre, No 13 910 870, droit de résolution, Mandy Nikpour-Badr et Michel Gauthier à Susan Giblin, 22 décembre 2006.

187, rue Notre-Dame-de-l'Île

© M. Gervais 2015

© M. Guitard 1997

Cadastre : 1 621 664 et 3 913 290
Ancien numéro de lot : 527, Quartier 5
Date de construction : 1889 – vers 1921

Style architectural

L'influence du style Second Empire est visible par le toit à la Mansart. Les ouvertures munies de deux fenêtres à deux châssis à guillotine permettent de supposer que le haut de cette ouverture était jadis doté d'un cadre de bois sous un relief de brique semi-elliptique, comme il y en a plusieurs dans le quartier. La forme semi-elliptique des fenêtres des lucarnes va dans le même sens. Remarquez le castor sous le pignon de la lucarne gauche et l'empreinte révélant la disparition de l'autre castor dans la lucarne de droite. Nous n'en connaissons pas l'origine, ni la raison d'être.

Modifications : Ce bâtiment est agrandi en 1902 et 1903. En 1907-1908, on lui ajoute un étage sous la mansarde et le bois est recouvert de crépi. Il est alors inscrit comme hôtel au rôle d'évaluation. L'immeuble est transformé en appartements, avant sa vente, en 1922. Le revêtement de brique date d'entre 1921 et 1928. La fondation de pierre semble avoir été surélevée à ce moment-là. Depuis 1997, les fenêtres ont été remplacées et la porte extérieure du portique a été enlevée.

Ce bâtiment a fière allure et est très visible puisqu'il est situé au coin du très passant boulevard des Allumettières. Bien qu'il s'agisse d'un bâtiment plus ancien que les bâtiments à logements multiples des années 1920, il en est très représentatif et il faut le conserver en raison de son architecture et de sa valeur documentaire.

Propriétaires et occupants

Lot 527 et lot 527, partie sud (actuellement le stationnement)

En 1889, Joseph Bernard Simard (2), boucher, achète de Nancy Louisa Wright (1) le lot 527, toujours vacant. Il y construit un jumelé en bois de 36 par 40 pieds. Le locataire, en 1891, est Arthur Bélanger, un fabricant de biscuits. Hubert Théberge, un charpentier, y habite plusieurs années avant de construire sa propre maison au 175-177 de la même rue (voir le dossier précédent). Comme plusieurs personnes du quartier, Simard obtient une hypothèque de Charles E. Graham, si bien qu'on inscrit celui-ci comme propriétaire en 1893 et en 1914. Par contre, Simard conserve son magasin et sa résidence, sise sur la partie sud du terrain, jusqu'en 1913, les vendant alors à l'hôtelier Ludger St-Pierre (7) de Hull. Quelques détails de cette vente nous permettent de visualiser l'occupation des lieux et bâtiments attenants : « un Cash Register, une balance Dayton, deux blocs [à couper la viande], un chopper, une glacière, trois cents blocs de glace, trois harnais, un express, un boghei ». Cet espace, jadis occupé par l'immeuble et les bâtiments attenants, est maintenant un stationnement.

Lot 527, partie nord (l'immeuble étudié)

En juin 1907, Joseph Simard vend la moitié nord du lot 527 à Salem Desmarais (3), un hôtelier de Hull. Salem Desmarais, né le 28 février 1870, épouse Alphonsine Marenger (née le 12 juillet 1872). En 1901, ils ont trois enfants vivants : Rose-Anna (née le 3 février 1893), Lionel (né le 18 juillet 1896) et Fidèle (né le 18 avril 1898). Alphonsine Marenger meurt le 21 octobre 1908[1], mais Salem ne demeure pas longtemps

1. BAC, Recensement du Canada de 1901, « Desmarais, Alphonsine ». Le nom du chef de famille est inscrit comme étant Samuel, mais les documents légaux qu'il a signés sont au nom de Salem.

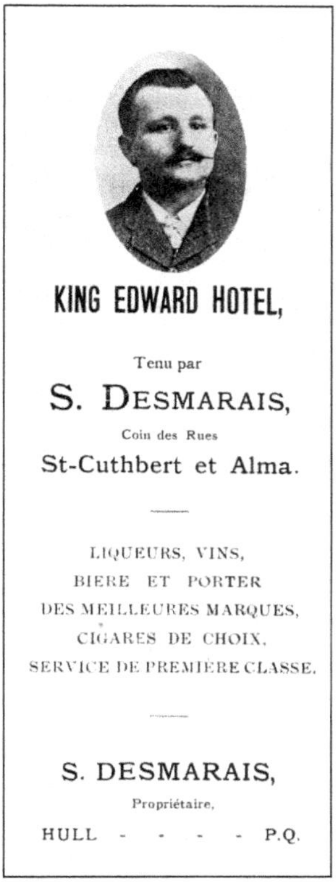

Salem Desmarais

veuf. Le 5 novembre 1909, il signe un contrat de mariage avec Albina St-Denis, veuve de Napoléon de Repentigny[2]. Samuel n'est toutefois plus inscrit au Recensement du Canada de 1911 et sa fille Rose-Anna devient servante chez Joseph et Philomène Dionne à Ottawa[3].

Ce terrain, la moitié nord du lot 527, a une dimension particulière. Il a 56 pieds de profondeur sur la rue Saint-Cuthbert (des Allumettières) par 86 pieds de largeur sur la rue Alma (Notre-Dame-de-l'Île). Au moment de l'achat par Salem Desmarais, on y observe une maison et des bâtiments de service. Desmarais contracte un emprunt auprès de Charles Graham et transforme la maison en hôtel en 1907-1908, lequel porte le nom de King Edward Hotel. Le 4 février 1910, en plus de vendre son immeuble à Thomas Desmarais (4), garde forestier, probablement son frère[4], il lui vend aussi son permis d'hôtel et tous les biens mobiliers et d'autres effets, tels les prélarts et les tapis sur les planchers, l'ameublement complet de quatre chambres, celui du salon pour fumeurs, six chaises, une table et un buffet (salle à manger). À cela s'ajoute tout l'assortiment de commerce d'hôtel avec luminaires, verres, pompes et tout ce qu'il y a dans la cave et le bar.

Thomas Desmarais (né en juin 1859) épouse Lébina (née en décembre 1859). Le couple a une fille et trois garçons : Bernadette (née en mars 1888), Rodolfe (né en octobre 1896), Laurio (né en avril 1898)

2. QRF, 1910, 14 février, No 15844, contrat de mariage, Salem Desmarais et Albina St-Denis, devant Me F.A. Labelle, no 10821, 5 novembre 1909.
3. BAC, Recensement du Canada de 1911. Les Dionne habitaient sur la rue Chapel dans la Côte-de-Sable. Rose-Anna a alors 18 ans.
4. Litige entre la Banque Nationale, demanderesse, et Charles, Thomas et Salem Desmarais, marchands, défendeurs. QRF, 1908, 8 avril, No 13287, B15, *Banque Nationale c. Charles Desmarais*, jugement, 1785,78 dollars, Cour supérieure, no 1877, 1er avril 1908.

et Léopold (né en juin 1900)[5]. Thomas Desmarais meurt le 20 avril 1918, laissant ses biens à sa fille, Bernadette Laroche (5).

C'est le voisin, Alphonse Raymond (6), dont l'épicerie et la résidence jouxtent le terrain à l'arrière, au coin des rues Champlain et Saint-Cuthbert (des Allumettières), qui achète cette propriété le 15 décembre 1922. Bernadette Laroche lui vend aussi un grand miroir et une coupole pour lampes électriques, fixées à cet immeuble. L'hôtel avait été divisé en appartements peu de temps auparavant, et Bernadette Laroche demande d'y occuper gratuitement son logement jusqu'au 1er mai 1923.

En 1929, Alphonse (8) achète la partie sud du lot et devient propriétaire du terrain en entier et des bâtiments construits dessus. Le 25 janvier 1957, sous seing privé et assermenté par Omer Massé, il vend à son fils et successeur dans l'entreprise familiale, Paul Raymond (9), cette partie sud du lot 527 et la partie nord-est du lot 534 avec les bâtisses achetées à Ludger St-Pierre en 1929. L'épouse d'Alphonse, Christine Rose, meurt le 17 mars 1962, laissant à son fils Paul sa moitié indivise de la partie nord du lot 527. Au décès d'Alphonse Raymond, moins d'un an plus tard, le 8 février 1963, Paul Raymond en devient officiellement propriétaire. Nous ne savons pas si Alphonse Raymond a habité cette maison, mais nous savons que celle de Paul était située plus loin au nord de la rue Notre-Dame.

Paul F. Raymond est un homme d'affaires très connu à Hull, tout comme ses fils le sont aujourd'hui. Il naît le 9 juillet 1908 et épouse Dorothy Mary Roney (née à Ottawa le 10 août 1916) le 3 février 1940. Paul père meurt en 1991, laissant ses biens à son épouse (10), laquelle meurt en juin 1996. Ce sont leurs quatre enfants, Pierre, Paul, Denise et Marie (11), qui héritent de cet immeuble qu'ils n'ont jamais habité. Ils le vendent le 4 juin 2007 à Pierre Rondeau (12), qui le revend le 1er février 2011 à la société Gestion Davloi inc. (13), l'actuelle propriétaire.

Chaîne de titres

187, rue Notre-Dame-de-l'Île

1. QRF, 1902, 28 janvier, B3, No 2925, vente, Nancy L. Wright à Joseph-Bernard Simard fils, 2 octobre 1889.

5. Bibliothèque et Archives Canada, Recensement du Canada de 1911, « Desmarais, Thomas ».

Partie nord

2. QRF, 1907, 7 juin, B14, No 12227, vente, Joseph-Bernard Simard fils à Salem Desmarais, 3 juin 1907.
3. QRF, 1910, 14 février, B18, No 15845, vente, Salem Desmarais à Thomas Desmarais, devant Me F.A. Labelle, 4 février 1910.
4. QRF, 1918, 11 mai, C2, No 2983, legs, Thomas Desmarais à son épouse, Bernadette Laroche, 20 avril 1918.
5. QRF, 1923, 2 janvier, B41, No 40 931, vente, Bernadette Laroche à Alphonse-Louis Raymond, 15 décembre 1922.
6. QRF, 1964, 8 octobre, Nos 154 295 et 154 296, vente, Alphonse-Louis Raymond à Paul Raymond, 8 février 1963.

Partie sud

7. QRF, 1913, 3 juillet, B22, No 21 833, vente, Joseph Simard à Ludger St-Pierre, 3 juillet 1913.
8. QRF, 1929, 10 mai, B58, No 58 707, vente, Ludger St-Pierre à Alphonse L. Raymond, 28 mai 1929.
9. QRF, 1957, 1er mars, No 116 322, vente de la partie sud, Alphonse-Louis Raymond à Paul Raymond, 25 janvier 1957.
10. QRF, 1991, 29 novembre, No 447 381, legs, Paul Raymond à son épouse, Dorothy M. Roney, et ses enfants, 20 juin 1991.
11. QRF, 1997, 9 juillet, No 519 899, legs, Dorothy M. Roney, épouse de Paul Raymond, à Pierre R. *et al.*, 24 juin 1996.
12. QRF, 2007, 4 juin, No 14 293 786, vente, Paul Raymond *et al.* à Pierre Rondeau, 4 juin 2007.
13. QRF, 2011, 1er février, vente, Pierre Rondeau à Gestion Davloi inc., 1er février 2011.

69, rue Laurier
Jadis Café Henry Burger

© M. Gervais 2015

© M. Guitard 1997

Carte postale. Collection privée

Cadastre : 1 621 656
Anciens numéros de lot : 32 et 49, Quartier 4
Date de construction : 1921

Style architectural

La construction de cette maison a été influencée par le style classique édouardien, lequel apparaît, dans la région, dans les deux premières décennies du XXe siècle et est surtout employé pour les grands édifices. Il s'agit d'une adaptation légère du style Beaux-Arts avec quelques ornements de l'époque édouardienne (XVIIIe siècle anglais). Le toit plat, l'entablement sur la façade qui donne une allure de parapet, ainsi que les fenêtres rectangulaires presque carrées du premier étage sont autant de caractéristiques du style Beaux-Arts. Les fenêtres plein cintre munies d'un châssis plein cintre et de châssis latéraux à carreaux du rez-de-chaussée, les trois fenêtres du premier étage avec leurs deux châssis à guillotine de six carreaux chacun, l'entrée accentuée par un portique à colonnes surmontées d'un toit à pignon et, enfin, le relief dans la brique sur les extrémités de la façade, sont des caractéristiques du style classique édouardien du xxe siècle.

Modifications : De nouvelles ouvertures ont été pratiquées dans les murs latéraux, tout en conservant le style de la maison.

Ce bâtiment est probablement le seul de ce style classique édouardien dans le quartier, mais aussi à Hull. La qualité de son architecture demande qu'on pousse la recherche plus loin pour en connaître davantage sur le propriétaire qui l'a fait construire et l'architecte qui l'a conçu[1].

Propriétaires et occupants

Le marchand d'Ottawa Henry Newell Bate (1) fait l'acquisition de l'emplacement du futur 69, rue Laurier à une date inconnue, mais qui est antérieure à 1884. En avril 1897, Bate vend le terrain à André Bray (2), un fonctionnaire qui, semble-t-il, s'y était déjà fait construire une maison auparavant. Bray y habite probablement jusqu'au 1er mai 1914. En effet, en septembre 1913, il vend la propriété au Dr Antonio Pelletier (3), qui en prend possession seulement le 1er mai suivant.

En 1915, le Dr Pelletier décide de s'établir à Montréal. En octobre de cette même année, il mandate son épouse Florine Champagne de vendre la propriété à Zéphir Tassé (4), un voyageur de commerce domicilié à Ottawa. Tassé ne la conserve que pendant deux ans. En mars 1917, il la vend à un autre voyageur de commerce, Arthur Soublière (5), qui en prend possession le 1er mai suivant. Si on ne sait pas ce qui advient de la maison, on sait que Soublière fait construire la belle maison actuelle en 1921.

Le 6 juillet 1943, Marie Monnin (6), veuve de Henry Burger, achète la propriété de Soublière dans le but d'y exploiter un restaurant avec cuisine et chef gastronomique. Comme le rez-de-chaussée portant le numéro 69, rue Laurier est alors occupé par le vendeur et sa famille, Marie Monnin leur demande de quitter la maison avant le

1. Nous remercions M. Robert-C. Bourassa et Jennifer Zaremba de leur collaboration.

1er août suivant pour entreprendre les travaux de réfection nécessaires pour transformer le logement en restaurant. Lors de la même transaction, l'acheteuse s'engage à respecter le bail du logement situé à l'étage, soit celui du 71, rue Laurier, qui est occupé par Gaston Fontaine.

Ainsi, en 1943, Marie Monnin ouvre le célèbre restaurant de la rue Laurier, le Café Henry Burger. Le restaurant porte le nom de son défunt mari, Henry Burger. Né en 1877, Burger quitte l'Europe à 16 ans pour travailler comme apprenti à l'Hôtel Waldorf, à New York. En 1910, il immigre à Montréal, où il devient maître d'hôtel à l'Hôtel Mount Royal. Quelques années plus tard, il est maître d'hôtel au Château Laurier, à Ottawa. En visite chez sa mère à Porentruy dans le Jura suisse, il y rencontre Marie Monnin, qui appuie son père dans l'auberge familiale[2]. Ils se marient le 4 octobre 1920. Rentré au Canada, Burger reprend son travail à Ottawa, mais pour peu de temps, puisque le couple Monnin-Burger ouvre son premier restaurant, le Café Henry, en février 1922, au 127, rue Principale, à Hull. Rapidement, ils acquièrent une très bonne réputation. Ce nouveau restaurant fait rapidement fureur, car il semble qu'il n'y avait pas, avant leur arrivée, de restaurants de qualité où l'on pouvait déguster des mets européens. Ils engagent un chef cuisinier de Paris et, en 1925, 18 employés travaillent pour eux. Le décor soigné et les fleurs fraîches sur les tables attirent la clientèle. Ils préparent aussi des banquets et des réceptions[3].

En octobre 1928, Henry Burger s'allie à des investisseurs torontois et achète la maison de Louis Duhamel au coin des actuelles rues Du Portage et Aubry. Les architectes Richard et Abra, d'Ottawa, ajoutent un étage et transforment la maison en hôtel de style château, comprenant 32 chambres, une salle à manger, une taverne et un logement de fonction pour le gérant-directeur[4]. L'Hôtel Chez Henri voit le jour le 5 août 1929. C'est un hôtel très chic et la réputation des hôtes attire une clientèle de choix. Un chef français est engagé, Burger continue son rôle de maître d'hôtel, mais le livre d'honneur des invités révèle surtout le rôle d'hôtesse talentueuse de Madame Burger. Le

2. Marie Anna Angélique Monnin est née le 2 juin 1893. Voir M. Guitard, « Marie Monnin-Burger, femmes d'affaires d'envergure et le Café Henry Burger », *Hier encore*, Gatineau, no 6, 2014, p. 20-23.
3. « Café Henry », *Le progrès de Hull*, 13 juin 1925. D'après ce journal, le restaurant aurait ouvert ses portes en février 1921, mais il faudrait vérifier cette date, car les autres sources indiquent 1922.
4. Témoignage oral de Leblanc, un employé de Maloney [v. 1990].

krach boursier de l'automne 1929 pousse la société Chez Henri ltée à faire faillite un an plus tard. L'hôtel garde le nom Chez Henri, écrit avec un *i* pour faire plus français. Les Burger y travaillent jusqu'au début de 1932.

Une nouvelle étape de l'histoire de Marie Monnin-Burger commence. En avril 1932, elle donne ses bijoux en gage à l'avocat Wilfrid Sainte-Marie (voir 154, rue Champlain), qui emprunte à une banque pour elle, car Henry Burger a tout perdu. Mariée en séparation de biens, c'est donc elle qui investit pour ouvrir un nouveau restaurant au 11, rue Laval, à Hull. Ils y retrouvent leur clientèle. Henry Burger meurt en 1936. Sa veuve, Marie, maintient le restaurant. Après deux incendies, le dernier en 1942, elle achète la maison de la rue Laurier en 1943. Deux personnes la soutiennent financièrement : Alice Rousseau, épouse du juge de la Cour supérieure, Honoré Achim, de Montréal, et le Dr Antonio Desrochers. Ces deux personnes n'ont certainement pas regretté leur geste, puisque le restaurant de Madame Burger a encore une réputation des plus enviables jusqu'au début du XXIe siècle. En 1957, elle achète le lot 49, voisin de son restaurant, côté sud, où il y avait un bâtiment de plusieurs logements. Ce dernier a été démoli depuis et sert au stationnement du restaurant. Marie a son appartement à l'étage, au-dessus du restaurant.

Marie Monnin et Henry Burger vers 1920. Collection privée.

Marie Monnin dans son restaurant. Collection privée.

Madame Burger tient à être en charge de tout et dirige son restaurant d'une manière exemplaire, engageant de grands maîtres de la cuisine et s'engageant personnellement dans l'achat de denrées et de boissons rares. Le restaurant accueille, dans ses salles, des personnalités de toutes les sphères de la société. Pour les événements importants, c'était l'endroit où inviter ses hôtes. Y manger était gage de qualité gastronomique.

Marie Monnin est une femme de famille. Elle n'a pas d'enfant, mais s'occupe beaucoup de ses nièces et neveux. Elle fait venir ses frères, qui s'établissent dans la région. Pendant leurs études à l'École Saint-Joseph, ses nièces viennent dîner au restaurant. Leur tante les engagent aussi pour livrer des sacs de nourriture à des familles pauvres et la célèbre Sœur Mechtilde des Servantes de Jésus-Marie reçoit régulièrement des aumônes. Des artistes comme Jean Dallaire, qui lui a vendu des tableaux à plus d'une reprise, peuvent trouver des clients au restaurant de cette femme généreuse.

À la suite d'une chute en 1972 qui entraîne sa paralysie, Marie Monnin se résoud à vendre son restaurant à la Société de Gestion Phides ltée (7) en septembre 1973. Le 4 décembre suivant, elle meurt à la maison La Pietà, entourée de sa famille, dont ses frères qui l'avaient suivie au Canada, et ses nièces et neveux. C'était une tante et une femme d'affaires remarquable.

En janvier 1974, la Société de Gestion Phides ltée, dirigée par le notaire Pierre DesRosiers, vend l'immeuble à Gatineau Westgate inc. (8), devenue peu après Gatineau Westgate (1974) inc. (9) En 1980, un groupe d'hommes d'affaires, dont Robert-C. Laflamme (10), se porte acquéreur de l'établissement et le vend, l'année suivante, à Hôtel A.B.D. inc. (11), dont Robert-C. Laflamme fait partie.

Finalement, en septembre 1982, le grand chef cuisinier Robert-C. Bourassa (12) s'en porte acquéreur. Diplômé de l'Institut du tourisme et d'hôtellerie du Québec, ce dernier a d'abord fait un stage en Suisse, puis a travaillé à plusieurs autres endroits en Europe avant de revenir au Canada. Les nombreux prix d'excellence remportés par le Café Henry Burger témoignent de la qualité de sa cuisine et de son service. Les livres d'invités qu'avait heureusement conservés le chef Bourassa ont été déposés dans son fonds à BAnQ. C'est ainsi qu'on apprend que, parmi les clients célèbres de cet établissement, il y eut le duc et la duchesse de York, presque tous les premiers ministres du Canada, les grands artistes québécois comme Vigneault, des chanteurs et musiciens canadiens et étrangers dans tous les domaines des arts, des écrivains reconnus, des personnalités politiques de tout niveau, des diplomates du monde entier, sans compter toute l'élite de la région, ou ceux qui voulaient en être. Le Café Henry Burger est beaucoup plus qu'un simple restaurant, c'est un lieu de mémoire, c'est une véritable institution hulloise.

Chaîne de titres

69, rue Laurier

1. QRF, 1913, 4 janvier, B21, No 20669, vente, [?] à Henry Newell Bate, date inconnue.
2. QRF, 1913, 4 janvier et 13 octobre, B21 et B22, Nos 20669 et 22218, vente, Henry Newell Bate à André Bray, 28 avril 1897.
3. QRF, 1913, 1er février, B21, No 20764, vente, André Bray à Antonio Pelletier, 10 septembre 1913.
4. QRF, 1915, 18 octobre, B26, No 25686, vente, Antonio Pelletier à Zéphir Tassé, 16 octobre 1915.
5. QRF, 1917, 26 mars, B28, No 27725, vente, Zéphir Tassé à Arthur Soublière, 19 mars 1917.
6. QRF, 1943, 8 juillet, B75, No 76536, vente, Arthur Soublière à Marie Monnin, 6 juillet 1943.
7. QRF, 1974, 4 janvier, No 224 340, vente, Marie Monnin à Société de Gestion Phides ltée, 14 septembre 1973.
8. QRF, 1974, 11 janvier, No 224 584, vente, Société de Gestion Phides ltée à Gatineau Westgate inc., 10 janvier 1974.
9. QRF, 1974, 21 juin, No 230 250, vente, Gatineau Westgate inc. à Gatineau Westgate (1974) inc., 17 juin 1974.
10. QRF, 1980, 29 octobre, No 291 527, vente, Gatineau Westgate (1974) inc. à Robert-C. Laflamme *et al.*, 29 octobre 1980.
11. QRF, 1981, 14 octobre, No 299 182, vente, Robert-C. Laflamme *et al.* à Hôtel A.B.D. inc., 14 octobre 1981.
12. QRF, 1982, 1er octobre, vente, Hôtel A.B.D. inc. à Service alimentaire ltée, 30 septembre 1982.
13. Ville de Gatineau, Rôles d'évaluation de 2016, Bourassa Service alimentaire ltée à Robert-C. Bourassa Holdings inc., 4 août 2004.

73, rue Laurier
Maison Baillot

© M Gervais 2015

© M. Guitard 1997

Cadastre : 1 621 657
Ancien numéro de lot : 23, Quartier 4
Date de construction : 1944

Style architectural

Assez curieusement, l'architecte de cette maison de 1944 emprunte des caractéristiques du style Second Empire avec son toit à la Mansart sur des murs en pierre. La lucarne rampante sur presque toute la devanture du toit témoigne de cette tendance, dans l'architecture après la Première Guerre mondiale, à agrandir l'occupation de l'espace sous les toits des bungalows, puis des maisons plus grandes. L'entrée avec sa porte et son imposte à carreaux est aussi un rappel des caractéristiques du style Second Empire, mais les baies des fenêtres sont résolument du milieu du xxe siècle.

Modifications : Des rénovations sont effectuées entre 1971 et 1974, puis en 1979. Ces dernières l'ont été par Langlois et Blair, architectes de Hull. Depuis 1997, on a repeint les volets.

Cette résidence des années 1940, construite pour un marchand d'automobiles très connu à Hull, témoigne qu'à cette époque, le secteur Laurier est encore celui de la bourgeoisie hulloise. La maison est de qualité et, bien que le style ne puisse être rattaché à un courant architectural précis, elle contribue à la connaissance de l'évolution de l'architecture résidentielle du quartier par son volume et sa fonction résidentielle d'origine.

Propriétaires et occupants

Occupation du terrain avant la maison actuelle

Il est pertinent de connaître l'occupation antérieure du sol où se trouve un bâtiment, car la présence de marques de résidus dangereux ou d'incendie peut avoir des incidences sur la qualité du terrain. Dans le cas présent, de quel genre d'incendie s'agit-il ? Voici donc l'histoire de ce terrain qui précède la construction de la présente maison.

Le premier occupant semble avoir été Thomas Osborne (1), un journalier qui l'achète de Henry Newell Bate en ou avant 1886. Osborne y demeure au moins jusqu'en 1893. Joseph Cousineau (2) en devient ensuite propriétaire ; c'est lui qui vend la propriété à George Wesley Barclay (3), un machiniste de Hull, le 25 août 1898. Deux ans plus tard, Barclay la vend à Édouard Mousseau (4), un mécanicien hullois[1] né le 26 juillet 1846[2] et décédé le 27 novembre 1916 après avoir légué la propriété à sa fille, Ida-May Mousseau (née le 3 mai 1880) (5). Celle-ci avait épousé John William Farrier, un commis voyageur de Hudson City ; le couple vit désormais aux États-Unis. Édouard Mousseau ne figure pas au Recensement du Canada de 1911. Il avait peut-être aussi quitté la ville.

Entre 1903 et 1915, une nouvelle maison beaucoup plus grande que la précédente est construite sur ce terrain[3].

Ida-May Mousseau vend donc la propriété le 30 mai 1917 à Joseph Cousineau (6), fonctionnaire, qui en prend possession le 15 juin 1917. Le 20 décembre 1921, Joseph Cousineau vend la propriété au manufacturier Albert E. Taylor (7), en échange d'un certain nombre de parts de la société Taylor O.K. Manufacturing Company. La vente incluait toutes les installations et les appareils électriques, indiquant qu'il s'agit d'une construction plus récente. Deux mois plus tard, soit le 17 février 1922, Taylor vend la maison à Auguste D'Amours (8), un commerçant hullois qui y aménage le Club Régal. Auguste D'Amours

1. Édouard Mousseau était-il parent avec Thomas Mousseau, le propriétaire du 156, rue Notre-Dame ?
2. BAC, Recensement du Canada de 1901, en ligne : http://data2.collectionscanada.ca/1901/z/z004/jpg/z000176570.jpg
3. Voir Goad, *Insurance Plan*, 1903, revisé en 1915, planche 180.

était en affaires avec un membre de sa famille, Wilfrid D'Amours, commis de la Cité de Hull, lequel détenait les permis et les titres du Club Régal.

Le 26 novembre 1925, les D'Amours vendent la maison avec tous ses meubles à l'hôtelier Joseph Barnabé (9), qui en prend immédiatement possession. En 1932, Barnabé, dont l'établissement est situé au 33, rue Du Pont (aujourd'hui Eddy), vend la propriété à la société Regal Realty Ltd. (10), une entreprise qu'il présidait lui-même et dont Howard St-George, d'Ottawa, était le secrétaire. Le bâtiment où est situé ce club brûle entre 1932 et 1938. D'après la famille Baillot, sur le terrain acheté par Raymond Baillot pour la somme de 1 700 dollars, il ne reste que des ruines au moment de l'achat.

La famille Baillot

Raymond Baillot (11) achète l'immeuble le 5 octobre 1938, mais ne lance pas immédiatement de projet de construction. Le père de Raymond, Jules Baillot, aurait commencé son commerce en 1916[4]. En 1918, il achète un immeuble à la famille Chénier, tout près du pont Alexandra. Il installe un poste d'essence sur le terrain, le premier et le seul de Hull. On compte à cette époque (1918) une dizaine d'automobiles, tout au plus, dans toute la ville (une cinquantaine à Ottawa). Cet immeuble passe au feu en 1921. On y reconstruit un bâtiment, que Baillot achète en 1923, lequel devient l'Hôtel Interprovincial situé sur la rue Baillot. Il garde la propriété de cet hôtel jusqu'en 1953[5]. À côté de l'hôtel, depuis au moins 1924, la famille Baillot possède un garage rue Youville, tout près du pont Alexandra[6].

L'entreprise familiale comprend le père Jules, marié à Joséphine Polse, « selon les lois de la Belgique », et leurs trois fils : René, gérant, Ernest, assistant-gérant, et Raymond, mécanicien. Le commerce d'automobiles de la famille Baillot et fils est par la suite déplacé sur le boulevard Saint-Joseph ; on cesse de l'exploiter en septembre 2012, soit après 96 ans.

4. Mathieu Bélanger, « Dernier bout de chemin pour Baillot et fils », *Le Droit*, 27 septembre 2012.
5. « L'hôtel Interprovincial », Chambre de commerce de Hull, *Hull 1964*, publié par la Chambre de commerce de Hull à l'occasion du 60e anniversaire de sa fondation, p. 67.
6. Voir la photographie de ce garage en 1924 dans l'article de Mathieu Bélanger, « Dernier bout de chemin pour Baillot et fils », *Le Droit*, 27 septembre 2012. On y voit le Parlement et l'usine de bisulphite E.B. Eddy en arrière-plan.

En juin 1943, Raymond Baillot vend le terrain voisin de sa résidence, qu'il avait acheté en 1938, à son père Jules Baillot (12). Celui-ci y fait construire, l'année suivante, la maison actuelle. Il y réside jusqu'à son décès, le 4 août 1963, à l'âge de 86 ans. Son épouse était décédée le 5 novembre de l'année précédente, à l'âge de 82 ans.

Le petit-fils de Jules Baillot, Roger Baillot (13), hérite de la propriété dont il prend possession en 1964. Il la conserve jusqu'en 1972. On ignore cependant jusqu'à quelle date il y habite. En était-il encore propriétaire lorsque, entre les années 1971 et 1974, la maison est occupée par la Commission fédérale pour l'étude de la révision de la nouvelle carte électorale, dirigée par le juge François Chevalier ? Chose certaine, la famille Baillot est la dernière à résider dans la maison.

Le nouveau propriétaire de 1972, l'architecte Valère Langlois (14), vend la propriété, dès l'année suivante, à la société Gatineau Westgate inc. (15), renommée peu après la Gatineau Westgate (1974) inc. (16) C'est à cette entreprise qu'en juin 1979, l'avocat Marcel Bourget (17) achète le bâtiment, qui loge des bureaux. Bourget meurt le 24 décembre 1986 et la propriété passe alors à Patricia Murphy (18), qu'il avait épousée à Lévis en 1942. En juillet 1993, à la suite du décès de cette dernière, la propriété échoit à ses fils, Pierre et Jean Bourget (19). Ces derniers vendent la propriété à l'homme d'affaires André Guibord (20), de Val-des-Monts, le 8 juillet 1999.

André Guibord en est toujours propriétaire, bien qu'il ait enregistré sa propriété sous les noms des sociétés 6101925 Canada inc. et 3380777 Canada inc. [(21) et (22)].

Chaîne de titres

73, rue Laurier

1. QRF, 1915, 2 octobre, B26, No 25594, vente, Henry Newell Bate à Thomas Osborne, en ou avant 1886.
2. QRF, 1900, 12 mai, B1, No 22, vente, Thomas Osborne à Joseph Cousineau, entre 1893 et 1898.
3. QRF, 1900, 12 mai, B1, No 22, vente, Joseph Cousineau à George Wesley Barclay, 25 août 1898.
4. QRF, 1900, 12 mai, B1, No 22, vente, George Wesley Barclay à Édouard Mousseau, 11 mai 1900.
5. QRF, 1917, 2 février, B28, No 27509, et C2, No 2794, legs, Édouard Mousseau à Ida-May Mousseau, 27 novembre 1916.

6. QRF, 1917, 1er septembre, B29, No 28462, vente, Ida-May Mousseau à Joseph Cousineau, 30 mai 1917.
7. QRF, 1921, 30 décembre, B38, No 38284, vente, Joseph Cousineau à Albert E. Taylor, 20 décembre 1921.
8. QRF, 1922, 23 février, B39, No 38656, vente, Albert E. Taylor à Auguste D'Amours, 17 février 1922.
9. QRF, 1926, 23 janvier, B48, No 48894, vente, Auguste D'Amours à Joseph Barnabé, 26 novembre 1925.
10. QRF, 1932, 10 août, B65, No 66031, vente, Joseph Barnabé à Regal Realty Ltd, 5 août 1932.
11. QRF, 1938, 7 octobre, B70, No 71670, vente, Regal Realty Ltd à Raymond Baillot, 5 octobre 1938.
12. QRF, 1943, 17 juin, B75, No 76421, vente, Raymond Baillot à Jules Baillot, 9 juin 1943.
13. QRF, 1964, 6 février, No 150 014, legs, Jules Baillot à Roger Baillot, 4 août 1963.
14. QRF, 1972, 27 juin, No 208 146, vente, Roger Baillot à Valère Langlois, 27 juin 1972.
15. QRF, 1973, 20 décembre, No 224 186, vente, Valère Langlois à Gatineau Westgate inc., 18 décembre 1973.
16. QRF, 1974, 21 juin, No 230 249, vente, Gatineau Westgate inc. à Gatineau Westgate (1974) inc., 17 juin 1974.
17. QRF, 1979, 29 juin, No 280 126, vente, Gatineau Westgate (1974) inc. à Marcel Bourget, 28 juin 1979.
18. QRF, 1987, 11 octobre, No 378 447, legs, Marcel Bourget à Patricia Murphy, 24 décembre 1986.
19. QRF, 1993, 15 juillet, No 472 818, legs, Patricia Murphy Bourget à Pierre et Jean Bourget, 9 juillet 1993.
20. QRF, 1999, 8 juillet, No 541 781, vente, Pierre et Jean Bourget à André Guibord, devant Me Charles-Henri Rioux, 8 juillet 1999.
21. QRF, 2005, 23 juin, No 12 448 573, vente, André Guibord à 6101925 Canada inc., président, André Guibord, devant Me Odile St-Hilaire, 17 juin 2005.
22. QRF, 2013, 20 novembre, No 20 411 128, avis de préinscription, demande de passation de titres, 6101925 Canada inc., président, André Guibord, à 3380777 Canada inc., 20 novembre 2013.

77, rue Laurier
Maison Talbot-Baillot

© Hubert Massé

© Marc Gervais 2015

© Michelle Guitard 1997

Cadastre : 1 621 658
Ancien numéro de lot : 6, Quartier 4
Date de construction : 1884-1888

Style architectural

D'influence victorienne, cette maison de style hullois ressemble, à l'origine, à plusieurs maisons construites vers 1888. En 1884, cette propriété compte une maison en bois de 22 par 27 pieds avec cuisine et hangars ou remises. En 1888-1889, elle est décrite comme étant en brique et mesurant 22 par 30 pieds. Cette différence ne permet pas de croire qu'une nouvelle maison a été construite. Le fait qu'elle ne possède pas d'oriel, comme les trois maisons très semblables de la rue

Notre-Dame-de-l'Île, suggère qu'elle est peut-être légèrement antérieure à celles-ci.

Modifications : Des rallonges ont été ajoutées à diverses périodes, dont une de 16 par 26 pieds vers 1913. La maison a été complètement rénovée depuis 1979. La rallonge côté sud a été construite d'après le plan d'Alain Courchesne le 18 juin 1979.

La transformation de la maison en bureaux a été effectuée en respectant l'architecture traditionnelle. Les rénovations ont donné beaucoup de charme à cette maison et, parce qu'elle est située en face du Musée canadien de l'histoire, elle met en valeur l'architecture traditionnelle du quartier. Sa conservation est, par conséquent, d'une grande valeur de référence identitaire pour le patrimoine gatinois.

Propriétaires et occupants

Le marchand d'Ottawa Henry Newell Bate (1) se porte acquéreur de cette propriété à une date inconnue, mais antérieure à 1884. Cette année-là, l'occupant inscrit au rôle d'évaluation est le notaire Joseph-Olivier Archambault. En 1886, Reine Élisabeth Gardner Mulholland (Routhier) (2), l'épouse de l'avocat Achille-Henri-Xavier Talbot, achète l'immeuble de la part de Henry Newell Bate. Le terrain mesure 66 pieds de largeur et 99 pieds de profondeur ; il n'a jamais été divisé.

Achille Talbot (né le 26 août 1837) et son épouse Élisa (née le 15 septembre 1841) ont deux enfants, Estelle (née le 18 mars 1877) et Joachim (né le 14 avril 1878)[1].

Talbot se présente au poste d'échevin du Quartier 4, en 1888, mais ne récolte qu'un seul vote. Il devient juge avant 1900. Les titres de propriété passent au feu dans la conflagration de 1900 et, en 1901, Madame Talbot emprunte 1 800 dollars à Bate, hypothéquant l'immeuble et les bâtiments qui s'y trouvent[2]. L'absence de ces documents laisse supposer qu'ils devaient être au bureau de Talbot et non à la maison. Bate ne reçoit le plein remboursement qu'à la vente de l'immeuble, en 1908.

Au décès de son époux, en août 1908, Élisa Talbot vend sa propriété à Basile Carrière (3) qui, deux ans plus tard, en fait don à son fils Edgar, qui y habite déjà (4).

1. BAC, Recensement du Canada de 1901, « Talbot, Achille », en ligne : http://data2.collectionscanada.ca/1901/z. C'est le nom « Élisa » qui est inscrit sur la fiche du recensement.
2. QRF, 1901, 7 décembre, B3, No 2576, obligation, devant Me Nérée Tétreau, no 20563, 7 décembre 1901.

Edgar Carrière meurt le 19 février 1915, laissant la propriété à son épouse Laurenza Bisson et à leurs quatre enfants, toujours mineurs : Yvette, Jean-Paul, Suzanne et Rémi (5). Laurenza et ses enfants conservent la maison jusqu'en novembre 1938, lorsqu'ils la vendent à Raymond Baillot (6). Il n'est pas clair que Laurenza Bisson y ait habité tout ce temps, car elle percevait des loyers au moment de la vente.

Raymond Baillot, garagiste et vendeur d'automobiles, venait d'épouser Ange-Emma Bergeron en février 1937 ; ils habitent la maison pendant plusieurs années. Baillot, retraité et désormais résident de Lucerne, vend la propriété pour un dollar au notaire Pierre DesRosiers (7), en juin 1973. Plusieurs se souviendront du garage Baillot situé à l'entrée du pont Alexandra.

Une semaine après l'acquisition de la propriété, Pierre DesRosiers la transfère à la Société de Gestion Phides ltée (8) auquel il est associé. En août 1982, cette dernière vend la propriété à Jacques Charrette (9), graphiste de Hull, qui la convertit par la suite en immeuble à bureaux. M. Charrette en est propriétaire pendant un peu plus de dix ans. La société Pigeon-Roy Évaluation (Gatineau) (10) achète la propriété en 2003 pour la vendre deux ans plus tard, en septembre 2005. C'est l'architecte Marcel Landry (11) qui s'y installe. Fondé en 1978, le cabinet Landry Architectes compte à son portfolio de grands édifices, tant des complexes immobiliers qu'industriels ; l'entreprise loge toujours à cette enseigne[3]. Landry conclut une promesse de vente à Gilles Desjardins (6881530 Canada inc.) le 31 octobre 2013 (12).

Cette ancienne résidence est un bel exemple du patrimoine du quartier.

Chaîne de titres

77, rue Laurier

1. Ville de Hull, Rôles d'évaluation de 1884-1885, Quartier 4, vente, [?] à Henry Newell Bate, en ou avant 1884.
2. QRF, 1901, 7 décembre, B3, No 2576, obligation référant à une vente antérieure, Henry Newell Bate à Reine Elisabeth Gardner Mulholland, alias Routhier, ux Achille-Henri-Xavier Talbot, devant Me Nérée Tétreau, no 20563, 7 décembre 1901.
3. QRF, 1908, 14 août, B16, No 13842, vente, Reine Elisabeth Gardner Mulholland à Basile Carrière, devant Me Nérée Tétreau, 10 août 1908.

3. Landry architectes, en ligne : http://www.landryarchitectes.com/pg_Home. php

4. QRF, 1910, 23 novembre, B19, No 17048, vente, Basile Carrière à Edgar Carrière, 19 novembre 1910.
5. QRF, 1918, 12 mars, C2, No 2954, legs, Edgar Carrière à son épouse, Laurenza Bisson, 19 février 1915.
6. QRF, 1938, 10 décembre, B70, No 71 839, vente, Laurenza Bisson à Raymond Baillot, 6 décembre 1938.
7. QRF, 1973, 3 décembre, No 223 184, vente, Raymond Baillot à Pierre DesRrosiers en fiducie, 7 juin 1973.
8. QRF, 1973, 19 décembre, No 224 057, vente, Pierre DesRosiers en fiducie à Société de Gestion Phides ltée, 17 décembre 1973.
9. QRF, 1982, 6 août, No 305 182, vente, Société de Gestion Phides ltée à Jacques Charrette, 5 août 1982.
10. QRF, 2003, 9 octobre, No 10 561 153, vente, Jacques Charrette à Pigeon-Roy Évaluation, 9 octobre 2003.
11. QRF, 2005, 25 septembre, No 12 546 855, Pigeon-Roy Évaluation à Marcel Landry, 25 septembre 2005.
12. QRF, 2013, 31 octobre, No 20 367 799, vente, hypothèque et droit de résolution, Marcel Landry à 6881530 Canada inc., 31 octobre 2013.

97-103, rue Laurier
Maison du tourisme

© M. Guitard 2015

© M. Guitard 1990

© M. Guitard 1990

Cadastre : 1 621 668
Anciens numéros de lot : 528A et N552A, Quartier 5
Date de construction : 1919-1920 (97-99 Laurier), 1927-1928 (101-103 Laurier)

Style architectural

Cet immeuble comporte deux édifices principaux et comprenait autrefois des bâtisses à l'arrière.

Le 97-99, rue Laurier est une adaptation des styles à l'italienne et Beaux-Arts, très populaires au début du xxe siècle au Canada. On retrouve dans cet immeuble le toit plat et l'entablement muni d'une

Édifice H.O. Boult vers 1923. BAnQ, collection Centre de l'Outaouais de BAnQ, P1000, D26, P22.

corniche, d'une frise et d'une architrave, la hauteur du bâtiment, coupée par une poutrelle décorative, sont des effets visuels régulièrement employés dans le style Beaux-Arts. Jadis, les fenêtres carrées à deux châssis, s'ouvrant à guillotine et enchâssées dans une baie semi-elliptique couronnée d'un voussoir, marquaient l'influence du style à l'italienne, mais le seuil en pierre rappelle ici encore la présence du courant Beaux-Arts. Les portes d'entrée du premier, allongées par la présence d'une large imposte à un carreau unique, reflètent le style Beaux-Arts.

Modifications : Le style des châssis d'origine de la fenestration n'a pas été respecté lors des rénovations. L'architecture de la façade d'origine, par contre, a été respectée.

L'architecture de l'édifice du 101-103, rue Laurier tient surtout du style Beaux-Arts par le toit plat, la poutre ornementale au-dessus du rez-de-chaussée ainsi que la fenestration rectangulaire, préalablement à quatre châssis à guillotine, encadrée d'un linteau et d'un seuil en pierre ou ciment sur mur de brique. Les pilastres sur la façade avant entre les ouvertures du rez-de-chaussée ainsi que la fondation en pierre apparente sont des effets ornementaux du style Beaux-Arts. Par contre, la corniche avec ses consoles décoratives relève de l'influence persistante du style à l'italienne.

Modifications : Les rénovations effectuées par la Ville de Gatineau ont conservé l'architecture de l'édifice en modifiant et uniformisant toutefois le style des fenêtres.

Propriétaires et occupants

Cette propriété comprend, à l'origine, deux terrains, soit les lots 528 et 552 faisant partie de l'héritage de Philemon Wright, petit-fils de Philemon, le fondateur de Hull, et fils de Tiberius. Il lègue ces lots à sa nièce Janet L. Scott, fille de Nancy L. Wright, épouse de John Scott. Sur le point de se marier, Janet vend l'héritage immobilier reçu de son oncle, le 26 octobre 1885, à sa mère (1). Celle-ci vend les lots 528 et 552 à Sylvain St-Jean père et Cuthbert Bordeleau le 3 juin 1886. Il ne s'agit pas ici de location, mais de vente (2). Les terrains 528 et 552 sont divisés autrement. Après l'incendie de 1888, la Ville, par une résolution du Conseil du 8 mai 1889, décide d'ouvrir les rues Alma (Notre-Dame-de-l'Île) et Wright (Laurier) et de fermer le chemin du Roi (King's Road) entre la rue Division (Élisabeth-Bruyère) et Saint-Cuthbert (des Allumettières). Lors de ces modifications, St-Jean et Bordeleau échangent des parties de terrains. Bordeleau devient propriétaire du lot 528A et St-Jean, des lots 552 et 552A (3).

Cette propriété, depuis lors une seule propriété qui accueille la Maison du tourisme, comporte à l'époque deux propriétés dont l'aire est occupée par des citoyens dans d'autres bâtiments. Pour ajouter à la complexité de cette histoire, il y a, au fil du temps, des bâtiments à l'arrière du terrain occupés par des ateliers, des commerces, des entrepôts, des hangars et même une étable. Comme l'occupation et la propriété des bâtiments de cette partie du terrain arrière font l'objet de transactions immobilières, dont la plus importante est leur vente dans les années 1940, il faut les signaler ; celles-ci sont inscrites comme étant les lots du nord-ouest ou ouest des lots 552A et 528A.

97-99, rue Laurier, lot 552A

Sylvain St-Jean, ferblantier, habite la maison sise sur la partie sud du lot 552A. Ce dernier mesure 118 sur 99 pieds selon l'ancien cadastre de Hull. Il vend sa propriété aux Sœurs grises (4), qui la vendent à Louis Gratton le 4 juin 1907 (5). Celui-ci divise alors le terrain et se réserve la moitié sud du lot où il réside et où il a une épicerie, soit le 95, rue Laurier, en 1911[1]. Il vend la partie nord du lot 552A à Hervey O. Boult le 22 mai 1908 (6).

Le terrain qu'achète Boult en 1908 est vacant. Il y installe, vers 1910, un comptoir de crème glacée, ou *Ice Cream Parlour,* dont il est copropriétaire avec Ovila Cadieux. Le type de construction de cet établissement reste inconnu ; on sait seulement qu'il est évalué à 450 dollars, ce qui laisse penser qu'il s'agit d'un bâtiment temporaire. Ce commerce est exploité pendant à peine deux ans. Selon le rôle d'évaluation de 1912-1913, on note un bâtiment de 16 sur 16 pieds dans lequel loge la société The International Supply & Industry Co. ; dès l'année suivante, le terrain est vacant et le demeure jusqu'en 1919-1920.

1. BAC, Recensement du Canada de 1911, Cité de Hull, no 242290, Louis Gratton et famille. Il a quatre pensionnaires. Son adresse est alors le 95, rue Laurier.

Un bâtiment de brique, évalué à 6 300 dollars, est alors inscrit au rôle d'évaluation et, l'année suivante, la quincaillerie y est inscrite[2]. L'édifice Boult des années 1920-1924 a été photographié (voir ci-haut).

En 1924, Boult loue son magasin à Aurèle Champagne, marchand de fer, qui s'engage à installer son commerce dans le bâtiment ; le bail doit expirer le 1er mai 1930[3]. Par ce contrat, nous apprenons que le terrain est la propriété de Marie-Louise Chénier, épouse d'Hervey Boult, qui est propriétaire du bâtiment (7). En 1937, Boult loue le bâtiment à la Commission des liqueurs du Québec, qui sera locataire jusqu'au début des années 1960[4]. À l'étage se trouve un logement en location[5].

101-103, rue Laurier, lot 528A

Le terrain où est actuellement le bâtiment de trois étages, le 101-103, rue Laurier, que va acquérir Boult a sa propre histoire. À la suite de l'échange des terrains mentionné plus haut, en 1890, c'est le cordonnier Cuthbert Bordeleau qui est propriétaire du lot 528A, sur lequel est sa maison en bois de 20 par 26 pieds, de deux étages et demi, où il réside avec sa famille. Son locataire, J.B. Schink, et son épouse habitent l'aile arrière d'un étage de la maison dont l'entrée donne sur la rue Saint-Cuthbert (des Allumettières). Par cette description, on reconnaît le style des maisons hulloises. La cordonnerie de Bordeleau est sur le terrain. Il épouse en premières noces Mary Jane Clark et ils ont cinq enfants. Lui et sa seconde épouse, Edwidge Simard, ont trois enfants. Schink meurt le 21 juillet 1894 à l'âge de 71 ans (8). Edwidge emménage alors dans le logement à l'arrière de la maison pour louer la partie avant à Louis Gratton, journalier, qui y emménage avec sa famille et des locataires. Il possède une vache, qu'il abrite dans l'étable de la

2. Ville de Hull, Rôles d'évaluation de 1908 à 1925.
3. QRF, 1924, 16 octobre, B45, No 45655, location, 3 960 dollars, Hervey Boult et Marie-Louise Chénier à Aurèle Champagne, devant Me François A. Binet, no 95, 15 octobre 1924 ; BAnQ-G, greffe de François A. Binet, 15 octobre 1924, no 95.
4. QRF, 1937, 25 mars, B69, No 7042, location, Hervey Boult et Marie-Louise Chénier à Commission des liqueurs ; QRF, 1942, 15 juin, B74, No 75138, M.L. Chénier à Commission des liqueurs ; QRF, 1947, 7 février, B83, No 83875, M.L. Chénier à Commission des liqueurs ; QRF, 1952, 26 février, B98, No 98423, M.L. Chénier à Commission des liqueurs ; QRF, 1957, 18 février, No 116218, M.L. Chénier à Commission des liqueurs.
5. QRF, 1945, 22 août, B80, No 80403, vente, M.L. Chénier à Aimée Robillard-Champagne, devant Me Henri Desrosiers, 16 août 1945.

cour[6]. La famille Gratton déménage en 1907 sur le terrain 552A partie sud (voir plus haut).

L'histoire de la famille Simard-Bordeleau révèle un mode de vie – ou de survie – ancré dans les usages depuis des siècles. Avant que le paiement d'impôts ne permette de retirer une prestation de retraite gouvernementale, il fallait utiliser les biens immobiliers et les liens de parenté pour survivre. Le 11 octobre 1898, Edwidge Simard-Bordeleau s'entend avec les enfants Bordeleau pour remettre les titres de propriété à Georges Bordeleau, peintre, fils issu du premier mariage de son époux. Ce transfert de biens s'effectue à la condition que Bordeleau paie les créanciers, assume les charges de la maison et s'engage à loger sa belle-mère âgée d'environ 63 ans, qui partage déjà la maison avec lui (9). Elle ne semble pas y être demeurée, car elle n'est pas inscrite dans la maison lors du Recensement du Canada de 1901. Elle meurt le 26 ou le 27 mars 1910 à l'âge de 75 ans[7]. Georges Bordeleau fait alors don de la propriété à sa sœur Élysabeth, veuve de William Fréchette[8], à la condition qu'elle pourvoie à tous ses besoins pour le reste de sa vie (10). Élysabeth, 43 ans, habite déjà cette maison depuis longtemps. Elle y est en 1901 avec ses enfants : Emery (22 ans); Louis (20 ans) ; Arthur (17 ans), électricien ; et Jeanne (13 ans). Son frère Georges y vit aussi[9]. La description de la maison indique la présence de logements et de hangars au moment de sa vente à Boult.

Hervey O. Boult achète la propriété d'Élysabeth le 13 janvier 1912, trois ans après l'achat de l'immeuble voisin (11). Après 1913, il transforme la maison en lieu commercial ; on y retrouve une salle de billard et une tabagie gérées par Auguste Foucault, locataire jusque vers 1924. En 1925, Eustache Dupont y ouvre un restaurant[10]. Il s'agit vraisemblablement du bâtiment qui donne sur la rue des Allumettières, qui a été démoli depuis.

Entre cet immeuble devenu commercial, un nouveau commerce a vu le jour : un garage. La photographie de l'immeuble de la

---

6. Ville de Hull, Rôles d'évaluation de 1895-1896 et 1897-1898.
7. QRF, 1912, 30 janvier, Lib C2, No 2014, déclaration de George Bordeleau. Le document indique la date de décès, soit le 27 mars, mais, en marge, une note extraite du Registre du cimetière de la paroisse Notre-Dame-de-Grâce inscrit le décès le 26 mars 1910.
8. Élysabeth était déjà veuve avant le décès de son père, Cuthbert Bordeleau, en 1894.
9. BAC, Recensement du Canada de 1901, comté de Wright, recherche de nom sous « Bordeleau ». no 5524216.
10. Ville de Hull, Rôles d'évaluation de 1913-1926.

quincaillerie Boult, plus haut, montre un bâtiment d'un étage qui est de toute évidence un garage devant lequel se trouvent deux pompes à essence. L'annonce de l'Imperial gazoline et les autres affiches sur la devanture identifient le commerce. Il s'agit sûrement des premières pompes à essence de Baillot, en 1916. Cette photographie étant de 1923, elle a sûrement été prise l'année même où Baillot achète un terrain d'en face pour y construire l'Hôtel Interprovincial et un garage. Le bâtiment que l'on voit sur la photographie de 1923 est remplacé, entre 1925 et 1928, par l'édifice de trois étages actuel (voir Baillot, 77, rue Laurier).

Le rôle d'évaluation de 1928-1929 indique que, pour la première fois, le bâtiment sur ce lot est en brique, ce qui est confirmé par le plan d'assurance de 1928. L'immeuble est décrit dans une obligation de Boult envers William Laroche : l'immeuble en brique de trois étages est accompagné d'autres bâtisses sur le terrain de 52 pieds de front par 99 pieds de profondeur [11] ; les numéros d'immeubles inscrits sont 101-103 et 105, rue Laurier [12]. Par la suite, outre les appartements aux étages, plusieurs hommes et garçons de Hull se souviennent de la salle de billard au rez-de-chaussée, qui y est encore dans les années 1960.

Hervey O. Boult

Hervey Boult [13], né le 27 mars 1884 à Ottawa, est le fils de John Boult et de Leause (Louise ?) Nadeau. Il faut vérifier s'il est le fils de John Francis Boult, greffier de la Ville de Hull de 1894 à 1913 [14]. Il épouse Lina Renaud, fille d'Élie et d'Éléonore Séguin, le 9 juin 1908 [15]. Le jeune couple réside au 136, avenue Laurier, à Hull, en 1911, avec ses trois enfants : Élie (2 ans), Hervé (2 mois) et Annette (1 an). Avec eux vit une jeune femme adoptée, Rhéa Beaudry, 17 ans, née en Ontario. Il pratique alors le métier de sellier et possède une salle de billard [16]. Lina Renaud meurt le 5 juin 1915. La description des propriétés indivises

11. Ville de Hull, Rôles d'évaluation de 1926 à 1929 ; *Underwriter's Insurance Plan*, 1928.
12. QRF, 1932, 30 juin, B64, No 65826, obligation, William Laroche à Hervey O. Boult, devant Me Henri Desrosiers, no 5676, 29 juin 1932.
13. Boult signait son prénom Hervey et non Hervé.
14. Ville de Hull, procès-verbaux, 1913, p. 42, séance du 10 février 1913. Il était greffier depuis le 26 janvier 1894.
15. SGO, BMS 2000, Identification no 932664, Boult – Renaud.
16. BAC, Recensement du Canada de 1911, Boult, H.O., no 240288.

du jeune couple, au moment du décès de Lina, est pertinente à notre propos :

> 1 – Lot 528A, Q5, avec bâtiments ; 2 – Moitié nord du lot 501, Q5 ; 3 – Partie nord (33 pieds) du lot 552A, Q5, bornée au nord par le lot 528A, à l'est par l'avenue Laurier, au sud par la partie sud du même lot, propriété de Dame Louis Gratton, et à l'ouest par le lot no 552 ; 4 – Partie du lot 556, Q5, contenant 61 pieds 3 pouces par 48 pieds 4 pouces, bornée à l'ouest par l'avenue Laurier, au sud par la rue Youville, au nord par la partie du même lot, propriété de Norman Tellier, et à l'est par la propriété d'Ovila Chénier ou ses représentants avec bâtiments ; 5 – Lot 124, Q1 ; 6- Lot 27, 4e rang du canton de Lytton[17].

De cette description, retenons qu'en 1915, Boult est propriétaire des lots 528A et 552A qui concernent les bâtiments dont il est présentement question.

L'édifice du lot 528A portait, en 1932, les numéros suivants : le 101-103 et 105, rue Laurier, et le 5 et 7, rue Saint-Laurent. Les commerces sont situés au rez-de-chaussée et des logements se trouvent aux deux étages supérieurs. En juin 1932, Hervey Boult emprunte 3 500 dollars à l'hôtelier William Laroche, hypothéquant sa propriété du lot 528A, ce qui semble indiquer que les affaires sont difficiles aussi pour la famille Boult en ce temps de crise économique.

Hervey Boult meurt le 27 février 1939. Il avait fait un testament le 10 septembre 1936, dans lequel il lègue à son épouse, Marie-Louise Chénier, le résidu de sa succession à titre de propriété absolue, ayant nommé la Capital Trust Corporation comme liquidatrice de ses biens (12). Ses deux fils du premier lit, Élie et Hervé, ne sont pas mentionnés dans le testament de 1936, mais leurs enfants sont considérés par Marie-Louise comme ses petits-enfants, ce qui indique la proximité des garçons du premier lit avec leur belle-mère. Élie épouse Dolorès Meloche, fille d'Hervé et Blanche Côté, à l'église Notre-Dame-de-Grâce de Hull, le 15 août 1936. Le second fils. Hervé. épouse Adrienne Lalonde, fille de Jean-Baptiste et Alphonsine Proulx, le 27 avril 1942, aussi à la paroisse du quartier[18]. Nous ne savons pas ce qui advient d'Annette.

17. QRF, 1915, 14 juillet, B25, No 25278, déclaration et réclamation, Hervey O. Boult, pétition présentée à la Cour supérieure au sujet du testament de Lina Renaud.
18. Registre des mariages de la paroisse Notre-Dame de Grâce de Hull, 1914-1945.

Marie-Louise Chénier

Marie-Louise Chénier (née le 20 décembre 1884) est la fille d'Ovila Chénier, né le 17 septembre 1856 et de Méletine Durocher, la première épouse d'Ovila. Le Recensement du Canada de 1901 indique que son père est hôtelier. En voulant savoir qui est Marie-Louise Chénier, nous avons découvert les voisins de la propriété actuelle et leur occupation du sol.

Le grand-père de Marie-Louise Chénier, Cyrille Chénier[19], était entrepreneur en construction. En 1893, il achète le lot 528 de la Communauté des Sœurs grises[20] à l'angle des rues Notre-Dame et des Allumettières. Il y construit un grand bâtiment de 26 par 56 pieds en bois et un hangar. En 1895, Cyrille et son épouse, Olympe Sauvé, font don du terrain, de la maison, du magasin et des autres bâtisses construites sur celui-ci à leur fils Ovila, en se réservant la jouissance du magasin, du logement et de toutes les autres bâtisses qu'ils occupent actuellement, cela jusqu'à leur décès[21]. Joseph Chénier et Ovila Chénier, le père de Marie-Louise, ont un magasin et un hôtel sur ce même terrain. Entre 1903 et 1905, ils n'y résident pas, mais le louent à l'hôtelier Honoré Lafleur et à l'épicier Pierre Brisebois, ainsi qu'à quatre locataires : Maxime Viau (23 ans), scieur ; Trefflé Charron (29 ans) ; Hormidas Larocque (48 ans), agent ; Paul Reinhardt (38 ans), fonctionnaire[22]. Ovila, qui a acheté un autre terrain, vend la propriété du lot 528 à Camille Hénault en 1906[23].

Cet autre terrain fait partie du lot 556 acheté en 1902 et 1904 de la Communauté des Sœurs de la Charité. Il se trouve entre la rue Laurier

19. Cyrille Chénier (décédé le 14 décembre 1908) était le fils de François et Angéline Lalande. Il épouse Ursule Hamelin (décédée le 21 octobre 1904), fille de J.B. et Sophie Lalande, à la paroisse Saint-Paul, à Plantagenet, Ontario, le 4 mai 1879. Leurs enfants sont : Clara (ux Jos. Brouillet) ; Mazenod ; Josephine (ux Moïse Daigneau) ; Joseph ; Alphonse ; Ovila ; Révérende Donalda (Sœur Sainte-Olympe) ; Victoria Espérance (ux Avila I. Telmosse).
20. QRF, 1903, 7 août, B8, No 6938, vente, devant Me Paul Thomas Desjardins, no 3306, 25 novembre 1893. Le nom utilisé dans les contrats est Community General Hospital Alms House & Seminary of Learning of the Sisters of Charity at Ottawa ou Communauté de l'Hôpital Général, de la Maison des pauvres et de l'Institution d'enseignement des Sœurs de la Charité d'Ottawa. Nous raccourcissons par Communauté des Sœurs grises, comme elles sont connues dans la région.
21. QRF, 1902, 17 mars, B4, No 4012, donation, Cyrille Chénier et ux à Ovila Chénier, devant Me Joseph Alphonse Malo, no 2135, 24 août 1895.
22. Ville de Hull, Rôles d'évaluation de 1903-1905, Quartier 5, lot 528.
23. Ce bref regard sur la propriété, qui fait maintenant partie de l'École Saint-Joseph, nous donne des informations sur l'occupation antérieure du sol, mais aussi sur les occupants originaux de ce terrain ; QRF, Index des immeubles, lot 528, Quartier 5, 1900 à 1907.

actuelle et l'entrée du pont Alexandra, sur une partie de l'aire de l'actuel Musée canadien de l'histoire, donc en face des bâtiments qui sont l'objet de notre étude. Il y construit des bâtiments, dont une épicerie.

Ovila Chénier s'est marié trois fois : d'abord avec Méletine Durocher, ensuite avec Julienne St-Denis (le 1er septembre 1889), à Montebello, puis le 11 décembre 1896, à Ottawa, avec sa belle-sœur, Lovina St-Denis (née le 7 novembre 1855)[24]. Il ne semble pas avoir eu d'enfants du second mariage. Toujours est-il qu'Ovila Chénier meurt le 21 janvier 1911 ; il avait fait un testament deux ans plus tôt. Parmi ses légataires se trouve sa fille Marie-Louise[25].

Après le règlement de la succession d'Ovila, en juin 1911, les propriétés, terrains et magasins sont vendus aux enchères. Hervey Boult obtient, à cette occasion, un terrain du Quartier 1 et acquiert, avant 1915, une partie du lot 556 qu'il possède au décès de sa première épouse, Marie-Louise Chénier. Il connaît donc Hervey Boult depuis quelques années lorsqu'elle l'épouse.

Le mariage a lieu le 20 novembre 1915[26]. Le contrat de mariage est signé deux jours plus tard[27], ce qui est inhabituel. Le couple réside au 129, rue Laurier ; la maison n'existe plus[28]. Cinq enfants sont nés de ce couple : Anita ; Agathe, veuve de Bertrand Chéné ; Émilienne, épouse de Paul Chéné[29] ; Robert ; Jules-André. Elle a vraisemblablement élevé les deux garçons du premier lit, Élie et Hervé, comme on le verra plus loin.

Avant son mariage, Marie-Louise Boult fait déjà des transactions immobilières et prête de l'argent[30]. Elle reçoit, en cadeau de noces de

24. SGO, BMS 2000, Ovila Chénier – Mélitine Durocher, Julienne St-Denis – Lovina St-Denis ; BAC, Recensement du Canada de 1901.

25. BAnQ-G, greffe de Louis Bertrand, CN701, 1911, 29 juin, no 2952, déclaration de Henri-Émile Chénier ; *idem*, 29 juin 1911, no 2960, succession O. Chénier à J.E. Gibson. Les héritiers nommés sont Lovina St-Denis et ses enfants mineurs : Wilfrid Honorius, né le 29 juillet 1897, 13 ans ; Louis de Gonzagues, né le 4 juillet 1899, 11 ans ; Christine, 5 ans ; Imelda, 16 mois ; et du premier mariage, Henri Émile, Marie-Ange (épouse de Joseph Henri Paquin) et Marie-Louise. Au Recensement du Canada de 1901, un autre fils, Mastai, né le 20 décembre 1881, n'a pas survécu à son père.

26. SGO, BMS 2000, identité no 1776197.

27. BAnQ-G, greffe de Me Louis Bertrand, CN701, contrat de mariage, no 7395, 22 novembre 1915.

28. Cette adresse sur Laurier est la moitié sud du lot 356. C'est l'Hôtel Best Western qui occupe le sol.

29. Paul-Dosithée Chéné, fils de Dosithée Chéné, 163, rue Notre-Dame.

30. Il est impossible de relever toutes ces transactions dans le présent travail, mais les entrées dans le greffe du notaire Louis Bertrand permettent d'en connaître quelques-unes dès décembre 1911.

son époux, le lot 552A. C'est pourquoi elle est impliquée dans les locations du bâtiment à titre de propriétaire du terrain. Après le décès d'Hervey Boult, la gestion de son héritage démontre la grande aptitude de Marie-Louise pour les affaires. Elle continue les locations des immeubles concernés. La période de la Deuxième Guerre mondiale semble difficile. Elle emprunte, par vente à réméré du lot 552A, à deux reprises, un montant de 5 000 dollars, en 1940, à Jules Baillot (13). Elle rachète sa propriété à Baillot le 4 juillet 1944 (14). Le même jour, elle vend à réméré, au même montant, la propriété à Malvina De Bonneville Clément (15). L'année suivante, en 1945, elle effectue plusieurs transactions, en hypothéquant cette fois le lot 528A, soit le 101-103, rue Laurier (16).

Le 20 mai 1949, elle obtient un prêt de 1 500 dollars sur le 99, rue Laurier (17)[31]. En juin 1945, elle emprunte 1 200 dollars à l'entrepreneur Raymond Brunet sur le bâtiment déjà hypothéqué depuis 1932 (18). Cet emprunt est fait pour racheter, le 15 août 1945, la partie arrière du terrain vendue à réméré à Malvina De Bonneville (19). Le lendemain, elle vend 30,6 pieds du lot 552A et 30,6 pieds du lot 528A à Aimé Robillard-Champagne, l'ensemble donnant sur la rue Saint-Laurent (des Allumettières)[32].

Marie-Louise Chénier exploite ses propriétés pour en faire de l'argent. Est-ce en raison de difficultés financières ou pour investir dans d'autres secteurs ? Il faudrait pouvoir dépouiller toutes les transactions qu'elle a effectuées. Lorsqu'elle dicte son testament, en 1972, elle possède toujours les deux immeubles du 97-99 et 101-103, rue Laurier. Elle les lègue à quatre de ses enfants : Agathe, veuve de Bertrand Chéné ; Émilienne, épouse de Paul Chéné ; Robert ; et Jules-André. Sa fille Anita reçoit tous ses « argents liquides » en banque, caisse ou autre. C'est elle qui assume les frais funéraires et les frais médicaux. Si les immeubles sont vendus, elle désire le partage du capital de cette vente comme suit : 1 000 dollars à Lina Laplante ; 2 000 dollars divisés à parts égales entre ses petits-enfants, Carol et Bernard Boult, Micheline Coulombe et Murielle Séguin, et les enfants d'Élie, fils du premier lit de son époux. Francine, la fille d'Hervé, aussi du premier lit, n'est pas mentionnée. Élie et Hervé sont décédés. Le capital résiduaire est divisé en parts égales entre ses cinq enfants (20). Lorsqu'elle meurt, le 2 juin 1979, elle possède toujours les deux immeubles, moins la partie

31. QRF, 1949, 31 mai, No 90004, prêt, Malvina De Bonneville à Marie-Louise Chénier, devant Me Henri Desrosiers, no 39050, 20 mai 1949.

32. Voir la description, plus loin, de la partie arrière des lots 552A et 528A.

arrière vendue à Aimée Robillard-Champagne, et laisse 82 025 dollars. Elle meurt à l'Hôpital Mont Saint-Jude à l'âge de 94 ans[33].

L'histoire de Marie-Louise Chénier-Boult mériterait d'être approfondie, car elle révèle, à première vue, une femme née dans une famille aisée, autonome, qui gère ses biens pour vivre, au cours de la période économique difficile que sont les années de la Deuxième Guerre mondiale. Sa vie éclaire aussi le rôle des femmes dans les transactions financières à une époque où l'on est porté à croire qu'elles dépendent complètement des hommes.

Son fils, Jules-André Boult, militaire à la retraite (52 ans), meurt chez lui moins de trois mois plus tard, le 29 août 1979. Il avait préparé son testament le 4 mars 1971[34]. Comme sa mère est vivante au moment de la rédaction de son testament, le quart indivis de la propriété de la rue Laurier n'est pas compris. Par conséquent, comme il est célibataire, ses biens non compris dans son testament vont à son frère Robert et ses sœurs, Anita et Émilienne, et aux cinq enfants de ses demi-frères, Élie et Hervé (21).

En 1981, Anita et les autres membres de la famille vendent la propriété à Robert Boult (22). Celui-ci habite l'édifice avec son épouse, Pauline Limoges. L'entrée de son appartement donne sur la rue Saint-Laurent (des Allumettières). Il y exploite un commerce de souvenirs. En 1988, la Ville délivre un avis d'expropriation, que Boult conteste[35] ; finalement, une entente d'expropriation a lieu le 8 mars 1990 (23). Il peut y demeurer encore et continuer son commerce de souvenirs jusqu'au mois de juin suivant ; cela met fin à l'histoire de la famille Boult avec ces immeubles.

En 1945, Aimée Robillard-Champagne, qui est l'épouse d'Aurèle Champagne, l'ancien locataire, achète une partie nord-ouest, soit l'arrière des terrains des deux bâtiments de Marie-Louise Boult (24). On y trouve un entrepôt de 39 pieds et demi sur 29 pieds sur 12 pieds de hauteur, que Champagne loue à la Commission des liqueurs en 1957[36].

---

33. QRF, 1979, 24 septembre, No 282 528, testament de Marie-Louise Chénier-Boult devant Me Lucien Binet, 31 août 1972.
34. QRF, 1980, 23 octobre, No 291 353, succession de Jules-André Boult, devant Me Rodrigue. Il habitait au 100, rue Saint-Jacques, au coin de la rue Leduc (lot 364-1, Quartier 3).
35. QRF, 1988, 17 juin, No 386 973, avis d'expropriation, Ville de Hull à Robert Boult ; QRF, 1989, 2 septembre, déclaration, Nos 391 018, 386 974 et 386-975.
36. QRF, 1957, 5 décembre, No 118883, location, devant Me François Groulx, no 5048, 1957. Champagne habitait au 108, rue Laurier, donc tout près, de l'autre côté de la rue des Allumettières actuelle.

Sur la partie du terrain vendue à Aimée Robillard-Champagne se trouve un commerce qui donne sur la rue Saint-Laurent (des Allumettières). Elle vend celui-ci le 13 septembre 1977 au commerçant Émeric Essiambre, propriétaire de l'immeuble depuis le 13 août 1962 et qui avait signé un bail conditionnel (25). À peine en prend-il possession qu'il le vend, le 4 octobre 1977, à Serge Dagenais et Suzanne Dagenais-Cadieux. Le rembourreur Hull Wrightville Upholstering occupe le bâtiment (26). En 1988, la Ville de Hull exproprie l'immeuble du rembourreur (27) ; les bâtiments qui se trouvent sur ce terrain sont démolis quelques années plus tard.

Partie nord-ouest des lots 552A et 528A (partie arrière des terrains). On voit, un peu à droite, le bâtiment du rembourreur. © M. Guitard 1990

La porte d'entrée de la ville et de la province

La Ville de Hull était donc devenue propriétaire de ces immeubles en 1990. En 2002, la propriété a été transmise à la nouvelle ville fusionnée, la Ville de Gatineau.

C'est donc dans le cadre de cette expropriation que nous avons reçu le mandat d'étudier la valeur architecturale et historique de ces immeubles. Les photos prises à ce moment permettent de constater l'état des édifices. On songe déjà à utiliser la visibilité de cet immeuble à l'entrée de la ville comme centre d'accueil touristique, projet qui finit par se concrétiser. Ce bâtiment devient un phare d'accueil touristique non seulement de la ville, mais aussi de l'Outaouais et de la province de Québec.

Chaînes de titres

97-103, rue Laurier

No de lot : 1 621 668 – Anciens numéros de lot : N552A et 528A, Quartier 5

1. QRF, 1900, 25 juillet, B1, No 310, vente, Janet L. Scott à Nancy L. Wright, devant Me J.O. Archambault, no 1829, 26 octobre 1885. N.B. Le greffe d'Archambault a été transféré à Me Nérée Tétreault, lots 552 et 528, 26 octobre 1885.

2. QRF, 1902, 21 mai, B5, No 4864, vente, Nancy L. Wright à Sylvain St-Jean père et Cuthbert Bordeleau, devant Me J.O. Archambault, 3 juin 1886, enregistré sous B31, No 705, 28 juin 1886.
3. QRF, 1902, 21 mai, B5, No 4864, devant P. Thomas Desjardins, no 2230, 15 juillet 1889. Cet acte contient l'achat de Sylvain St-Jean père et Cuthbert Bordeleau devant Me Archambault, 3 juin 1886, enregistré sous B31, No 705, le 28 juin 1886, et l'échange des terrains du 11 juillet 1889.

Immeuble 1 : 97-99, rue Laurier
Numéro de lot: 1 621 668 – Ancien numéro de lot: N552A, Quartier 5

4. QRF, 1908, 26 mai, B15, No 13535, vente, Sylvain St-Jean à Communauté des Sœurs grises de la Croix, devant Me F.A. Labelle, no 8885, 22 mai 1908, Sylvain St-Jean à Communauté des Sœurs grises de la Croix.
5. QRF, 1908, 26 mai, B15, No 13535, vente, Communauté des Sœurs grises de la Croix à Louis Gratton, devant Me F.A. Labelle, no 8885, 22 mai 1908. La transaction eut lieu le 4 juin 1907.
6. QRF, 1908, 26 mai, B15, No 13535, vente, Louis Gratton à Hervey O. Boult, devant Me F.A. Labelle, no 8885, 22 mai 1908, lot 552A partie nord, 22 mai 1908.
7. QRF, BAnQ-G, greffes de Me Louis Bertrand, CN701, no 7395, 22 novembre 1915, contrat de mariage, Hervey Boult à Marie-Louise Chénier, lot 552A, 22 novembre 1915.

Immeuble 2: 101-103, rue Laurier
Numéro de lot: 1 621 668 – Ancien numéro de lot: 528A, Quartier 5

8. QRF, 1902, 21 mai, C1, No 527, déclaration, Dame E. Simard Cuthbert Bordeleau à Edwidge Simard *et al.*, 1894.
9. QRF, 1902, 21 mai, B5, No 4863, transfert, Edwidge Simard *et al.* à George Bordeleau, devant Me P.T. Desjardins, no 4564, 11 octobre 1898.
10. QRF, 1910, 20 avril, B18, No 16 160, don, George Bordeleau à Élysabeth Bordeleau, Vve William Fréchette, devant Me F.A. Labelle, no 1425, 14 avril 1910.
11. QRF, 1912, 2 février, B21, No 1894, vente, devant Me F.A. Labelle, no 14476, 13 janvier 1912, Élysabeth Bordeleau, Vve de William Fréchette, à Hervey O. Boult, 13 janvier 1912.

97-103, rue Laurier

Numéros de lot : 552A et 28A, Quartier 5

12. QRF, 1939, 4 mai, B71, No 72181, certificat d'acquittement des droits de succession de Hervey O. Boult ; QRF, 1939, 4 mai, B71, No 72182, testament de Hervey O. Boult, 10 décembre 1936, QRF, 1939, 4 mai, B71, No 72183, déclaration de Capital Trust Corporation, liquidateur des biens de Hervey O. Boult, lots 552A et 528, Hervey O. Boult à Marie-Louise Chénier.
13. QRF, 1940, 29 août, B72, No 73263, vente à réméré, Marie-Louise Chénier à René Baillot, devant Me François-A. Binet, 27 août 1940.
14. QRF, 1944, 10 août, B78, No 78486, vente, René Baillot à Marie-Louise Chénier, devant Me François-A. Binet.
15. QRF, 1944, 10 août, B78, No 78487, vente, Marie-Louise Chénier à Malvina De Bonneville Clément, devant Me François-A. Binet, 4 juillet 1944, lot 552A, 4 juillet 1944.
16. QRF, 1949, 31 mai, No 90004, prêt, Malvina De Bonneville à Marie-Louise Chénier, devant Me Henri Desrosiers, no 39050, 20 mai 1949.
17. QRF, 1945, 23 juin, B79, No 80068, emprunt, Marie-Louise Chénier à Raymond Brunet, devant Me François-A. Binet, 16 juin 1945, lot 528A.
18. QRF, 1945, 15 août, B80, No 80396, vente, Marie-Louise Chénier à Malvina De Bonneville Clément, devant Me Henri DesRosiers, 15 août 1945. Lot 528A.
19. QRF, 1945, 21 août, No 80395, rétrocession, Malvina de Bonneville à Marie-Louise Chénier, devant Me Pierre DesRosiers, no 29175, 15 août 1945, lot 528A partie.
20. QRF, 1979, 24 septembre, No 282 528, testament, Marie-Louise Chénier-Boult à Agathe, Émilienne, Jules-André, Robert Boult *et al.*, devant Me Lucien Binet, 31 août 1972.
21. QRF, 1980, 23 octobre, No 291 354, déclaration de transmission de propriété, Jules-André Boult à Anita, Émilienne, Robert Boult *et al.*, devant Me Louise Bélanger, no 1235, 3 octobre 1979, lots 552A et 528A.
22. QRF, 1981, 2 mars, No 294 067, vente, Anita Boult *et al.* à Robert Boult, devant Me Louise Bélanger, no 1317, 2 février 1981.
23. QRF, 1990, 13 mars, No 416 316, expropriation, 250 000 dollars, Robert Boult à Ville de Hull, devant Me Carmel Charest, no 7914, 8 mars 1990.

Parties des lots 528A et 552A. Partie arrière des bâtiments actuels

24. QRF, 1945, 22 août, B80, No 80 403, vente, Marie-Louise Chénier à Aimée Robillard-Champagne, devant Me Henri Desrosiers, 16 août 1945, parties des lots 528A et 552A.
25. QRF, 1977, 19 septembre, No 263 72, vente, Aimée Robillard-Champagne à Emeric Essiambre, 13 septembre 1977, parties ouest des lots 528A et 552A.
26. QRF, 1977, 6 octobre, No 263 710, vente, Émeric Essiambre à Serge Dagenais et Suzanne Dagenais-Cadieux, devant Me Charles Henri Rioux, 4 octobre 1977, parties ouest des lots 528A et 552A, 4 octobre 1977.
27. QRF, 1988, 17 juin, No 386 974, expropriation, Hull Wrightville Rembourreur, Serge Dagenais *et al.* à Ville de Hull, juin 1988.

40, rue Élisabeth-Bruyère (Saint-Jean-Baptiste, Division)

© M. Guitard 1997

© M. Gervais 2015

Cadastre : 1 621 47
Ancien numéro de lot : 9-1, Quartier 4
Date de construction : 1892, v. 1909

Style architectural

Cette maison se rattache au style georgien américain. Cette construction de deux étages, avec le versant de son toit donnant sur le côté de la rue et la répartition de ses ouvertures, tient du style des maisons érigées avant 1850 à Hull.

Modifications : Des rénovations ont été entreprises dans les dix dernières années. Il reste la toiture du porche à construire. Seule la façade est en brique, et ce, depuis 1915. Les autres murs ont été recouverts de déclin en vinyle lors des rénovations récentes.

Remarques : L'examen des plans d'assurance laisse croire que cette maison a jadis accueilli une boucherie avant d'être transformée en résidence vers 1909. D'autres recherches seraient nécessaires pour préciser l'histoire de cette humble maison. Ce terrain est exceptionnellement petit : il fait 39 pieds (front) sur 37,7 pieds (profondeur).

Propriétaires et occupants

Cette maison, qui donnait sur la rue Champlain, est construite sur une partie d'un terrain de 66 par 99 pieds que Normand Tellier (2) avait acheté de Rosina Wright (1) en 1890. Par la suite, Tellier y fait construire un bâtiment à logements sur la rue Champlain. Derrière celui-ci, donnant sur la rue Élisabeth-Bruyère, la petite boutique d'un constructeur de bateau devient une boucherie avant d'être transformée en résidence. Le rôle d'évaluation de 1893-1894 indique la présence de la boucherie occupée par Adrien Labelle, lequel est remplacé par le boucher E. Groulx à la fin de la décennie avant qu'Adrien Labelle reprenne le commerce un peu plus tard. L'occupation du bâtiment change entre 1908 et 1915 pour devenir une résidence familiale.

Normand Tellier, identifié, successivement, dans les documents, comme marchand, boucher, embouteilleur de bière, puis, finalement, hôtelier, épouse Donalda Séguin en août 1909. Il s'agit certainement de sa seconde épouse puisqu'à cette date, Tellier a un fils adulte, Ovila, marié à Georgina Laflamme, qui travaille comme commis dans un bar. L'année suivant ce mariage, en 1910, Tellier vend la propriété à l'entrepreneur Joseph Bourque (3), sans aucune mention, dans l'acte de vente, de la boucherie, laquelle a peut-être déjà été transformée en résidence.

Bourque décède le 23 décembre 1918. Il lègue à son fils Oscar, médecin pratiquant à Montréal, la propriété achetée de Normand Tellier, « à l'exception de la maison où demeure Parent » (4). Or, il n'existe aucun document attestant de la vente, ou peut-être du don, par Tellier ou par Bourque, d'une maison à un nommé Parent. Pourtant, lorsqu'en août 1922, Oscar Bourque vend à son tour la propriété à J.-Hector Langevin, il exclut lui aussi de la vente la maison de Parent et le passage y conduisant.

Il faut attendre ensuite jusqu'en 1936 pour retrouver la trace du propriétaire de cette maison, Arthur-Wilfrid Labelle (5). Cette année-là, la maison de Labelle est saisie pour défaut de paiement de taxes, mais il la récupère par la suite sans que l'on sache trop comment, puisqu'à son décès, le 23 février 1977 – il avait alors 87 ans –, la propriété échoit à son épouse, Ernestine Parent (6), sans doute une fille du nommé Parent à qui appartenait la maison en 1919. Ernestine meurt trois ans plus tard, le 11 janvier 1980, à l'âge de 85 ans, après avoir légué la propriété à ses sept enfants (7). Comme il n'existait pas de titres légaux concernant cette propriété, la succession d'Ernestine

Parent ne pouvait en disposer sans d'abord satisfaire à cette exigence légale. Par un jugement rendu en mars 1981, la Cour supérieure décide que la propriété appartient bel et bien à la succession qui peut, dès lors, la vendre, le 23 avril suivant, à Denis Robert (8), un fonctionnaire d'Ottawa. La propriété lui appartient encore en 2016.

Chaîne de titres

40, rue Élisabeth-Bruyère

1. QRF, 1901, 25 novembre, B3, No 2508, vente, Rosina Wright à Normand Tellier, 5 septembre 1890.
2. QRF, 1910, 4 novembre, B19, No 16981, vente, Normand Tellier à Joseph Bourque, 2 novembre 1910.
3. QRF, 1919, 17 octobre, No 32493 ; QRF, 1981, 10 avril, No 29497, don ou vente, Normand Tellier ou Joseph Bourque à un nommé Parent, avant 1919.
4. QRF, 1937, 16 décembre, No 215, liste de vente pour taxes, adjudication [?] Parent à Arthur-Wilfrid Labelle, en ou avant 1936.
5. QRF, 1977, 29 mars, No 258 323, legs, Arthur-Wilfrid Labelle à son épouse, Ernestine Parent, 23 février 1977.
6. QRF, 1980, 6 mars, Nos 285 935, 285 936 et 285 937, legs, Ernestine Parent à ses sept enfants, 11 janvier 1980.
7. QRF, 1981, 30 avril, No 295 343, vente, succession d'Ernestine Parent à Denis Robert, 23 avril 1981.

41, rue Élisabeth-Bruyère (Saint-Jean-Baptiste, Division)

© M. Gervais 2015

© M. Guitard 1997

Cadastre : 1 621 474
Ancien numéro de lot : 544, partie, Quartier 5
Date de construction : 1900-1901

Style architectural

Cette maison de style hullois de deux étages et demi comprend une aile arrière de deux étages et demi. Le rectangle avant de la maison a été construit en 1900-1901, en pièce sur pièce de cinq pouces, puis a été recouvert de papier goudron et de planches de bois d'un pouce et quart, clouées à la verticale sur les côtés de la cheminée, ce qui indique que celle-ci était sur un mur extérieur. La partie arrière a été ajoutée peu après, comme le fait comprendre la découverte, dans le mur arrière, de coupures de journaux datant de 1903. La maison est recouverte de brique dès 1903. Une galerie sur toute la façade et tout le côté nord de la maison s'y trouve en 1908.

Modifications : Le revêtement de déclin d'aluminium a été posé dans les années 1960. Par la même occasion, les fenêtres à têtes semi-elliptiques avec châssis à doubles carreaux, comme celles de la maison voisine, ont été remplacées par des fenêtres carrées sur seuil de pierre. Une lucarne carrée en appentis a été ajoutée dans le toit côté ouest. Le porche et la porte sont aussi récents, tout comme les volets[1].

Propriétaires et occupants

Le terrain de cette propriété appartient toujours à la famille Wright lorsqu'un tailleur du nom de Georges Paillé (1) y fait ériger une maison en bois de 18 par 26 pieds, en 1900-1901, qu'il recouvre de brique deux ans plus tard[2].

En 1901, Georges Paillé (né au Québec le 20 janvier 1874) et son épouse Albina (née le 15 mai 1875 en Ontario) ont trois enfants : Yvonne (née le 2 novembre 1897), Aldège (né le 3 juillet 1899) et la petite Germaine (3 mois, née le 24 août 1901)[3]. Georges Paillé déménage après la vente de la maison à Vitalice Laflamme (2) en 1905. C'est un menuisier de 34 ans, Ernest Fleury, qui en devient le locataire[4].

Le 5 juin 1907, Vitalice Laflamme (3), identifié comme étant à la fois un entrepreneur et un employé du gouvernement, achète le terrain de la famille Wright après s'être porté acquéreur de la maison de Paillé deux ans plus tôt. Lors de cette transaction du 5 juin 1907, Laflamme acquiert en même temps la propriété voisine, le 43, rue Élisabeth-Bruyère (Saint-Jean-Baptiste), où il réside par la suite tout en louant le 41 de la même rue.

En 1934, on trouve deux – en fait trois – locataires : Julien T. Leblanc et son épouse Antoinette, de même que Emma Godbout. Nous ne savons pas si la maison est divisée en deux appartements ou si Mme Godbout habite avec les Leblanc[5].

Au décès de Vitalice Laflamme, en 1946, son épouse, Dulcinie Gagné-Laflamme, devient propriétaire (4). Cette dernière vend la maison, en mars 1951, à J.-Edmond Voyer (5), chef infirmier. Il y réside encore 20 ans plus tard, au moment de son décès, le 7 août 1971, à l'âge de 63 ans. Son épouse, Georgette Blais (6), conserve la propriété qui lui a été léguée, jusqu'en juin 1984, date à laquelle elle vend la propriété à une artiste de Touraine, Élisabeth Eudes Pascal (7), qui la conserve jusqu'en 1999.

1. Un grand merci à Robert Perron, un des actuels propriétaires et résidents, pour ces précieux renseignements.
2. Ville de Hull, Rôles d'évaluation de 1901-1902 et 1903-1904, Quartier 5, lot 544.
3. BAC, Recensement du Canada de 1901, « Paillé, George [*sic*] ».
4. Ville de Hull, Rôles d'évaluation de 1907-1908, Quartier 5, lot 544.
5. *Ottawa City Directory*, 1934, Section Hull, description de la rue Saint-Jean-Baptiste.

Les propriétaires actuels, Robert Perron et Micheline Héroux (8), professeure, ont acheté la maison en août 1999 et, depuis, y élèvent leur famille.

Chaîne de titres

41, rue Élisabeth-Bruyère

1. Ville de Hull, Rôles d'évaluation de 1901-1902, Quartier 5, lot 544, Janet Louisa Scott à Georges Paillé, 1901-1902.
2. QRF, 1907, 6 juin, B14, No 12220, vente, Georges Paillé à Vitalice Laflamme, 5 juin 1905.
3. QRF, 1907, 6 juin, B14, No 12220, vente, Janet Louisa Scott à Vitalice Laflamme, 5 juin 1907.
4. QRF, 1947, 4 mars, B85, No 84 020, legs, Vitalice Laflamme à son épouse, Dulcinie Gagné, 19 décembre 1946.
5. QRF, 1951, 30 mars, No 95 519, vente, Dulcinie Gagné à J.-Edmond Voyer, 21 mars 1951.
6. QRF, 1972, 28 février, Nos 205 178 et 205 179, legs, J.-Edmond Voyer à son épouse, Georgette Blais, 7 août 1971.
7. QRF, 1984, 28 juin, No 326 515, vente, Georgette Blais à Élisabeth Eudes Pascal, 27 juin 1984.
8. QRF, 1999, 28 août, No 543 902, vente, Élisabeth Eudes Pascal à Robert Perron et Micheline Héroux, 12 août 1999.

43, rue Élisabeth-Bruyère (Saint-Jean-Baptiste, Division)

© M. Gervais 2015

© M. Guitard 1997

Cadastre : 1 621 476
Anciens numéros de lot : partie 544, 554 et 554A, Quartier 5
Date de construction : 1889

Style architectural

L'influence du style victorien était plus perceptible en 1997 dans cette maison hulloise de deux étages et demi en brique. L'aile arrière à toit plat date de la fin du siècle dernier. Ses ouvertures semi-elliptiques, la double fenêtre au rez-de-chaussée et la fenêtre semi-elliptique sous le toit en pente avec pignon sur rue sont caractéristiques de ce style. La galerie couverte sans rampe et son balcon sous un toit en fronton, le tout soutenu par des colonnes jadis tournées, révèlent une finition soignée à l'époque. La présence de deux logements dans cette maison date de sa construction. Un troisième a été ajouté depuis.

Modifications : Les portes et les fenêtres, de même que les rampes de la galerie et du balcon ont été remplacées par des matériaux de style trop récent. Néanmoins, cette maison conserve son authenticité et son intégrité. C'est un des plus beaux spécimens du quartier.

Propriétaires et occupants

Le terrain de cette propriété appartient encore à Nancy Louisa Wright lorsqu'un navigateur du nom de Pierre Gagné (1) y fait construire une maison de 22 par 30 pieds, sans aucun doute au lendemain de l'incendie du quartier de 1888, puisque son nom apparaît à ce titre sur le rôle d'évaluation de 1889. Cette maison loge trois couples en 1901 : Pierre Gagné et son épouse Catherine ; Vitalice Laflamme et son épouse, Dulcinie Gagné – probablement leur fille ; Olier Gagné et son épouse Valéda. Pierre Gagné est né le 1er juillet 1836 et Catherine, le 29 septembre 1836. Vitalice Laflamme est né le 17 décembre 1861 et Dulcinie, le 5 mai 1870. Olier est né le 2 juillet 1868 et Valéda, le 20 mai 1878[1].

Pierre Gagné a 70 ans lorsqu'il vend la maison à son gendre, Vitalice Laflamme (3), mesureur de bois (*culler*) le 5 juin 1907, en même temps qu'il se départit de la propriété voisine (voir le 41, rue Saint-Jean-Baptiste). Vitalice avait aussi acheté préalablement le terrain de cette propriété de Janet Louisa Scott (2).

Marié en octobre 1891 à Dulcinie Gagné, Laflamme et son épouse ne semblent pas avoir d'enfant. Il meurt le 19 décembre 1946 à l'âge de 85 ans. Il avait rédigé son testament en 1941, instituant son épouse, Dulcinie Gagné, sa légataire universelle et, en second lieu, sa nièce, Marguerite Lessard (4), mariée à Conrad Genest, d'Ottawa. Il confère simultanément le plein pouvoir à sa nièce de vendre tous ses biens, à l'exception de sa résidence, soit le 43, rue Saint-Jean-Baptiste, sauf si son épouse ne consent pas à une telle vente. En avril 1952, soit six ans après le décès de Laflamme, Marguerite Lessard vend la propriété à Claude Gauthier (5). On ignore toutefois si la veuve de Laflamme consent à cette vente ou si elle était décédée à cette date.

Quoi qu'il en soit, Gauthier, un menuisier marié à Pauline Poirier, emménage au 43, rue Saint-Jean-Baptiste. En avril 1961, il vend la propriété à la rentière Camille Lévesque (6). Dix ans plus tard, Lévesque la vend à Léo Lamoureux et à son épouse, Noëlla Lévesque (7), laquelle est sans doute une parente, puisque tant le vendeur que les deux acheteurs cohabitent alors dans la maison. Le fait que cette transaction se fait au prix symbolique d'un dollar vient d'ailleurs renforcer cette hypothèse. Ils y demeurent 22 ans.

En avril 1983, Léo Lamoureux et son épouse, toujours domiciliés à cette adresse, vendent la propriété à Jacques Gagnon (8), éducateur. L'année suivante, en octobre 1984, ce dernier, qui habite dans la

1. BAC, Recensement de 1901, « Vitalice Laflamme ».

maison, la vend à Sandro Luigi (9) qui loge à la même adresse en 1997. Celui-ci la vend à Dany Regimbal et Macario Villa (10), le 1er février 2002. Ce sont les propriétaires actuels (2016).

Chaîne de titres

43, rue Élisabeth-Bruyère (Saint-Jean-Baptiste)

1. Ville de Hull, Rôles d'évaluation de 1888-1889, Janet Louisa Scott à Pierre Gagné, 1888-1889.
2. QRF, 1907, 6 juin, B14, No 12220, vente d'un terrain, Janet Louisa Scott à Vitalice Laflamme, 5 juin 1907.
3. QRF, 1907, 6 juin, B14, No 12220, vente, Pierre Gagné à Vitalice Laflamme, 5 juin 1907.
4. QRF, 1947, 4 mars, B85, Nos 84019 et 84020, legs, Vitalice Laflamme à sa nièce, Marguerite Lessard, 19 décembre 1946.
5. QRF, 1952, 8 août, No 100 133, vente, Marguerite Lessard à Claude Gauthier, 9 avril 1952.
6. QRF, 1961, 23 mai, No 133 277, vente, Claude Gauthier à Camille Lévesque, 27 avril 1961.
7. QRF, 1971, 3 juin, No 198 358, vente, Camille Lévesque à Léo Lamoureux et Noëlla Lévesque, 1er juin 1971.
8. QRF, 1983, 9 mai, No 312 084, vente, Léo Lamoureux et Noëlla Lévesque à Jacques Gagnon, 29 avril 1983.
9. QRF, 1984, 12 octobre, No 330 508, vente, Jacques Gagnon à Sandro Luigi, 11 octobre 1984.
10. QRF, 2002, 5 février, No 572 246, vente, Sandro Luigi à Dany Regimbald et Macario Villa, 1er février 2002.

226, rue Papineau

© M. Guitard 1997

Cadastres : 1 621 272, 2 660 958
Ancien numéro de lot : 90-2, Quartier 4
Date de construction : 1890

Style architectural

Malgré la rénovation et la transformation de cette maison au courant des années 1990, l'influence victorienne est encore identifiable dans les ouvertures semi-elliptiques des fenêtres, tout comme dans son plan architectural. Cette maison donnait jadis sur la rue Maisonneuve, devenue boulevard. L'aile sur le côté est postérieure à 1952.

Bien que cette maison, convertie en bureau d'affaires, ait perdu de son authenticité, le soin mis à sa restauration et son apparence l'intégrent bien à l'ensemble architectural du quartier. Elle se trouve à la limite nord du quadrilatère où tous les autres bâtiments ont une valeur patrimoniale.

Propriétaires et occupants

En 1890-1891, le navigateur Joseph-Olivier Marcotte, âgé de 45 ans, habite une maison de 16 sur 24 pieds sise sur ce terrain. C'est sûrement lui qui fait construire la maison actuelle sur le terrain qu'il achète le 24 août 1897 d'Hannah Wright (1). Ce terrain comprend les deux tiers du lot 90, dont 33 pieds donnent sur la rue Maisonneuve et 66 pieds sur la rue Papineau[1]. L'entrée de la maison faisait face à la rue Papineau actuelle et non à la rue Maisonneuve.

Joseph-Olivier Marcotte (né le 18 février 1855)[2] est capitaine de barge, métier d'une époque où le transport des produits sur l'Outaouais et le canal Rideau se faisait sur ces embarcations. Il est marié en communauté de biens à Adéline Legault, laquelle est née le 25 novembre 1840 (2). Celle-ci meurt le 13 septembre 1901 à 60 ans, laissant sa moitié indivise de la propriété à leurs cinq enfants : Joseph-Olivier (né le 7 octobre 1871) ; Anna (née le 2 septembre 1877) ; Rose-Alma (née le 23 février 1886) ; Régina (née le 23 août 1889) ; Dina, nommée dans le testament mais qui n'est pas inscrite au Recensement du Canada de 1901 (3). Marcotte possède alors deux maisons sur ce terrain, dont celle qui existe présentement. Le 28 mai 1902, ses enfants lui cèdent tous leurs droits dans la propriété (4). Deux des filles, Rose-Alma et Régina, étaient encore mineures. Leur frère Joseph-Olivier leur donne sa part, s'engageant à la leur payer à leur majorité. La famille Marcotte semble être déménagée à la suite du décès de la mère, car elle n'est pas inscrite au Recensement du Canada de 1911, mais le legs de Marcotte père à son fils du même nom, à la suite de son décès le 26 janvier 1914, révèle qu'il en est encore propriétaire (5).

Le fils, Joseph-Olivier, est célibataire. Lorsqu'il dicte son testament en 1940, il est déjà malade. Il laisse à sa sœur Rose-Alma (6) tous les biens meubles et immeubles hérités de son père, legs qui n'avait cependant pas été enregistré et qui doit être confirmé par un jugement de la Cour supérieure avant d'être transmis de plein droit à sa sœur Rose-Alma.

Épouse de Joseph Laprade, Rose-Alma habite presque en face, au 133-135, rue Maisonneuve. Elle meurt le 28 novembre 1949 à l'âge de 63 ans, laissant tous ses biens à son époux et à leurs fils, Raymond et Wilfrid (7). Dans son testament, elle demande que le 36-40, rue Salaberry (aujourd'hui le 226, rue Papineau) soit vendu et que le fruit de cette vente soit versé à la Caisse d'épargne de l'Université d'Ottawa.

En novembre 1952, Albert Guérette (8), un machiniste domicilié au 61 de la rue Kent, achète l'immeuble et y déménage. Il le vend

1. Les lots étaient généralement de 33 sur 99 pieds de profondeur.
2. Les dates de naissance de la famille Marcotte viennent du Recensement du Canada de 1901.

en juin 1961 à André Dallaire (9), un menuisier né à Fasset en 1910 et marié, en juin 1937, à Rita Pagé. Dallaire vend la maison en 1995 à son voisin de l'angle Champlain-Papineau, Robert Tardif (10), fonctionnaire de la Ville de Hull. Celui-ci la rénove pour en faire un bâtiment qui rejoint le style architectural du début du siècle, tout en lui conférant une allure contemporaine. Le bâtiment est occupé depuis par des bureaux. Rock Bernier, évaluateur agréé, et Stéphane Dompierre, comptable (11), achètent l'immeuble le 31 mars 2000 et fondent, huit ans plus tard, la société 636607 Canada inc. (12), à laquelle ils transfèrent cette propriété. Cette entreprise en est la propriétaire en 2016.

Chaîne de titres

226, rue Papineau

1. QRF, 1901, 15 octobre, No 2222, testament de Ruggles Wright père, devant Me A. Larue et collègues, no 5893, 6 août 1863 ; contrat de partage et division de propriété, devant Me A. Larue, 17 septembre 1864, enregistré sous Lib B, No 46, vol. 11, p. 53, Ruggles Wright à Hannah Wright.
2. QRF, 1900, 13 octobre, B1, No 610, vente, Hannah Wright à Joseph-Olivier Marcotte père et Adeline Legault, 24 août 1897.
3. QRF, 1944, 28 août, B78, No 78583, Legs de sa part indivise, Adeline Legault-Marcotte à ses enfants : Joseph-Olivier, Dina, Anna, Rose-Alma et Régina Marcotte, 1901
4. QRF, 1944, 28 août, B78, No 78583, legs, Joseph-Olivier fils, Dina, Anna, Rose-Alma et Régina Marcotte à Joseph-Olivier Marcotte père, 28 mai 1902.
5. QRF, 1944, 28 août, B78, No 78583, legs, Joseph-Olivier Marcotte père à Joseph-Olivier Marcotte fils, 26 janvier 1914.
6. QRF, 1944, 23 août, B78, Nos 78554 et 78555, legs, Joseph-Olivier Marcotte fils à sa sœur, Rose-Alma Marcotte, 16 novembre 1940.
7. QRF, 1950, 6 février, Nos 91 977, 91 978 et 91 980, legs, Rose-Alma Marcotte à Joseph, Raymond et Wilfrid Laprade, 28 novembre 1949.
8. QRF, 1952, 21 novembre, No 101 169, vente, Joseph, Raymond et Wilfrid Laprade à Albert Guérette, 13 novembre 1952.
9. QRF, 1961, 4 juillet, No 134 058, vente, Albert Guérette à André Dallaire, 20 juin 1961.
10. QRF, 1995, 16 juin, No 396 314, vente, André Dallaire à Robert Tardif, 15 juin 1995.

11. QRF, 2000, 31 mars, No 549 610, vente, Robert Tardif à Rock Bernier et Stéphane Dompierre, devant Me André Trépanier, 30 mars 2000.
12. QRF, 2008, 22 décembre, No 15 858 634, cession, Rock Bernier et Stéphane Dompierre à 6366007 Canada inc., devant Me John Lapierre, 18 décembre 2008.

245, rue Papineau
Maison Wilfrid Sanche

© M. Gervais 2015

© M. Guitard 1990

© M. Guitard 1990

Cadastre : 1 621 644
Ancien numéro de lot : 74-3, Quartier 4
Date de construction : 1890-1891

Style architectural

L'influence du style victorien dans cette maison hulloise est reconnaissable par la hauteur du bâtiment, ses dimensions et une petite cuisine d'origine à l'arrière. Ses fenêtres rectangulaires sont typiques de ce style, à l'exception de celles sous le pignon, qui sont particulières à cette maison et rarement vues ailleurs. Elle logeait des chambres sous le toit. Lors de notre visite des lieux, en 1990, les boiseries d'origine révélaient une maison soignée.

Modifications : Au cours des années, l'extérieur a été modifié. Le bois a été recouvert de stuc. Depuis, elle a été rénovée, selon le goût contemporain, sans lui enlever ses caractéristiques. Une aile a été ajoutée à l'arrière pour le service.

Propriétaires et occupants

Philemon Wetherall Wright (1) hérite de ce quadrilatère et en vend les terrains à Henry Bate (2)[1]. Godefroy Desjardins (3), entrepreneur de services funéraires, y est inscrit comme propriétaire de la moitié sud du lot S74 en 1888-1889 ; le terrain est encore vacant[2]. Ce n'est qu'avec la présence du boulanger Basile Dompierre (4) au rôle d'évaluation municipal de 1890-1891 qu'on y découvre une maison, ce qui laisse supposer que c'est celui-ci qui l'a construite.

En 1891, la famille de Basile Dompierre, 66 ans, est composée de son épouse Marie ou Louise, 44 ans, du fils de cette dernière, Joseph Poulin, et de quatre fils : Alphonse, 9 ans ; Samuel, 7 ans ; Nestaï, 5 ans ; Édouard, 11 mois. Dompierre a deux employés qui ne sont pas nommés[3]. Basile Dompierre meurt en 1894, mais sa veuve continue à vivre dans la maison jusqu'en 1897. Elle a un locataire, Sévigny Chénier, qui est boulanger[4].

Il manque un lien entre Basile Dompierre et Basile Carrière (5), puisque c'est celui-ci qui vend la propriété à Calixte D'Aoust (6), un tailleur de pierre de Hull, le 3 août 1898. L'objet de cette vente est constitué d'une maison et d'« autres bâtisses » sur le terrain.

Calixte D'Aoust (né le 22 juillet 1870) et son épouse ontarienne Eugénie Prudhomme (née le 20 janvier 1870) ont deux fils, Antonio (né le 14 avril 1897) et Maurice (né le 10 septembre 1899). En 1901, sa

1. Ville de Hull, Rôles d'évaluation de 1884-1885, Quartier 4, lot 74. Le lot est alors vacant.
2. Le lot est inscrit comme étant sur la rue Wright (Laurier).
3. BAC, Recensement du Canada de 1891, « Dompierre, Basile », en ligne : http://data2.collectionscanada.gc.ca/1891/pdf/30953_148214-00125.pdf. Dans ce document, son épouse se prénomme Louise.
4. Ville de Hull, Rôles d'évaluation de 1890-1891 à 1895. *Ottawa City Directory*, 1889-1890 à 1908, Section Hull.

belle-mère, Alphonsine Prudhomme, vit avec eux[5]. En 1908, Calixte vend la maison à l'épicier Philorum D'Aoust (7), probablement un parent, afin de rembourser un emprunt de 1 000 dollars[6].

La famille habite la maison jusqu'à l'achat de celle-ci par Wilfrid Sanche (8) le 20 février 1909. La maison est, dès lors, connue comme étant celle de la famille Sanche.

La famille Sanche

Fils de Jérémie et de Delphine Desrosiers, Wilfrid Sanche est né le 15 août 1879 à Sainte-Scolastique. Il a environ 8 ans lorsque ses parents s'établissent à Hull. Le 19 octobre 1903, à l'église Notre-Dame-de-Grâce, il épouse Dona Laflèche (née à Hull le 18 février 1882) fille d'Isaïe Laflèche[7]. Onze enfants naissent de ce mariage : Lucien (-1994), Jeannette (-2010), Aldège, Jean-Paul (1908-1932), Antonio, Gilberte (-1998), Thérèse (-2002), Jacqueline (-2006), Alice, Madeleine et Suzanne (-1991)[8].

Typographe, Wilfrid Sanche travaille pendant 35 ans à l'Imprimerie nationale où, en 1941, il devient contremaître. L'importance de ce grand Hullois est reconnue dans la vie culturelle et, particulièrement, en théâtre amateur. Le fonds Sanche de BAnQ à Gatineau témoigne de son engagement et des nombreuses pièces de théâtre qu'il a réalisées, produites et jouées de 1902 à 1940. De 1909 à 1917, le Cercle dramatique de Wilfrid Sanche s'installe dans le nouveau Théâtre Odéon[9]. C'est du théâtre amateur, soit, mais qui remplissait les salles, et ce, plusieurs fois par année. Wilfrid Sanche est comédien, mais il est aussi directeur du Cercle dramatique de Hull. Il joue au Monument national, à la Salle Notre-Dame, à l'Odéon, à l'Université d'Ottawa et sur plusieurs scènes de la région. La troupe Sanche regroupait plusieurs

5. BAC, Recensement du Canada de 1901, « D'Aoust, Caliste [(*sic*)] ».
6. QRF, 1905, 29 décembre, B11, No 10 304, devant Me F.A. Labelle, no 6172, 27 décembre 1900.
7. BAnQ-G, mariages de l'Outaouais, vol. III, Hull, Notre Dame (1886-1913), compilation : Gérard E. Provencher, no 88, Publication B. Pontbriand. Québec 1971-1975.
8. Les dates de décès ont été prises sur le site Web des Jardins du Souvenir, Gatineau : http://lesjardinsdusouvenir.com/fr/concession-funeraire/recherche-dun-defunt-par-concession/. Les dates de Jean-Paul Sanche viennent des Archives de Radio-Canada, « Bobino – Classiques – Radio-Canada au fil des jours », consulté le 4 août 2004.
9. Henri St-Jacques, « Cent ans de théâtre à Hull », *Asticou, Revue d'histoire de l'Outaouais*, cahier 31, décembre 1984, p 4-6.

de ses concitoyens et membres de sa famille. L'histoire du théâtre en Outaouais est redevable à Wilfrid Sanche, homme très estimé. Il meurt à l'âge de 61 ans, le 2 janvier 1941[10]. La présence d'une foule considérable à ses obsèques révèle l'importance de cet homme dans l'histoire de la région[11].

Son épouse Dona [(9) et (10)] demeure dans la maison jusqu'à son décès, le 6 novembre 1974[12]. Elle n'est pas seule, plusieurs de ses enfants habitant à la même adresse. C'est le cas de Lucien, fonctionnaire, Jeannette, mariée à [?] Bertrand (1928), Jacqueline, épouse de Roland Roy, Antonio, typographe, Gilberte, Alice, épouse de J.-L. Maltais, et deux filles mineures, soit Suzanne, épouse de Rodolphe Trépanier, et Madeleine[13]. Aldège, agent d'assurance, habite sur la rue Laval ; Jean-Paul, fonctionnaire, loge au 150, rue Notre-Dame ; Thérèse, épouse de l'électricien Victor Pouliot, habite sur la rue Wright. Madeleine devient Sœur Lucille Madeleine de la Communauté des Sœurs grises de la Croix et, en 1957, elle est à Ayersville[14]. Madeleine et Suzanne font don de leur part, en 1957, à leur mère (11). Au décès de Dona Laflèche-Sanche, les autres enfants deviennent donc ses héritiers (12).

Un des fils Sanche, Jean-Paul, suit les traces de son père en théâtre amateur. Après avoir œuvré à la Gendarmerie royale du Canada (1934-), il travaille au poste de radio CKCH dont il est le chef des nouvelles en 1958. Deux mois après son mariage avec Juliette Sauvé, de Hull, le 23 juin 1932, il est un des premiers à faire du ski aquatique sur la rivière des Outaouais[15]. Le couple habite tout près, au 150, rue Notre-Dame, lorsque leur fils, Guy, naît le 5 juillet 1934[16].

10. BAnQ-G, Fonds Sanche ; Joseph Jolicœur, *Histoire anecdotique de Hull*, p. 63 ; QRF, 1941, 27 février, B72, Nos 73632, 73633 et 73635, legs et donation, devant Me René L. Ménard, 1941.
11. « Imposantes obsèques de M. W. Sanche », *Le Droit*, 3 et 7 janvier 1941.
12. QRF, 1975, 25 février, No 237 110, déclaration, certificat, no 385 207 ; QRF, 1975, 25 février, No 237 111, testament de Dona Laflèche, devant Me René-L. Ménard, no 16 167, 5 février 1960.
13. QRF, 1941, 27 février, Lib B72, No 73 633, déclaration, devant Me René-L. Ménard ; mariages de Notre-Dame-de-Grâce de Hull, 1914-1945, SGO, 1985 ; QRF, 1957, 28 décembre, No 19 051, acte, devant Me René-L. Ménard.
14. QRF, 1957, 28 décembre, No 119 051, donation à Dona Laflèche, devant Me René L. Ménard, 20 décembre 1957, no 14184.
15. BAnQ-G, Fonds Sanche ; *Histoire anecdotique de Hull*, p. 9.
16. BAnQ-O, Registre des baptêmes, mariages et décès, paroisse Notre-Dame-de-Grâce de Hull, MIC 350. La publicité des commerces qui se trouvent maintenant dans la maison Sanche indique la naissance de Guy Sanche dans celle-ci. Ce n'est que de la publicité. Il n'y a aucune preuve selon laquelle la mère était alors chez sa belle-mère.

La grand-mère maternelle, Clara Sauvé, et l'oncle, Aurélien Sauvé, sont respectivement marraine et parrain du nouveau bébé (voir le 150, rue Notre-Dame pour l'histoire de Guy Sanche). Jean-Paul décède en 1990 à Saint-Hubert, Québec[17].

Un des descendants de Wilfrid Sanche est aussi une personnalité bien connue de Gatineau : André Sanche, qui fait carrière en aviation, est président pendant 18 ans du Regroupement des associations de personnes handicapées de l'Outaouais et y soutient de manière exceptionnelle la cause de l'accessibilité pour les personnes à mobilité réduite. De plus, il est membre du conseil d'administration de la Société du transport de l'Outaouais. Le 10 février 2014, il reçoit le prix Guy-Chartrand décerné par Transport 2000 Québec, pour sa contribution[18].

La spéculation ayant suivi la construction de Place du Portage et la démolition de l'usine de la E.B. Eddy ainsi que de nombreux bâtiments dans le quartier, Lucien, Jeannette et Gilberte Sanche, qui sont demeurés dans la maison paternelle, subissent les contrecoups des nouvelles réglementations municipales, entre autres, l'arpentage lors des ventes et les servitudes existantes dont tous s'étaient accommodés jusqu'alors dans le vieux quartier. L'achat par Gilbert McElroy de la propriété sur le lot voisin, soit le 132-134, rue Notre-Dame-de-l'Île, de même que des mises à jour des règlements municipaux occasionnent des ennuis aux Sanche en 1979. Ils découvrent probablement que le mur ouest de la maison empiète sur le terrain voisin et que la galerie avant cause une servitude de vue, puisque les voisins ont une fenêtre trop rapprochée de leur terrain[19].

Le 5 novembre 1988, Dorothy Digby (13), retraitée domiciliée au Cedar Beach Trailor Park, sur le Lac Musselmans, à Stouffville, Ontario, se fait représenter par Linda Cole, conjointe du propriétaire voisin, Gilbert McElroy, en vue d'acheter la maison Sanche. Le jour même, Dorothy Digby cède la maison à Linda Cole et Gilbert McElroy 14)[20]. Quelques mois plus tard, soit le 2 juin 1989, McElroy

17. Fiche généalogique que nous a aimablement fournie Raymond Ouimet.
18. Société de transport de l'Outaouais, « M. André Sanche se distingue sur la scène provinciale », 12 février 2014 ; Commission de la capitale nationale, « André Sanche » ; Denis Gratton, « Le cousin de Bobino », *Le Droit*, 6 février 2014.
19. QRF, 1979, 9 mai, No 278 507, servitude, devant Me Louise Bélanger, no 843, 7 mai 1979.
20. QRF, 1988, 7 novembre, No 393 914, vente devant Me Daniel Lebel, 5 novembre 1988 ; QRF, 1988, 7 novembre, No 393 915, cession devant Me Daniel Lebel, 5 novembre 1988.

et Cole vendent la maison à Edmond Eyamie (15), qui demande un permis de démolition.

Comme pour plusieurs propriétés qu'il avait acquises au cours des années 1980, Eyamie avait l'intention de la démolir. À la suite de la recherche qu'elle a commandée en 1990, la Ville refuse la démolition de cette maison, associée qu'elle est aux propriétaires qui ont joué un rôle très important dans le monde culturel gatinois, contribuant ainsi à la valeur historique de la maison.

En mars 1995, Claudine Dupuis (16) achète la maison Sanche et entreprend de la rénover pour en faire une auberge-resto[21]. Au moment de la présentation du projet à la municipalité, Yves Ducharme, alors maire de la Ville de Hull, qualifie la future auberge de « rose dans le jardin hullois ». L'auberge-resto La maison Sanche est, pendant un trop court laps de temps, un agréable restaurant et une jolie auberge faisant honneur à la célèbre famille.

Malheureusement, Claudine Dupuis ne parvenant pas à régler les dépenses, la maison est saisie par la Banque Nationale (17) en septembre 1998. Une salon de coiffure, Regency Hair Centre Capillaire Regence inc. (18), met la main sur la propriété pour un prix dérisoire le même jour et la vend, toujours à la même date, à Pauline Renaud et Jim Sterling (19), réalisant un profit incroyable.

La rénovation entreprise par Claudine Dupuis est poursuivie par ces deux grands voyageurs, Pauline et Jim Sterling, qui, en 1999, renomment la maison Auberge Un Pied à terre[22]. Ce gite charmant héberge, entre autres, des chercheurs, des consultants et des visiteurs du Musée canadien de l'histoire. Depuis janvier 2004, Isabelle Benoît (20) en est la propriétaire.

Chaîne de titres

245, rue Papineau

1. QRF, 1901, 15 octobre, No 2222, testament de Ruggles Wright père, devant Me A. Larue et collègues, no 5893, 6 août 1863 ; contrat de partage et division de propriété, devant Me A. Larue, 17 septembre 1864, enregistré sous Lib B, No 46, vol. 11, p. 53, Ruggles Wright père à Philemon Wetherall Wright.

21. Malheureusement, Mme Dupuis n'avait pas fait la distinction entre Wilfrid et Guy Sanche, mais la publicité était beaucoup plus intéressante avec le nom de Bobino. Julie Lemieux, « La maison de Bobino revivra », *Le Droit*, 21 mars 1995.
22. « Un Pied à terre, un gîte au charme indéniable », *Le Droit*, 3 avril 1999, p. A23.

2. Ville de Hull, Rôles d'évaluation de 1884-1885, Quartier 4, lot 74, vente, Philemon Wetherall Wright à Henry Bate, avant 1884.
3. Ville de Hull, Rôles d'évaluation de 1888-1889, Quartier 4, moitié sud du lot 74, vente, Henry Bate à Godefroy Desjardins, vers 1888.
4. Ville de Hull, Rôles d'évaluation de 1890-1891, Godefroy Desjardins à Basile Dompierre, 1890.
5. [?] Basile Dompierre à Basile Carrière [?]
6. QRF, 1903, 25 août, B8, No 6995, vente, Basile Carrière *et al.* à Calixte D'Aoust, devant Me F.A. Labelle, no 941, 3 août 1898.
7. QRF, 1908, 4 février, B15, No 13070, vente, Calixte D'Aoust à Philorum D'Aoust, devant Me F.A. Labelle, no 8390, 31 janvier 1908.
8. QRF, 1909, 25 février, B16, No 14 427, vente, Philorum D'Aoust à Wilfrid Sanche, devant Me F.A. Labelle, no 9716, 20 février 1909.
9. QRF, 1941, 27 février, B72, No 73632, certificat signé à Québec, 19 janvier 1941 ; QRF, 1941, 27 février, No 73633, legs sans testament, Wilfrid Sanche à ses 11 enfants, devant Me René L. Ménard. Décès : 2 janvier 1941.
10. QRF, 1941, 27 février, B72, No 73635, donation, les 11 enfants de Wilfrid Sanche à Dona Laflèche, leur mère, 19 janvier 1941.
11. QRF, 1957, 28 décembre, No 119 051, donation, Madeleine et Suzanne Sanche à Dona Laflèche-Sanche, devant Me René L. Ménard, 20 décembre 1957, no 14184.
12. QRF, 1975, 25 février, No 237 110, déclaration, certificat, no 385-207 ; QRF, 1975, 25 février, No 237 111, testament, Dona Laflèche à ses enfants, Lucien *et al.*, devant Me René-L. Ménard, no 16 167, 5 février 1960, Dona Laflèche. Décès : 6 novembre 1974.
13. QRF, 1988, 7 novembre, No 393 914, vente, Lucien, Jeannette et Gilberte Sanche à Dorothy Digby, devant Me Daniel Lebel, 5 novembre 1988.
14. QRF, 1988, 7 novembre, No 393 915, cession, Dorothy Digby à Linda Cole et Gilbert McElroy, devant Me Daniel Lebel, no 802, 5 novembre 1988.
15. QRF, 1989, 2 juin, No 401 886, vente, Gilbert McElroy *et al.* à Edmond Eyamie, devant Jacques Séguin, 2 juin 1989.
16. QRF, 1995, 19 janvier, No 492 297, vente, Edmond Eyamie à Claudine Dupuis, 19 janvier 1995.
17. QRF, 1998, 17 mars, No 526910, préavis et vente, *Claudine Dupuis c. Banque Nationale du Canada*, 9 mars 1998.

18. QRF, 1998, 22 septembre, No 533 846, vente, Banque Nationale du Canada à Regency Hair Centre Capillaire Regence inc., 22 septembre 1998.
19. QRF, 1998, 22 septembre, No 533 849, vente, Regency Hair Centre Capillaire Regence inc. à Pauline Renaud et Jim Sterling, 22 septembre 1998.
20. QRF, 2004, 12 janvier, No 11 006 922, vente, Pauline Renaud et Jim Sterling à Isabelle Benoît, 12 janvier 2004.

61-63, rue Victoria
Maison Alfred Rochon

© M. Guitard 1997

© M. Guitard 1997

Cadastre : 1 621 261
Ancien numéro de lot : 167-1, Quartier 4
Date de construction : 1871

Style architectural

Cette maison, en brique à l'origine, de deux étages et demi, avec une pente de toit donnant vers la rue et une aile arrière qui donne une forme de T à la structure, s'apparente au style georgien. La disposition des fenêtres carrées ainsi que celle des portes correspondent à ce style très à la mode au début XIXe siècle, de même que la porte principale avec ses fenêtres latérales et son imposte. Cette architecture vient directement de la Nouvelle-Angleterre.

Modifications : Sous l'actuel revêtement de stuc posé après 1940 se trouve encore l'ancien revêtement de brique. Les fenêtres sont aussi relativement récentes, mais on a conservé les ouvertures d'origine. Elles étaient probablement composées de deux châssis à guillotine à deux ou quatre carreaux chacun, à l'origine. Les moulures autour de la porte d'entrée principale sont probablement de la même période que le revêtement de stuc. Une fenêtre a alors été bouchée et on peut encore en voir la forme au rez-de-chaussée, côté ouest de la porte.

La date de construction de cette maison est inscrite comme étant de 1871. Il y a souvent des erreurs sur les rôles d'évaluation, mais, cette fois, cela est fort plausible. L'illustration intitulée *Vue à vol d'oiseau* (1876, BAC, voir l'introduction) montre bien un bâtiment avec pente du côté de la rue Victoria ; c'est vraisemblablement la même maison. Par conséquent, nous sommes devant la plus ancienne maison du quartier. Des recherches plus détaillées de l'intérieur et du sous-sol permettraient de le confirmer. En raison de sa valeur de référence et de son ancienneté, il faudrait vraiment la restaurer et la mettre en valeur.

Propriétaires et occupants

Le quadrilatère où se trouve ce terrain est légué à Philemon Wetherall Wright (1), fils de Ruggles Wright. Au décès de Philemon Wetherall, en 1877, le terrain vient augmenter les biens de sa sœur Hannah (2).

Quand Nérée Rochon (3) a-t-il acquis le terrain ? Nous ne le savons pas, sinon qu'il en est le propriétaire en 1884. Le charpentier Rochon n'y habite pas ; la maison est occupée par un jeune marchand âgé de 23 ans, Joseph Fortin, ainsi que par Adolphe Rochon, constructeur de moulins, qui est fort probablement le fils de Nérée. Deux ans plus tard, Adolphe en est devenu propriétaire et il la conserve jusqu'à son décès, le 26 mars 1921.

Adolphe Rochon (né le 29 mars 1853) et Azilda Varin (née le 5 avril 1853) ont cinq enfants : Joseph-Adélard (né le 14 juin 1877) ; Marie-Joseph (né le 8 novembre 1884), qui deviendra teneur de livres et garagiste ; Éva (née le 29 décembre 1885), épouse d'un employé civil, Ernest Thériault ; Louisa (née le 21 septembre 1882), célibataire ; Marguerite (née le 28 septembre 1894), qui est également célibataire. Azilda, la mère, meurt en janvier 1918, et Adolphe la suit en 1921 ; la propriété est donc répartie à parts égales entre les enfants (4). Au fil des ans, après divers legs et cessions de droits, Louisa se retrouve copropriétaire des trois cinquièmes de la demeure paternelle avec l'une de ses nièces, Thérèse Rochon, qui détient les deux autres cinquièmes [(5) à (9)]. En mars 1965, Louisa donne sa part de la propriété à sa nièce Thérèse (10), qui habite avec elle. Celle-ci y demeure jusqu'en 1978. Elle vend alors la propriété à l'avocat Michel Sainte-Marie (11). C'est donc dire que pendant près d'un siècle, le 61-63, rue Victoria fait partie du patrimoine de la famille Rochon et un ou plusieurs membres de la famille y ont toujours résidé.

À peine quatre ans après son acquisition, soit en 1981, Michel Sainte-Marie se voit retirer la propriété au profit de la Compagnie

Trust Royal (12). Quelques mois plus tard, en août 1983, la Compagnie Trust Royal vend celle-ci à un instituteur de Manotick, Jim Johnston (13), qui en est le propriétaire jusqu'en 2010. En novembre 2010, Patrick Glemaud (14) l'achète pour la revendre, en janvier 2015, à Pierre Lechantre (15), de Gatineau.

Malheureusement, son site en face des édifices fédéraux en fait un lieu de spéculation, comme le révèle son état actuel de négligence. Il s'agit pourtant d'un témoin historique qui, restauré et mis en valeur, pourrait être un lien entre le Quartier du Musée et le secteur du Portage-Aubry.

Chaîne de titres

61-63, rue Victoria

1. QRF, 1901, 15 octobre, No 2222, testament de Ruggles Wright père, devant Me A. Larue et collègues, no 5893, 6 août 1863 ; contrat de partage et division de propriété, devant Me A. Larue, 17 septembre 1864, enregistré sous Lib B, No 6, vol. 11, p. 53, Ruggles Wright à Philemon Wetherall Wright.
2. Philemon Wetherall Wright à Hannah Wright, après 1877.
3. Ville de Hull, Rôles d'évaluation, avant 1884, à Nérée Rochon.
4. Ville de Hull, Rôles d'évaluation de 1886-1887, Nérée Rochon à Adolphe Rochon, en ou avant 1886.
5. QRF, 1921, 2 avril, B36, No 36432, legs, Adolphe Rochon à ses cinq enfants, 26 mars 1921.
6. QRF, 1941, 4 octobre, B73, No 74321, legs d'un cinquième indivis, Joseph-Adélard Rochon à sa sœur, Louisa Rochon, 7 août 1941.
7. QRF, 1944, 7 octobre, B78, No 78828, cession d'un cinquième indivis, Marie-Joseph Rochon à sa fille, Thérèse Rochon, 5 octobre 1944.
8. QRF, 1949, 18 novembre, No 91 476, cession d'un cinquième indivis, Marguerite Rochon à sa sœur, Louisa Rochon, 2 avril 1948.
9. QRF, 1949, 5 mai, No 89 757, cession d'un cinquième indivis, Eva Rochon à sa nièce, Thérèse Rochon, 4 mai 1949.
10. QRF, 1965, 15 mars, No 156 947, donation de trois cinquièmes indivis, Louisa Rochon à sa nièce, Thérèse Rochon, 8 mars 1965.
11. QRF, 1978, 2 juin, No 269 509, vente, Thérèse Rochon à Michel Sainte-Marie, 2 juin 1978.
12. QRF, 1982, 22 novembre, No 307 558, saisie, Michel Sainte-Marie à Compagnie Trust Royal, 1er septembre 1982.

13. QRF, 1983, 1er août, No 315 297, vente, Compagnie Trust Royal à Jim Johnston, 1er août 1983.
14. QRF, 2010, 19 novembre, No 17 722 468, vente, Jim Johnston à Patrick Glemaud, 19 novembre 2010.
15. QRF, 2015, 22 janvier, No 21 309 313, vente, Patrick Glemaud à Pierre Lechantre, 22 janvier 2015.

67, rue Victoria

© M. Guitard 1997

© M. Guitard 2018

Cadastre : 1 621 262
Ancien numéro de lot : 167-2, Quartier 4
Date de construction : v. 1940

Style architectural

Aucun. Bâtiment fonctionnel de service.

Modifications : Ce bâtiment est construit pour y loger un garage pour la réparation d'automobiles et un poste d'essence. Il a servi d'entrepôt de pièces automobiles avant d'être transformé en bureau et en entrepôt pour une entreprise de nettoyage, à l'automne 1983. En 1985, on pose sur la façade un revêtement extérieur en brique et en acier émaillé. En 1992, une partie du bâtiment est transformée pour accueillir un restaurant, Le P'tit Vic, devenu Le Bistro. Aujourd'hui, c'est un petit restaurant, avec terrasse l'été, apprécié par les employés de la fonction publique le midi.

Ce bâtiment n'a pas de caractère architectural intéressant et l'histoire du bâtiment n'est pas d'un grand intérêt. Par contre, la réutilisation d'une partie de celui-ci pour en faire un restaurant est une idée géniale. Avec sa terrasse à l'ombre de l'édifice Portage I, ce commerce agrémente un peu la rue Victoria à cet endroit et démontre qu'avec un peu d'imagination, on peut bien faire les choses.

Propriétaires et occupants

Jusqu'en 1945, l'histoire du 67, rue Victoria se confond avec celle de l'immeuble du 61-63 voisin, ces deux propriétés n'en formant qu'une seule. Le fils d'Adolphe Rochon, Joseph-Adélard, garagiste, possède à côté de sa résidence une station-service qu'il a probablement fait construire dans les années 1930. Il meurt en août 1941. Comme ils étaient cinq copropriétaires (1), il lègue sa part à l'une de ses sœurs, Louisa (2).

En septembre 1945, les copropriétaires, soit Thérèse, Marguerite, Louisa et Éva Rochon, acceptent de scinder leur propriété et d'en vendre la partie est à Jean Rochon (3). Ce dernier était probablement un des frères de Thérèse et le fils de Marie-Joseph Rochon, un des cohéritiers de la propriété en 1921, qui avait cédé sa part à Thérèse en octobre 1944.

Jean Rochon garde le garage, devenu le 67, rue Victoria, pendant une vingtaine d'années avant de s'en départir, en décembre 1966, aux mains de Roland Petit, camionneur (4). Au moment de cette transaction, Jean Rochon habite la rue Villeneuve et occupe le poste d'assistant-greffier, ce qui laisse supposer qu'il n'exploite pas personnellement le garage.

Le nouvel acquéreur, Roland Petit, fait faillite au début de 1983 et le bâtiment est récupéré par la Caisse populaire de Hull (5) qui le vend, quelques mois plus tard, à une société anonyme, la 519820 Ontario ltée (6), dont André Lebrun, de Nepean, est le président. Cinq ans plus tard, en juin 1988, la 519820 Ontario ltée refile la propriété à une entreprise présidée par Robert Brisebois, Les Messageries S.P.L. inc. (7). Fait à noter, entre novembre 1983 et juin 1988, la valeur marchande du 67, rue Victoria avait pratiquement quadruplé, passant de 47 000 à 175 000 dollars. En 1997, Les Messageries S.P.L. inc. en était encore propriétaire. Une partie du bâtiment est occupée par une entreprise de produits spécialisés.

Une autre partie du bâtiment est transformée en restaurant par Michel Desjardins. Le P'tit Vic propose une bonne cuisine et sert surtout une clientèle du midi. Le propriétaire a l'ingénieuse idée d'y offrir occasionnellement des soirées privées et des services pour des événements spéciaux. Depuis 1997, des commerces s'y sont succédé. Aujourd'hui, le bâtiment est inoccupé. Depuis novembre 2006, la société 9147-4676 Québec inc., représentée par Pierre Groulx de Gatineau, est propriétaire de cet immeuble commercial.

Chaîne de titres

67, rue Victoria

1. QRF, 1921, 2 avril, B36, No 36432, legs, Adolphe Rochon à ses enfants, 26 mars 1921.
2. QRF, 1941, 4 octobre, B73, No 74321, legs, Joseph Adélard Rochon à sa sœur Louisa Rochon, 7 août 1941.
3. QRF, 1945, 1er octobre, No 80641, vente, Thérèse, Louisa, Marguerite et Éva Rochon à Jean Rochon, 28 septembre 1945.
4. QRF, 1966, 14 décembre, No 166 929, vente, Jean Rochon à Roland Petit, 13 décembre 1966.
5. QRF, 1983, 16 février, No 309 762, saisie, Roland Petit à Caisse populaire de Hull, 3 février 1983.
6. QRF, 1983, 30 novembre, No 319549, vente, Caisse populaire de Hull à 519820 Ontario Ltée, 29 novembre 1983.
7. QRF, 1988, 29 juin, No 387652, vente, 519820 Ontario ltée à Les Messageries S.P.L. inc., 28 juin 1988.
8. Ville de Gatineau, Rôles d'évaluation de 2016, [?] à 9147-4676 Québec inc., 6 novembre 2006.

85, rue Victoria
Maison Carrière-Laverdure

© M. Guitard 2015

© Marc Gervais 2015

© Michelle Guitard 1990

© Michelle Guitard 1990

Cadastre : 1 621 429 et 1 621 431
Ancien numéro de lot : 169-1, Quartier 4
Date de construction : 1888

Style architectural

L'influence du style Second Empire est remarquable par son toit à la Mansart percé de lucarnes. Cette maison en pierre de deux étages et demi était dotée, à l'arrière, d'une rallonge en bois. Les ouvertures des fenêtres du second étage sont marquées par une clé de voûte et des seuils en pierre. Trois fenêtres en façade du rez-de-chaussée ont remplacé les vitrines et la porte de l'ancienne quincaillerie.

CRAO, Fonds Denyse-Huard-Millar (PS1, P1), vers 1890.

Modifications : Le toit a été refait et légèrement agrandi. La toiture en fer galvanisé a été remplacée par du bardeau. Des toits semi-elliptiques ont remplacé les toits en pignon sur les lucarnes. La couverture de l'entrée principale de la maison est un ajout inusité pour une maison, qui a, par ailleurs, conservé son style ancien. Depuis 1997, on a remplacé les fenêtres. Les ouvertures, fenêtres et portes sur le côté gauche de la maison ont été modifiées à quelques reprises depuis la construction de la maison.

Cette maison est une des très rares maisons en pierre du XIXe siècle sur le territoire de la ville de Gatineau. Au centre-ville, elle est unique et sa valeur documentaire, indéniable. Bien qu'elle ait subi, au fil des ans, de nombreuses modifications, elle demeure, par sa qualité, un témoin important des familles bourgeoises et des commerçants qui habitaient dans le Quartier du Musée. Elle a donc une signification historique de première importance.

Propriétaires et occupants

La seule maison en pierre du Quartier du Musée est érigée sur le lot 1 du Quadrilatère 12 dont a hérité, en 1864, Hannah Wright (1), petite-fille du fondateur Philemon Wright et fille de Ruggles Wright. Le lot du 85, rue Victoria est morcelé à compter de 1879, lorsqu'un boucher, Honoré Labelle (2), en acquiert un quart. Deux ans plus tard (1881), il le vend à un autre commerçant, Calixte Lebrun, dit Laforêt (3). Ce dernier revend le terrain à un autre marchand, Basile Carrière (4) en février 1886, lequel, en juillet 1887, achète aussi la moitié sud du lot 152-2, voisin du sien à l'est (5)[1]. Laforêt est propriétaire depuis moins d'un an quand l'incendie du marché, situé en face, embrase le quartier, le 5 juin 1888, en même temps que le marché et les salles de l'hôtel de ville au-dessus de celui-ci.

Le marchand Basile Carrière est un homme d'affaires. Dès le 18 juin 1888, il achète d'Hannah Wright l'autre quart du lot 169

1. En raison de l'incendie du Bureau d'enregistrement, en 1900, les actes ont dû être réenregistrés. Ainsi, tous les actes précédant 1900 sont dans la description de l'acte de 1902, 26 février, B4, No 3506, du début de la chaîne de titres ci-dessous.

ouest (6). Il y fait construire la maison de deux étages en pierre avec un toit de style Second Empire, qui permet d'ajouter un étage supplémentaire sous celui-ci. La maison loge à la fois une résidence et une épicerie, qui devient une quincaillerie en 1900.

Basile Carrière est né le 20 février 1851 à Sainte-Scholastique, Québec[2]. Il épouse, vers 1881-1882[3], Adéline Filteau (née le 3 juin 1848), fille du menuisier Louis Rémi Filteau (1821-) et de Marie Beaudet (1823-), qui habitent à l'angle des rues Champlain et Papineau. À la suite de l'incendie de 1888, la famille Carrière loge chez les beaux-parents, dont la maison n'a pas brûlé[4]. Adéline et Basile ont trois enfants : Edgard (né le 18 février 1882), Maria (née le 18 août 1884) et Jeanne (née le 8 septembre 1891). En 1891, une jeune fille de 13 ans, Alma Lafrenière, probablement une aide domestique, habite avec eux. La famille Carrière est accueillante. En 1901, le frère d'Adéline, François-Xavier Filteau, et sa nièce, Alma Laframboise (22 ans, née le 6 juin 1878)[5], habitent également avec eux[6].

Le photographe François-Xavier Filteau, né à Québec le 1er mars 1853, épouse la fille d'Edmond Stanislas Aubry en 1885, mais le couple se sépare. En 1886, Carrière finance à François-Xavier la construction d'un bâtiment en pierre de deux étages au 75, rue Principale, dont le rez-de-chaussée est loué, Filteau ayant son studio de photographie et son appartement à l'étage. L'édifice est la proie des flammes en 1900, ce qui explique la présence de Filteau chez son beau-frère l'année suivante. Le photographe ne pouvant rembourser Carrière, celui-ci construit un nouvel immeuble en brique sur le même terrain, dont il est propriétaire et où loge Filteau. Ce dernier devient gérant de l'Hôtel Albion, au rez-de-chaussée. Cet hôtel est vraisemblablement un débit de boisson et un billard plutôt qu'un hôtel de chambres. Vers 1905, Joseph Fournier le remplace[7].

2. « Mort de M. Carrière », *Le Droit*, 6 mars 1917.
3. Cette date est estimée d'après la naissance de leur fils vers 1883. Le Recensement du Canada de 1891 lui donne 8 ans.
4. Voir le 141-143, rue Champlain. Rémi Filteau est inscrit comme menuisier en 1872. Par contre, Basile Carrière n'y est pas. Cinq-Mars, « Liste de citoyens-contribuables ».
5. Il y a probablement une erreur d'inscription aux recensements dans le nom de la jeune fille, car il y a un écart de presque 10 ans avec le même prénom. BAC, Recensements du Canada de 1891 et 1901.
6. BAC, Recensement du Canada de 1901. François-Xavier est inscrit sous la famille Carrière. Image, no Z000176574.
7. Michelle Guitard, *Le faubourg du Vieux-Hull*, 2004, p. 3. Étude non-publiée. L'édifice de 1901 brûle en 1924, et les héritiers de Carrière et son épouse le vendent à J.-B. Pharand en 1927.

Au moment de son décès, le 2 octobre 1931, Filteau habite au 122, rue Hôtel-de-Ville.

La carte professionnelle de Carrière et fils en 1908 mentionne que l'établissement existe depuis 1877[8]. Était-il déjà épicier ? Il devient certainement un homme d'affaires à l'aise financièrement et un investisseur très actif, comme le révèlent les nombreux titres et les transactions financières. C'est aussi un commerçant et citoyen actif dans son milieu. En 1893, il est à la tête d'un regroupement de marchands de Hull qui s'opposent à la construction du pont interprovincial, parce que, comme eux, il craint que cela nuise au commerce local. C'est probablement pour cette raison qu'il se présente à la mairie en 1894, mais il est défait par le Dr Edmond S. Aubry. En 1895, il met sur pied la première Chambre de commerce de Hull avec un groupe d'hommes d'affaires[9]. Il est aussi commissaire de la Commission scolaire de Hull. Il en est le président au moment du grand feu de 1900 et y siège donc avec Damien Richer lors de la reconstruction de presque toutes les écoles de la ville[10]. En 1902, il possède, outre sa résidence et son commerce, au moins 13 propriétés, dont la plupart sont à Hull[11]. Il fait partie des Forestiers canadiens et de la Congrégation des hommes au moment de son décès.

Après le grand feu de 1900, il transforme son épicerie en quincaillerie, saisissant probablement l'occasion de répondre à une demande pressante pour la reconstruction d'une grande partie de la ville. Vers 1904, il intègre son fils Edgar au commerce[12]. Edgar épouse Lorenza Bisson et ensemble, ils ont quatre enfants. Le couple réside au 77, rue Laurier, que Carrière père leur achète en 1910[13]. Malheureusement, le fils meurt avant le père, le 19 février 1915, âgé de 33 ans seulement.

L'histoire de la famille Carrière est liée à deux autres propriétés du quartier : le 163, rue Notre-Dame-de-l'Île, où vit sa fille Maria, née le 18 avril 1884 et épouse de l'ingénieur civil Jean-Dosithée Chéné. L'autre est celle du 111, rue Champlain, en face de sa résidence, côté ouest. Cette maison, qu'il a fait construire en 1890, devient celle de sa fille Jeanne, qui a épousé Lionel Gendron. La famille Carrière est

---

8. Aubin et Bérubé, *Hull industriel*, p. 48.
9. Jolicœur, *Histoire anecdotique de Hull*, p. 57 et 43.
10. Commission scolaire de l'Outaouais, Archives, procès-verbaux pour les années 1889 à 1901.
11. QRF, 1902, 26 février, district de Hull, Lib B4, No 3506, vente, devant Me Thomas Desjardins, 18 juin 1888, enregistrée le 20 juin 1888, Lib B, vol. 34, no. 440.
12. Ville de Hull, Rôles d'évaluation de 1904-1905 à 1913-1914.
13. Voir le dossier du 77, rue Laurier.

donc bien ancrée dans le quartier et nous ne tenons pas compte ici des membres de la famille élargie qui habitent au-delà du quartier.

Les parents de Jeanne ne connaissent pas leurs petits-enfants, car Basile Carrière meurt le 5 mars 1917 à l'âge de 66 ans. Il était malade depuis quelque temps, mais, se trouvant suffisamment bien pour assister aux funérailles de son neveu Jules Gratton, il paralyse en rentrant à la maison et meurt[14]. Marié en communauté de biens, il laisse toutes ses propriétés à son épouse (7). Cette dernière lui survit quelque mois seulement ; elle meurt le 22 novembre 1917, âgée d'environ 69 ans[15]. Elle a été Dame de Sainte-Anne et du Tiers Ordre. Le testament des Carrière révèle une famille plutôt fortunée, la mère léguant 8 000 dollars pour l'éducation des enfants d'Edgar et la maison étant évaluée à 7 300 dollars. Leur fils Edgard étant décédé, leurs deux filles, Jeanne et Maria (8), sont les héritières.

Jeanne Carrière meurt à Montréal après deux ans de maladie, le 19 juin 1924. Ses enfants étant mineurs, des tuteurs sont nommés : sa sœur Maria et son époux, Dosithée Chéné, ainsi que Moïse-Jules Laverdure, un cousin par alliance, épicier sur la rue Albert (Hôtel-de-Ville)[16]. Laverdure est le fils de Moïse (1865-1935) et de Marie-Louise Eugénie Filteau[17]. Sa fille Fernande va vivre chez son père Lionel et sa grand-mère maternelle, qui habitent la maison paternelle. Les autres enfants sont pris en charge par leur tante maternelle, Maria. Les enfants de Jeanne obtiennent la part de leur mère (9). Lionel étant décédé en 1936, les enfants vendent leurs parts de la propriété Carrière à Lucien Laverdure en 1941 [(10) et (11)].

La famille Carrière avait, de toute évidence, un niveau d'instruction et d'éducation correspondant à la bourgeoisie de la ville. Selon une anecdote rapportée par le Dr Caron, le célèbre violoniste Arthur Rubenstein était un ami de Basile Carrière chez qui, lors d'une visite, une des filles de l'hôte l'aurait accompagné au piano[18], anecdote qui donne un certain lustre à cette demeure.

Au décès de son fils en 1915, Basile loue le commerce de la quincaillerie à J. Lapointe[19] tout en continuant à occuper l'appartement à

14. « Mort de M. B. Carrière », *Le Droit*, 6 mars 1917. Il a un frère, Eustache, qui demeure à Ottawa.
15. « Décès, Carrière. Dame veuve Basile [...] », *Le Droit*, 24 novembre 1917.
16. Laverdure était épicier en 1908. Aubin et Bérubé, *Hull industriel.*
17. Ils se sont mariés à Hull en 1889 et ont eu six enfants. Marie-Louise Eugénie Filteau est la sœur d'Adeline, la femme de Basile Carrière.
18. Dossier de la CCN copié sur celui du CRCO.
19. Ville de Hull, Rôles d'évaluation de 1915-1916. La maison était alors évaluée à

l'étage. Leurs parents étant décédés en 1917, les héritières Carrière, en 1920, louent la maison à la Banque de Montréal qui y installe, à la place de la quincaillerie, sa deuxième succursale à Hull. Le gérant de la banque, Robert L. Curphey, emménage dans l'appartement à l'étage[20].

Lucien Laverdure (1899-1970), fils de Moïse et de Marie-Louise Eugénie Filteau et époux de Claire Lamothe, acquiert la propriété des héritières de Basile Carrière en novembre 1941. Ce représentant des brasseries y demeure suffisamment longtemps pour que plusieurs personnes à Hull identifient cette résidence à Laverdure, sans connaître les liens de celui-ci avec la famille Carrière. Il est, pendant plusieurs années, le dévoué secrétaire-trésorier de la Commission des écoles de Hull[21].

Il vend sa propriété à Édouard Schryer (12) le 7 octobre 1963. L'électricien Schryer y habite avec son épouse, Jacqueline Clairmont, jusqu'en 1975. Il vend alors la propriété à MacPat Services Ltd (13), représentée par William D. Parks et Bernard Laroche. Celle-ci la revend le 7 novembre 2001 à une société anonyme, la 3865070 Canada inc. (14) Cette dernière, représentée par Pierre Samson, est en 2016, la propriétaire de l'édifice où sont installés les bureaux de la firme d'experts-conseils en gestion Samson et Associés.

Chaîne de titres

85, rue Victoria

1. QRF, 1901, 15 octobre, No 2222, testament de Ruggles Wright père, devant Me A. Larue et collègues, no 5893, 6 août 1863 ; contrat de partage et division de propriété, devant Me A. Larue, 17 septembre 1864, enregistré sous Lib B, No 46, vol. 11, p. 53, Ruggles Wright à Hannah Wright.
2. QRF, 1902, 26 février, B4, No 3506, vente, Hannah Wright à Honoré Labelle. Cet acte fait référence à la vente, datée du 20 septembre 1879, devant M^e^ D'Odet D'Orsonnens, enregistrée le 18 novembre 1879.
3. QRF, 1902, 26 février, B4, No 3506, vente, Honoré Labelle à Calixte Lebrun, dit Laforest. Cet acte fait référence à la vente, enregistrée

7 300 dollars et le commerce, à 10 000 dollars.

20. QRF, 1920, 29 mars, Index des immeubles, Lib B34, No 33315, bail de cinq ans, Maria Carrière *et al.* à Banque de Montréal ; *Ottawa City Directory*, 1920.
21. Brault, *Hull 1800-1950*, p. 186.

le 7 juillet 1882, B26, No 975, devant M[e] D'Odet D'Orsonnens, 14 avril 1881.

4. QRF, 1902, 26 février, B4, No 3506, vente, Calixte Lebrun dit Laforest à Basile Carrière. Cet acte fait référence à la vente enregistrée le 2 mars 1886, B31, No 265, devant Me J.O. Archambault, 27 février 1886.
5. QRF, 1902, 26 février, B4, No 3506, vente. Cet acte fait référence à la vente enregistrée le 22 juillet 1886, B31, No 805, Hannah Wright à Basile Carrière, devant M[e] D'Odet D'Orsonnens, 14 juillet 1886.
6. QRF, 1902, 26 février, B4, No 3506, vente, Hannah Wright à Basile Carrière. Cet acte fait référence à la vente, enregistrée le 20 juin 1888, B34, No 440, devant Me Thomas Desjardins, 18 juin 1888.
7. QRF, 1917, 17 mars, C2, No 2822, déclaration, devant Me Louis Bertrand, 13 mars 1917 ; QRF, 1917, 17 mars, B28, No 27701, testament, Basile Carrière à Adeline Filteau-Carrière, devant Me N. Tétreau, no 5107, 28 juillet 1881. Décès : 13 mars 1917.
8. QRF, 1917, 28 novembre, B29, No 28 883, testament, Adeline Carrière à Maria Carrière, épouse de Chéné, et Jeanne Carrière, épouse de Gendron, devant Me Louis Bertrand, no 8789, 9 novembre 1917 ; QRF, 1917, 28 novembre, C2, No 2911, déclaration, devant Me Louis Bertrand, 27 novembre 1917. Décès : 22 novembre 1917.
9. QRF, 1924, 18 octobre, B45, No 45680, déclaration ; QRF, 1924, 23 octobre, B45, No 45717, certificat, Jeanne Carrière, épouse de Gendron à ses héritiers, André Gendron *et al.*, 14 octobre 1924.
10. QRF, 1941, 26 novembre, B73, No 74 496, vente, André Gendron *et al.* à Lucien Laverdure, devant Me René Ménard, 20 novembre 1941.
11. QRF, 1941, 26 novembre, B73, No 74 495, vente, Maria Carrière *et al.* à Lucien Laverdure, devant Me René Ménard, 12 novembre 1941, no 1040.
12. QRF, 1963, 24 octobre, No 148 331, vente, Lucien Laverdure à Édouard Schryer, devant Me François Groulx, 7 octobre 1963, no 10 448.
13. QRF, 1975, 27 février, No 237 220, vente, Édouard Schryer à MacPat Services Ltd, devant Me Bernard Laroche, 25 février 1975, no 2567.
14. QRF, 2001, 7 novembre, No 569 613, vente, MacPat Services Ltd à 865070 Canada inc., 7 novembre 2001 ; Ville de Gatineau, Rôles d'évaluation de 2016.

95-97, rue Victoria

© M. Guitard 2015

© M. Guitard 1997

Cadastre : 1 621 432
Ancien numéro de lot : 170-1 Quartier 4
Date de construction : 1922

Style architectural

Sur la photographie de 1997, on observe l'influence du style Beaux-Arts avec son entablure et son parapet contenant une pierre de date et d'identification. La poutre moulurée séparant les deux étages ainsi que les fondations très apparentes en pierre étaient des caractéristiques de ce style. Les fenêtres carrées à châssis à guillotine contenant un carreau simple étaient garnies d'un seuil de pierre. Les portes garnies d'une imposte indiquaient des entrées privées.

Modifications : La rénovation du bâtiment a permis de le conserver, mais outre son emplacement d'origine, il a perdu toute valeur patrimoniale.

Propriétaires et occupants

Avant la construction de l'actuel bâtiment, ce terrain était occupé depuis de nombreuses années. Il a été impossible de retracer la date à laquelle Antoine Parent (1), peintre et marchand de peinture, se porte acquéreur de cette propriété. Cette date est probablement antérieure à 1882, car à ce moment-là, la grande maison qu'il y possède est en bois. Celle-ci est sans doute l'une des premières à être incendiée en 1888, puisque le feu débute au marché situé juste en face. Parent fait reconstruire une autre maison, cette fois avec un revêtement de brique, vers 1891 ou 1892. Au lendemain de l'incendie de 1900, la Merchant Bank of Canada ainsi que l'horloger E.-O.-E. Pommier y sont locataires. Veuf au moment de son décès, le 30 septembre 1919, Parent lègue tous ses biens à ses enfants et à ses petits-enfants (2). Quelques mois plus tard, en février 1920, sa succession vend la propriété à l'épicier Jean-Baptiste Sarasin (3).

Né à Hull en 1888, Sarasin travaille successivement pour les sociétés Booth, Bronson et Eddy avant d'entrer au service de l'épicier Philorum D'Aoust d'Ottawa, puis à celui d'Adelmar Labelle, aussi épicier. Il quitte ce dernier pour travailler momentanément dans une cimenterie, puis revient à l'emploi de Philorum D'Aoust. De là, il passe à l'emploi de son frère, W. Sarazin, encore un épicier ayant pignon sur la rue Champlain. Finalement, Jean-Baptiste Sarasin ouvre sa propre épicerie au 76, rue Saint-Laurent peu avant d'acquérir, en 1920, l'immeuble de la succession d'Antoine Parent pour y installer son commerce. Or, le 7 décembre 1921, un incendie rase l'immeuble. Sarasin s'installe temporairement au 17, rue Verchère. En novembre 1922, il revient sur la rue Victoria, dans un nouvel immeuble portant son nom. Outre l'épicerie, l'immeuble loge un salon de barbier et trois appartements. En août 1923, un autre incendie endommage son commerce. Le 10 octobre 1924, Sarasin, lourdement endetté à la suite de ces incendies consécutifs, vend la propriété à l'un de ses ex-employeurs, P. D'Aoust et Cie (4). Il continue cependant à tenir son épicerie jusqu'à une date indéterminée, mais postérieure à 1928. En effet, le *Registre social de Hull*, publié cette année-là, mentionne, en parlant de son établissement de la rue Victoria : « On trouve chez lui tout ce que l'on est convenu d'obtenir dans une épicerie générale des mieux aménagées. »

Le 18 juillet 1934, Élisabeth Thibodeau (5), veuve de Philarum D'Aoust et, depuis le décès de son époux, partenaire à parts égales avec J.-Victor Cholette chez P. D'Aoust et Cie, cède tous ses droits et titres dans la société, dont fait partie la propriété du 95-97, rue Victoria, à J.-Victor Cholette (6). Le 17 janvier 1941, J.-Victor Cholette, négociant en gros de Hull, vend l'immeuble à Albert Cholette (7), un commis et peut-être un de ses fils, qui occupe alors un des appartements. En mai 1956, Albert Cholette, devenu marchand et demeurant alors sur la rue Miller, vend la propriété à Adrienne Châtelain

(8), une étudiante domiciliée au 37, rue Champlain. Au moment de cette transaction, Adrien Châtelain, lui aussi domicilié au 37, rue Champlain, cautionne Adrienne, qui était sans nul doute sa fille. En juillet 1971, cette dernière demeure à Paris lorsqu'elle vend la propriété à Fernand Thériault (9), un restaurateur bien connu de Hull. En décembre de la même année, Thériault la transmet à deux acheteurs : André Langelier, professeur, et Jean-Paul Lemay (10), homme d'affaires d'Ottawa. Lemay est marié à Jacqueline Langelier, peut-être la sœur de son partenaire.

Le 30 janvier 1975, Langelier et Lemay vendent la propriété à une toute nouvelle société, MacPat Services Ltd (11). Celle-ci fait l'acquisition, un mois plus tard, de la propriété voisine, le 85, rue Victoria et, en 1997, exploite ces deux propriétés contiguës.

L'entrepreneur Mario Marengère (12) achète la propriété en octobre 2000 et y effectue des rénovations. En 2004, il la vend à John G. Page et associés (13). Ceux-ci louent l'édifice à la société Holaecuador Property Development inc.[1], une entreprise canadienne qui a des projets de développement immobilier en Équateur. Depuis novembre 2013, John Page, Jaqueline Lafontaine et les autres partenaires ont vendu l'immeuble à la société 8225095 Canada inc. (14), représentée par Suzanne Mongeon. La fiche descriptive du rôle d'évaluation indique que le bâtiment a été converti en immeuble à logements.

Chaîne de titres

95-97, rue Victoria

1. QRF, 1909, 28 mai, B17, No 14947, et 1920, 21 janvier, B33, No 32954, vente, Hannah Wright à Antoine Parent, entre 1882 et 1909.
2. QRF, 1920, 8 avril, B34, No 33431, et C3, No 3396, legs, Antoine Parent à ses enfants et petits-enfants, 30 septembre 1919.
3. QRF, 1920, 8 avril, B34, No 33432, vente, succession d'Antoine Parent à Jean-Baptiste Sarasin, 19 février 1920.
4. QRF, 1924, 10 décembre, B45, No 45586, vente, Jean-Baptiste Sarasin à P. D'Aoust et Cie, 14 octobre 1924.
5. QRF, 1934, 13 août, B67, No 68485, vente d'une moitié indivise, Élisabeth Thibodeau, veuve de P. D'Aoust, à J.-Victor Cholette, 18 juillet 1934.

1. QRF, 2013, 30 septembre, 16 juillet, No 20 121 917, avis de bail, 2013, 30 septembre 2013, No 20 294 277, bail immobilier ; site de la société, en ligne : http://www.miradorsanjose.ca/qui-sommes-nous/?lang-fr

6. QRF, 1941, 23 janvier, No 73549, vente, J.-Victor Cholette à Albert Cholette, 17 janvier 1941.
7. QRF, 1956, 18 juin, No 113 968, vente, Albert Cholette à Adrienne Châtelain, 18 mai 1956.
8. QRF, 1971, 19 juillet, No 199 407, vente, Adrienne Châtelain à Fernand Thériault, 16 juillet 1971.
9. QRF, 1971, 17 décembre, No 203 628, vente, Fernand Thériault à André Langelier et Jean-Paul Lemay, 17 décembre 1971.
10. QRF, 1975, 4 février, No 236 684, vente, André Langelier et Jean-Paul Lemay à MacPat Services Ltd, 30 janvier 1975.
11. QRF, 1999, 15 février, No 537 747, vente, MacPat Services Ltd à 3320065 Canada inc., 15 février 1999.
12. QRF, 2000, 20 octobre, No 556 235, vente, 3320065 Canada inc. à Mario Marengère, 20 octobre 2000.
13. QRF, 2004, 24 mars, No 11 168 858, vente, Mario Marengère à John G. Page et Jacqueline Lafontaine *et al.*, 24 mars 2004.
14. QRF, 2013, 4 novembre, No 20 373 734, vente, John G. Page et Jacqueline Lafontaine *et al.* à 8225095 Canada inc., 1er novembre 2013.

Conclusion

Les descriptions individuelles de chacune des maisons décrites se conjuguent pour raconter l'histoire du Quartier du Musée, mais elles sont loin d'être une étude sociale en bonne et due forme. Par contre, elles sont une source de références qui permettent d'approfondir le sujet. Les historiens, tout comme les généalogistes, sauront suivre les pistes de recherche au moyen des documents des registres fonciers et des fonds notariés mentionnés. Plusieurs publications du passé, parfois anonymes, renseignent sur des citoyens jadis importants dans leur communauté, mais depuis oubliés.

Bien que ce survol soit loin d'être une analyse détaillée, il a permis de percevoir certains éléments du mode de vie et de la mentalité de cette collectivité, lesquels étaient probablement aussi ceux de la société québécoise de la fin des XIXe et XXe siècles.

Soulignons, en premier lieu, qu'au-delà du profil socioéconomique des propriétaires du secteur dressé dans l'introduction, plusieurs personnalités se sont démarquées dans différents domaines d'activités. Sur la scène politique provinciale, mentionnons le député et ministre Alexandre Taché (172-174, rue Champlain) et le député Ferdinand-Ambroise Gendron (111, rue Champlain). Sur la scène municipale, nombre de conseillers municipaux, de même que quelques maires de Hull, ont habité le secteur, dont un des plus anciens, Damien Richer (139, rue Champlain), conseiller dès 1872. Le pharmacien Arthur-Raymond Farley (145, rue Champlain) s'est fait connaître dans le monde scientifique. D'autres se sont distingués dans le monde des affaires : l'entrepreneur Joseph Bourque (137, rue Notre-Dame), les commerçants Basile Carrière (85, rue Victoria) et Josaphat Pharand (133-135, rue Notre-Dame) qui, à un moment donné, a possédé le plus grand magasin de la ville ; la famille Baillot (73, rue Laurier) dans le domaine de l'automobile ; Marie Monnin-Burger (69, rue Laurier) dans celui de la restauration, avec le célèbre Café Henry Burger. Enfin, certains membres de la famille Sanche sont bien connus, dont Wilfrid Sanche (245, rue Papineau), son petit-fils, Guy Sanche (150, rue Notre-Dame-de-l'Île), dans le monde des arts de la scène, et Josaphat Pharand, président du poste CKCH, dans celui de la radiophonie.

La mixité des conditions économiques et sociales de la population du quartier a attiré notre attention. Les familles professionnelles et mieux nanties ont pour voisins des gens de métiers, des artisans ou des journaliers. Certains bourgeois très aisés partagent leur espace résidentiel avec des artisans et des ouvriers. Nous les avons retracés dans les Recensements du Canada et les annuaires de rues. Après la Deuxième Guerre mondiale, ce phénomène s'estompe, les professionnels, comme les plus riches, préférant s'installer en banlieue ou dans les nouveaux quartiers. Les projets de construction du complexe Place du Portage, dans les années 1960, entraînent des expropriations et le déplacement des familles d'origine du quartier. Par contre, au moment de la construction du Musée canadien de l'histoire, terminée en 1989, de jeunes couples réinvestissent le quartier historique. Ce sont, pour la plupart, des professionnels qui désirent « vivre en ville » dans un quartier « qui a une âme ». Tous ne sont pas propriétaires, mais plusieurs le sont ; d'autres sont des locataires, des investisseurs et des spéculateurs immobiliers. On renoue alors avec la mixité économique et sociale, mais les propriétaires les plus riches y ont leur bureau et non plus leur résidence.

Les nombreux liens de parenté entre les résidents du quartier ont déjà été relevés. On épouse un homme ou une femme qui, très souvent, habite dans le quartier ou est parent avec un ou une citoyenne du secteur. Cela crée, dès lors, des liens serrés et une entraide qu'on remarque dans les parrainages au baptême, les mariages, les obsèques, la désignation des témoins et liquidateurs nommés dans les testaments, et lors de situations difficiles, comme les difficultés financières, les prêts hypothécaires et l'utilisation des prêts hypothécaires pour faire vivre la famille.

L'utilisation d'une partie de la maison à des fins professionnelles ou artisanales, qui revient depuis quelques années, a été, pendant plus d'un demi-siècle, chose courante dans le quartier. Le nombre d'ateliers et de petits commerces qui ne sont pas dans la maison aurait sûrement augmenté si nous avions eu le temps d'étudier tous les bâtiments, y compris ceux qui étaient sur le terrain de la résidence.

La possession d'une résidence par plus d'une génération était chose courante. Plusieurs maisons, en particulier les demeures semi-détachées, étaient souvent occupées par des membres d'une même famille, même dès la construction. Dans le même ordre d'idées, un grand nombre de maisons ont été longtemps habitées par des générations successives. C'est le cas en particulier des Roger et des Massé, dont les propriétés sont passées de génération en génération depuis plus d'un siècle.

Si les familles comptent souvent plusieurs membres, cette situation n'exclut pas pour autant la présence de locataires. Nous sommes loin de l'actuel mode d'occupation d'une maison. Une chambre par enfant ou même par adulte est alors chose rare, même dans les familles plus fortunées. Les parents vendent la maison aux enfants ou leur en font don, en échange d'une entente prévoyant que les enfants logeront leurs aïeuls et s'en occuperont dans leurs vieux jours. La prise en charge par l'État des personnes âgées dans les années 1960 a fait disparaître ce mode de vie. C'est ainsi qu'il faut comprendre la proximité des membres de la famille dans les pièces communes. Ajoutons aux membres de la famille la présence courante d'une servante dans certaines maisons.

L'importance du facteur religieux dans le Québec d'avant 1960 est perceptible par le nombre d'enfants du quartier qui sont entrés dans les communautés religieuses, par la présence des gens aux offices religieux de la paroisse et par les legs testamentaires à des communautés religieuses. Ce sujet n'est pas le principal objet de cette étude, mais l'examen de documents d'archives, les testaments en particulier, révèle son importance. La dimension et la présence du très grand presbytère de la paroisse et de l'église – disparue –, de même que la création de la Salle Notre-Dame, salle communautaire jadis sise en face du presbytère – elle aussi disparue –, reflètent la place prépondérante de l'Église catholique non seulement dans le quartier, mais aussi dans la ville et la région.

Un quartier qui possède deux écoles qui sont passées de la petite enfance à des fonctions postsecondaires au fil du XXe siècle renseigne sur l'évolution de l'enseignement dans la région depuis la fin du XIXe siècle. En élargissant le périmètre du champ d'étude, on aurait pu inclure aussi le Collège Notre-Dame pour les garçons, qui était tout près. Combien d'enfants du quartier allaient à l'une ou l'autre de ces écoles ? L'École normale, avant de devenir l'École secondaire Saint-Joseph, a reçu des garçons et des filles. Pendant combien de temps ? Quels étaient leur nombre et leurs conditions ? L'Académie Sainte-Marie accueillait-elle, elle aussi, des garçons et des filles ? L'histoire de ces établissements d'enseignement mériterait qu'on s'y arrête, mais elle ne faisait pas partie de notre recherche.

Nous connaissons les propriétaires et plusieurs occupants des maisons du quartier. Nous avons pu retracer la présence des enfants de ces propriétaires au moyen des recensements et des héritages. Une véritable analyse sociale permettrait d'analyser l'évolution du nombre d'enfants par famille, de leurs études ou de leur travail, car il ne faut pas oublier que les enfants travaillaient dès l'adolescence avant la guerre. Il serait intéressant de voir la différence entre les enfants de parents fortunés et ceux des moins bien nantis à l'époque.

Voilà quelques-unes des nombreuses pistes de sujets de recherche à approfondir. Il faudrait dépouiller systématiquement les greffes des notaires à la recherche de contrats de construction pour savoir qui en avait, comment on procédait pour la mise en chantier, qui étaient les responsables et, également, où on se procurait les matériaux. Nous apprendrions certainement de nouvelles choses si on trouvait les contrats d'achat et de vente de Henry Newell Bate qui avait acquis tous les lots du quadrilatère délimité par Laurier et Notre-Dame-de-l'Île.

Nous aurions aussi aimé prendre les nombreuses heures nécessaires pour retracer les locataires dans le quartier. La qualité des locataires, tout autant que celle des propriétaires, permettrait de mieux comprendre l'évolution de l'état de conservation ou de désintégration de l'immobilier dans le secteur.

Pour terminer, l'histoire de plusieurs maisons, dont celle sise au 133-135, rue Notre-Dame-de-l'Île, construite en vue d'être partiellement louée, de même que l'autre, située sur le même terrain et construite par un artisan et un meunier, soulève une question beaucoup trop large au sujet de l'histoire de Hull pour que l'on puisse s'y attarder : combien d'artisans et de travailleurs ont construit ou fait construire leur propre maison et possiblement d'autres ? Cette question porte à réfléchir sur l'idée répandue de la pauvreté généralisée des travailleurs et des artisans hullois. Il faudrait vérifier la vraie condition de vie des citoyens francophones à différentes périodes. L'histoire du 133-135, rue Notre-Dame-de-l'Île, comme d'autres bâtiments du quartier, remet en question la notion selon laquelle les conditions de vie des travailleurs francophones étaient inférieures à celles des propriétaires anglophones dont ils dépendaient totalement.

L'architecture d'un quartier et l'histoire de ses résidents sont le reflet d'une société et de son évolution sur près d'un siècle et demi. Pour avoir travaillé sur un grand nombre d'autres résidences dans l'actuelle ville de Gatineau, nous savons que l'histoire du Quartier du Musée est un microcosme de cette ville. De même, la société du Quartier du Musée est représentative de l'histoire urbaine à l'échelle régionale et, sans doute aussi, à l'échelle provinciale.

Bibliographie

Sources archivistiques

Bibliothèque et Archives Canada (BAC). Recensements du Canada de 1871 à 1911. En ligne : http://data2.collectionscanada.ca/

Bibliothèque et Archives nationales du Québec (BAnQ)

Fonds famille Foran (1760-1960), P137, D169, *Lois Wright Scott et vir c. E.B. Eddy Company*, Court of King's Bench (Appeal Side), Hull, 1923.

Plusieurs fonds privés ont aussi été consultés.

Canada, ministère du Patrimoine, *Inventaire des bâtiments historiques du Canada*. En ligne.

Centre régional d'archives de l'Outaouais (CRAO).

Commission scolaire de Hull, procès-verbaux, janvier 1897-1900.

Québec, ministère des Ressources naturelles. En ligne.

Québec, Registre foncier (QRF) : les documents de base en lien avec la famille Wright sont les suivants :

QRF, 1901, B2, No 1839, testament de Philemon Wright, 26 juillet 1836.

QRF, 1901, 15 octobre, No 2222, testament de Ruggles Wright père, devant Me A. Larue et collègues, no 5893, 6 août 1863, et contrat de partage et division de propriété, devant Me A. Larue, le 17 septembre 1864, enregistré sous Lib B, No 46, vol. 11, p. 53. Ruggles Wright est mort le 18 août 1863.

QRF, 1901, 28 décembre, B3, No 2695, Ruggles Wright fils, testament devant Me Stewart Hunter, Montréal.

QRF, 1901, 28 décembre, B3, No 2696, Francis Mary Russel à John Wells Russel, son frère, devant Me Nérée Tétreau, no 2352.

QRF, 1900, 11 décembre, B1, No 829, Ruggles Wright à Adèle Leduc, vente, novembre 1869.

Québec, ministère des Ressources naturelles. En ligne.

Québec, Registre foncier (QRF) : les documents concernant les titres de propriété proviennent principalement de cette source.

Société de généalogie de l'Outaouais (SGO).

Ville de Gatineau, Archives.

Ville de Hull, Archives et Centre de document du Service de l'urbanisme.

Ville de Hull, Assessment Roll of the Corporation of the City of Hull. Parce que le titre des rôles d'évaluation change au cours des années, nous avons choisi d'utiliser le titre « Rôle d'évaluation » et l'année seulement.

Publications et rapports inédits

Annuaire d'adresse de la Cité de Hull, 1951.

Anonyme, *Chambre de commerce de Hull*, 1929.

Anonyme, *Personnalités de chez nous*, 1946.

Anonyme, *Registre social de Hull, Who's Who in Hull*, 1928.

Anonyme, *Album souvenir du 125e anniversaire de la fondation de Hull.*

Anonyme, « L'école secondaire Saint-Joseph, 1870-1995 : 125 ans », dans *Le Droit*, 16 décembre 1995, p. A17-A20.

Aubin, V.P., et A.E. Bérubé, *Hull industriel.*

Bicknell, Amos Jackson, *Detail, cottage and constructive architecture containing 75 large lithographic plates, showing a great variety of Designs for cornices, brackets, window caps, doors, piazzas, porches, bay and dormer windows, observatories, towers, chimney tops, balconies, canopies, scrolls, gable and sawed ornaments, fences, stairs, newels, architraves, mantels, plaster finish, etc. etc. including 75 perspectives, elevations and plans of modern Designs for cottages with details and 18 elevations of summer houses, villas, sea-side cottages and country houses...*, New York, A.J. Bicknell & Co., Architectural Book publishers, 1873.

Bicknell, Amos Jackson, *Wooden and Brick Buildings with details published under the direction of A.J. Bicknell containing one hundred and sixty plates, plans, elevations, views, sections and detail. of villas, cottages, farm houses, country seats, street fronts for dwellings, store fronts, banks,... including a double plate showing a street view of twelve dwelling*, New York, A.J. Bicknell & Co., Architectural Book publishers, 1875, 2 vol.

Bigras, André, Michel Coulombe, Claudette-C. Gauthier *et al.*, *Hull-Volant (1932-1982), cinquante ans déjà !* [Hull], Association athlétique et sociale Hull-Volant, 1982, 96 p.

Bisson, Louise, *Élections municipales 1875-1877 à 1995-1999*, Rapports des présidents d'élections, Bureau du greffier, Ville de Hull, 1995.

Blanchard, Raoul, *Études canadiennes*, troisième série, III : les pays de l'Ottawa, Grenoble, Imprimerie Allier, 1949, 140 p.

Bourguoin, Dr L.M., « Le presbytère Notre-Dame-de-Grâce de Hull, monument historique », *Asticou*, no 29, décembre 1983.

Brault, Lucien, *Hull, 1800-1950,* Ottawa, Éditions de l'Université d'Ottawa, 1950, 262 p.

Cinq-Mars, Ernest, E. « Liste de citoyens-contribuables dans le village de Hull en 1872 », *Asticou,* Revue d'histoire de l'Outaouais, cahier no 25, décembre 1981.

S.A., *Hull : son origine, ses progrès, son avenir,* Hull, Bérubé Frères, 1908, 180 p.

CDG Associés (Pierre Dufour et Michelle Guitard), *Le secteur Laurier à Hull, Étude d'un site historique,* Comité exécutif, Ville de Hull, 1997.

Deschênes, Gaston, dir., *Dictionnaire des parlementaires du Québec, 1792-1992,* Québec, Presses de l'Université Laval, 1993, xix-859 p.

Dwyer, Charles P., *The Economic Cottage Builder : or cottages for men of small means, adapted to every locality, with instructions for choosing the most economical materials afforded by the neighborhood to which are added many valuable hints and most useful observations, illustrated with tinted designs on stone,* Buffalo, Wanzer, McKim & Co., 1855.

Ethnoteck inc., Yves Laframboise, *Hull et son patrimoine,* Ville de Hull, Service d'urbanisme, et le ministère des Affaires culturelles, Direction de l'Outaouais, mars 1989.

Evans, Patrick M.O, *The Wrights, A genealogical study of the First settlers in Canada's National Capital Region,* Commission de la capitale nationale, 1977.

Filion, Michel, *CKCH la voix française de l'Outaouais,* Vents d'Ouest, 2008.

Gaffield, Chad, *Histoire de l'Outaouais,* Institut québécois de recherche sur la culture, 1994.

Goad, Charles E., *Insurance Plan of the City of Ottawa,* Section Hull, 1883-1915.

Gowans, Alan, *The Comfortable House, North American Suburban Architecture 1890-1930,* The MIT Press, Cambridge, Massachusetts, London, England, 1991.

——, *Styles and types of North American architecture : social function and cultural expression,* [New York], 1991.

Guitard, Michelle, *La maison dite « hulloise »,* pour la Société historique de l'Outaouais, 1997.

——, *Bâtiments historiques de la Ville de Hull, Phase III,* Ville de Hull, CDG Associés [M. Guitard et P. Dufour], 1998.

——, *E.B. Eddy, Site industriel, Signification et comparaison,* Québec, ministère de la Culture et des Communications, 1999.

——, *Site de la maison Wright-Scott, Étude de sauvegarde et mise en valeur.* Ville de Gatineau, 6 octobre 2004.

——, *Histoire de bâtiments au cœur de Hull,* Ville de Hull, 1990.

——, *Le Faubourg du Vieux-Hull,* 2004.

——, « La fonderie de Hull, La Hull Iron and Steel Foundries Ltd. », *Hier encore,* Revue d'archives, d'histoire et de patrimoine du Centre régional d'archives de l'Outaouais, no 2, 2010.

———, *Histoire de 24 bâtiments,* Ville de Hull, 1997.

———, *Histoire du quartier du ruisseau de la Brasserie, Hull,* Recherche sur les bâtiments de ce quartier. Par la suite, le quartier a été déclaré quartier historique. Hull, Association du patrimoine du ruisseau de la Brasserie, 1987.

———, *Hôtel Chez Henri,* projet pour le propriétaire Nader Dormani, 2012.

———, « Hull et son lieu de fondation » et « La ferme de Philemon Wright et ses héritiers », *Outaouais No. 7 : Deux siècles de développement à Hull,* 2000.

———, « Marie Monnin-Burger, femme d'affaires d'envergure et le Café Henry Burger », *Hier encore,* Revue d'archives, d'histoire et de patrimoine du Centre régional d'archives de l'Outaouais, no 6, 2014, p. 20-23.

———, *Le site de la maison du gardien du cimetière Notre-Dame à Hull,* Ville de Gatineau, Service des arts et de la culture, 2007.

———, *Le site E.B. Eddy. Secteur original de la papetière,* Ville de Hull, 1998.

———, *La tour de lessivage E.B. Eddy,* Musée canadien des civilisations, 2004.

———, *Histoire de l'édifice la fonderie Hull Iron & Steel,* Ville de Hull, 2004.

———, *Identité gatinoise et patrimoine culturel,* Ville de Gatineau, février 2011.

———, *Histoire de l'immigration à Gatineau,* Ville de Gatineau, octobre 2010.

Hallett, William T., *Specifications for frame houses varying in cost from two thousand to twenty thousand dollars,* New York, A.J. Bicknell & Co., 1875.

Humphreys, Barbara A. et Meredith Sykes, *L'architecture du Canada, guide des styles d'architecture antérieurs au* XXe *siècle,* Environnement Canada, Service des parcs, 1976 ©1980.

Improved Dwellings for the Laboring classes. The need, and the way to meet it on strict commercial principles in New York, Brooklyn and other cities, New York, 1877.

Institut d'histoire et de recherche sur l'Outaouais (IHRO), *Le Hull disparu,* Hull, Institut d'histoire et de recherche sur l'Outaouais, 1988, 89 p.

Jolicœur, Joseph, *Histoire anecdotique de Hull,* Hull, Société historique de l'Ouest du Québec inc., 1979.

Lapointe, Pierre Louis et Chantal Berniquez, « L'Académie Ste-Marie », IHRO, *Le Hull disparu,* Hull, 1988, p. 67.

Lavoie, André, dir., *Répertoire des parlementaires québécois, 1867-1978,* Québec, Assemblée nationale, 1980.

« Liste des citoyens-contribuables dans le village de Hull en 1872 », *Asticou,* Revue d'histoire de l'Outaouais, Société d'histoire de l'Ouest du Québec, Cahier no 25, décembre 1981.

Lovell's Business Directory, 1888-1903.

Maitland, Leslie, Jacqueline Hucker et Shannon Ricketts, *A Guide to Canadian Architectural Styles,* Peterborough, On. Broadview Press, 1992.

Ouimet, Raymond, *Une ville en flammes,* Hull, Vents d'Ouest, 1996.

Ottawa City Directory, The, 1888-89. Embracing an Alphabetical List of All the Business Firms and Private Citizens of Ottawa and Its Suburbs, a Classified

Business Directory and a Miscellaneous Directory of Public Institutions, Corporations, to which is added a Complete Street Guide of Ottawa, Ottawa, A. S Woodburn, 1888/89, 1890-1902.

Palliser, Palliser & Co. Architects, *Palliser's Model Dwellings. A book on building for industrial Americans, or Homes for Co-operative Builders, Investors and Everybody Desiring to Build, Own or Live in Model Houses of Moderate Cost*, New York, J.S. Ogilvie, 1892.

Provencher, Gérard E., *Mariages de l'Outaouais*, vol. III, Hull, Notre-Dame (1886-1913) Compilation, no 88, Publication, B. Pontbriand, s.d.

Ranlett, William H., *The Architect, a series of original designs for domestic and ornamental cottages and villas, connected with landscape gardening, adapted to the United States : Illustrated by drawings of ground plots, plans, perspective views, elevations, sections and details*, vol. 1, New York, William H. Graham, 1847.

Rossignol, Léo, *Histoire documentaire de Hull, 1792-1900*, [Ottawa, s.n.], 1941.

Shoppell, R.W., *How to Select a Plan and How to Build a House.*

Shoppell's Building Plans for Modern, Low-Cost Houses, Co-operative Building Plan Association, 1890.

Shoppell, R.W., *Modern Houses, Beautiful Homes*, New York, Co-operative Building Plan Association, 1886.

Donald Swainson, « Currier, Joseph Merrill », *Dictionnaire biographique du Canada*, vol. 11, Université Laval/University of Toronto, 1982. En ligne : http://www.biographi.ca/fr/bio/currier_joseph_merrill_11F.html.

Underwriters Survey Bureau, *Insurance Plans of the city of Hull*, 1928 et 1952.

Whitefield, Edwin, *The Homes of our Forefathers, being a selection of the oldest and Most Interesting Historical Houses and noted Places in Maine*, New Hampshire and Vermont, Reading Mass. E. Whitefield, 1886.

Appendices

Appendice 1 – **Les 63 immeubles du Quartier du Musée : adresse et dates de construction et de modifications majeures**

	Adresse	**Date de construction**
1	111 Champlain	1889
2	115 Champlain	1897 et 1923
3	118 Champlain	1952
3	133 Champlain	1908
4	135-137 Champlain	1910
5	139 Champlain	1909
6	141-143 Champlain	Avant 1884
7	144-152 Champlain	1888-1889
8	145 Champlain	1891 et 1920
9	151-153 Champlain	1888-1889
10	154 Champlain	1888-1889
11	156 Champlain	1897-1898
12	157 Champlain	1908
13	158 Champlain	1890, 1911
14	159 Champlain	1908
15	160-162 Champlain	1890
16	161 Champlain	1888-1889
17	163 Champlain	1888-1889
18	165-167 Champlain	1888-1889
19	166 Champlain	1888-1889
20	168-168A Champlain	1908
21	169 Champlain	1890-1891
22	170 Champlain	1903
23	171-173 Champlain	1945
24	172-174 Champlain	1909-1910
25	175 Champlain	1940
26	184-186 Champlain, démolie	1887
27	196 Champlain, démolie	1890
28	118 Notre-Dame-de-l'Île	1889
29	133-135 Notre-Dame-de-l'Île	1888-1889
30	132-134 Notre-Dame-de-l'Île	1890, 1910

	Adresse	Date de construction
31	136 Notre-Dame-de-l'Île	1887
32	137 Notre-Dame-de-l'Île	1890
33	138 Notre-Dame-de-l'Île	1886-1887
34	139 Notre-Dame-de-l'Île	1890
35	140-142 Notre-Dame-de-l'Île	1886-1887
36	141-145 Notre-Dame-de-l'Île	1900-1901
37	144-146 Notre-Dame-de-l'Île	1886-1887
38	148-150 Notre-Dame-de-l'Île	1886-1887
39	149 Notre-Dame-de-l'Île	1894-1895
40	152 Notre-Dame-de-l'Île	1886
41	156 Notre-Dame-de-l'Île	1887
42	158 Notre-Dame-de-l'Île	1888-1889
43	160 Notre-Dame-de-l'Île	1915-1916
44	161 Notre-Dame-de-l'Île	1890
45	163 Notre-Dame-de-l'Île	1889
46	165 Notre-Dame-de-l'Île	1951
47	167-173½ Notre-Dame-de-l'Île	1889, 1924
48	172-174 Notre-Dame-de-l'Île	1889, 1909, 1931
49	175-177 Notre-Dame-de-l'Île	1902-1903
50	187 Notre-Dame-de-l'Île	1889-1921
51	69 Laurier	1921
52	73 Laurier	1944
53	77 Laurier	1884-1888
54	97-103 Laurier (deux bâtiments)	1919-1920 (97-99 Laurier), 1927-1928 (101-103 Laurier)
55	40 Élisabeth-Bruyère	1892, v. 1909
56	41 Élisabeth-Bruyère	1900-1901
57	43 Élisabeth-Bruyère	1889
58	226 Papineau	1890
59	245 Papineau	1890-1891
60	61-63 Victoria	1871
61	67 Victoria	1940
62	85 Victoria	1888
63	95-97 Victoria	(1922) 2000

Appendice 2 – Première génération de propriétaires, Quartier du Musée (avant 1910)[1] (en ordre alphabétique)

Nom	Métier	Dates	Résidence
Auger, Joseph	Journalier	1903-1933	149 N.-D.-de-l'Île
Barclay, George Wesley	Machiniste	1898-1900	73 Laurier
Bate, Henry Newell	Marchand	v. 1884 v. 1884 ?-1888 ?-1897	158 N.-D.-de-l'Île 160 N.-D.-de-l'Île 77 Laurier 69 Laurier
Bédard, Stéphanie	Mariée, époux disparu	?-1905	196 Champlain
Bégin, Joseph	Charpentier	?-1914	157 Champlain
Bélanger, Jules	Charpentier	1897-1920	156 Champlain
Bilodeau, Victor	Machiniste (ingénieur)	1900-1943	134 N.-D.-de-l'Île
Boland, James Bernard	Boucher	1893-1897	156 Champlain
Bordeleau, Cuthbert	Cordonnier	1886-1894	101 Laurier
Bordeleau, Georges	Peintre	1898-1910	101 Laurier
Boucher, Félix	Journalier	1885-1936	144-152 Champlain
Boucher, Marie-Ida	Fille d'Octave Boucher	1902-1948	133-135 N.-D.-de-l'Île
Boucher, Octave	Meunier	1896-1902	133-135 N.-D.-de-l'Île
Boult, Hervey O.	Commerçant	1908-1939 1912-1939	97-99 Laurier 101-103 Laurier
Bourgeau, Léa	Célibataire	1903-1908 1903-1908	157 Champlain 159 Champlain
Bourque, Joseph	Entrepreneur	?-1910 1889-1918 1893-1918 1910-1912	170 Champlain 137 Notre-Dame 172-174 Champlain 40 Saint-Jean-Baptiste
Bray, André	Fonctionnaire	1897-1913	69 Laurier
Brisebois, Pierre	Épicier	1890-1902	152 N.-D.-de-l'Île
Caouette, Charles	Agent collecteur	1894-1897	154 Champlain
Caron, Eucher	Entrepreneur-menuisier	?-1940	160-162 Champlain
Caron, Louis-Arthur	Carrossier	1889-1926	158 Champlain
Carrière, Basile	Épicier- quincailler	Avant 1884-1898, 1879-1900 1886-1917 1894-1904 1897-1906 1903-1917 1908-1910	245 Papineau 111 Champlain 85 Victoria 141-143 Champlain 138 N.-D.-de-l'Île 118 Champlain 77 Laurier

1. Cette liste n'inclut pas les personnes qui ont été propriétaires pendant moins d'un an.

Nom	Métier	Dates	Résidence
Carrière, Edgar	Quincailler	1904-1913 1910-1915	141-143 Champlain 77 Laurier
Carrière, Eustache	Agent d'assurance	1901-1910	156 N.-D.-de-l'Île
Carrière, Sophie	Veuve d'Octave Gratton	1904-1908 1904-1916 1904-1916	168-168A Champlain 163 Champlain 166 Champlain
Chéné, P.-Dosithée	Fonctionnaire	1889-1926	163 N.-D.-de-l'Île
Chénier, Ovila	Marchand	?-1900	134 N.-D.-de-l'Île
Commission scolaire de Hull		1895-1984	115 Champlain
Coursolle, André	Électricien	1907-1909	135-137 Champlain
Daoust, Alexis	Menuisier	1884-1892	167-173 N.-D.-de-l'Île
D'Aoust, Calixte	Tailleur de pierre	1898-1908	245 Papineau
Daoust, Joseph	Boucher	1884-1893	151-153 Champlain
Dompierre, Basile	Boulanger	1890-1894	245 Papineau
Dompierre, Marie-Louise	Épouse de Basile Dompierre	1894-1898	245 Papineau
Dupuis, Luc	Explorateur	1876-1889	169 Champlain
Fournier, Joseph	Charpentier	1907-1910	133 Champlain
Fréchette, Onésime	Contremaître	1888-1891	154 Champlain
Gauthier, Trefflé	Journalier	Vers 1888	196 Champlain
Gauvreau, Adrienne	Célibataire	1896-1909	139 N.-D.-de-l'Île
Gendron, Ferdinand-A.	Politicien	1900-1904	111 Champlain
Gendron, Lionel-A.	Fonctionnaire	1904-1915	111 Champlain
Giroux, Napoléon	Boucher	?-1897	138 N.-D.-de-l'Île
Graham, Charles E.	Médecin	?-1896 1892-1907	133-135 N.-D.-de-l'Île 167-173 N.-D.-de-l'Île
Graham, George Duncan	Avocat	1907-1922 1937-1939	167-173 N.-D.-de-l'Île idem
Gratton, Ferrier	Forgeron	1909-1920	184-186 Champlain
Gratton, Octave	Journalier	1874-1904 1887-1904 1890-1904	163 Champlain 166 Champlain 168-168A Champlain
Groulx, Onésime	Grand connétable	1901-?	196 Champlain
Guitard, Joseph	Charpentier	1884-1885	144-152 Champlain
Hamilton, William	Charpentier	1898-1904	144-146 N.-D.-de-l'Île
Harkins, Alexander	Ingénieur	1896-1909	140-142 N.-D.-de-l'Île
Joannet, Jules	Journalier	1888-1898	144-146 N.-D.-de-l'Île
Labelle, Honoré	Boucher	1879-1881	85 Victoria
Ladouceur, Delphis	Limeur	1895-1906	136 N.-D.-de-l'Île
Laflamme, Vitalice	Fonctionnaire	1907-1946 1907-1946	41 Saint-Jean-Baptiste 43 Saint-Jean-Baptiste
Lalonde, Napoléon	Commerçant d'huile	Vers 1884	161 Champlain

Nom	Métier	Dates	Résidence
Lanctôt, Philémon	Fabricant de papier	1908-1911	138 N.-D.-de-l'Île
Lapierre, Herménie-H.	Fille de Joseph Lapierre	1904-1930	169 Champlain
Lapierre, Joseph	Commerçant	1889-1904	169 Champlain
Lebrun, dit Laforest, Calixte	Commerçant	1881-1886	85 Victoria
Leduc, Adèle	Femme d'affaires Épouse du notaire Nérée Tétreau (terrains)	1869-? 1869-? 1869-? 1869-1874 1869-1908 1869-1876 1869-? 1869-1909	157 Champlain 159 Champlain 161 Champlain 163 Champlain 165-167 Champlain 169 Champlain 171-173 Champlain 175 Champlain
Lefebvre, Henri	Peintre	1898-1901	184-186 Champlain
Lefebvre, Joseph	Forgeron	1898-1917	161 Champlain
Letarte, Joseph	Boucher	1888-1896	139 N.-D.-de-l'Île
Lévesque, Charles	Fileur	1895-1898	136 N.-D.-de-l'Île
Limoges, Hormidas	Mouleur	1908-1912	168-168A Champlain
Loyer, François-Xavier	Journalier	1908-1916	165-167 Champlain
MacGrady, Henry	Fonctionnaire	1902-1933	161 N.-D.-de-l'Île
Madore, Jean-Télesphore	?	1889-1895	161 N.-D.-de-l'Île
Marcotte, Jos.-Olivier, père	Capitaine de barge	1897-1914	226 Papineau
Marcoux, Alexis	Menuisier	1883-1884	167-173 N.-D.-de-l'Île
Marion, Joseph	Commis du marché	1890-1896	140-142 N.-D.-de-l'Île
Massé, Alfred	Menuisier	1904-1908	144-146 N.-D.-de-l'Île
Massé, Edmond	Tourneur	1909-1949	135 Champlain
Massé, Géhusse	Menuisier	1909-1953	137 Champlain
Montpetit, dit Potvin, Pierre	Cultivateur	?-1878 ?-1878	157 Champlain 159 Champlain
Morin, Pierre	Menuisier	?-1873	171-173 Champlain
Mousseau, Édouard	Mécanicien	1900-1917	73 Laurier
Mousseau, Thomas	Constructeur de moulins	1890-1901	156 N.-D.-de-l'Île
Nicholson, Edward	Bourgeois	?-1886	136 N.-D.-de-l'Île
Nicholson, W.H. John	Contremaître	1886-1915	160 N.-D.-de-l'Île
OMI		1870-1975 1890-1903	118 N.-D.-de-l'Île 118 Champlain
Osborne, Thomas	Journalier	1886-1893	73 Laurier
Paillé, Ovila	Constructeur	1906-1908	138 N.-D.-de-l'Île
Parent, Antoine	Marchand de peinture	1882-1919	95-97 Victoria
Parent, Dollard	?	?-1909	145 Champlain
Pelletier, Louis-Martial	Médecin	1909-1912	145 Champlain

Nom	Métier	Dates	Résidence
Potvin, Éphrem	Épicier	1890-1898	184-186 Champlain
Poulin, Nelson	Menuisier	1888-1895	156 N.-D.-de-l'Île
Poupore, John	Entrepreneur	v. 1890	141-145 N.-D.-de-l'Île
Poupore, John G.	Entrepreneur	1896-1899	141-145 N.-D.-de-l'Île
Poupore, William Joseph	Entrepreneur	1896-1899 1896-1904	141-145 N.-D.-de-l'Île 148-150 N.-D.-de-l'Île
Proulx, Henriette	Veuve (rentière)	1906-1912	136 N.-D.-de-l'Île
Quesnel, André	Menuisier	1885-1892	139 Champlain
Reinhardt, Georges	Peintre	1904-1925 1908-1942 1911-1942	148-150 N.-D.-de-l'Île 144-146 N.-D.-de-l'Île 138 N.-D.-de-l'Île
Reinhardt, Joseph fils	Menuisier	1899-1933	158 N.-D.-de-l'Île
Rémillard, Aglaé	Fille de Jean-Baptiste Rémillard	1901-1933	171-173 Champlain
Rémillard, Jean-Baptiste	Commerçant	1873-1901	171-173 Champlain
Rémillard, Louis	Marchand d'huile (coal oil)	1889-1935 1933-1935	160 Champlain 171-173 Champlain
Richer, Damien	Marchand	?-1890 ?-1890 ?-1894 v. 1886 v. 1886 1888-1898 1895-1902 1909-1923 1915-1921	140-142 N.-D.-de-l'Île 152 N.-D.-de-l'Île 154 Champlain 158 N.-D.-de-l'Île 160 N.-D.-de-l'Île 144-146 N.-D.-de-l'Île 161 N.-D.-de-l'Île 139 Champlain 157 Champlain
Rochon, Adolphe	Constructeur de moulins	1886-1921	61-63 Victoria
Rochon, Nérée	Charpentier	1884-1886	61-63 Victoria
Roger, Ferdinand	Contremaître	1899-1934	141-145 N.-D.-de-l'Île
Saint-Arnaud, Joseph	Maçon	1886-1903	149 N.-D.-de- l'Île
Saint-Arnaud, Pierre	Journalier	1888-1895	148-150 N.-D.-de-l'Île
Saint-Denis, Antoine	?	?-1890	140-142 N.-D.-de-l'Île
Sainte-Marie, Joseph	Boucher	1897-1902	154 Champlain
Sainte-Marie, Jos.-Wilfrid	Avocat	1902-1913	154 Champlain
Saint-Jean, Sylvain	Ferblantier	1886-1895	97-99 Laurier
Saint-Pierre, Onésime	Tailleur de pierre	1886-1889	163 N.-D.-de-l'Île
Sanche, Wilfrid	Typographe	1909-1941	245 Papineau
Scott, William	Journalier	1905-1916	196 Champlain
Séguin, Alexandre	Journalier	v. 1888	161 Champlain
Séguin, Vitaline	Veuve de Jos. Daoust	1893-1920	151-153 Champlain
Simard, Edwidge	Veuve de Cuthbert Bordeleau	1894-1898	101-103 Laurier

Nom	Métier	Dates	Résidence
Simon, Stanislas-B.	Marchand	1890-1907	145 Champlain
Sœurs grises de la Croix	Enseignantes	1870-1883 1870-1997 1895-1907	167-173 N.-D.-de-l'Île 172 N.-D.-de-l'Île 97-99 Laurier
Talbot, Achille-F.-Xavier	Avocat	1888-1908	77 Laurier
Tardif, Joseph	Menuisier	1886-1887	184-186 Champlain
Tellier, Normand	Marchand	1890-1910	40 Saint-Jean-Baptiste
Tétreau, Nérée	Notaire	1909-1911	175 Champlain
Théberge, Hubert	Charpentier	1911-1946	175-177 N.-D.-de-l'Île
Thibault, Alfred-Philéas	Secrétaire-trésorier	1903-1914	152 N.-D.-de-l'Île
Valin, Joseph-Arthur	Voyageur de commerce	1908-1926	159 Champlain
Viau, Théophile	Entrepreneur	1878-1903 1878-1903	157 Champlain 159 Champlain
Washburn, Fannie		1886-1895	136 N.-D.-de-l'Île
Whissel, Étienne	Journalier	1902-1903	152 N.-D.-de-l'Île

Appendice 3 – Deuxième génération de propriétaires, Quartier du Musée (1910-1960) (en ordre alphabétique)

Nom	Métier	Dates	Résidence
Allard, Hubert-Stanislas	Dentiste	1912-1920	136 N.-D.-de-l'Île
Allard, Joseph-Arthur	Médecin	1912-1915	136 N.-D.-de-l'Île
Anka, Nicholas-F.	Mécanicien	1952-1964	154 Champlain
Auger, Laurencia	Sœur de Léa Auger	1957-1971	149 N.-D.-de-l'Île
Auger, Léa	Épouse de Ludger Doré, parente de Béa. Paquette	1939-1953	149 N.-D.-de-l'Île
Baillot, Jules	Garagiste	1943-1964	73 Laurier
Baillot, Raymond	Garagiste	1938-1943 1938-1973	73 Laurier 77 Laurier
Barnabé, Joseph	Hôtelier	1926-1932	77 Laurier
Beauchamp, Joseph	Scieur	1946-1971	184-186 Champlain
Beaudet, Bella	Veuve d'Alfred-P. Thibault	1914-1920	152 N.-D.-de-l'Île
Beaudin, Lucien	Ingénieur	1958-1974	158 N.-D.-de-l'Île
Beaudry, Henri	Vendeur	1946-1959	175-177 N.-D.-de-l'Île
Bégin, Pierre	Médecin	1952-1960	111 Champlain
Bélanger, Germaine	[fille de Jules ?]	1948-1961	156 Champlain
Bélanger, Jeanne	[fille de Jules ?]	1948-1961	156 Champlain
Bélanger, Rosalie	Veuve de Joseph Cousineau	1935-1937	167-173 N.-D.-de-l'Île
Bergeron, Georges-Henri	Médecin	1941-1952	111 Champlain
Bérubé, Adélard-Ernest	Typographe	1909-1935	139 N.-D.-de-l'Île
Bilodeau, Apollinaire	Menuisier	1943-1952	154 Champlain
Binet, Marguerite	Épouse du Dr Perras	1929-1953	166 Champlain
Bisson, Laurenza	Veuve d'Edgar Carrière	1915-1938	77 Laurier
Boisvert, Paul	Hôtelier	1948-1950	196 Champlain
Bordeleau, Élysabeth		1910-1912	101 Laurier
Bouchard, Marcellin	Mesureur de bois	1955-1964	165 N.-D.-de-l'Île
Boucher, Wilfrid	Journalier	1936-1964	144-152 Champlain
Boucher, Yvonne	Veuve de Raoul Chevrier	1929-1940	175 Champlain
Bourque, Alexina	Fille de Joseph Bourque	1928-1930 1938-1961	172-174 Champlain 137 N.-D.-de-l'Île
Bourque, J.-Arthur	Commerçant	1918-1925 1918-1928	137 N.-D.-de-l'Île 172-174 Champlain
Bourque, Yvonne-Ida	Veuve de J.-Elzéar Pilon	1930-1934	159 Champlain
Bouvrette, Albert	Professeur	1910-1920	170 Champlain
Bouvrette, Sylvio	Linotypiste	1939-1968	170 Champlain

Nom	Métier	Dates	Résidence
Brisson, Gérald	Médecin	1941-1960 1944-1976	163 Champlain 175 Champlain
Brunet, François	Rentier	1921-1923	163 Champlain
Caisse populaire de Hull	Institution	1937-1943	184-186 Champlain
Capital Trust Corporation		1936-1944	141-143 Champlain
Caron, Délia	Veuve de Louis Rémillard	1935-1940 1935-1945	171-173 Champlain 160 Champlain
Caron, Joseph	Marchand	1913-1924	141-143 Champlain
Caron, Lucien	Comptable	1926-1944	158 Champlain
Caron, Régina	Fille d'Eucher Caron	1940-1985	160-162 Champlain
Carrière, Jeanne	Fille de Basile Carrière	1917-1924 1917-1924	118 Champlain 85 Victoria
Carrière, Maria	Fille de Basile Carrière	1917-?	85 Victoria
Champagne, Pierre	Machiniste	1956-1988	144-146 N.-D.-de-l'Île
Charette, Mandoza	Cultivateur	1945-1946	184-186 Champlain
Charlebois, Conrad	Imprimeur	1943-1970	139 Champlain
Charron, Philéas-H.	Commerçant	1921-1929	157 Champlain
Charron, Claire	Fille de Philéas-H. Charron	1929-1973	157 Champlain
Châtelain, Adrienne	Étudiante	1956-1971	95-97 Laurier
Chéné, Jean-Dosithée	Ingénieur	1926-1950 1926-1950	163 N.-D.-de-l'Île 165 N.-D.-de-l'Île
Chénier, Marie-Louise	Veuve de Hervey O. Boult	1939-1979 1939-1979	97-99 Laurier 101-103 Laurier
Chevrier, Raoul	Médecin	1916-1929	175 Champlain
Cholette, Albert	Marchand	1941-1956	95-97 Laurier
Cholette, J.-Victor	Négociant	1924-1941	95-97 Laurier
Cousineau, Joseph	Huissier	1922-1935 1926-1932	167-173 N.-D.-de-l'Île 73 Laurier
Couture, Adjutor	Commerçant	1930-1946	169 Champlain
Couture, Albert	Bijoutier	1942-1958	159 Champlain
Couture, Albertine	Fille d'Adjutor Couture	1946-1970	169 Champlain
Couture, Léon	Avocat	1934-1942	159 Champlain
Couture, Oscar	Commerçant	1931-1946	169 Champlain
Dame, Armand-H.	Fonctionnaire	1915-1943	160 N.-D.-de-l'Île
D'Amours, Auguste	Commerçant	1922-1926	73 Laurier
Daoust, Bertha	Retraitée	1951-1955	165 N.-D.-de-l'Île
Danis, Catherine	Ux Adjutor Couture	1930-1946	169 N.-D.-de-l'Île
Daoust, Imelda	Fille de Joseph Daoust	1920-1925	151-153 Champlain
Daoust, John	Fabricant de papier	1917-1919 1917-1921	161 Champlain 163 Champlain
Delaney, J.-Wilfrid	Agronome	1947-1961	168-168A Champlain

Nom	Métier	Dates	Résidence
Desjardins, Wilfrid	Barbier	1951-1970	134 N.-D.-de-l'Île
Deslauriers, Adrien	Rentier	1925-1948	151-153 Champlain
Desroches, Lévis	Marchand automobile	1943-1945	184-186 Champlain
Desrosiers, Eudoxie	Veuve d'Albert Bouvrette	1920-1939	170 Champlain
Dion, Arthur	Constable	1913-1918	154 Champlain
Dion, Marie-Blanche	Fille d'Arthur Dion	1918-1926	154 Champlain
Doré, Ludger	Restaurateur	1953-1957	149 N.-D.-de-l'Île
Durocher, Lucien	Menuisier	1950-1979	196 Champlain
Émard, Antonine	Veuve de Dieud. Lévesque	1939-1954	156 N.-D.-de-l'Île
Falardeau, Victor	Comptable	1944-1945	158 Champlain
Fortin, J.-Rodolphe-Hervé	Fonctionnaire	1943-1951	158 N.-D.-de-l'Île
Fournier, Diane	Fille de Joseph Fournier	1935-1953	152 N.-D.-de-l'Île
Fournier, Élise	Veuve de Géhusse Massé	1953-1954	137 Champlain
Fournier, Gabrielle	Fille de Joseph Fournier	1935-1953	152 N.-D.-de-l'Île
Fournier, Joseph	Ex-hôtelier	1920-1935	152 N.-D.-de-l'Île
Fréchette, J.-Arthur	Maître de poste	1942-1961	133 Champlain
Gadbois, Cordélia	Veuve de Th.-A. Harkins	1926-1964	140-142 N.-D.-de-l'Île
Gagné, Dulcinie	Veuve de Vitalice Laflamme	1946-1951	41 Saint-Jean-Baptiste
Gagné, Eugénie	Veuve	1948-1960	148-150 N.-D.-de-l'Île
Gariépy, Jean-Jacques	Médecin	1957-1962	145 Champlain
Gauthier, Claude	Menuisier	1952-1961	43 Saint-Jean-Baptiste
Gauthier, Edmond	Épicier	1919-1943	161 Champlain
Gendron, Berthe	Fille de F.A. Gendron	1940-1941	111 Champlain
Gendron, Lionel-A.	Fonctionnaire	1924-1934	118 Champlain
Goulet, Josaphat	Employé des postes	1945-1967	158 Champlain
Gratton, Azalma	Fille d'Octave Gratton	1916-1917	163 Champlain
Gratton, Léopold	Gentilhomme	1940-1961	171-173 Champlain
Gratton, Ovila	Marchand	1916-1929	165-167 Champlain
Gravelle, Élisabeth	Veuve d'Edmond Gauthier	1943-1974	161 Champlain
Groulx, Jeannine	Institutrice	1943-1970	160 N.-D.-de-l'Île
Guérette, Albert	Machiniste	1952-1961	226 Papineau
Guertin, André	Commerçant	1921-1932	168-168A Champlain
Guertin, Rose-Anna	Veuve	1956-1960	161 N.-D.-de-l'Île
Harkins, Thomas-Alexander	Électricien	1909-1926	140-142 N.-D.-de-l'Île
Henry, David	Propriétaire de garage	1920-1946	136 N.-D.-de-l'Île

Nom	Métier	Dates	Résidence
Henry, Marie-Jeanne	Fonctionnaire fédéral 1972	1946-1972	136 N.-D.-de-l'Île
Hillman, Alphonsine	Veuve de Damien Richer	1923-1943	139 Champlain
Labelle, Adelmar	Épicier	1912-1921 1937-1940	168-168A Champlain 163 Champlain
Labelle, Arthur-Wilfrid	?	1935-1977	40 Saint-Jean-Baptiste
Laflèche, Dona	Veuve de Wilfrid Sanche	1941-1974	245 Papineau
Lafond, Gracia	Épouse d'Arthur-R. Farley	1916-1956	145 Champlain
Laframboise, François	Forgeron	1911-1916	175 Champlain
Lalonde, J.-Léo	Chirurgien	1939-1972	167-173 N.-D.-de-l'Île
Lapierre, Corrine	Veuve de Ferd.-A. Gendron	1915-1940	111 Champlain
Laprade, Raymond	Inspecteur de compteurs	1949-1952	226 Papineau
Lasalle, Fleurette	Femme de ménage	1956-1958	133-135 N.-D.-de-l'Île
Laverdure, Édouard	Médecin	1946-1958	118 Champlain
Laverdure, Lucien	Comptable	1935-1948 1941-1963	148-150 N.-D.-de-l'Île 85 Victoria
Laverdure, Moïse-J.	Épicier	1925-1935	148-150 N.-D.-de-l'Île
Lavigne, Lorenzo	Peintre	1943-1948	196 Champlain
LeFort, Jean-Serge	Architecte	1940-1944	175 Champlain
Lessard, Marguerite	Nièce de Vitalice Laflamme	1946-1952	43 Saint-Jean-Baptiste
Lévesque, Dieudonné	Boulanger	1910-1939	156 N.-D.-de-l'Île
Lorrain, Napoléon	Forgeron	1920-1937	184-186 Champlain
McLean, Frederick C.	Gentleman	1944-1946	141-143 Champlain
McLean, Mereweather C.	Gentleman	1953-1963	141-143 Champlain
McLean Realty Company	Société	1946-1953	141-143 Champlain
MacGrady, Gertrude-A.	Fille de Henry MacGrady	1933-1936	161 N.-D.-de-l'Île
Madore, Pierre	Cultivateur	1926-1934	154 Champlain
Marcotte, Jos.-Olivier, fils	Journalier	1914-1940	226 Papineau
Marcotte, Rose-Anna	Sœur de Jos.- O. Marcotte fils	1940-1949	226 Papineau
Massé, Gérard	?	1954-1975	137 Champlain
Massé, Jeanne-d'Arc	Fille d'Edmond Massé	1949-1965	135 Champlain
Massé, Lucien	Comptable	1930-1942 1936-1956	172-174 Champlain 161 N.-D.-de-l'Île
Ménard, Jean-Marie	Coiffeur	1947-1949	134 N.-D.-de-l'Île

Nom	Métier	Dates	Résidence
Ménard, René	Mécanicien	1949-1951	134 N.-D.-de-l'Île
Michaud, Joseph- Édouard	Médecin	1924-1936	141-143 Champlain
Monnin, Marie	Femme d'affaires en restauration	1943-1973 1953-1973	69 Laurier 152 N.-D.-de-l'Île
Montpetit, Georges	Agent général de *La Presse*	1912-1916	145 Champlain
Northern Life Insurance Co.	Société	1932-1947	168-168A Champlain
Paquette, Béatrice	Célibataire	1933-1939	149 N.-D.-de-l'Île
Paré, Cordélia	Veuve d'Adrien Deslauriers	1948-1963	151-153 Champlain
Parent, Ernest	Peintre	1912-1935	40 Saint-Jean-Baptiste
Pharand, Josaphat	Marchand Veuf de Marie-Ida Boucher	1942-1956 1942-1956 1948-1956	144-146 N.-D.-de-l'Île 138 N.-D.-de-l'île 133-135 N.-D.-de-l'Île
Pelletier, Antonio	Médecin	1913-1915	69 Laurier
Picard, Léonidas	Menuisier	1916-1933	196 Champlain
Pilon, Joseph-Elzéar	Architecte	1926-1930	159 Champlain
Plouffe, Diane	Veuve d'Édouard Laverdure	1958-1959	118 Champlain
Poulin, Oscar	Retraité	1950-1951	165 N.-D.-de-l'Île
Purcell, James Thomas	Percepteur de revenus	1923-1937	163 Champlain
Raby, Louis de Gonzague	Registraire	1925-1938	137 N.-D.-de-l'Île
Regal Realty Company Ltd	Société	1932-1938	73 Laurier
Rémillard, Joseph-Athénaïs *et al.*	?	1945-1991	160 Champlain
Rochon, Jean	Assistant-greffier	1945-1966	67 Victoria
Rochon, Louisa	Fille d'Adolphe Rochon	1921-1965	61-63 Victoria
Roger, Eudore	Barbier	1934-1937	141-145 N.-D.-de-l'Île
Roger, Louise-Anna	Veuve d'Adélard-E. Bérubé	1935-1964	139 N.-D.-de-l'Île
Roger, Paul-André	Employé de banque	1937-1983	141-145 N.-D.-de-l'Île
Saint-Amand, Bernadette	Veuve d'Alexis Saint-Jean	1935-1937	165-167 Champlain
Saint-Denis, Clémentine	Veuve de François-X. Loyer	1916-1924	165-167 Champlain
Saint-Denis, Isaïe	Gentleman	1931-1942	133 Champlain
Saint-Jean, Alexis	Journalier	1924-1935	165-167 Champlain
Saint-Jean, Yvette	Fille d'Alexis Saint-Jean	1937-1964	165-167 Champlain
Saint-Martin, Aldéa		1958-1975	133-135 N.-D.-de-l'Île
Saint-Onge, Roland	Avocat	1958-1997	159 Champlain

Nom	Métier	Dates	Résidence
Sarasin, Jean-Baptiste	Épicier	1920-1924	95-97 Victoria
Schnobb, Thérèse	Veuve de Jean Telmosse	1959-1971	166 Champlain
Séguin, Donalda	Mère de Jeanne Bélanger	1920-1948	156 Champlain
Société d'adoption de Hull		1954-1966	156 N.-D.-de-l'Île
Soublière, Arthur	Commerçant	1917-1943	69 Laurier
Taché, Alexandre	Avocat	1942-1961	172-174 Champlain
Tassé, Zéphirin	Voyageur de commerce	1915-1917	69 Laurier
Telmosse, Jean	Agent immobilier	1953-1959	166 Champlain
Tessier, Alphonse	Chef des pompiers	1911-1931	133 Champlain
Thibault, Adéline	Secrétaire	1951-1958	158 N.-D.-de-l'Île
Thibault, Albert Philéas	Secrétaire- trésorier de la Ville	1904-1914	158 N.-D.-de-l'Île
Thibodeau, Élisabeth	Veuve de Philorum D'Aoust	1924-1934	95-97 Victoria
Vincent, René	Professeur	1941-1946	118 Champlain
Voyer, J.-Edmond	Chef infirmier	1951-1971	41 Saint-Jean-Baptiste

Appendice 4 – Propriétaires depuis 1960, Quartier du Musée (par adresse)

Nom		Métier	Dates	Résidence
Belzile, Marie-Eva	r	Femme de Bégin	1960-1974	111 Champlain
OMI	r	Institution	1974-1982	111 Champlain
Noël, Simon *et al.*	n	Avocats	1981-2016	111 Champlain
Cegep de l'Outaouais	n	Institution	1978-1984	115 Champlain
Commission scolaire de l'Outaouais	n	Institution	1993-1996	115 Champlain
Université du Québec	n	Institution	1984-1993	115 Champlain
3090-8081 Québec inc.	n	Société	1996-	115 Champlain
3099-6425 Québec inc. et Kanata Research Park Corporation	n	Sociétés immobilières	-2005	115 Champlain
Amethyst Realty Development Corp.	n	Société immobilière	2005-2008	115 Champlain
44459377 Canada inc.	n	Société immobilière	2008-2009	115 Champlain
Champlain Property Ltd	n	Société immobilière	2009-2016	115 Champlain
Dormani, Nader (4544404 Canada inc.)	n	Homme d'affaires	2016-	115 Champlain
D'Erbe, Roland, d'Ottawa		?	1961-1962, 1963-1964	118 Champlain
Barrière, Jules		Avocat	1962-1963	118 Champlain
Dupuis, Félicita, veuve de E. Dupuis, d'Ottawa			1964-1967	118 Champlain
Cyr, Gaétan, de Hull		Contremaître	1967-2002	118 Champlain
Cyr, Guylain	n	?	2002-2016	118 Champlain
Pelletier, Jacques Yvon		Fonctionnaire	1961-1979	133 Champlain
Gravel, Richard			1979-1987	133 Champlain
Levine, Normand, d'Ottawa	n	Psychologue	1987-2005	133 Champlain
Poitras, Denis	n	Électricien	2005-2010	133 Champlain
Lapointe, Simon-Alexis	n	Architecte	2005-2016	133 Champlain
Massé, Jeanne D'arc			1965-1965	135 Champlain
Massé, Henri	r	Ébéniste	1965-1984	135 Champlain
Massé, Marcel et Richard, et McNeil, Francine	r	Fonctionnaires	1984-2016 1993-2016	135 Champlain 137 Champlain
Massé, Jacqueline Bates	r	Veuve de Massé, G.	1975-1977	137 Champlain
Massé, Richard et McNeil, Francine	r	Technicien-caméraman	1977-2016	137 Champlain
Charlebois, Conrad		Imprimeur	1960-1970	139 Champlain
Sa, Élias	r	Ouvrier	1970-1999	139 Champlain
Sa, Marruda Moniz	r	Retraitée, veuve de Sa	1999-2000	139 Champlain

Nom		Métier	Dates	Résidence
Charbonneau, Mathieu, de l'Alberta	n	?	2000-2016	139 Champlain
McLean, Dorothy et Frederick, d'Aylmer	n	?	1962-1973	141-143 Champlain
Proulx, Armand		Homme d'affaires	1973-1979	141-143 Champlain
Tardif, Robert	r	Agent d'inspection et rénovateur de maisons	1979-2006	141-143 Champlain
Dompierre, Stéphane et Bernier, Rock		?	2006-2008	141-143 Champlain
6366007 Canada inc. (Dompierre, S.)	n	?	2008-2016	141-143 Champlain
Boucher, Clémentine		Héritière	1964-1974	144-152 Champlain
Cyr, Hubert et Faubert, Gilles		Agent d'assurance et médecin	1974-1983	144-152 Champlain
Allard, Jacques, d'Ottawa, et Trudel, Roger, d'Orléans	n	Avocats	1983-1985	144-152 Champlain
McElroy, Gilbert et Cole, Linda	n	Gens d'affaires	1985- 1996	144-152 Champlain
Compagnie Trust Général	n	Institution	1996-1997	144-152 Champlain
9047-9452 Québec inc. (Côté, Jean-Guy)	n		1997-1998	144-152 Champlain
143503 Canada inc. (D'Amours, Pierre-Carl)	n	Entrepreneur en construction	1998-2008	144-152 Champlain
3253121 Canada inc. (D'Amours, Pierre-Carl)	n	Entrepreneur en construction	2008-2016	144-152 Champlain
Danis, Robert		Fonctionnaire	1963-1973	145 Champlain
Coulard, Marc	r	Contremaître en construction	1973-1975	145 Champlain
Lepage, Jean	n	Agent immobilier	1975-1977	145 Champlain
Lepage et Lepage ltée	n	Agence immobilière	1977-1977	145 Champlain
Gestion A.J.C.L. ltée (Cloutier, André)	n	?	1977-1978	145 Champlain
Assurance Vie Desjardins	n	Institution	1978-1978	145 Champlain
Chiasson, Daniel et Bergeron, Gilles	n	Hommes d'affaires	1978-1980	145 Champlain
Chibec ltée	n	Firme immobilière	1980-1981	145 Champlain
Guarantee Trust	n		1981-1982	145 Champlain
Burick, Ruby E.	n	Femme d'affaires	1982-1992	145 Champlain
Richard, Pierre *et al.*			1992-1996, 2004-2011	145 Champlain
Villmar Foods (1998)	n		1996-2004	145 Champlain

Nom		Métier	Dates	Résidence
7855559 Canada inc. (Fortin, Pierre-H.)			2011-2016	145 Champlain
Fortier, Guy et Pierre		Vendeur et agent de voyages	1963-1973	151-153 Champlain
Fortier, Lucien		Rentier	1973-1973	151-153 Champlain
Fallis, Peter, en fiducie			1973-1980	151-153 Champlain
Ketzer, Manis W., en fiducie			1980-1980	151-153 Champlain
St-Onge, Roland		Avocat	1980-1989	151-153 Champlain
St-Onge, André		Avocat	1989-2016	151-153 Champlain
Cousineau, Albertine, de Gatineau		Fonctionnaire	1964-1973	154 Champlain
Anka, Nicholas, d'Angers		Hôtelier	1952-1964 1973-1983	154 Champlain
Allard, Jacques-E. et Trudel, Roger	n	Avocats	1983-1987	154 Champlain
McElroy, Gilbert et Cole, Linda	n	Gens d'affaires	1987-1990	154 Champlain
Saint-Cyr, Ann Lynn *et al.*	n	Architectes	1990, 2013	154 Champlain
Lalonde, Étienne et Oprea, Karen	n		2013-2015	154 Champlain
Oprea, Karen			2015-2016	154 Champlain
Tardif, Robert	r	Agent d'inspection et rénovateur de maisons	1961-1984	156 Champlain
Patrice, Monique	r		1984-2016	156 Champlain
Charron, Claire		?	1929-1975	157 Champlain
Ménard, Elzéar		Marchand	1975-1975	157 Champlain
Tomas, José		Journalier	1975-2001	157 Champlain
Beaudoin, Luc et Andrachuk, Andrea	r		2001-2016	157 Champlain
Goulet, Josaphat		Employé des postes	1945-1968	158 Champlain
Boulet, Gérard		Vendeur	1968-1977	158 Champlain
Pinsonneault, Lise			1977-1985	158 Champlain
Coghill, Alex, de Rouyn-Noranda et Kanata	n		1985-2015	158 Champlain
Boyer, Diane, de St-Eustache		Éducatrice	1988-2015	158 Champlain
Sirois, Louis et Charron, Guillaume	n	?	2015-2016	158 Champlain
St-Onge, Roland	n	Avocat	1958-1984	159 Champlain
St-Onge, André	n	Avocat	1984-2016	159 Champlain
Broome, William Robert		Journalier	1984-1988	162 Champlain

Nom		Métier	Dates	Résidence
Labelle, Mario			1988-1991	162 Champlain
McDonald, Robert	n		1991-2016	160-162 Champlain
Gravelle, Élisabeth			1943-1974	161 Champlain
Cooper, Pearl			1974-1979	161 Champlain
Tremblay, Richard et Séguin, Suzanne			1979-1982	161 Champlain
Olivier, Annie-Jeanne			1982-1983	161 Champlain
Scott, Louis-Pierre et Scott, Lise		Fonctionnaire et médecin	1983-1995	161 Champlain
Scott, Louis-Pierre		Fonctionnaire	1995-2001	161 Champlain
Lafleur, Dominic	r	Service d'informatique	2001-2016	161 Champlain
Thibault, Gabriel		Fonctionnaire	1960-1969	163 Champlain
Séguin, Charles et Jacqueline Bruyère		Commissionnaire	1969-1986	163 Champlain
Mayez, A. et Teriaky, Omar		?	1986-1987	163 Champlain
Lam, Herman, et Villemaire, Mireille		Homme d'affaires et fonctionnaire	1987-1987	163 Champlain
Marchand, Michel et Paez, Luisa Rojas		Architectes	1987-1994	163 Champlain
Yeatman, Dorothea Marie	r	Couturière-designer	1994-2016	163 Champlain
Payer, Lucien		Vendeur	1964-1966	165-167 Champlain
Lavergne, Maurice et Blais, Ghislaine		Ouvrier	1966-1974	165-167 Champlain
Ruppert, Ursula		Administratrice	1974-1980	165-167 Champlain
Kerzer, Morris, en fiducie			1980-1982	165-167 Champlain
Berry, Deans			1982-1982	165-167 Champlain
Drouin, Jean-Baptiste		Journalier	1982-1984	165-167 Champlain
D'Aoust, Denis, de Nepean		Fonctionnaire et homme d'affaires	1984-1989 1989-1991	165-167 Champlain
161081 Canada inc.			1989-1989	165-167 Champlain
McCaffery, Fiona		Femme d'affaires	1989-1989	165-167 Champlain
Proulx, Monette et Leblanc, Gilles, de Gatineau			1991-2001	165-167 Champlain
Gravelle, Michel	r	Infirmier	2001-2013	165-167 Champlain

Nom		Métier	Dates	Résidence
Doucet, Philippe	n	Entreprise de géomatique	2013-2014	165-167 Champlain
Canal Geomatics Realty inc.	n	Firme technologique	2014-2016	165-167 Champlain
Schnobb, Thérèse			1959-1971	166 Champlain
Schnobb, Alphonse		Fonctionnaire	1971-1976	166 Champlain
Desroches, Louis		Fonctionnaire	1976-2016	166 Champlain
Delaney-Rousseau, Marguerite			1961-1968	168-168A Champlain
Delaney, Marc et Jean, Madeleine			1968-2003	168-168A Champlain
Watson, Ian, Mark et Yannie			2003-2013	168-168A Champlain
Watson, Mark et Yannie	n	Hommes d'affaires	2013-2016	168-168A Champlain
Couture, Albertine			1946-1970	169 Champlain
Diogo, Henrique			1970-1973	169 Champlain
Fallis, Peter, en fiducie			1973-1980	169 Champlain
Kertzen, Manis W., en fiducie			1980-1981	169 Champlain
Jacques, Suzanne			1981-1997	169 Champlain
Collard, Jeanne-Mance et Trudel, Suzanne		Infirmière auxiliaire et greffière	1997-1997	169 Champlain
3382036 Canada inc.			1997-2007	169 Champlain
La Bissonnière, Pascal et Bouchard, Denis		Agent d'administration et gestionnaire en ressources humaines	2007-2010	169 Champlain
Doucet, Philippe et Carbognin, Andrew	n	Entreprise de géomatique	2010-2010	169 Champlain
Canal Geomatics Realty inc.	n	Firme technologique	2010-2016	169 Champlain
Bouvrette, Sylvio	r	Professeur	1940-1968	170 Champlain
Blais, Agathe		Fonctionnaire	1968-1975	170 Champlain
Lepage et Lepage ltée	n	Agence immobilière	1975-1977	170 Champlain
Gestion A.J.C.L. ltée	n		1977-1978	170 Champlain
Assurance Vie Desjardins	n	Institution	1978-1978	170 Champlain
Chiasson, Daniel et Bergeron, Gilles	n	Hommes d'affaires	1978-1980	170 Champlain
Chiber ltée	n	Firme immobilière	1980-1981	170 Champlain
Louis-Seize, Alain et Sauvé, Hélène			1981-1984	170 Champlain
Renault et Sénécal inc.	n		1984-1984	170 Champlain
Lavoie, Yvon, d'Ottawa		Administrateur	1984-1984	170 Champlain
Migneron, Mariette		Professeure	1984-1992	170 Champlain
Royer, Claude et Helwig, Kate	r	Ingénieurs	1992-2016	170 Champlain

Nom		Métier	Dates	Résidence
Wong, Ken Way et Shew, Kow			1962-1976	171-173 Champlain
Théberge, Robert et Sanscartier, Madeleine	r	Bibliothécaire et institutrice et comédienne	1976-1994	171-173 Champlain
Théberge, Robert	r	Bibliothécaire	1997-2009	171-173 Champlain
Chiasson, René	n	Homme d'affaires	2009-2016	171-173 Champlain
Taché, Berthe Laflamme	r		1942-1967	172-174 Champlain
Silvina-Vaney, Flora,	r		1967-2002	172-174 Champlain
Grace, Anne, Castonguay, Alexandre et Wyatt, Karen	r	Fonctionnaires	2002-2009	172-174 Champlain
Wyatt, Karen et Montgomery, Michael	r	Fonctionnaire et consultant à l'international	2009-2016	172-174 Champlain
Brisson, Gérard	r	Médecin	1944-1976	175 Champlain
Sainte-Marie, Jacques Marcel et Sainte-Marie, Marcel	n	Notaire et arpenteur-géomètre	1976-1985 part 1999, part 2014. Vente de parts aux sous-nommés.	175 Champlain
Sainte-Marie, Michel	n	Avocat	1985-2016	175 Champlain
Jacques Berthiaume	n	Avocat	1999-2016	175 Champlain
Carrière, Normand	n	Avocat	2014-2016	175 Champlain
OMI	n	Institution	1889-1975	118 N.-D.-de-l'Île
Place Notre-Dame-de-Hull	n	Entreprise	1975-1996	118 N.-D.-de-l'Île
32758 Canada inc.	n	Entreprise	1996-2000	118 N.-D.-de-l'Île
KSE Entreprises Ltd	n	Entreprise	2000-2005	118 N.-D.-de-l'Île
KSD Entreprises Ltd	n	Entreprise	2005-2009	118 N.-D.-de-l'Île
35 Laurier Ltd, Partnership	n	Entreprise d'hôtellerie	2009-2016	118 N.-D.-de-l'Île
St-Martin, Aldea	n	Femme d'affaires	1958-1975	133-135 N.-D.-de-l'Île
Cyr, Hubert et Faubert, Gilles	n	Agent d'assurance et antiquaire et médecin	1975-1979	133-135 N.-D.-de-l'Île

Nom		Métier	Dates	Résidence
Allard, Jacques et Trudel, Roger	n	Avocats	1979-1987	133-135 N.-D.-de-l'Île
Desjardins, Jean-Charles	n	Avocat	1987-2016	133-135 N.-D.-de-l'Île
Desjardins, Wilfrid		Barbier	1951-1970	132-134 N.-D.-de-l'Île
Pleignit, Christian		Serveur aux tables	1970-1972	132-134 N.-D.-de-l'Île
McElroy, Gilbert		Homme d'affaires	1972-1990	132-134 N.-D.-de-l'Île
Kwak, Hung Yong et Soon, Kim Kwang		Gens d'affaires	1990-2003	132-134 N.-D.-de-l'Île
Lafrenière, Sylvain et Gauvreau, Odette			2003-2009	132-134 N.-D.-de-l'île
7038259 Canada inc. (Fortin, Pierre-Hugues)	n	Firme immobilière	2009-2016	132-134 N.-D.-de-l'Île
Henry, Marie-Jeanne	r	Fonctionnaire	1946-1972	136 N.-D.-de-l'Île
Henry, Dieudonné et Yvonne	r		1972-1976	136 N.-D.-de-l'Île
Béland, Yvonne Henry et Béland *et al.*			1976-1984	136 N.-D.-de-l'Île
Yassa, François et Magdi	r	Chimiste	1984-1996	136 N.-D.-de-l'Île
Yassa, François, de Williamston, Ontario.	n		1996-2016	136 N.-D.-de-l'Île
Boudreau, Ernest	n	Chiropraticien	1961-1979	137 N.-D.-de-l'Île
Delorme, Pierre	n	Chiropraticien	1979-2016	137 N.-D.-de-l'Île
Compagnie de Marie Montfortrain, missionnaires	n		1961-1962	138 N.-D.-de-l'Île
Breault, Émilie			1962-1980	138 N.-D.-de-l'Île
Saumure, Lucille Deslauriers	r		1980-2003	138 N.-D.-de-l'Île
Deslauriers, Louise et Myre Deslauriers, Eva	n		2003-2003	138 N.-D.-de-l'Île
Lambert, Stéphane			2003-2005	138 N.-D.-de-l'Île
Tran, Robert et Guérin, Maude	n		2003-2016	138 N.-D.-de-l'Île
Bérubé, famille de Roger, Louise-A. Roger	r		1909-1968	139 N.-D.-de-l'Île

Nom		Métier	Dates	Résidence
Oliveira, Sebastiao	r		1968-2003	139 N.-D.-de-l'Île
Oliveira, Emanuel et Vézina-Oliveira, Lyse	r		2003-2016	139 N.-D.-de-l'Île
Harkins-Gadbois, famille	r		1924-1965	140-142 N.-D.-de-l'Île
Campeau, Léo et Gérard			1965-1969	140-142 N.-D.-de-l'Île
Campeau, Gérard			1969-1972	140-142 N.-D.-de-l'Île
Medeiros, José	r		1972-2016	140-142 N.-D.-de-l'Île
Roger, famille	n		1900-2016	141-145 N.-D.-de-l'Île
Champagne, Pierre	r	Machiniste	1956-1988	144-146 N.-D.-de-l'Île
Coghill, Alex.-E. et Boyer, Diane	n	Ingénieurs	1988-1989	144-146 N.-D.-de-l'Île
Boyer Diane	n		1989-2000	144-146 N.-D.-de-l'Île
Scott, Amey et Constantine, Lissa	r	Designers	2000-2004	144-146 N.-D.-de-l'Île
Constantine, Lissa	r	Designer	2004-2015	144-146 N.-D.-de-l'Île
Toporowski, Michel et Constantine, Lissa	r		2015-2016	144-146 N.-D.-de-l'Île
Labonté, Alphonse			1960-1992	148-150 N.-D.-de-l'Île
Labonté, Nicole			1992-2004	148-150 N.-D.-de-l'Île
Arseneau, Marc et Marziliano, Marie-Josée	r	Professionnels	2004-2016	148-150 N.-D.-de-l'Île
Auger, Laurencia			1957-1971	149 N.-D.-de-l'Île
Charbonneau, Maurice et Hector			1971-1973	149 N.-D.-de-l'Île
Guérin, Émilie, Conrad, Roland, Lorenzo et René		Ménagère, menuisier, serveur, ouvrier	1973-1984	149 N.-D.-de-l'Île
Association athlétique et sociale Hull-Volant inc.	n	Association sportive	1984-2005	149 N.-D.-de-l'Île
Rioux, Benoît et Jean-Sébastien	n		2005-2016	149 N.-D.-de-l'Île
Burger, Marie Monnin	n	Restauratrice	1953-1973	152 N.-D.-de-l'Île

Nom		Métier	Dates	Résidence
Société de Gestion Phides ltée	n	Firme immobilière	1973-1974	152 N.-D.-de-l'Île
Gatineau Westgate inc.	n	Firme immobilière	1974-1974	152 N.-D.-de-l'Île
Gatineau Wesgate (1974) inc.	n	Firme immobilière	1974-1980	152 N.-D.-de-l'Île
Cozak, Daniel			1980-1982	152 N.-D.-de-l'Île
Gallays, François	r	Professeur	1982-1999	152 N.-D.-de-l'Île
Gallays, Emmanuelle et Mehdy Khalid	r		1999-2004	152 N.-D.-de-l'Île
Lagarec, Antoine, Ken Lagarec *et al.*	r	Designer	2004-2006	152 N.-D.-de-l'Île
Lagarec, Antoine et Lavallée, Réna	r	Designer	2006-2016	152 N.-D.-de-l'Île
Corporation de l'évêque catholique	n	Service d'adoption	1966-1978	156 N.-D.-de-l'Île
Garderie populaire de Hull/ Centre de la petite enfance Le Baluchon	n	Garderie	1978-2004	156 N.-D.-de-l'Île
Lachapelle, Dominic et Lapalme, Camille		Analyste politique et superviseure	2004-2005	156 N.-D.-de-l'Île
Lachapelle, Dominic			2005-2007	156 N.-D.-de-l'Île
Mercer, Daniel et Labonté, Danièle	r		2007-2016	156 N.-D.-de-l'Île
Beaudin, Lucien		Ingénieur	1958-1974	158 N.-D.-de-l'Île
Dufour, Roger-André		Directeur adjoint Commission scolaire	1974-1979	158 N.-D.-de-l'Île
Garceau, Gaston		Huissier	1979-2001	158 N.-D.-de-l'Île
Guibord, André, de Val-des-Monts		Homme d'affaires	2001-2005	158 N.-D.-de-l'Île
6101925 Canada inc. 3380777 Canada inc. (André Guibord)		Société immobilière	2005-2016	158 N.-D.-de-l'Île
Groulx, Jeannine	r		1948-1970	160 N.-D.-de-l'Île
Dufour, Roger-André	r	Directeur adjoint Commission scolaire	1970-1980	160 N.-D.-de-l'Île
Les Placements Globe inc.	n		1980-1983	160 N.-D.-de-l'Île

Nom		Métier	Dates	Résidence
L'Heureux, Gérald		Contremaître	1983-2006	160 N.-D.-de-l'Île
Vaillant, Roger	n		2006-2013	160 N.-D.-de-l'Île
6881530 Canada inc. (G. Desjardins)	n	Entrepreneur en construction résidentielle	2013-2016	160 N.-D.-de-l'Îile
Brunet, Gilles	r	Entrepreneur en construction industrielle	1960-1967	161 N.-D.-de-l'Île
Guay, Cyril			1967-1971	161 N.-D.-de l'île
Association athlétique Hull-Volant inc.	n		1971-2016	161 N.-D.-de-l'Île
Chéné, succession			1950-1965	163 N.-D.-de-l'Île
Caisse populaire de Hull	n		1965-1966	163 N.-D.-de-l'Île
Viau, Gérard		Administrateur	1966-1967	163 N.-D.-de-l'Île
Gaudreau, André	r	Employé E.B.Eddy	1967-1969	163 N.-D.-de-l'Île
Gagnon, René	r	Contremaître	1969-1992	163 N.-D.-de-l'Île
Gagnon, Guy	r		1992-2002	163 N.-D.-de-l'Île
Ference, Jason et Gervais, Marc	r	Fonctionnaire et agent des ventes	2002-2016	163 N.-D.-de-l'Île
Bouchard, Marcellin	r	Mesureur de bois	1955-1964	165 N.-D.-de-l'Île
Fitzgerald, Wilfrid	n	Marchand	1964-1986	165 N.-D.-de-l'Île
Fitzgerald, Charles	R	Journalier	1986-2003	165 N.-D.-de-l'Île
Rioux, Jean-Sébastien	n		2003-2016	165 N.-D.-de-l'Île
Lalonde, Léo	r	Chirurgien	1939-1972	167-173½ N.-D.-de-l'Île
Laramée, Gérard	n	Agent d'immeuble	1972-1978	167-173½ N.-D.-de-l'Île
Bergeron, Viateur	n	Avocat	1978-2014	167-173½ N.-D.-de- l'Île
Gaudreau, Richard (pt)	n	Avocat	1987-2014	167-173½ N.-D.-de- l'Île

Nom		Métier	Dates	Résidence
Lepine Symes, Henry	n		2014-2016	167-173½ N.-D.-de- l'Île
Communauté de l'Hôpital Général d'Ottawa (Collège Saint-Joseph)	r		1885-2016	172 N.-D.-de-l'Île
Cyr, Hubert		Agent d'assurance et antiquaire	1959-1981	175-177 N.-D.-de-l'Île
Les Placements Pataud ltée	n		1981-1986	175-177 N.-D.-de-l'Île
Hamel, Paul E. et Chaussé, Madeleine	n	Ingénieur	1986-1988	175-177 N.-D.-de-l'Île
Nikpour-Badr, Mandy Mme et Gauthier, Michel		Ingénieure en design	1988-2006	175-177 N.-D.-de-l'Île
Giblin, Susan	r		2006-2016	175-177 N.-D.-de-l'Île
Raymond, Paul	n	Marchand	1957-1991	187 N.-D.-de-l'Île
Raymond, Dorothy Roney	n		1991-1997	187 N.-D.-de-l'Île
Raymond, Paul *et al.*	n	Marchand	1997-2007	187 N.-D.-de-l'Île
Rondeau, Pierre			2007-2011	187 N.-D.-de-l'Île
Gestion Davloi inc.	n		2011-2016	187 N.-D.-de-l'Île
Burger, Maria Monnin	r	Restauratrice	1943-1974	69 Laurier
Société de Gestion Phides ltée	n	Entreprise immobilière	1974-1974	69 Laurier
Gatineau Westgate inc.		Entreprise immobilière	1974-1974	69 Laurier
Gatineau Westgate (1974) inc.		Entreprise immobilière	1974-1980	69 Laurier
Laflamme, Robert C. *et al.*	n		1980-1981	69 Laurier
Hôtel A.B.D. inc.	n		1981-1982	69 Laurier
Bourassa Service alimentaire ltée	n		1982-2004	69 Laurier
Robert C. Bourassa Holdings inc.	n		2004-2016	69 Laurier
Baillot, Jules			1943-1963	73 Laurier
Baillot, Roger			1963-1972	73 Laurier
Langlois, Valère			1972-1973	73 Laurier
Gatineau Westgate inc.			1973-1974	73 Laurier
Gatineau Westgate (1974) inc.			1974-1979	73 Laurier

Nom		Métier	Dates	Résidence
Bourget, Marcel		Avocat	1979-1986	73 Laurier
Bourget, Patricia Murphy			1986-1993	73 Laurier
Bourget, Pierre et Jean			1993-1999	73 Laurier
Guibord, André		Homme d'affaires	1999-2005	73 Laurier
6101925 Canada inc. (Guibord, André)			2005-2013	73 Laurier
3380777 Canada inc. (Guibord, André)			2013-2016	73 Laurier
Baillot, Raymond	r		1938-1973	77 Laurier
DesRosiers, Pierre, en fiducie	n	Notaire	1973-1973	77 Laurier
Société Gestion Phides ltée (P. Desrosiers)	n	Entreprise immobilière	1973-1982	77 Laurier
Charrette, Jacques	n	Graphiste	1982-2003	77 Laurier
Pigeon-Roy Évaluation	n		2003-2005	77 Laurier
Landry, Marcel			2005-2013	77 Laurier
6881530 Canada inc. (G. Desjardins) résolution			2013-2016	77 Laurier
Boult, succession			1912-1979	97-103 Laurier
Boult, Robert	r	Marchand	1979-1990	97-103 Laurier
Ville de Hull			1990-2016	97-103 Laurier
Labelle, Arthur Wilfrid	r		1937-1977	40 Élisabeth-Bruyère
Parent, Ernestine	r		1977-1980	40 Élisabeth-Bruyère
Parent, succession			1980-1981	40 Élisabeth-Bruyère
Robert, Denis	n	Fonctionnaire	1981-2016	40 Élisabeth-Bruyère
Voyer, J.-Edmond		Infirmier	1951-1971	41 Élisabeth-Bruyère
Voyer, Georgette Blais			1971-1984	41 Élisabeth-Bruyère
Eudes, Élisabeth Pascal			1984-1999	41 Élisabeth-Bruyère
Perron, Robert et Héroux, Micheline	r	Administrateur	1999-2016	41 Élisabeth-Bruyère
Levesque, Camille	r	Rentier	1961-1971	43 Élisabeth-Bruyère
Lamoureux, Léo et Lévesque, Noëlla	r		1971-1983	43 Élisabeth-Bruyère
Gagnon, Jacques	r		1983-1984	43 Élisabeth-Bruyère
Luigi, Sandro	r		1984-2002	43 Élisabeth-Bruyère

Nom		Métier	Dates	Résidence
Regimbald, Dany et Villa, Macario	r		2002-2016	43 Élisabeth-Bruyère
Dallaire, André			1961-1995	226 Papineau
Tardif, Robert	n		1995-2000	226 Papineau
Bernier, Roc, et Dompierre, Stéphane	n		2000-2008	226 Papineau
6366007 Canada inc.	n		2008-2016	226 Papineau
Sanche, Dona Laflèche	r		1909-1974	245 Papineau
Sanche, succession	r		1974-1988	245 Papineau
Digby, Dorothy	n		1988-1988	245 Papineau
McElroy, Gilbert et Cole, Linda	n	Gens d'affaires	1988-1989	245 Papineau
Eyamie, Edmond	n	Homme d'affaires	1989-1995	245 Papineau
Dupuis, Claudine	n	Restauratrice	1995-1998	245 Papineau
Banque Nationale		Institution	1998-1998	245 Papineau
Regency Hair Centre Capillaire Regence inc.			1998-1998	245 Papineau
Renaud, Pauline et Sterling, Jim	r	Gîte	1998-2004	245 Papineau
Benoît, Isabelle	r	Gîte	2004-2016	245 Papineau
Rochon, Thérèse	r		1949-1978	61-63 Victoria
Sainte-Marie, Michel	n	Avocat	1978-1982	61-63 Victoria
Compagnie Trust Royal	n	Société	1982-1983	61-63 Victoria
Johnston, Jim, de Manotick	n	Instituteur	1983-2010	61-63 Victoria
Glemaud, Patrick			2010-2015	61-63 Victoria
Lechantre, Pierre	n		2015-2016	61-63 Victoria
Rochon, Jean	n	Garagiste	1945-1966	67 Victoria
Petit, Roland	n		1966-1983	67 Victoria
Caisse populaire de Hull	n	Institution	1983-1983	67 Victoria
519820 Ontario ltée			1983-1988	67 Victoria
Les Messageries S.P.L. inc.			1988-2006	67 Victoria
9147-4676 Québec inc.			2006-2016	67 Victoria
Laverdure, Lucien	r	Représentant brasserie	1941-1963	85 Victoria
Schryer, Édouard	r	Électricien	1963-1975	85 Victoria
Macpat Services Ltd	n		1975-2001	85 Victoria
3865070 Canada inc.	n		2001-2016	85 Victoria
Châtelain, Adrienne			1856-1971	95-97 Victoria
Thériault, Fernand	n	Restaurateur	1971-1971	95-97 Victoria
Langelier, André et Lemieux, Jean-Paul	n	Professeur et homme d'affaires	1971-1975	95-97 Victoria
Macpat Services Ltd	n		1975-1999	95-97 Victoria
3320065 Canada inc.	n		1999-2000	95-97 Victoria

Nom		Métier	Dates	Résidence
Marengère, Mario		Entrepreneur en construction	2000-2004	95-97 Victoria
Page, John G. et Lafontaine, Jacqueline *et al.*	n		2004-2013	95-97 Victoria
8225095 Canada inc.			2013-2016	95-97 Victoria

www.ingramcontent.com/pod-product-compliance
Lightning Source LLC
LaVergne TN
LVHW012331130926
847902LV00028B/378

9782760326743